The
Oxford Book
Of French Verse

xiiith Century—xxth Century

Chosen by

St. John Lucas

Coll. Univ. Oxon.

Oxford

At the Clarendon Press

London: Humphrey Milford

14053

TO THE MEMORY OF

FREDERICK YORK POWELL

SOMETIME REGIUS PROFESSOR
OF MODERN HISTORY IN THE
UNIVERSITY OF OXFORD, AND
A LOVER OF THE POETRY
OF FRANCE

FIRST PUBLISHED 1907
REPRINTED 1907, 1908, 1912
1915, 1917, 1918, 1920, 1922
1923, 1926, 1930, 1936, 1942

PRINTED IN GREAT BRITAIN

NOTE

THE Compiler desires to thank very heartily the various owners of Copyright in French poetry who have so courteously given him permission to print a large selection from the authors whose poems are their literary property. He is especially indebted to M. Robert Vallier, administrator of the *Revue de Lamartine*; M. Charles Delagrave, the publisher of the definitive edition of Alfred de Vigny; M. Gustave Simon, the literary representative of the heirs of Victor Hugo; M. A. Messein, for the selections from Verlaine; M. E. Fasquelle, for the poems of Gautier, Banville, Richepin (Fasquelle, éditeur, Paris) and Rostand; the Société du Mercure de France for those of Rimbaud, Verhaeren, Samain, Laforgue, Rodenbach and Guérin; M. A. Lemerre for extracts from Heredia and Sully Prudhomme; M. L. Vanier for poems of Moréas and Corbière (Messein, éditeur, 19, quai de St. Michel, Paris); and M M. Deman of Brussels for those of Mallarmé (Gallimard, éditeur, Nouvelle Revue Française).

The Compiler makes these acknowledgements with all the more pleasure since his work, in its original form, met with a most cordial and kindly reception in France. It is hoped that the present edition, which has been revised and considerably enlarged, will enjoy a similar good fortune.

St. J. L.

LONDON, *August*, 1925.

FRANCE, MÈRE DES ARTS, DES ARMES ET DES LOIX

Du Bellay

INTRODUCTION

I

THE first poem in this book was written in France some time in the twelfth century; it dates, therefore, from the epoch when French lyric poetry may fairly be said to begin. It is true that the song of Sainte Eulalie, which is older by two centuries, is lyrical in form; but it is composed in the old, uncouth *lingua romana*; the dry bones, as it were, of Latin, which afterwards became quickened to new and wonderful life in French, Italian, and Spanish. An Englishman who glanced casually at the Song of Eulalie would imagine it to be written in a mixture of Dutch and Italian, and it has more interest for the archaeologist in language than for the lover of poetry.

The *Chansons de Geste*, dreary and monotonous enough to our impatient modern sense, yet often redeemed by a sudden note of rugged pathos, as when Berthe *aux grands pieds* is lost in the woods, or the Belle Aude dies of grief at the feet of Charlemagne, drag their slow length along through the twelfth and thirteenth centuries. Their language, so full of the rough gutturals of the North, must have been the despair of the would-be lyric poet; but farther South, where the sun was kind and life more gay and leisured, the *lingua romana* developed rapidly, and Provence probably had a flourishing school of poetry before the singers of Picardy and Champagne had learnt their art. The elaborate and chivalrous etiquette of Provençal society was reflected faithfully in the songs of the troubadours: it was a peculiarly artificial civilization with oddly candid immoralities, and in its poems there is often a comic contrast between the subtlety of the form and the *naïveté* of the subject.

Provence in the twelfth century may be defined as a state that flourished under the benevolent tyranny of a great number of queens. Women, for perhaps the first time in history, were supreme, though their supremacy certainly differed from that so fiercely desired by our modern self-emancipators. It is not surprising to find that the early lyrics of the North of France adopt for the most part the same immortal theme. The *Chansons de Toile*—they were called this because women sang them over their tapestry—are admirable little pictures of some troubled, or doubtful, or happy moment in the life of a lady who is a lover. The fair Érembor is suspected of faithlessness by Count Renaud, but convinces him (very easily) of the contrary; and the fair Doette hears the news of the death of Count Doon, and becomes a nun at Saint-Pol. The language of these little sewing-songs is, of course, still the language of the *Chansons de Geste*, but the skill with which the dialogue is presented, the few words that give the scene, and the haunting refrain, combine to endow them with a charm for which we shall sigh in vain when the Strephons and Chloes of riming Abbés and court Anacreons strut through their self-conscious idylls. The original *genre* does not appear to have survived the twelfth century, but it was revived later on in a more elaborate form by a poet of Arras called Audefroi le Bâtard.[1] Various other kinds of lyric poetry begin to appear at the end of the twelfth century, *motets*, *serventois*, *pastourelles*, *rotrouenges*, *rondeaux*, *lais*, *ballettes*, and *virelais*. It is from these rather complicated forms of verse that the ballades and rondeaux of Villon and Marot are descended.

When exactly the poetry of the troubadours first began to influence the North of France is a vexed question; probably it was about the time when Richard Cœur de Lion was lying in a German prison and Bertrand de Born riding to battle at the head of the lords of Aquitaine. The Courts of the North were visited by the troubadours; those of Eleanor of Poitiers, wife of our Henry II, and of her daughter Marie of Champagne, became famous for their refinement; and early in the thirteenth century the singers of Champagne and Picardy began to use the most characteristic forms of Provençal verse: the *tençon*, an argument between two poets; the *alba* and the *serena*, sung at dawn and at evening beneath the window of the beloved; and the *chanson*, a form governed by highly complicated rules. Chrestien de Troyes, Thibaut de Champagne, Gace Brûlé, Conon de Béthune,—these are some of the writers whose songs keep for us a faint fragrance of those far-off, passionate days, and are relics of the 'early sweetness' that Pater found in *Aucassin et Nicolete*.

We need not consider the sudden death of Provençal art; but it is worthy of note that the decline of the troubadour poetry of the North is due to the same cause; I mean the altering of the peculiar social conditions to which it owed its birth. For it was essentially a Court

[1] Gaston Paris, *La Litterature française au moyen âge*.

vii

poetry; the poet declaimed or sang his verse to an audience of knightly rimers and noble ladies, and was untroubled by the attention of a larger public. It was an aristocratic art, and so soon as it was adopted by the *bourgeois* poets of Arras it lost its essential character. By the end of the thirteenth century it was extinct; yet, brief though its duration was, it has an intense effect on the literature of Europe, and we may trace its influence in Dante and in Petrarch.

It is in the sombre years of the fourteenth century that the new era of poetry begins, and Guillaume de Machault is the name usually associated with the first effusion of that deplorable cataract of ballades and rondeaux. The chief penalty that these hard-and-fast *genres* impose on those who cultivate them is—as we may see from the innumerable clever imitations of our own time—that almost any one can write them fairly well, and that almost every one writes them in exactly the same manner. The learned Christine de Pisan and the sagacious Deschamps employ the *ballade* without the least discrimination for any kind of subject; they moralize, they preach, they sing the praises of the glorious dead and discuss their own physical ailments in the same sempiternal cantering measure. Deschamps, it is true, is redeemed occasionally by a certain fine malice, a hint of that *esprit gaulois* which runs like a vein of mercury through French from the bragging scene in the *Geste du Roi* down to the poems of Mathurin Regnier and Béranger; Froissart's verse has a delicate refinement that may be the last trace of the troubadour influence; but for the most part one emerges from a long course of this literature anxious only to take Du Bellay's advice and to

viii

leave all these *rondeaux, ballades, vyrelaiz, chantz royaux, chansons et autres telles épisseries qui corrumpent le goust de notre langue.* If only the splendid creatures would be themselves! But they are wholly content to follow one another like meek sheep; they use the same catchwords; the same patient rimes do duty over and over again; and when we have read the heading of one of their poems we can guess almost exactly what the poet will sing, or rather, say. Only an occasional folk-song, or a *plainte* like the *Olivier Basselin*, can save the epoch from being wholly the prey of its 'representative' ballad-writers.

Yet this artificial, impersonal *genre* became vivid and human in the hands of two fifteenth-century poets; the one a man of refined and exquisite talent, the other a lonely and wayward genius. It has been the custom to speak of Charles d'Orléans as if he were merely a clever versifier with a sense of music in words that was denied to his forerunners; but any one who has toiled through the greater part of the work of those forerunners will realize at once, when he reads the *ballade* written at Dover, or *Dieu, qu'il la fait bon regarder*, that here at last is a poet with a distinct personal utterance; a poet who perhaps has not any very profound thoughts or great ideas, but possesses a gentle, unforced melancholy or gaiety that is often perfectly expressed. His limitations are obvious, but his success within their bounds is complete.

The other, the earliest great poet of France,—

     Ung povre petit escollier

     Qui fust nommé François Villon,—

transformed the poor jaded *ballade* into a living lyric; filling it with heroic melancholy in the *Dames du temps jadis*, and with grim terror in the *Pendus*, and with exquisite sympathy for the pathos of old age and weariness in the lines written for his mother. Like all genius, he stands alone and defies all effort to place him in the line of literary evolution. He came at the most unlikely period, he wrote in the most out-worn forms, and he was a burglar, and had a supreme sympathy with all manner of rogues, male and female. Yet he has none of the affectations of the ballade-writers, his poems are amazingly original and vivid; he is eloquent, gay, cynical, pious, scurrilous, and remorseful in turn, and yet never gives us the impression that he is posturing. His predecessors had one mood, and it was insincere. He has a hundred, but he is convincing in every one of them. To read him after the earlier 'metre ballad-mongers' is as invigorating as to hear the wind in the mountain-pines after sitting in a drawing-room full of hot air and small-talk.

He stands alone. Clément Marot, who edited his works, learnt nothing from him except perhaps the fact that poetry should be the expression of a personality. The neat, genial rimes of the author of *L'Adolescence Clémentine* are personal but not poetic; they are full of good sense, clearness, and malicious gaiety; they possess, indeed, as Brunetière has pointed out, all the fine qualities of French prose; but only on a few occasions do they rise above the commonplace. If Marot is depressed, it is not the pathos of self-tormented, toiling humanity that makes him sad, but the little accidents of his own existence; and when he rejoices he is merely gay; sunshine and love and flowers awake in him no fervour of exultation; he likes the good things of this world, and says so without undue emotion. There are great voices in the seas and among the hills; the earth is full of strife and strange passion, and Europe echoes with the vast conflicts of kings; the poet, however, is content to look at the shop-windows and to write about nothing in particular in excellent French.

He died in the midst of the great awakening,—that amazing pageant in which he played so small a part. At times he seems dimly to have realized the splendour of the new epoch :—

Le monde rit au monde, aussi est-il en sa jeunesse,

—but he was content to abide till the end amid the old shadows, for he loved neatness rather than beauty of language, and the finer enthusiasms found no place in a temperament so discreetly and pleasantly mediocre.

II

In the last days of the year 1494 the army of Charles VIII surged down the Alpine slopes into Italy, and thenceforward, until that sinister battle of Pavia in which Francis I lost all *fors l'honneur*, Italy was the centre and focus of European learning and chivalry. It was the amazing vision of a mode of life more passionate and more comely than their own, a mode for which gallant soldiers and scholars enthusiastic concerning all new things were just then apt, that first enthralled the strangers from beyond the hills.

They found a country which is still to us, as to them, an earthly paradise; where, amid superb cathedrals and palaces and beautiful walled cities, dwelt a race that numbered life itself amongst the grand arts. The love of beauty for its own sake, the careful delight in the details of existence as well as in its passion and its poetry, so that an artist in metals would spend months in engraving a sword-blade, and a squabble about Greek enclitics would be conducted with all the fury of a religious war; the intellectual ruffians who entertained great poets, and translated Plato, and burnt each other's towns; the wily and terrible masters of intrigue who were Christ's vicars on earth; princes of the Church; condottieri; women like those Titian painted, and feasts as we see them in the pictures of Veronese; colour everywhere, and music, and amazing luxury:—one can imagine how wonderful this crowded and vivid existence would seem to a Frenchman of the time; how eagerly the French temperament, always curious concerning every kind of material excellence, would absorb the details and investigate the causes of such exuberant and intense vitality.

To the student of literature the most significant feature of the Renaissance is the revival of learning. Scholarship had continued throughout the Middle Ages, but it was utilitarian; learning was a weapon for the hand of the jurisconsult or the theologian. Humanism appears with the discovery of the art of printing; and when the great Venetian editions of the classics were issued scholarship was not merely a useful accomplishment but had become a high passion. The scholar was no longer an advocate who rolled Ciceronian thunder across the court, or a priest primed with Augustine: he was a happy hedonist who, like Ronsard, would lock his door and read the *Iliad* in three days. When the Sorbonne petitioned Francis I to suppress the printers it understood what a fatal blow was being aimed by the new learning at the official residence of pedantic darkness; it knew that the message contained in these old, ever-new books which were multiplying so rapidly was the message of liberty. But it committed the error of confusing liberty with impiety, and of regarding the enthusiasm for Greek and Latin as essentially pagan. Faguet has pointed out[1] that the humanist of the Renaissance had two personalities: one which went to church and loved the king, and one which adored Jupiter and loved Amaryllis. Pico della Mirandola is the type of this dual character, and the story that he was buried in the Dominican habit is strangely suggestive. In the poetry of Ronsard and the Pléiade we find all the characteristics of the complete humanist: the passion for learning, the sense of and craving for style, the realization of the beauty of natural sights and sounds, and the ever-haunting consciousness of the brevity of life and earthly love. In Ronsard, however, the love of learning for its own sake soon changed into a desire to use all his knowledge in glorifying and enriching his own poverty-stricken language. It seemed at that time as if poetry in France was henceforward to be employed, as Marot employed it, in genial commonplace, or devoted, as the ballad-mongers devoted it, to conventional essays in dreariness; that the language had grown anaemic for lack of healthy exercise and sweet air. New blood was needed, and Ronsard found it, as Dante had found it before him, and as André Chénier would find it at the end of another epoch when verse had grown stale, in the poets of Greece and Rome. Style was what was

[1] *Seizième Siècle: Études littéraires.*

needed,—style, and a language which should express noble and delicate emotions, uniting the wistful beauty of Theocritus and the *Georgics* with the resonant ardour of Pindar and the *Aeneid*. The Renaissance was full of fine ambitions, and this poet's dream was not the least splendid of them.

The official manifesto of the Pléiade, *La Deffence et Illustration de la Langue Françoyse*, was written by Du Bellay and appeared in 1549. We learn from it the means which Ronsard was to employ in order to redeem French poetry from the prison which had Marot for governor. New themes of inspiration must be found instead of the old hackneyed subjects, and new *genres* instead of the *épisseries* of the balladists. These new *genres* must be derived mainly from the Greek and Latin writers ; the poet is to cultivate the epic poem ; the idyll, as Theocritus wrote it ; the ode, majestic as that of Pindar or lyrical as that of Anacreon ; the tragedy of Sophocles ; the satire of Horace in place of the *coq-à-l'asne* of Marot ; the epigram of Martial and the *pitoyables élégies* of Ovid, Tibullus, and Propertius. Then the language must be enriched by new loan-words from the Greek and Latin ; and not from Greek and Latin only, but by grafting from Old French, and by collecting curious words from the special vocabularies of hunting and falconry and the various handicrafts. Mere translation from the classics is deprecated, and so is writing in Latin and Greek instead of French ; but it is the reformer's duty to steep himself in those ancient literatures. *Lis donques et relis premièrement, ô poète futur ! feuillette de main nocturne et journelle les exemplaires grecz et latins, puis me laisse toutes ces vieilles poésies Françoyses...*

INTRODUCTION

It may seem surprising to some readers that the compilers of such a formidable edifice of rules should ever after have written anything in the least resembling poetry. It is not impossible that the elaborate study of form demanded by the *Deffence* had a fatal effect on the inspiration of the less robust members of the Pléiade; that Jodelle, with his tedious tragedy, and Baïf with his pedantic *Mimes* and attempts at a new orthography, are sad examples of an elegiac poet wasting all his strength in dramatic attempts, and of a scholar trying to become a poet by rule. Even Ronsard himself, that master of the lyric, leaves us with the impression that, though he often sings because he must, he often also sings because he knows the rules of singing. There is much in *Le Bocage Royal* to remind us that Malherbe, the perfidious Malherbe, learnt his art from the poet whose verse, as we are told in a certain scandalous story, he erased altogether; we have a chilly premonition, when we read it, of the pseudo-Arcadian shepherds and shepherdesses of the seventeenth century with their high heels and their crooks:—

> *Houlette de Louis, houlette de Marie*
> *Dont le fatal appui met notre bergerie*
> *Hors du pouvoir des loups.*

But the marvel is not that there should be any insipid exercises of the kind in the work of Ronsard, but that there are so few; that the favourite of kings and the self-ordained reformer of French poetry never lost his exquisite sense of the beauty of youth and the spring, and the pathos of winter in the fields and winter in the heart. We are apt, I suppose, to look on old poetry to a certain extent with the benevolent eye of the antiquary; but how seldom the shorter lyrics of Ronsard give us the chance of this attitude! A poem such as *Mignonne, allons voir si la rose* has all the freshness and fragrance of a summer day at dawn; it is impossible to contemplate it with intelligent interest as a specimen of sixteenth-century poetry; we might as well try to refuse to be thrilled by the coming of spring because the spring happens to be a million years old. Ronsard may have gone to the Greeks for this quality, and to the Latins for the other, and to Petrarch for a third, but the real sources of his inspiration are betrayed by the visions that the verses keep for us: sunshine and bright rain, changeful skies and awakening flowers. The immortal novelty of great art is a trite theme, but it is worth reiterating when even Pater writes of these poems as if they were specimens of remarkable tapestry in a museum.

In enumerating the characteristics of humanism, we spoke of its abiding consciousness of the brevity of life and love. That sense is the canker which lies in the heart of intellectual paganism, the pathos of

> Beauty that must die;
> And Joy whose hand is ever at his lips
> Bidding adieu . . .

The sudden thought of 'the night of perpetual sleep' breaking in like a cruel intruder amid the loveliness of the long safe summer days; the bewildering tragedy of early death,—these are the phantoms that begin to haunt the poets of the Renaissance, and lend to French poetry a new note of wistfulness.

> Si périssable est toute chose née,
> Que songes-tu, mon âme emprisonnée?

Ronsard finds no answer to that question; if he hopes at
all, it is for an eternity of fame, and for repose *par les
ombres myrteux*; Du Bellay, at least when he writes under
the influence of Petrarch, yearns for *un plus clair séjour*,
where he can meet the ideal beauty, as Dante met Beatrice,
in a heaven too full of strange light to have colour and
warmth. The points of view may be limited and literary,
but they are expressed, as far as Ronsard is concerned,
in two sonnets of exquisite and immortal loveliness, the
Quand vous serez bien vieille and *Comme on void sur la
branche au mois de May la rose*.

In the prolific nature of his genius and his passionate
curiosity for new metres and old words Ronsard is a typical
son of the Renaissance; Du Bellay, with his melancholy,
his petulance, his wayward gentleness, seems like a poet
of our own time, and his verse probably appeals more
intimately to Englishmen than the greater but less personal
art of his friend. His first collection of poems, *L'Olive*,
was written when he was manifestly under the influence
of Petrarch, but he renounced this influence early in his
short life, and his satire *Contre les Pétrarquistes* contains
an excellent summary of all the characteristic mannerisms
affected by the disciples of the great Italian at Lyons
and elsewhere. The greater part of his work is extra-
ordinarily personal and virile; it is largely autobiographical;
we can follow him step by step in his pilgrimage of love
and despair, just as we follow Byron; but Du Bellay at
least never gives us the impression that he is secretly
rather pleased with the role of a misunderstood lost angel.
His pessimism is never languid; and his ironical power—
at its best in the sonnets that narrate the election of a pope

—is amazing. He was a scholar ; it was not the literature, however, but the visible remnant of a mighty age which evoked the great series of sonnets that remains his supreme achievement. If any one ever imagines that a city is not merely a collection of houses and palaces and temples, but has a strange life of its own, he will imagine it when he looks across Rome at sunset from the Pincian. The place will seem to him the prison of some fettered Titan, a colossal Prometheus who has incurred the anger of a jealous god, and been hurled to the earth and bound there, and so lain for centuries, buffeted and wounded, but immortal. This is the impression that Du Bellay has enshrined in the *Antiquitez de Rome*. He has looked beyond the gloom and grandeur of the Caesarean palaces, the mouldering amphitheatres and forsaken temples, and has seen the vast and deathless spirit of the city, and heard it weeping for its ruined splendour.

The other stars of the Pléiade are of lesser magnitude. Rémi Belleau has left a few delicate lyrics ; Daurat, the master of Ronsard and Baïf, wrote in Latin ; Baïf went astray in pedantic wildernesses, and Jodelle and Pontus du Tyard are only pleasing to the lover of literary bric-à-brac. The learned ladies of Lyons and their circle are more interesting. Sçève's *Délie* was responsible for the influence of Petrarch on the Pléiade ; and Louise Labé, that fair Amazon, wrote intensely passionate poetry full of the obscure symbolism that was being cultivated in Italy. The Lyons school, indeed, had definitely broken with the traditions of the previous age, and had developed a mystical cult of beauty that was based on the Platonic theory of Ideas. But the spirit of the Pléiade is on the whole hostile to obscurity in thought and in language. Ronsard realized that French had all the delicate and accurate clearness of tone that belongs to a perfectly-tuned violin; that it possessed, beyond all languages but Greek, a power of expression that could be sharply definite without losing its harmony; and to him, as to all great poets, expression seemed finer than mystification.

Malherbe was crowned king of the realm of 'classical' poetry, but it was Ronsard who conquered its domain and built its palaces. It has been said that every movement of reform contains perceptibly the germ of its own decay, and this is pre-eminently true of the work of the Pléiade,— a work which seems, regarded superficially, somewhat spiritless and short-lived. It was Ronsard who first realized the height to which the Alexandrine could be raised; there is nothing in the early literature to compare with the noble dignity of his *Conseils à Charles IX*; but only the cold cleverness of Malherbe is necessary to change this dignity into pompous rhetoric. It was Ronsard who first showed any discrimination in the use of dainty diminutives and strange loan-words, and we have only to glance at Du Bartas—who would be suspected of parody if he were not the most solemn Calvinist that ever compiled inflated fustian—to see what amazing pinnacles of lunacy an uninspired disciple may reach. Ronsard was a great poet, having authority; he was also a scholar, with the scholar's weakness for imposing rules; and, unfortunately, the first to take advantage of such rules, and to strengthen them and contract their limits, are usually those who are designed by nature to be pedants and not poets.

To Ronsard and the Pléiade, besides a high dignity of

style and a lyric sweetness never before approached, we owe the modern *genres* of poetry, the free lyric, the ode, the various forms written in Alexandrines, the sonnet, and the great *strophe Malherbienne*, which was in reality the *strophe Ronsardienne*, for Malherbe has only added a syllable to each of its lines. To Malherbe we owe the perpetualizing of these forms reduced to their lowest terms of mechanical accuracy by a frigid intelligence. Ronsard and Malherbe will be remembered together as the supreme examples of the ancient truth that the letter kills and the spirit makes alive. The Pléiade is immortal; Malherbe will be recalled only as the uninspired prophet of a dawn that had already risen, as the thin voice of an epoch which stole the lyrical forms of its despised forerunners and found nothing lyrical to say.

III

With the beginning of the so-called classical epoch comes the decline and fall of lyric poetry. *Enfin Malherbe vint*; but Malherbe can no more be held directly responsible for the literary iniquities of the seventeenth century than he can be lauded as the originator of its great drama. He is the spokesman of the new age, and his verse is the official pattern, rather than the cause, of all the ensuing machine-made rhetoric.

The Renaissance was a return to individualism, to personal freedom of thought and action. *Fay ce que vouldras* was the inscription on the portal of Rabelais' Thélème; be

intolerant and suspicious of all formal control which is
based on outworn and arbitrary rules ;—

> Be your own star, for strength is from within,
> And one against the world will always win !—

this is the most startling of the qualities that distinguish
the temperament of the Renaissance from that of the
Middle Ages. In Castiglione's *Cortegiano* and Montaigne's
Essais we may see how this new spirit affected the man of
affairs and the man of thought; and Ronsard's passion
for personal fame and the poignant heart-sickness of Du
Bellay's *Regrets* are widely different examples of its in-
fluence on the poets. The Reformation was a reaction
against this spirit of self-culture and self-expression, and
a perfectly logical reaction. The religion of the Middle
Ages had led men, like sheep, in flocks; and the reformers
realized that the new individualism had rapidly become the
sworn enemy of that particular kind of spiritual direction
and was developing into an extreme form of pagan non-
chalance. But whatever the theological defects of in-
dividualism may be, it is a necessary adjunct to any period
of great lyric poetry, and when the literature of any country
loses this quality and falls into the careful hands of cliques
and coteries we may conclude with tolerable certainty
that, for the moment at least, its singing season is over.
Poetry in a cage of rules is like an imprisoned bird: she
will pipe a formal tune for you, but the wild sweetness of
her woodland voice was lost with her liberty.

It has been said that the continued eagerness shown
by the French temperament to impose the restraint of
authority on its art is produced by the distrust of its own

exuberance. The 'reform' which is usually attributed to Malherbe was probably carried into effect for another and less subtle reason; it was due to a social movement in some degree analogous to the moral reaction which we spoke of a moment ago. Poetry became domesticated and went to live at the Hôtel de Rambouillet. Or rather, it went there to die. The day of the *Précieuses* began, and Vincent Voiture was their laureate. There is no doubt that these amiable ladies exercised an influence on French literature that was not altogether for evil: for they admitted it to their *salons* on the understanding that it should behave well, —or, at least, that it should avoid the grosser improprieties of language. The verse of Mathurin Regnier, for example, they would not tolerate, and, though Voiture was quite as indecent, it was indecency with a difference. We owe to them much of the courtly grace and charm of eighteenth-century prose in the form of letters, maxims, and 'characters', and an immense quantity of amusing light verse; epigrams, squibs, lampoons, and sonnets of love-sick shepherds who desire to end their days *en l'amour d'Uranie*. They were the foes of the *libertins*,—of the unlucky Théophile who wrote the notorious couplet about the dagger that blushed to see the blood of its master;—they required men of letters to be men of the world and not owlish persons in a dusty library, and thus they prepared the way for the realism of Molière. On the other hand, they were responsible for a gallantry that usurped the place of passion, for introducing the specious euphuism of Gongara and Guarini, and for making literature generally a social and impersonal art and so completely effacing the lyric. This last achievement of the *Précieuses* was consummated by Richelieu when he founded the Académie Française in 1635. The official recognition of impersonal literature had taken place; the Alexandrine rose to icy heights of classical dignity; the grand style was fixed, and the path was plain for the superb rhetoric of Corneille. The *Cid* was produced in 1637.

No man of genius was less of an innovator than Corneille, except, perhaps, Dryden. His method is the method of the contemporary dramatists: the grandees of Spain in the *Cid* are typical 'sword and cloak' heroes, splendid and declamatory as their fellows in *Hernani*, but not vitally characterized; supreme phantoms, but aloof from human nature. The *Stances de Don Rodrigue* are immortal specimens of eloquence; but as examples of what a man should say when confronted with a hideous dilemma they are less satisfactory. Rodrigue, in fact, is a Superman, though he would scarcely have pleased Nietzsche; and this tendency to elevate its characters to the rank of demigods is the chief defect, to an English sense, of the 'grand style'.

At the moment, however, when the dominion of this formal art seems to be complete, a writer appears who is content to abjure the austere regions of the classical drama and to devote his incomparable talent to fables and *contes*, each of them a little treasury of good sense and gay humour. La Fontaine realized that the language of his time was not the absolute property of a muse on stilts; the verse of Voiture, with all its defects, proved that it was still capable of an exquisite elegance, but so far no one had been adventurous enough to associate grace with simplicity. La Fontaine was able to extract all that was vital from the example of his predecessors, and to leave whatever was cold and fruitless; from Malherbe he acquired a certain dignity; a wise restraint that never wholly left him even in his most facetious *conte*; from Voiture and his school he derived felicity of expression, the sense of the *mot juste*. His work,

> Une ample comédie, à cent actes divers,
> Et dont la scène est l'univers,

is a real return to nature—to human nature, for all his animals are really human, and in this quality lies his affinity with the great dramatists who were his friends. His characters are types of everyday, greedy, kind, harassed humanity; when we read him we are far from the tremendous personages of Corneille, but we are some distance, also, from Racine's stern presentment of human weakness and from the terrific clairvoyance of Molière.

Boileau, the draftsman of the poetical statutes of the seventeenth century, advised the ambitious poet to study nature and nature only; but this advice implies no liberty, it is qualified by restrictions which result in the study of nature becoming the study of certain moral types. No one can help admiring the good sense and powerful, if limited, logic of the redoubtable opponent of the *Précieuses* and champion of formalism; he has all the qualities of a splendid fighter, and in spite of his crushing power of invective he was far too wise to be bitter; but his enthusiasm for literary law and order makes him support all that is most unlyrical in poetry. His contempt for Ronsard (whom he did not read) is rather amusing when we remember all that Malherbe owed to the earlier poet.

The early part of the eighteenth century is remarkable

only for its prose. The anaemic odes and allegories of Jean-Baptiste Rousseau are neat illustrations of the inevitable fate of formal verse, and Voltaire, the grand Voltaire, is content, so far as his theory of poetry is concerned, to follow the obvious footprints of Boileau. His *Henriade* is as cold and pedantic as *La Pucelle* or the *Franciade*; it is for the most part in his epigrams and occasional verses that we find the admirable irony and wise humour which make *Candide* immortal. The age of Reason continues its grim course, but after a time we find a sentimental spirit beginning to invade prose literature; l'Abbé Prévost writes *Manon Lescaut* and translates some of Richardson's novels; and although for many years this new spirit finds no expression in poetry, its appearance is a definite step in the direction of romantic art; even when it existed side by side with the classic style, it was in reality its enemy. The far-sighted Boileau knew this when he laughed at the type of lover who murmurs tenderly *je vous hais* in the ear of his mistress. He had detected one of the eternal commonplaces of sentimentalism.

It was a writer of prose who gave the death-wound to the faded and uninspired remnants of the classical tradition and made existence possible for lyric poetry. Jean-Jacques Rousseau's *Nouvelle Héloïse* appeared in 1761, and the return to nature and individualism began in earnest soon after its appearance. One's own emotions and other people's tears, the effect of beautiful scenery on the sensitive temperament, the freedom of passion, the sublime self-assertiveness of love,—these were the themes which this new writer proclaimed with extraordinary lyrical fervour.

INTRODUCTION

Another prose writer, Buffon, quickened the languid
interest in the beauty of the world with his magnificent
works on Natural History, which appeared during the
latter half of the eighteenth century. The Abbé Delille
and Saint-Lambert began to write poems of nature which
would have shocked Wordsworth; but if their form is
often contorted and absurd they at least show a desire
for simplicity in their choice of a subject. Quite near the
end of the century Pompeii (one might almost add Greece)
was disinterred, and the writings of Winckelmann and
Brunck aroused a keen if somewhat unscholarly enthusiasm
in the art and mythology of the Hellenes,—an enthusiasm
which is commemorated in the quaint and charming
artificiality of First Empire furniture and decoration. This
is another instance of reaction against the 'classical'
tradition, which was influenced almost entirely by the
Latins. It was in the midst of this little Greek
renaissance that André Chénier lived. To him, as to
Ronsard, the spirit of that old literature came with strange
fragrance across a desert of unctuous and inept conceits.
Like Ronsard, he was strongly influenced by the Alex-
andrians. His mother was a Greek, and we may
presume that her beautiful native country was the chief
topic of conversation in her *salon* when Lebrun—Lebrun
' Pindare '—and the rest of the neo-Hellenes were present.
But whilst Lebrun and his friends were solemnly
comparing the Tiers État with Latona and calling the
Tennis Court Delos,[1] André Chénier was writing elegies
that have the soft yet clearly-cut beauty of a Sicilian coin
of the great period, and idylls that have really caught some

[1] Faguet, *Dix-huitième Siècle: Études littéraires.*

of the freshness and simplicity of Theocritus. Part of his work is marred by the rhetorical tricks of his time, but no praise can be too high for these little pictures in which the beauty of some incident of pastoral life, some golden moment of a long summer day, is made eternal.

Yet these little poems were, after all, only studies that he executed whilst he was on his way to greater achievement, for he had wide ambitions, and was a sharer in the new enthusiasm for nature which the writings of Buffon had aroused. The fragment of his *Hermès* shows us that he aspired to be the Lucretius of his epoch, and his metrical innovations were daring and successful. He had a keen sense of music in words, and one has only to read his contemporaries to discover how completely this sense was lost in France when he wrote. But his tragic death came, as it came to Keats, at the moment when he was preparing for a loftier flight; his poems were not published for many years; and it is the voice of Lebrun—'Pindare', —after all, that sings the swan-song of the eighteenth century.

IV

The writers of the great epoch of French lyric poetry are sufficiently well known in England to make a detailed account of their art superfluous in this volume. It is, however, worth while to observe that the germ of almost every quality which the poets of the nineteenth century possess is to be found in the work of a master of prose. Chateaubriand is the genius of the revolt against the classical fetish.

His temperament is as modern as that of Verlaine.

INTRODUCTION

He is the realization of the type foreshadowed, with certain gross limitations, by Rousseau in the *Confessions*, *Émile*, and *La Nouvelle Héloïse*,—the type of the lonely, self-analytical soul that sees all the world through the darkened glass of its own moods. He is so intensely individual that the only characters in his fictions which really live are faithful reflections of his own personality ; the rest are the shadows of shades. Though he has left hardly any verse, he had in a supreme degree the sensitive imagination of the poet ; any one who has studied his work carefully will be astonished, when he reads modern French poetry, to find so great a part of it apparently consisting of Chateaubriand rendered in verse. He is the pioneer of the Romantic movement; his deep sense of man's unity with nature is echoed in Lamartine's *Le Lac* as clearly as his wonderful descriptive power is reflected in Leconte de Lisle's *Sommeil du Condor*, in *Les Éléphants* and in a hundred other 'pictorial' poems. In Vigny and Musset we find something of his haunting sense of the *lacrymae rerum*, and in the latter, at any rate, the same luxury of regret ; and his idea of the epic of Christianity and his historical method are distinctly traceable in Hugo's *Légende des Siècles*. He is the genius, as we said, of the revolt against the Classical tradition, which had dwindled at the beginning of the nineteenth century to a mere lifeless mimicry of forms that were themselves essentially derivative. He represents, too, the revolt against pagan mythology; he is weary, as he says somewhere, of a nature that is peopled with a crowd of undignified gods, and he extols the finer conception of a single soul pervading all natural things. His point of view is distinctly aesthetic ; it is

the imaginative beauty of Christianity that appeals to him,
—another modern characteristic. Above all, he has the
sense of composition, of literary structure;—a sense
which France, of all countries, is the least likely to lose,
but one which had grown very feeble at the end of the
eighteenth century. He was a consummate artist. He,
and not Chénier, whose works he read some time before
their publication in 1822, is the protagonist of modern
French poetry.

Another and earlier writer of prose shares with Chateau-
briand the honour of being a founder of the Romantic
tradition. In *La Littérature considérée dans ses rapports
avec les Institutions sociales* Madame de Staël had ex-
pounded her theory of the distinction between the Northern
and Southern literary temperaments, and in a subsequent
work, *De l'Allemagne*, she developed this theory further,
insisting on the importance of the Northern literature, and
revealing to France two elements from which her poetry
had long been estranged, the grotesque and the *macabre*.
It is after the publication of these books that the influence
of other European literatures, which we find in Voltaire
and Jean-Jacques Rousseau, begins to assume an extreme
importance. Shakespeare becomes more than a mere
name; Byron and Walter Scott are regarded as the high
priests of sentiment and local colour, and the cult of the
' Gothic Age ', that phantasmagoria of wicked barons and
snow-pale princesses, of grim donjons and sinister forests
where all the devils lurk, becomes a fever :—

> Voilà que de partout, des eaux, des monts, des bois,
> Les larves, les dragons, les vampires, les gnomes,
> Des monstres dont l'enfer rêve seul les fantômes,

La sorcière, échappée aux sépulcres déserts,
Volant sur le bouleau qui siffle dans les airs,
Les nécromants, parés de tiares mystiques
Où brillent flamboyants des mots cabalistiques,
Et les graves démons, et les lutins rusés,
Tous par les toits rompus, par les portails brisés,
Par les vitraux détruits que mille éclairs sillonnent,
Entrent dans le vieux cloître où leurs flots tourbillonnent.

But all this fustian of ogres and broomsticks was only the first wild exuberance of the Romantic spirit, the excessive delight of a poetry that found itself free at last from the galling chain of rule and convention. A great part of it was polemical: when Gautier writes *Albertus*, ' he only does it to annoy' the prim personages who still try to floor the youth of 1830 with the Classical cudgel; and the careless insolence of some of Musset's early poems has the same end in view. The true value of the Romantic movement lies, not in its *couleur locale*, its Gothic pinnacles and Spanish balconies, but in its ultimate return to genuine personal expression instead of rhetoric, in the new richness and lyrical quality of its language, and the new variety of its poetical forms.

For the first twenty years of the century the little bad poets of the Empire—Millevoye, Chênedollé, and the rest —continued to perpetrate their amiable nothings, until, in 1820, the appearance of Lamartine's *Méditations* inaugurated the great period of French lyrical verse. The book was welcomed with intense enthusiasm; here at last, it seemed, was the poet of the new France, the singer whose voice was exquisite with all the vague yearning of modern idealism and all the poignant melancholy of modern regret; a poet intensely personal and sincere, with few but very noble ideas, and with a richness of diction and mastery of harmonious verse that must have seemed like witchcraft to the little rimers of the Empire.

He was not destined to be alone in greatness. The magnificent poetry of Hugo began with the publication of the *Odes* in 1822, and soon afterwards came the *Poèmes Antiques et Modernes* of Alfred de Vigny,—first-fruits of a genius which only reached its full dignity many years later. The golden galleon of romance set all sail for Eldorado; *Cromwell* was published, with its polemical preface: and the simultaneous apparition of *Hernani* and the too famous *pourpoint* of Théophile Gautier showed the opponents of the new spirit, as a contemporary remarked, that the theatre had become the veritable abomination of desolation. Sainte-Beuve, himself a poet who had 'died young', joined the *cénacle*, and his critical influence became apparent in the technique of the subsequent works of Hugo; and Alfred de Musset, the wayward, idle apprentice of the Romantic movement, amazed the world with *Namouna*.

After the first fervours of enthusiasm had waned, and when the battle was won and the Académie Française rose to the occasion with an honourable surrender, the conquerors began to set their house in order, and to define, though not to contract, the bounds of their own domain. There was a recrudescence of that spirit of orderliness which seems eternal in French literature; a new Classical spirit, with none of the warping rules of the dead tradition, is apparent in the dignified restraint that all the great poets manifest in their treatment of the language. With Musset—to take as an instance the most irresponsible

of them—wild licence has matured into noble freedom ;
and the *Lettre à Lamartine* and the *Nuits* express the
most personal emotion with the utmost—with a classic—
dignity. A kindred restraint gives Alfred de Vigny's
later poems their austere grandeur :—

> Depuis le premier jour de la création,
> Les pieds lourds et puissants de chaque Destinée
> Pesaient sur chaque tête et sur toute action.
>
> Chaque front se courbait et traçait sa journée,
> Comme le front d'un bœuf creuse un sillon profond
> Sans dépasser la pierre où sa ligne est bornée.
>
> Ces froides déités liaient le joug de plomb
> Sur le crâne et les yeux des hommes leurs esclaves,
> Tous errants, sans étoile, en un désert sans fond ;
>
> Levant avec effort leurs pieds chargés d'entraves,
> Suivant le doigt d'airain dans le cercle fatal,
> Le doigt des Volontés inflexibles et graves.

And we find the same quality in Hugo's mature work :—

> Tout reposait dans Ur et dans Jérimadeth ;
> Les astres émaillaient le ciel profond et sombre ;
> Le croissant fin et clair parmi ces fleurs de l'ombre
> Brillait à l'occident, et Ruth se demandait,
>
> Immobile, ouvrant l'œil à moitié sous ses voiles,
> Quel dieu, quel moissonneur de l'éternel été
> Avait, en s'en allant, négligemment jeté
> Cette faucille d'or dans le champ des étoiles.

It was to majestic harmonies of this kind that the wild
music of Romance gradually developed. As regards sub-
ject, also, the great poets freed themselves from anything
that was conventional in the Romantic revival ; Hugo,

allowing wrath to 'embitter the sweet mouth of song',
aired his political hatreds in *Les Châtiments*, and wrote
the epic of the world in the *Légende des Siècles*; and the
Vigny of *Les Destinées*, with his stoical pessimism and
abiding idea of Nature as *la grande indifférente*, seems very
distant from the Vigny of *Madame de Soubise*.

> S'il est vrai qu'au Jardin sacré des Écritures
> Le Fils de l'homme ait dit ce qu'on voit rapporté ;
> Muet, aveugle et sourd au cri des créatures,
> Si le Ciel nous laissa comme un monde avorté,
> Le juste opposera le dédain à l'absence,
> Et ne répondra plus que par un froid silence
> Au silence éternel de la Divinité.

It would require considerable ingenuity to trace the
intimate connexion between these lines and the epoch that
adored *Hernani* and sang *Avez-vous vu dans Barcelone*.

There was, however, one poet who was content to
remain for his whole life a Romantic in the sense in which
that word was used in 1830. Théophile Gautier has
stolen our hearts away so often with his exquisitely
finished poems that when we are compelled to admit that
he is not in a line with the great poets of the nineteenth
century we feel self-convicted of treachery to a benefactor.
For the readers who hold that poetry can be great in-
dependently of great ideas Gautier is naturally and logically
the king of rime, but they who hold the contrary opinion
are compelled, when they read him, to sigh the lack of
many a thing they sought. He is a master of descriptive
poetry, an incomparable word-painter, a carver of gems ;
any one who reads the best poems in *Émaux et Camées*
will afterwards discover that they absolutely decline to be

forgotten ; but we remember them as we remember fragments of music, or colour in some picture : seldom because they are the noble expression of noble thoughts. They never appeal to our profound emotions, for the simple reason that they were constructed unemotionally, or rather, with the highly restrained emotion that an artist in ivory feels when he executes an extremely intricate piece of work. Gautier would have said that this was precisely the kind of emotion that the poet should feel. And this is the shibboleth of his camp. From him, and still more from Leconte de Lisle, the poets of the *Parnasse Contemporain* of 1866 claim their descent. Their return to a rigid theory of versification was a reaction against the loose methods of various disciples of Lamartine and Hugo ; a deliberate conspiracy (to quote M. Sully Prudhomme, one of their most distinguished poets) 'against the excessively facile line, the line which is feeble and flabby, fluid as water, and as formless'. The passion for order once again obsesses French verse ; no matter how exotic or commonplace his ideas, this phantom bestrides Pegasus behind the poet : it is equally obvious in the terrible and haunting dreams of Baudelaire and in the agreeable palinodes of Banville. We may view the future of poetry in France without foreboding, conscious that, in spite of the amusing revolts of transient eccentricity, the love of symmetry, the desire for comely order, will never wholly forsake the art of a nation so justly famous for her tradition of harmony in construction and clearness in idea.

ST. JOHN LUCAS.

AUTEUR INCONNU

XIIᵉ Siècle

1

Belle Erembor

QUANT vient en mai que l'on dit as lons jors,
　　Que Franc de France repairent de roi cort,
Reynauz repaire devant el premier front,
Si s'en passa lez lo meis Erembor,
Ainz n'en dengna le chief drecier amont.
　　　　E! Reynaut amis!

Bele Erembors à la fenestre au jor
Sor ses genolz tient paile de color.
Voit Frans de France qui repairent de cort
E voit Reynaut devant el premier front.
En haut parole, si a dit sa raison:
　　　　'E! Reynaut amis!

'Amis Reynaut, j'ai jà véu cel jor
Se passisoiz selon mon pere tor,
Dolans fussiez se ne parlasse à vos.
—Jel mesfaïstes, fille d'empereor.
Autrui amastes, si obliastes nos.
　　　　—E! Reynaut amis!

'Sire Reynaut, je m'en escondirai;
A cent puceles sor sainz vos jurerai,
A trente dames que avuec moi menrai,
C'oncques nul home fors vostre cors n'amai.
Prennez l'emmende, et je vous baiserai.
　　　　E! Reynaut amis!'

Li cuens Reynauz en monta lo degré.
Gros par espaules, greles par lo baudré,
Blonde ot lo poil menu recercelé,
En nule terre n'ot si biau bacheler.
Voit l'Erembors, si comence à plorer.
        E ! Reynaut amis !

Li cuens Reynauz est montez en la tor,
Si s'est asis en un lit point à flors,
Dejoste lui se siet bele Erembors ;
Lors recomencent lor premieres amors.
        E ! Reynaut amis !

2   *Gaiete et Oriour*

XIIᵉ Siècle

LOU samedi a soir, fat la semainne,
      Gaiete et Oriour, serors germainnes,
Main et main vont bagnier a la fontainne.
        Vante l'or et li raim crollent :
        Ki s'entraimment soueif dorment.

L'anfes Gerairs revient de la cuitainne,
S'ait choisie Gaiete sor la fontainne,
Antre ses bras l'ait pris, soueif l'a strainte.
        Vante . . .

'Quant avras, Oriour, de l'ague prise,
Reva toi an arriere, bien seis la ville :
Je remanrai Gerairt ke bien me priset.'
        Vante . . .

Or s'en vat Oriour teinte et marrie ;
Des euls s'an vat plorant, de cuer sospire,
Cant Gaie sa serour n'anmoinnet mie.
        Vante . . .

'Laise', fait Oriour, 'com mar fui nee!
J'ai laxiet ma serour an la vallee.
L'anfes Gerairs l'anmoine an sa contree.'
  Vante . . .

L'anfes Gerairs et Gaie s'en sont torneit,
Lor droit chemin ont pris vers la citeit:
Tantost com il i vint l'ait espouseit.
  Vante l'or et li raim crollent,
  Ki s' entraimment soueif dorment.

3   *Pastourelle*

XIIIᵉ Siècle

DE Saint-Quentin a Cambrai
  Chevalchoie l'autre jour.
Lés un boisson esgardai,
Touse i vi de bel atour:
  La colour
Ot fresche com rose en mai.
  De cuer gai
Chantant la trovai
Ceste chansonnete:
'En non Deu, j'ai bel ami,
  Cointe et joli,
Tant soie je brunete.'

Vers la pastoure tornai,
Quant la vi en son destour,
Hautement la saluai,
Et dis 'Deus vos doinst bon jour
  Et honour!

Celle ke ci trové ai,
        Sans delai
Ses amis serai.'
Dont dist la doucete :
'En non Deu, j'ai bel ami
        Cointe et joli,
Tant soie je brunete.'

Delés li seoir alai,
Et li priai de s'amour.
Celle dist : 'Je n'amerai
Vos ne autrui par nul tour,
        Sens pastour
Robin, ke fiancié l'ai.
        Joie en ai,
Si en chanterai
Ceste chansonnete :
'En non Deu, j'ai bel ami,
        Cointe et joli,
Tant soie je brunete.'

GUILLAUME DE MACHAULT

c. 1290-†1377

Rondeau

4

BLANCHE com lys, plus que rose vermeille,
    Resplendissant com rubis d'Oriant,
En remirant vo biauté non pareille,
Blanche com lys, plus que rose vermeille,
Suy si ravis que mes cuers toudis veille
Afin que serve à loy de fin amant,
Blanche com lys, plus que rose vermeille,
Resplendissant com rubis d'Oriant.

1337-† c. 1410

5 *Ballade*

SUS toutes flours tient on la rose à belle,
    Et, en après, je croi, la violette.
La flour de lys est belle, et la perselle ;
La flour de glay est plaisans et parfette ;
Et li pluisour aiment moult l'anquelie ;
Le pyonier, le muget, la soussie,
Cascune flour a par li sa merite.
Mès je vous di, tant que pour ma partie :
Sus toutes flours j'aimme la Margherite.

Car en tous temps, plueve, gresille ou gelle,
Soit la saisons ou fresce, ou laide, ou nette,
Ceste flour est gracieuse et nouvelle,
Douce et plaisans, blancete et vermillette ;
Close est à point, ouverte et espanie ;
Jà n'i sera morte ne apalie.
Toute bonté est dedens li escripte,
Et pour un tant, quant bien g'i estudie :
Sus toutes flours j'aimme la Margherite.

Mès trop grant duel me croist et renouvelle
Quant me souvient de la douce flourette ;
Car enclose est dedens une tourelle,
S'a une haie au devant de li fette,
Qui nuit et jour m'empeche et contrarie ;
Mès s'Amours voelt estre de mon aye
Jà pour creniel, pour tour ne pour garite
Je ne lairai qu'à occoision ne die :
Sus toutes flours j'aimme la Margherite.

1340-†1410

6   *Virelay*

SUI je, sui je, sui je belle?

Il me semble, a mon avis,
Que j'ay beau front et doulz viz
Et la bouche vermeillette;
Dittes moy se je suis belle.

J'ay vers yeulx, petits sourcis,
Le chief blont, le nez traitis,
Ront menton, blanche gorgette;
Sui je, sui je, sui je belle.

J'ay dur sain et hault assis,
Lons bras, gresles doys aussis,
Et par le faulz sui greslette;
Dittes moy se je suis belle.

J'ay bonnes rains, ce m'est vis,
Bon dos, bon cul de Paris,
Cuisses et gambes bien faictes;
Sui je, sui je, sui je belle?

J'ay piez rondès et petiz,
Bien chaussans, et biaux habis,
Je sui gaye et foliette;
Dittes moy se je sui belle.

J'ay mantiaux fourrez de gris,
J'ay chapiaux, j'ay biaux proffis
Et d'argent mainte espinglette;
Sui je, sui je, sui je belle?

J'ay draps de soye et tabis,
J'ay draps d'or et blans et bis,
J'ay mainte bonne chosette;
Dittes moy se je sui belle.

Que .xv. ans n'ay, je vous dis;
Moult est mes tresors jolys,
S'en garderay la clavette;
Sui je, sui je, sui je belle?

Bien devra estre hardis
Cilz qui sera mes amis,
Qui ara tel damoiselle;
Dittes moy se je sui belle.

Et par Dieu je li plevis
Que tresloyal, se je vis,
Li seray, si ne chancelle;
Sui je, sui je, sui je belle?

Se courtois est et gentilz,
Vaillans, apers, bien apris,
Il gaignera sa querelle;
Dittes moy se je sui belle.

C'est un mondains paradiz
Que d'avoir dame toudis,
Ainsi fresche, ainsi nouvelle;
Sui je, sui je, sui je belle?

Entre vous accouardiz,
Pensez a ce que je diz;
Cy fine ma chansonelle;
Sui je, sui je, sui je belle?

7   *Balade amoureuse*

Comment l'amant, a un jour de Penthecouste ou moys de
May, trouva s'amie par amours cueillant roses en un
jolis jardin

L E droit jour d'une Penthecouste,
    En ce gracieux moys de May,
Celle ou j'ay m'esperance toute
En un jolis vergier trouvay
Cueillant roses, puis lui priay :
Baisiez moy. Si dit : Voulentiers.
Aise fu ; adonc la baisay
Par amours, entre les rosiers.

Adonc n'ot ne paour ne doubte,
Mais de s'amour me confortay ;
Espoir fu des lors de ma route,
Ains meilleur jardin ne trouvay.
De la me vient le bien que j'ay,
L'octroy et li doulx desiriers
Que j'oy, comme je l'acolay,
Par amours, entre les rosiers.

Cilz doulx baisier oste et reboute
Plus de griefz que dire ne say
De moy ; adoucie est trestoute
Ma douleur ; en joye vivray.
Le jour et l'eure benistray
Dont me vint li tresdoulx baisiers,
Quant ma dame lors encontray
Par amours, entre les rosiers.

L'ENVOY

Prince, ma dame à point trouvay
Ce jour, et bien m'estoit mestiers ;
De bonne heure la saluay,
Par amours, entre les rosiers.

8   *Balade*

OR n'est il fleur, odour ne violette,
        Arbre, esglantier, tant ait douceur en lui,
Beauté, bonté, ne chose tant parfaitte,
Homme, femme, tant soit blanc ne poli,
Crespe ne blont, fort, appert ne joli,
Saige ne foul, que Nature ait formé,
Qui a son temps ne soit viel et usé,
Et que la mort a sa fin ne le chace,
Et, se viel est, qu'il ne soit diffamé :
Viellesce est fin et jeunesce est en grace.

La flour en may et son odour delecte
Aux odorans, non pas jour et demi ;
En un moment vient li vens qui la guette ;
Cheoir la fait ou la couppe par mi.
Arbres et gens passent leur temps ainsi :
Riens estable n'a Nature ordonné,
Tout doit mourir ce qui a esté né ;
Un povre acés de fievre l'omme efface,
Ou aage viel, qui est determiné :
Viellesce est fin et jeunesce est en grace.

Pourquoy fait donc dame ne pucellette
Si grant dangier de s'amour a ami,

Qui sechera soubz le pié com l'erbette?
C'est grant folour. Que n'avons nous mercy
L'un de l'autre? Quant tout sera pourry,
Ceuls qui n'aiment et ceuls qui ont amé,
L'y refusant, seront chetif clamé,
Et li donnant aront vermeille face,
Et si seront au monde renommé :
Viellesce est fin et jeunesce est en grace.

L'ENVOY

Prince, chascun doit en son josne aé
Prandre le temps qui lui est destiné.
En l'aage viel tout le contraire face :
Ainsis ara les deux temps en chierté.
Ne face nul de s'amour grant fierté :
Veillesce est fin et jeunesce est en grace.

9

Balade

(Sur la mort de Bertrand du Guesclin)

ESTOC d'oneur et arbres de vaillance,
   Cuer de lyon esprins de hardement,
La flour des preux et la gloire de France,
Victorieux et hardi combatant,
Saige en vos fais et bien entreprenant,
      Souverain homme de guerre,
Vainqueur de gens et conquereur de terre,
Le plus vaillant qui onques fust en vie,
Chascun pour vous doit noir vestir et querre :
Plourez, plourez flour de chevalerie.

O Bretaingne, ploure ton esperance,
Normandie, fay son entierement,

10

Guyenne aussi, et Auvergne or t'avence,
Et Languedoc, quier lui son mouvement.
Picardie, Champaigne et Occident
    Doivent pour plourer acquerre
Tragediens, Arethusa requerre
Qui en eaue fut par plour convertie,
Afin qu'a touz de sa mort les cuers serre :
Plourez, plourez flour de chevalerie.

Hé ! gens d'armes, aiez en remembrance
Vostre pere, vous estiez si enfant ;
Le bon Bertran, qui tant ot de puissance,
Qui vous amoit si amoureusement ;
Guesclin crioit ; priez devotement
    Qu'il puist paradis conquerre ;
Qui dueil n'en fait et qui ne prie il erre,
Car du monde est la lumiere faillie :
De tout honeur estoit la droicte serre :
Plourez, plourez flour de chevalerie.

10   *Balade*

         (A Geffroy Chaucier)

O SOCRATES plains de philosophie,
    Seneque en meurs et Anglux en pratique,
Ovides grans en ta poeterie,
Bries en parler, saiges en rethorique,
Aigles treshautz, qui par ta theorique
Enlumines le regne d'Enèas,
L'Isle aux Geans, ceuls de Bruth, et qui as
Semé les fleurs et planté le rosier,
Aux ignorans de la langue pandras,
Grant translateur, noble Geffroy Chaucier.

Tu es d'amours mondains Dieux en Albie :
Et de la Rose, en la terre Angelique,
Qui d'Angela saxonne, et puis flourie
Angleterre, d'elle ce nom s'applique
Le derrenier en l'ethimologique,
En bon anglès le livre translatas
Et un vergier ou du plant demandas
De ceuls qui font pour eulx auctorisier,
A ja longtemps que tu edifias,
Grant translateur, noble Geffroy Chaucier.

A toy pour ce de la fontaine Helye
Requier avoir un buvraige autentique
Dont la doys est du tout en ta baillie,
Pour rafrener d'elle ma soif ethique,
Qui en Gaule seray paralitique
Jusques a ce que tu m'abuveras.
Eustaces sui, qui de mon plant aras :
Mais pran en gré les euvres d'escolier
Que par Clifford de moy avoir pourras,
Grant translateur, noble Geffroy Chaucier.

L'ENVOY

Poete hault, loenge destruye,
En ton jardin ne seroye qu'ortie :
Considere ce que j'ai dit premier,
Ton noble plant, ta douce mélodie.
Mais pour sçavoir, de rescripre te prie,
Grant translateur, noble Geffroy Chaucier.

11   *Rondel*

VENEZ a mon jubilé :
        J'ay passé la cinquantaine :

Tout mon bon temps est alé :
Venez a mon jubilé.

Mon corps est tout affolé.
Adieu ! de moy vous souviengne !
Venez a mon jubilé :
J'ay passé la cinquantaine.

CHRISTINE DE PISAN

c. 1363—†c. 1430

12   *Balade*

OR est venu le trés gracieux mois
        De May le gay, ou tant a de doulçours,
Que ces vergiers, ces buissons et ces bois
Sont tout chargiez de verdure et de flours,
        Et toute riens se resjoye.
Parmi ces champs tout flourist et verdoye,
Ne il n'est riens qui n'entroublie esmay,
Pour la doulçour du jolis moys de May.

Ces oisillons vont chantant par degois,
Tout s'esjouïst partout de commun cours,
Fors moy, helas ! qui sueffre trop d'anois,
Pour ce que loings je suis de mes amours ;
        Ne je ne pourroye avoir joye,
Et plus est gay le temps et plus m'anoye.
Mais mieulx cognois adès s'oncques amay,
Pour la doulçour du jolis mois de May.

13

Dont regretter en plourant maintes fois
Me fault cellui, dont je n'ay nul secours ;
Et les griefs maulx d'amours plus fort cognois,
Les pointures, les assaulx et les tours,
    En ce doulz temps, que je n'avoye
Oncques mais fait ; car toute me desvoye
Le grant desir qu'adès trop plus ferme ay,
Pour la doulçour du jolis mois de May.

13   *Balade*

TANT avez fait par vostre grant doulçour,
    Trés doulz ami, que vous m'avez conquise.
Plus n'y convient complainte ne clamour,
Ja n'y ara par moy deffense mise.
Amours le veult par sa doulce maistrise,
Et moy aussi le vueil, car, se m'ait Dieux,
Au fort c'estoit folour quant je m'avise
De reffuser ami si gracieux.

Et j'ay espoir qu'il a tant de valour
En vous, que bien sera m'amour assise,
Quant de beaulté, de grace et tout honnour
Il y a tant que c'est drois qu'il souffise ;
Si est bien drois que sur tous vous eslise ;
Car vous estes digne d'avoir trop mieulx,
Et j'ay eu tort, quant tant m'avez requise,
De reffuser ami si gracieux.

Si vous retienne et vous donne m'amour,
Mon fin cuer doulz, et vous pri que faintise
Ne soit en vous, ne nul autre faulx tour ;
Car toute m'a entierement acquise

14

Vo doulz maintien, vo maniere rassise,
Et vos trés doulx amoureux et beaulz yeux.
Si aroye grant tort en toute guise
De reffuser ami si gracieux.

Mon doulz ami, que j'aim sur tous et prise,
J'oy tant de bien de vous dire en tous lieux
Que par raison devroye estre reprise
De reffuser ami si gracieux.

14   *Balade*

J ADIS par amours amoient
    Et les dieux et les deesses,
Ce dit Ovide, et avoient
Pour amours maintes destresses;
Foi, loiaulté et promesses
Tenoient sanz decepvoir,
Se les fables dient voir.

Et du ciel jus descendoient,
Non obstant leurs grans hauteces,
Et a estre amez queroient
Les haulz dieux pleins de nobleces;
Pour amours leurs grans richeces
Mettoient en nonchaloir,
Se les fables dient voir.

Lors si trés contrains estoient,
Nymphes et enchanteresses,
Et les dieux qui lors regnoient,
Satirielz et maistresses,
D'amours, qu'a trop grans largeces
Mettoient corps et avoir,
Se les fables dient voir.

Pour ce, princes et princepces
Doivent amer et savoir
D'amours toutes les adresces,
Se les fables dient voir.

Rondeaux

i

15

RIANS vairs yeulx, qui mon cuer avez pris
    Par vos regars pleins de laz amoureux,
A vous me rens, si me tiens eüreux
D'estre par vous si doulcement surpris.

On ne pourroit sommer le trés grant pris
De vos grans biens qui tant sont savoureux,
Rians vairs yeulx, qui mon cuer avez pris.

Tant estes doulz, plaisant et bien apris,
Qu'ou monde n'a homme si doulereux
Que, s'un regart en avoit doulcereux,
Que tantost n'eust par vous confort repris,
Rians vairs yeulx, qui mon cuer avez pris.

ii

16

SE souvent vais au moustier
    C'est tout pour veoir la belle
Fresche com rose nouvelle.

D'en parler n'est nul mestier,
Pour quoy fait on tel nouvelle
Se souvent vais au moustier?

Il n'est voye ne sentier
Ou je voise que pour elle;
Folz est qui fol m'en appelle
Se souvent vais au moustier.

17

iii

Dure chose est a soustenir
  Quant cuer pleure et la bouche chante.
Et de faire dueil se tenir,
Dure chose est a soustenir.

Faire le fault qui soustenir
Veult honneur qui mesdisans hante,
Dure chose est a soustenir.

ALAIN CHARTIER

c. 1386-†1449

18   *Ballade*

O folz des folz, et les folz mortelz hommes,
  Qui vous fiez tant és biens de fortune
En celle terre, és pays où nous sommes,
Y avez vous de chose propre aucune?
Vous n'y avez chose vostre nes-une
Fors les beaulx dons de grace et de nature.
Se Fortune donc, par case d'adventure,
Vous toult les biens que vostre vous tenez,
Tort ne vous fait, ainçois vous fait droicture,
Car vous n'aviez riens quand vous fustes nez.

Ne laissez plus le dormir à grans sommes
En vostre lict, par nuit obscure et brune,
Pour acquester richesses a grans sommes,
Ne convoitez choses dessoubs la lune,
Ne de Paris jusques à Pampelune,
Fors ce qui fault, sans plus, à creature
Pour recouvrer sa simple nourriture;
Suffise vous d'estre bien renommez,
Et d'emporter bon loz en sepulture:
Car vous n'aviez riens quand vous fustes nez.

Les joyeulx fruicts des arbres, et les pommes,
Au temps que fut toute chose commune,
Le beau miel, les glandes et les gommes
Souffisoient bien à chascun et chascune.
Et pour ce fut sans noise et sans rancune.
Soyez contens des chaulx et des froidures,
Et me prenez Fortune doulce et seure.
Pour vos pertes, griesve dueil n'en menez,
Fors à raison, à point, et à mesure,
Car vous n'aviez riens quand vous fustes nez.

Se fortune vous fait aucune injure,
C'est de son droit, jà ne l'en reprenez,
Et perdissiez jusques à la vesture :
Car vous n'aviez riens quand vous fustes nez.

AUTEUR INCONNU

19   *Complainte populaire*

XVe Siècle

'GENTILZ gallans de France,
       Qui en la guerre allez,
Je vous prie qu'il vous plaise
Mon amy saluer.'

'Comment le saluroye
Quant point ne le congnois ?'
'Il est bon a congnoistre,
Il est de blanc armé ;

'Il porte la croix blanche,
Les esperons dorez,
Et au bout de sa lance
Ung fer d'argent doré.'

'Ne plorez plus, la belle,
Car il est trespassé :
Il est mort en Bretaigne,
Les Bretons l'ont tué.

'J'ay veu faire sa fousse
L'orée d'ung vert pré,
Et veu chanter sa messe
A quatre cordelliers.'

20 *Complainte Normande d'un Auteur
inconnu*

XVe Siècle

HELLAS! Ollivier Basselin,
N'orrons nous poinct de vos nouvelles ?
Vous ont les Engloys mys à fin ?

.   .   .   .   .   .

Vous soulliés gayement chanter
Et demener joyeuse vye,
Et les bons compagnons hanter
Par le pays de Normandye.
Jusqu'à Sainct Lô, en Cotentin,
En une compaignye moult belle,
Oncques ne vu tel pellerin.

.   .   .   .   .   .

Les Engloys ont faict desraison
Aux compaignons du Vau de Vire
Vous n'orrez plus dire chanson
A ceulx qui les soulloient bien dire.

Nous priron Dieu de bon cueur fin
Et la doulce Vierge Marie
Qu'il doint aux Engloys male fin.
Dieu le Pere si les mauldye !

CHARLES D'ORLEANS

Ballades

21

i

EN regardant vers le païs de France,
    Ung jour m'avint, à Dovre sur la mer,
Qu'il me souvint de la doulce plaisance
Que je souloye oùdit païs trouver.
Si commençay de cueur à souspirer,
Combien certes que grant bien me faisoit
De veoir France, que mon cueur amer doit.

Je m'avisay que c'estoit non sçavance
De tels soupirs dedens mon cueur garder,
Veu que je voy que la voye commence
De bonne paix, qui tous biens peut donner.
Pour ce, tournay en confort mon penser :
Mais non pourtant mon cueur ne se lassoit
De veoir France, que mon cueur amer doit.

Alors, chargeay en la nef d'esperance
Tous mes souhaitz, en les priant d'aler
Oultre la mer, sans faire demourance,
Et à France de me recommander.
Or, nous doint Dieu bonne paix sans tarder
Adonc auray loisir, mais qu'ainsi soit,
De veoir France, que mon cueur amer doit.

ENVOI

Paix est tresor qu'on ne peut trop louer,
Je hé guerre, point ne la doit priser ;
Destourbé m'a longtemps, soit tort ou droit,
De veoir France, que mon cueur amer doit.

ii

NOUVELLES ont couru en France
　　Par maints lieux, que j'estoye mort;
Dont avoient peu de desplaisance
Aucuns qui me hayent à tort.
Autres en ont eu desconfort,
Qui m'ayment de loyal vouloir,
Comme mes bons et vrais amis.
Si fais à toutes gens sçavoir
Qu'encore est vive la souris.

Je n'ay éu mal ne grevance,
Dieu mercy, mais suis sain et fort;
Et passe temps en esperance
Que Paix, qui trop longuement dort,
S'esveillera et par accort
A tous fera liesse avoir.
Pour ce, de Dieu soient maudis
Ceulx qui sont dolents de veoir
Qu'encore est vive la souris.

Jeunesse sur moi a puissance;
Mais Vieillesse fait son esfort
De m'avoir en sa gouvernance,
A present faillira son sort:
Je suis assez loin de son port.
De plourir vueil garder mon hoir
Loué soit Dieu de paradis
Qui m'a donné force et povoir
Qu'encore est vive la souris.

ENVOI

Nul ne porte pour moy le noir,
On vent meillieur marché drap gris;
Or tiengne chascun, pour tout voir,
Qu'encore est vive la souris.

iii

PRIEZ pour paix, douce Vierge Marie,
    Reine des cieux et du monde maistresse,
Faites prier, par vostre courtoisie,
Saints et saintes, et prenez vostre adresse
Vers vostre fils, requérant sa hautesse
Qu'il lui plaise son peuple regarder
Que de son sang a voulu racheter,
En deboutant guerre qui tout desvoie ;
De prières ne vous veuillez lasser,
Priez pour paix, le vrai trésor de joie.

Priez, prélats et gens de sainte vie,
Religieux, ne dormez en paresse,
Priez, maistres et tous suivant clergie,
Car par guerre faut que l'estude cesse ;
Moustiers destruits sont sans qu'on les redresse,
Le service de Dieu vous faut laisser,
Quand ne pouvez en repos demeurer ;
Priez si fort que briefment Dieu vous oie,
L'Église veut à ce vous ordonner ;
Priez pour paix, le vrai trésor de joie.

Priez, princes qui avez seigneurie,
Rois, ducs, comtes, barons pleins de noblesse,
Gentils hommes avec chevalerie ;
Car meschants gens surmontent gentillesse ;
En leurs mains ont toute vostre richesse,
Debats les font en haut estat monter,
Vous le pouvez chascun jour voir à clair,
Et sont riches de vos biens et monnoie,
Dont vous deussiez le peuple supporter ;
Priez pour paix, le vrai trésor de joie.

Priez, peuples qui souffrez tyrannie,
Car vos seigneurs sont en telle faiblesse
Qu'ils ne peuvent vous garder pour maistrie,
Ni vous aider en votre grand destresse ;
Loyaux marchands, la selle si vous blesse
Fort sur le dos, chacun vous vient presser
Et ne pouvez marchandise mener,
Car vous n'avez sûr passage ni voie,
En maint péril vous convient-il passer ;
Priez pour paix, le vrai trésor de joie.

ENVOI

Dieu tout-puissant nous vueille conforter
Toutes choses en terre, ciel et mer,
Priez vers lui que brief en tout pourvoie ;
En lui seulement est de tous maux amender ;
Priez pour paix, le vrai trésor de joie.

24   *iv*

Las ! Mort qui t'a fait si hardie
    De prendre la noble Princesse
Qui estoit mon confort, ma vie,
Mon bien, mon plaisir, ma richesse !
Puis que tu as prins ma maistresse,
Prens moy aussi son serviteur,
Car j'ayme mieulx prouchainement
Mourir que languir en tourment,
En paine, soussi et doleur.

Las ! de tous biens estoit garnie
Et en droicte fleur de jeunesse !
Je prie à Dieu qu'il te maudie,
Faulse Mort, plaine de rudesse !

23

Se prise l'eusses en vieillesse,
De ne fust pas si grant rigueur ;
Mais prise l'as hastivement
Et m'as laissié piteusement
En paine, soussi et doleur.

Las ! Je suis seul sans compagnie !
Adieu ma Dame, ma liesse !
Or est nostre amour departie,
Non pour tant, je vous fais promesse
Que de prieres, à largesse,
Morte vous serviray de cueur,
Sans oublier aucunement ;
Et vous regretteray souvent
En paine, soussi et doleur.

ENVOI

Dieu, sur tout souverain Seigneur,
Ordonnez par grace et doulceur,
De l'ame d'elle, tellement
Qu'elle ne soit pas longuement
En paine, soussi et doleur.

Rondeaux

i

L E temps a laissié son manteau
    De vent, de froidure et de pluye,
Et s'est vestu de brouderie,
De soleil luyant, cler et beau.

    Il n'y a beste, ne oyseau,
Qu'en son jargon ne chant ou crie :
Le temps a laissié son manteau
De vent, de froidure et de pluye.

Riviere, fontaine et ruisseau
Portent, en livrée jolie,
Gouttes d'argent et d'orfaverie,
Chascun s'abille de nouveau.
Le temps a laissié son manteau.

26

ii

LES fourriers d'Esté sont venus
    Pour appareillier son logis,
Et ont fait tendre ses tappis
De fleurs et de verdure tissus.

En estendant tappis velus
De verte herbe par le pais,
Les fourriers d'Esté sont venus
Pour appareillier son logis.
Cueurs d'ennuy pieça morfondus,
Dieu mercy, sont sains et jolis;
Alez vous en, prenez pais,
Yver, vous ne demourrez plus;
Les fourriers d'Esté sont venus.

27

iii

DIEU, qu'il la fait bon regarder,
    La gracieuse, bonne et belle!
Pour les grans biens qui sont en elle,
Chascun est prest de la louer.

Qui se pourroit d'elle lasser!
Tousjours sa beaulté renouvelle.
Dieu, qu'il la fait bon regarder,
La gracieuse, bonne et belle!
Par deçà, ne delà la mer,
Ne sçay Dame ne Demoiselle
Qui soit en tous biens parfais telle;

C'est un songe que d'y penser.
Dieu, qu'il la fait bon regarder !

28   *iv*

ALLEZ-VOUS-EN, allez, allez,
    Soussi, Soing et Merencolie,
Me cuidez-vous, toute ma vie,
Gouverner, comme fait avez ?

    Je vous promet que non ferez ;
Raison aura sur vous maistrie :
Allez-vous-en, allez, allez,
Soussie, Soing et Merencolie.

    Se jamais plus vous retournez
Avecques vostre compaignie,
Je pri à Dieu qu'il vous maudie
Et ce par qui vous reviendrez :
Allez-vous-en, allez, allez.

29   *v*

LAISSEZ-MOY penser à mon aise,
    Hélas ! donnez m'en le loysir.
Je devise avecques Plaisir,
Combien que ma bouche se taise.

    Quand Merencolie mauvaise
Me vient maintes fois assaillir,
Laissez-moy penser à mon aise,
Hélas ! donnez m'en le loysir.

    Car afin que mon cueur rapaise,
J'appelle Plaisant-Souvenir,
Qui tantost me vient resjoüir.
Pour ce, pour Dieu ! ne vous desplaise,
Laissez-moy penser à mon aise.

30

vi

SALUEZ moy toute la compaignie
  Où à present estes à chiere lie,
Et leur dictes que voulentiers seroye
Avecques eulx, mais estre n'y porroye,
Pour Vieillesse qui m'a en sa baillie.

  Au temps passé, Jeunesse si jolie
Me gouvernoit ; las ! or n'y suis je mye,
Et pour cela, pour Dieu, que excusé soye ;
Saluez moy toute la compaignie
Où à present estes à chiere lie,
Et leur dictes que voulentiers seroye.

  Amoureux fus, or ne le suis je mye
Et en Paris menoye bonne vie ;
Adieu Bon temps, ravoir ne vous saroye,
Bien sanglé fus d'une estroite courroye.

  Que, par Aige, convient que la deslie.
Saluez moy toute la compaignie.

FRANÇOIS VILLON

1431-?

31　*Les Regrets de la belle Hëaulmiere*

ADVIS m'est que j'oy regreter
  La belle qui fut hëaulmiere,
Soy jeune fille soushaicter
Et parler en telle maniere :
'Ha ! viellesse felonne et fiere,
Pourquoi m'as si tost abatue ?
Qui me tient ? Qui ? que ne me fiere ?
Et qu'a ce coup je ne me tue ?

27

'Tollu m'as la haulte franchise
Que beaulté m'avoit ordonné
Sur clers, marchans et gens d'Eglise :
Car lors, il n'estoit homme né
Qui tout le sien ne m'eust donné,
Quoi qu'il en fust des repentailles,
Mais que luy eusse habandonné
Ce que reffusent truandailles.

'A maint homme l'ay reffusé,
Que n'estoit à moy grant sagesse,
Pour l'amour d'ung garson rusé,
Auquel j'en faisoie largesse.
A qui que je feisse finesse,
Par m'ame, je l'amoye bien !
Or ne me faisoit que rudesse,
Et ne m'amoit que pour le mien.

'Si ne me sceut tant detrayner,
Fouler au piez, que ne l'amasse,
Et m'eust il fait les rains trayner,
Si m'eust dit que je le baisasse,
Que tous mes maulx je n'oubliasse.
Le glouton, de mal entechié,
M'embrassoit. . . . J'en suis bien plus grasse !
Que m'en reste il ? Honte et pechié.

'Or est il mort, passé trente ans,
Et je remains vielle, chenue.
Quant je pense, lasse ! au bon temps,
Quelle fus, quelle devenue ;
Quant me regarde toute nue,
Et je me voy si tres changée,
Povre, seiche, mesgre, menue,
Je suis presque toute enragée.

'Qu'est devenu ce front poly,
Ces cheveulx blons, sourcilz voultiz,
Grant entrœil, le regart joly,
Dont prenoie les plus soubtilz ;
Ce beau nez droit, grant ne petit ;
Ces petites joinctes oreilles,
Menton fourchu, cler vis traictiz,
Et ces belles levres vermeilles ?

'Ces gentes espaulles menues ;
Ces bras longs et ces mains traictisses ;
Petiz tetins, hanches charnues,
Eslevées, propres, faictisses
A tenir amoureuses lisses ;
Ces larges rains, ce sadinet
Assis sur grosses fermes cuisses,
Dedens son petit jardinet ?

'Le front ridé, les cheveux gris,
Les sourcilz cheuz, les yeulz estains,
Qui faisoient regars et ris,
Dont mains marchans furent attains ;
Nez courbes, de beaulté loingtains ;
Oreilles pendans et moussues ;
Le vis pally, mort et destains ;
Menton froncé, levres peaussues :

'C'est d'umaine beaulté l'yssue !
Les bras cours et les mains contraites,
Les espaulles toutes bossues ;
Mamelles, quoy ! toutes retraites ;
Telles les hanches que les tetes.
Du sadinet, fy ! Quant des cuisses,
Cuisses ne sont plus, mais cuissetes,
Grivelées comme saulcisses.

'Ainsi le bon temps regretons
Entre nous, povres vielles sotes,
Assises bas, à crouppetons,
Tout en ung tas comme pelotes,
A petit feu de chenevotes
Tost allumées, tost estaintes;
Et jadis fusmes si mignotes! . . .
Ainsi emprent à mains et maintes.'

32   *Grant Testament, xxxviii–xli*

SI ne suis, bien le considere,
    Filz d'ange, portant dyademe
D'estoille ne d'autre sidere.
Mon pere est mort, Dieu en ait l'ame;
Quant est du corps, il gist soubz lame . . .
J'entens que ma mere mourra,
—Et le scet bien, la povre femme—
Et le filz pas ne demourra.

Je congnois que povres et riches,
Sages et folz, prestres et laiz,
Nobles, villains, larges et chiches,
Petiz et grans, et beaulx et laiz,
Dames à rebrassez collez,
De quelconque condicion,
Portans atours et bourrelez,
Mort saisit sans exception.

Et meure Paris et Helaine,
Quiconques meurt, meurt à douleur
Telle qu'il pert vent et alaine;
Son fiel se creve sur son cueur,

Puis sue, Dieu scet quelle sueur !
Et n'est qui de ses maulx l'alege :
Car enfant n'a, frere ne seur,
Qui lors voulsist estre son plege.

La mort le fait fremir, pallir,
Le nez courber, les vaines tendre,
Le col enfler, la chair mollir,
Joinctes et nerfs croistre et estendre.
Corps femenin, qui tant est tendre,
Poly, souef, si precieux,
Te fauldra il ces maulx attendre ?
Oy, ou tout vif aller es cieulx.

33   *Ballade*

Des Dames du Temps jadis

DICTES moy où, n'en quel pays,
    Est Flora, la belle Rommaine ;
Archipiada, ne Thaïs,
Qui fut sa cousine germaine ;
Echo, parlant quand bruyt on maine
Dessus riviere ou sus estan,
Qui beaulté ot trop plus qu'humaine ?
Mais où sont les neiges d'antan !

Où est la tres sage Helloïs,
Pour qui fut chastré et puis moyne
Pierre Esbaillart à Saint-Denis ?
Pour son amour ot cest essoyne.
Semblablement, où est la royne
Qui commanda que Buridan
Fust gecté en ung sac en Saine ?
Mais où sont les neiges d'antan !

La royne Blanche comme lis,
Qui chantoit à voix de seraine ;
Berte au grant pié, Bietris, Allis ;
Haremburgis qui tint le Maine,
Et Jehanne, la bonne Lorraine,
Qu'Englois brulerent à Rouan ;
Où sont elles, Vierge souvraine ? . . .
Mais où sont les neiges d'antan !

ENVOI

Prince, n'enquerez de sepmaine
Où elles sont, ne de cest an,
Que ce reffrain ne vous remaine :
Mais où sont les neiges d'antan !

34   *Double Ballade*

POUR ce, aimez tant que vouldrez,
    Suyvez assemblées et festes,
En la fin ja mieulx n'en vauldrez
Et si n'y romprez que vos testes :
Folles amours font les gens bestes ;
Salmon en ydolatria ;
Samson en perdit ses lunetes.
Bien est eureux qui riens n'y a !

Orpheüs, le doux menestrier,
Jouant de fleustes et musetes,
En fut en danger de murtrier
Chien Cerberus à quatre testes ;
Et Narcisus, le bel honnestes,
En ung parfont puis se noya,
Pour l'amour de ses amouretes . . .
Bien est eureux qui riens n'y a !

Sardana, le preux chevalier,
Qui conquist le regne de Cretes,
En voulut devenir moullier
Et filler entre pucelletes.
David le roy, sage prophetes,
Crainte de Dieu en oublia,
Voyant laver cuisses bien faites . . .
Bien est eureux qui riens n'y a!

Amon en voulst deshonnourer,
Faignant de menger tarteletes,
Sa seur Thamar, et desflourer,
Qui fut inceste deshonnestes;
Herodes—pas ne sont sornetes—
Saint Jean Baptiste en decola
Pour dances, saulx, et chansonnetes . .
Bien est eureux qui riens n'y a!

De moy, povre, je vueil parler;
J'en fuz batu, comme à ru toiles,
Tout nu, ja ne le quiers celer.
Qui me feist mascher ces groselles,
Fors Katherine de Vausselles?
Noel le tiers est, qui fut là.
Mitaines à ces nopces telles,
Bien est eureux qui riens n'y a!

Mais que ce jeune bachelier
Laissast ces jeunes bacheletes,
Non! et, le deust on vif brusler
Comme ung chevaucheur d'escouvetes,
Plus doulces luy sont que civetes.
Mais toutesfoys fol s'y fya:
Soient blanches, soient brunetes,
Bien est eureux qui riens n'y a!

33

35

Ballade

Des Femmes de Paris.

QUOY qu'on tient belles langagieres
    Florentines, Veniciennes,
Assez pour estre messagieres,
Et mesmement les anciennes ;
Mais, soient Lombardes, Rommaines,
Genevoises, à mes perilz,
Pimontoises, Savoisiennes,
Il n'est bon bec que de Paris.

De tres beau parler tiennent chayeres,
Se dit-on, les Neapolitaines,
Et sont tres bonnes caquetieres
Allemandes et Pruciennes ;
Soient Grecques, Egipciennes,
De Hongrie ou d'autre pays,
Espaignolles ou Castellaines,
Il n'est bon bec que de Paris.

Brettes, Suysses, n'y sçavent gueres,
Gasconnes, n'aussi Toulousaines ;
De Petit Pont deux harangieres
Les concluront ; et les Lorraines,
Engloises et Calaisiennes,
—Ay je beaucoup de lieux compris ?—
Picardes de Valenciennes ;
Il n'est bon bec que de Paris.

ENVOI

Prince, aux dames Parisiennes
De beau parler donne le pris ;
Quoy qu'on die d'Italiennes,
Il n'est bon bec que de Paris.

36 *Grant Testament, lxxiv–lxxix*

OU nom de Dieu, comme j'ay dit,
    Et de sa glorieuse Mere,
Sans pechié soit parfait ce dit
Par moy, plus nesgre que chimere.
Si je n'ai eu fievre eufumere,
Ce m'a fait divine clemence;
Mais d'autre dueil et perte amere
Je me tais, et ainsi commence :

Premier, je donne ma povre ame
A la benoiste Trinité,
Et la commande à Nostre Dame,
Chambre de la divinité;
Priant toute la charité
Des dignes neuf Ordres des cieulx,
Que par eulx soit ce don porté
Devant le Trosne precieux.

Item, mon corps je donne et laisse
A nostre grant mere la terre;
Les vers n'y trouveront grant gresse :
Trop luy a fait fain dure guerre.
Or luy soit delivré grant erre :
De terre vint, en terre tourne.
Toute chose, se par trop n'erre,
Voulentiers en son lieu retourne.

Item, et à mon plus que pere
Maistre Guillaume de Villon
Qui esté m'a plus doulx que mere :
Enfant eslevé de maillon,

Degeté m'a de maint boullon,
Et de cestuy pas ne s'esioye,
Si luy requiers à genoullon,
Qu'il n'en laisse toute la joye.

Je luy donne ma librairie,
Et le *Rommant du Pet au Deable*,
Lequel Maistre Guy Tabarie
Grossa qui est homs veritable.
Par cayers est soubz une table.
Combien qu'il soit rudement fait,
La matiere est si tres notable,
Qu'elle amende tout le mesfait.

Item, donne à ma povre mere
Pour saluer nostre Maistresse,
Qui pour moy ot douleur amere,
Dieu le scet, et mainte tristesse ;
Autre chastel n'ay, ne fortresse,
Où me retraye corps et ame,
Quand sur moy court malle destresse,
Ne ma mere, la povre femme.

37 *Ballade*

*Que Villon feit à la requeste de sa mere pour prier
Nostre-Dame.*

DAME des cieulx, regente terrienne,
    Emperiere des infernaux paluz,
Recevez moy, vostre humble chrestienne,
Que comprinse soye entre vos esleuz,
Ce non obstant qu'oncques rien ne valuz.
Les biens de vous, ma dame et ma maistresse,

Sont trop plus grans que ne suis pecheresse,
Sans lesquelz biens ame ne peut merir
N'avoir les cieulx, je n'en suis jungleresse.
En ceste foi je vueil vivre et mourir.

A vostre Filz dictes que je suis sienne ;
De luy soyent mes pechiez aboluz :
Pardonne moy comme a l'Egipcienne,
Ou comme il feist au clerc Théophilus,
Lequel par vous fut quitte et absoluz,
Combien qu'il eust au deable fait promesse.
Preservez moy, que ne face jamais ce,
Vierge portant, sans rompure encourir
Le sacrement qu'on celebre à la messe.
En ceste foy je vueil vivre et mourir.

Femme je suis povrette et ancienne,
Qui riens ne sçay ; oncques lettre ne leuz ;
Au moustier voy dont suis paroissienne
Paradis paint, où sont harpes et luz,
Et ung enfer où dampnez sont boulluz :
L'ung me fait paour, l'autre joye et liesse.
La joye avoir me fay, haulte Deesse,
A qui pecheurs doivent tous recourir,
Comblez de foy, sans fainte ne paresse.
En ceste foy je vueil vivre et mourir.

ENVOI

Vous portastes, digne Vierge, princesse,
Iesus regnant, qui n'a ne fin ne cesse.
Le Tout-Puissant, prenant nostre foiblesse,
Laissa les cieulx et nous vint secourir,
Offrit à mort sa tres chiere jeunesse.
Nostre Seigneur tel est, tel le confesse,
En ceste foy je vueil vivre et mourir.

37

Ballade

De bonne doctrine a ceux de mauvaise vie.

CAR ou soies porteur de bulles,
  Pipeur ou hasardeur de dez,
Tailleur de faulx coings, tu te brusles,
Comme ceulx qui sont eschaudez,
Traistres parjurs, de foy vuydez;
Soies larron, ravis ou pilles:
Où en va l'acquest, que cuidez?
Tout aux tavernes et aux filles.

Ryme, raille, cymballe, luttes,
Comme fol, fainctif, eshontez;
Farce, broulle, joue des fleustes;
Fais, es villes et es citez,
Farces, jeux et moralitez;
Gaigne au berlanc, au glic, aux quilles,
Aussi bien va—or escoutez—
Tout aux tavernes et aux filles.

De telz ordures te reculles;
Laboure, fauche champs et prez;
Sers et pense chevaulx et mulles;
S'aucunement tu n'es lettrez;
Assez auras, se prens en grez.
Mais se chanvre broyes ou tilles,
Ne tens ton labour qu'as ouvrez
Tout aux tavernes et aux filles.

ENVOI

Chausses, pourpoins esguilletez,
Robes, et toutes voz drappilles,
Ains que vous fassiez pis, portez
Tout aux tavernes et aux filles.

39 *L'Epitaphe*

*En forme de ballade que feit Villon pour luy et ses
compagnons, s'attendant estre pendu avec eux.*

FRERES humains, qui après nous vivez,
    N'ayez les cuers contre nous endurcis,
Car, se pitié de nous povres avez,
Dieu en aura plus tost de vous mercis.
Vous nous voiez cy atachez cinq, six,
Quant de la chair, que trop avons nourrie,
Elle est pieça devorée et pourrie,
Et nous, les os, devenons cendre et pouldre.
De nostre mal personne ne s'en rie,
Mais priez Dieu que tous nous vueille absouldre!

Se freres vous clamons, pas n'en devez
Avoir desdaing, quoy que fusmes occis
Par justice.   Toutesfois, vous sçavez
Que tous hommes n'ont pas bon sens assis;
Excusez nous—puis que sommes transsis—
Envers le filz de la Vierge Marie,
Que sa grace ne soit pour nous tarie,
Nous preservant de l'infernale fouldre.
Nous sommes mors, ame ne nous harie;
Mais priez Dieu que tous nous vueille absouldre!

La pluye nous a buez et lavez,
Et le soleil desechez et noircis;
Pies, corbeaulx, nous ont les yeux cavez,
Et arraché la barbe et les sourcilz.
Jamais, nul temps, nous ne sommes assis;
Puis çà, puis là, comme le vent varie,
A son plaisir sans cesser nous charie,

Plus becquetez d'oiseaulx que dez à couldre.
Ne soiez donc de nostre confrairie,
Mais priez Dieu que tous nous vueille absouldre !

Prince Jhesus, qui sur tous a maistrie,
Garde qu'Enfer n'ait de nous seigneurie :
A luy n'ayons que faire ne que souldre.
Hommes, icy n'a point de mocquerie,
Mais priez Dieu que tous nous vueille absouldre !

40 *Rondeau*

MORT, j'appelle de ta rigueur,
   Qui m'a ma maistresse ravie,
Et n'es pas encore assouvie,
Se tu ne me tiens en langueur.
Onc puis n'eus force ne vigueur ;
Mais que te nuysoit elle en vie,
     Mort ?
Deux estions, et n'avions qu'ung cuer ;
S'il est mort, force est que devie,
Voire, ou que je vive sans vie,
Comme les images, par cuer,
     Mort !

41 *Grant Testament, clxiii–clxv*

ITEM, j'ordonne à Saincte-Avoye,
   Et non ailleurs, ma sepulture ;
Et—affin que chascun me voie,
Non pas en char, mais en painture—
Que l'on tire mon estature
D'ancre, s'il ne coustoit trop chier.

De tombel? Riens; je n'en ay cure,
Car il greveroit le plancher.

Item, vueil qu'autour de ma fosse
Ce que s'ensuit, sans autre histoire,
Soit escript, en lettre assez grosse,
Et—qui n'auroit point d'escriptoire—
De charbon ou de pierre noire,
Sans en riens entamer le plastre :
Au moins sera de moy memoire
Telle qu'elle est d'ung bon follastre.

CY GIST ET DORT EN CE SOLLIER,
QU'AMOURS OCCIST DE SON RAILLON,
UNG POVRE PETIT ESCOLLIER,
QUI FUST NOMMÉ FRANÇOYS VILLON.
ONCQUES DE TERRE N'OT SILLON.
IL DONNA TOUT, CHASCUN LE SCET :
TABLES, TRESTEAULX, PAIN, CORBEILLON.
AMANS, DICTES-EN CE VERSET.

42

Rondeau

REPOS eternel, donne à cil,
    Sire, et clarté perpetuelle,
Qui vaillant plat ni escuelle
N'eut oncques, n'ung brain de percil.
Il fut rez, chief, barbe et sourcil,
Comme ung navet qu'on ret ou pelle.
    Repos eternel donne à cil.
Rigueur le transmit en exil,
Et luy frappa au cul la pelle,
Non obstant qu'il dit : 'J'en appelle !
Qui n'est pas terme trop subtil.
    Repos eternel donne à cil.

1492–†1549

43 *Chanson Spirituelle*

(*Pensées de la Reine de Navarre, étant dans sa litière
durant la maladie du Roi.*)

O DIEU, qui les vostres aimez,
  J'adresse à vous seul ma complainte ;
Vous, qui les amis estimez,
Voyez l'amour que j'ai sans feinte,
Où par votre loi suis contrainte,
Et par nature et par raison.
J'appelle chaque Saint et Sainte
Pour se joindre à mon oraison.

Las ! celui que vous aimez tant
Est détenu par maladie,
Qui rend son peuple malcontent,
Et moi, envers vous si hardie
Que j'obtiendrai, quoique l'on die,
Pour lui très parfaite santé.
De vous seul ce bien je mendie,
Pour rendre chacun contenté.

Le désir du bien que j'attens
Me donne de travail matière.
Une heure me dure cent ans,
Et me semble que ma litière
Ne bouge ou retourne en arrière,
Tant j'ai de m'avancer désir.
O ! qu'elle est longue, la carrière
Où a la fin gist mon plaisir !

Je regarde de tous costés
Pour voir s'il arrive personne ;

Priant sans cesser, n'en doutez,
Dieu, que santé à mon Roi donne;
Quand nul ne vois, l'œil j'abandonne
A pleurer; puis sur le papier
Un peu de ma douleur j'ordonne:
Voilà mon douloureux mestier.

O! qu'il sera le bienvenu,
Celui qui, frappant à ma porte,
Dira 'Le Roi est revenu
En sa santé très bonne et forte!'
Alors sa sœur, plus mal que morte,
Courra baiser le messager
Qui telles nouvelles apporte,
Que son frère est hors de danger.

CLEMENT MAROT

1495–†1544

44   *Chant de May et de Vertu*

VOULENTIERS en ce moys icy
     La terre mue et renouvelle.
Maintz amoureux en font ainsi,
Subjectz a faire amour nouvelle
Par legiereté de cervelle,
Ou pour estre ailleurs plus contens;
Ma façon d'aymer n'est pas telle,
Mes amours durent en tout temps.

N'y a si belle dame aussi
De qui la beaulté ne chancelle;
Par temps, maladie ou soucy,
Laydeur les tire en sa nasselle;

Mais rien ne peult enlaydir celle
Que servir sans fin je pretens;
Et pource qu'elle est tousjours belle,
Mes amours durent en tout temps.

Celle dont je dy tout cecy,
C'est Vertu, la nymphe eternelle,
Qui au mont d'honneur esclercy
Tous les vrays amoureux appelle:
'Venez, amans, venez (dit elle),
Venez à moi, je vous attens;
Venez (ce dit la jouvencelle),
Mes amours durent en tout temps.'

ENVOI

Prince, fais amye immortelle,
Et à la bien aymer entens;
Lors pourras dire sans cautelle:
'Mes amours durent en tout temps.'

45   *Epistre*

Au Roy, pour avoir esté derobé

ON dict bien vray, la maulvaise Fortune
     Ne vient jamais qu'elle n'en apporte une
Ou deux ou trois avecques elle (Syre).
Vostre cueur noble en sçauroit bien que dire;
Et moy, chetif, qui ne suis Roy ne rien,
L'ay esprouvé, et vous compteray bien,
Si vous voulez, comme vint la besongne.
     J'avois un jour un vallet de Gascongne,
Gourmand, ivrongne, et asseuré menteur,
Pipeur, larron, jureur, blasphemateur,

Sentant la hart de cent pas à la ronde,
Au demourant, le meilleur filz du monde,
Prisé, loué, fort estimé des filles
Par les bordeaulx, et beau joueur de quilles.
  Ce venerable hillot fut adverty
De quelque argent que m'aviez departy,
Et que ma bourse avoit grosse apostume;
Si se leva plus tost que de coustume,
Et me va prendre en tapinoys icelle,
Puis vous la meit tresbien soubz son esselle
Argent et tout (cela se doit entendre),
Et ne croy point que ce fust pour la rendre,
Car oncques puis n'en ay ouy parler.
  Brief, le villain ne s'en voulut aller
Pour si petit; mais encore il me happe
Saye et bonnet, chausses, pourpoint et cappe;
De mes habitz (en effect) il pilla
Tous les plus beaux, et puis s'en habilla
Si justement, qu'à le veoir ainsi estre,
Vous l'eussiez prins (en plein jour) pour son maistre.
  Finablement, de ma chambre il s'en va
Droict à l'estable, où deux chevaulx trouva;
Laisse le pire, et sur le meilleur monte,
Pique et s'en va. Pour abreger le compte,
Soyez certain qu'au partir du dict lieu
N'oublia rien fors qu'à me dire adieu.
  Ainsi s'en va, chatouilleux de la gorge,
Ledict vallet, monté comme un Sainct Georges,
Et vous laissa Monsieur dormir son soul,
Qui au resveil n'eust sceu finer d'un soul.
Ce Monsieur là (Syre) c'estoit moy mesme,
Qui, sans mentir, fuz au matin bien blesme,
Quand je me vey sans honneste vesture,

Et fort fasché de perdre ma monture ;
Mais de l'argent que vous m'aviez donné,
Je ne fuz point de le perdre estonné ;
Car vostre argent (tres debonnaire Prince)
Sans point de faulte est subject à la pince.

    Bien tost après ceste fortune là,
Une autre pire encores se mesla
De m'assaillir, et chascun jour m'assault,
Me menaçant de me donner le sault,
Et de ce sault m'envoyer à l'envers,
Rithmer soubz terre et y faire des vers.

    C'est une lourde et longue maladie
De trois bons moys, qui m'a toute eslourdie
La povre teste, et ne veult terminer,
Ains me contrainct d'apprendre à cheminer
Tant affoibly m'a d'estrange manière ;
Et si m'a faict la cuysse heronniere,
L'estomac sec, le ventre plat et vague :
Quand tout est dit, aussi mauvaise bague
Ou peu s'en fault que femme de Paris,
Saulve l'honneur d'elles et leurs maris.

    Que diray plus au misérable corps
Dont je vous parle il n'est demouré fors
Le povre esprit, qui lamente et souspire,
Et en pleurant tasche à vous faire rire.

    Et pour autant (Syre) que suis à vous,
De trois jours l'un viennent taster mon poulx
Messieurs Braillon, Le Coq, Akaquia,
Pour me garder d'aller jusqu'à *quia*.

    Tout consulté, ont remis au printemps
Ma guarison ; mais, à ce que j'entens,
Si je ne puis au printemps arriver,
Je suis taillé de mourir en yver,

Et en danger, si en yver je meurs,
De ne veoir pas les premiers raisins meurs.
    Voilà comment, depuis neuf moys en ça,
Je suis traicté. Or, ce que me laissa
Mon larronneau, long temps a l'ay vendu,
Et en sirops et julez despendu;
Ce neantmoins, ce que je vous en mande
N'est pour vous faire ou requeste ou demande;
Je ne veulx point tant de gens ressembler,
Qui n'ont soucy autre que d'assembler;
Tant qu'ilz vivront ilz demanderont, eulx;
Mais je commence à devenir honteux,
Et ne veulx plus à voz dons m'arrester.
    Je ne dy pas, si voulez rien prester,
Que ne le prenne. Il n'est point de presteur
(S'il veult prester) qui ne face un debteur.
Et sçavez-vous (Syre) comment le paye?
Nul ne le sçait, si premier ne l'essaye;
Vous me devrez (si je puis) de retour,
Et vous feray encores un bon tour.
A celle fin qu'il n'y ait faulte nulle,
Je vous feray une belle cedulle,
A vous payer (sans usure, il s'entend)
Quand on verra tout le monde content;
Ou si voulez, a payer ce sera
Quand vostre loz et renom cessera.
Et si sentez que soys foible de reins
Pour vous payer, les deux princes Lorrains
Me plegeront. Je les pense si fermes
Qu'ilz ne fauldront pour moy à l'un des termes.
Je sçay assez que vous n'avez pas peur
Que je m'enfuye ou que je soys trompeur;
Mais il faict bon asseurer ce qu'on preste;

Bref, vostre paye, ainsi que je l'arreste,
Est aussi seure advenant mon trespas
Comme advenant que je ne meure pas.

    Avisez donc si vous avez desir
De rien prester; vous me ferez plaisir,
Car puis un peu j'ay basty à Clement,
Là où j'ay faict un grand desboursement;
Et à Marot, qui est un peu plus loing,
Tout tombera, qui n'en aura le soing.

    Voila le poinct principal de ma lettre;
Vous sçavez tout, il n'y fault plus rien mettre.
Rien mettre? Las! Certes, et si feray;
Et ce faisant, mon style j'enfleray,
Disant: 'O Roy amoureux des neuf Muses,
Roy en qui sont leurs sciences infuses,
Roy plus que Mars d'honneur environné,
Roy le plus roy qui fut onc couronné,
Dieu tout puissant te doint pour t'estrenner
Les quatres coings du monde gouverner,
Tant pour le bien de la ronde machine,
Que pour autant que sur tous en es digne.'

46   *Rondeau*

De l'amour du Siècle Antique

AU bon vieulx temps un train d'amour regnoit
    Qui sans grand art et dons se demenoit,
Si qu'un bouquet donné d'amour profonde,
C'estoit donné toute la terre ronde,
Car seulement au cueur on se prenoit.

Et si par cas à jouyr on venoit,
Sçavez-vous bien comme on s'entretenoit?
Vingt ans, trente ans : cela duroit un monde
      Au bon vieulx temps.

Or est perdu ce qu'amour ordonnoit :
Rien que pleurs fainctz, rien que changes on n'oyt ;
Qui vouldra donc qu'à aymer je me fonde,
Il fault premier que l'amour on refonde,
Et qu'on la meine ainsi qu'on la menoit
      Au bon vieulx temps.

Chansons

i

47

QUI veult avoir liesse
    Seulement d'un regard
Vienne veoir ma maistresse
Que Dieu maintienne et gard :
Elle a si bonne grace,
Que celluy qui la veoit
Mille douleurs efface,
Et plus s'il en avoit.

Les vertus de la belle
Me font esmerveiller ;
La souvenance d'elle
Faict mon cueur esveiller ;
Sa beauté tant exquise
Me faict la mort sentir ;
Mais sa grace requise
M'en peult bien garantir.

48 *ii*

PUIS que de vous je n'ay autre visage,
    Je m'en voys rendre hermite en un desert,
Pour prier Dieu, si un autre vous sert,
Qu'autant que moy en vostre honneur soit sage.

Adieu amours, adieu gentil corsage,
Adieu ce tainct, adieu ces frians yeulx.
Je n'ay pas eu de vous grand advantage ;
Un moins aymant aura peult estre mieulx.

49 *iii*

NE sçay combien la haine est dure,
    Et n'ay desir de le sçavoir ;
Mais je sçay qu'amour, qui peu dure,
Faict un grand tourment recevoir.
Amour autre nom deust avoir ;
Nommer le fault fleur ou verdure
Qui peu de temps se laisse veoir.

Nommez le donc fleur ou verdure
Au cueur de mon leger amant ;
Mais en mon cueur qui trop endure,
Nommez le roc ou dyamant :
Car je vy tousjours en aymant,
En aymant celuy qui procure
Que Mort ne voyse consommant.

50 *iv*

CHANGEONS propos, c'est trop chanté d'amours :
    Ce sont clamours, chantons de la serpette :
Tous vignerons ont à elle recours.
C'est leur secours pour tailler la vignette ;

O serpilette, ô la serpillonnette,
La vignolette est par toy mise sus,
Dont les bons vins tous les ans sont yssus.

Le dieu Vulcain, forgeron des haults dieux,
Forgea aux cieulx la serpe bien taillante,
De fin acier trempé en bon vin vieulx,
Pour tailler mieulx et estre plus vaillante.
Bacchus la vante, et dit qu'elle est seante
Et convenante à Noé le bon hom
Pour en tailler la vigne en la saison.

Bacchus alors chappeau de treille avoit,
Et arrivoit pour benistre la vigne ;
Avec flascons Silenus le suyvoit,
Lequel beuvoit aussi droict qu'une ligne ;
Puis il trepigne, et se faict une bigne ;
Comme une guigne estoit rouge son nez ;
Beaucoup de gens de sa race sont nez.

Epigrammes

51 *Le Lieutenant Criminel et Samblançay*

LORS que Maillart, juge d'Enfer, menoit
    A Monfaulcon Samblançay l'ame rendre,
A vostre advis, lequel des deux tenoit
Meilleur maintien ? Pour le vous faire entendre,
Maillart sembloit homme qui mort va prendre,
Et Samblançay fut si ferme vieillart,
Que l'on cuydoit, pour vray, qu'il menast pendre
A Monfaulcon le lieutenant Maillart.

52 *De Oui et de Nenny*

UN doulx Nenny avec un doulx soubzrire
      Est tant honneste, il le vous fault apprendre :
Quant est d'Ouy, si veniez à le dire,
D'avoir trop dict je vouldroys vous reprendre ;
Non que je soys ennuyé d'entreprendre
D'avoir le fruict dont le desir me poinct ;
Mais je vouldroys qu'en le me laissant prendre
Vous me disiez : 'Non, vous ne l'aurez point.'

53 *De l'Abbé et de son Valet*

MONSIEUR l'Abbé et monsieur son valet
      Sont faictz egaulx tous deux comme de cire :
L'un est grand fol, l'autre petit folet ;
L'un veult railler, l'autre gaudir et rire ;
L'un boit du bon, l'autre ne boit du pire ;
Mais un debat au soir entre eulx s'esmeut,
Car maistre abbé toute la nuict ne veult
Estre sans vin, que sans secours ne meure,
Et son valet jamais dormir ne peult
Tandis qu'au pot une goute en demeure.

54 *De Soy Mesme*

PLUS ne suis ce que j'ay esté,
      Et ne le sçaurois jamais estre ;
Mon beau printemps et mon esté
Ont fait le sault par la fenestre.
Amour, tu as esté mon maistre :
Je t'ai servi sur tous les dieux.
O si je pouvois deux fois naistre,
Comme je te servirois mieux !

MELLIN DE SAINT-GELAIS

1487-†1558

55   *Sonnet*

VOYANT ces monts de veue ainsi lointaine,
    Je les compare à mon long desplaisir :
Haut est leur chef et haut est mon desir,
Leur pied est ferme et ma foi est certaine.

D'eux maint ruisseau coule et mainte fontaine,
De mes deux yeux sortent pleurs à loisir ;
De forts souspirs ne me puis dessaisir,
Et de grands vents leur cime est toute pleine.

Mille troupeaux s'y promènent et paissent ;
Autant d'amours se couvent et renaissent
Dedans mon cœur, qui seul est ma pasture ;

Ils sont sans fruict, mon bien n'est qu'aparence ;
Et d'eux à moy n'a qu'une difference,
Qu'en eux la neige, en moy la flamme dure.

PIERRE DE RONSARD

1524-†1585

                     Sonnets

56   i

'AVANT le temps tes tempes fleuriront,
    'De peu de jours ta fin sera bornée,
'Avant le soir se clorra ta journée,
'Trahis d'espoir tes pensers periront :

53

'Sans me flechir tes escrits fletriront,
'En ton desastre ira ma destinée,
'Pour abuser les poëtes je suis née,
'De tes souspirs nos neveux se riront.

'Tu seras fait du vulgaire la fable,
'Tu bastiras sur l'incertain du sable,
'Et vainement tu peindras dans les cieux.'

Ainsi disoit la Nymphe qui m'affolle,
Lorsque le ciel, tesmoin de sa parolle,
D'un dextre éclair fut presage à mes yeux.

57   ii

JE vous envoie un bouquet que ma main
       Vient de trier de ces fleurs epanies :
Qui ne les eust à ce vespre cueillies,
Cheutes à terre elles fussent demain.

Cela vous soit un exemple certain
Que vos beautez, bien qu'elles soient fleuries,
En peu de temps seront toutes flaitries,
Et, comme fleurs, periront tout soudain.

Le temps s'en va, le temps s'en va, ma dame,
Las ! le temps non, mais nous, nous en allons,
Et tost serons estendus sous la lame :

Et des amours desquelles nous parlons,
Quand serons morts, n'en sera plus nouvelle :
Pour ce, aymez-moy, ce pendant qu'estes belle.

58   *iii*

JE veux, me souvenant de ma gentille amie,
   Boire ce soir d'autant, et pour ce, Corydon,
Fay remplir mes flacons, et verse à l'abandon
Du vin pour resjouir toute la compaignie.

Soit que m'amie ait nom ou Cassandre ou Marie,
Neuf fois je m'en vois boire aux lettres de son nom :
Et toi si de ta belle et jeune Madelon,
Belleau, l'amour te poind, je te pri', ne l'oublie.

Apporte ces bouquets que tu m'avois cueillis,
Ces roses, ces œillets, ce jasmin et ces lis :
Attache une couronne à l'entour de ma teste.

Gaignons ce jour icy, trompons nostre trespas :
Peut-estre que demain nous ne reboirons pas.
S'attendre au lendemain n'est pas chose trop preste.

59   *iv*

MARIE, levez-vous, vous estes paresseuse,
   Ja la gaye alouette au ciel a fredonné,
Et ja le rossignol doucement jargonné,
Dessus l'espine assis, sa complainte amoureuse.

Sus debout, allons voir l'herbelette perleuse,
Et vostre beau rosier de boutons couronné,
Et vos œillets mignons ausquels aviez donné
Hier au soir de l'eau d'une main si songneuse.

Harsoir en vous couchant vous jurastes vos yeux,
D'estre plustost que moy ce matin esveillée ;
Mais le dormir de l'aube, aux filles gracieux,

Vous tient d'un doux sommeil encor les yeux sillée.
Ça ça que je les baise et vostre beau tetin
Cent fois pour vous apprendre à vous lever matin.

60   *v*

COMME on void sur la branche au mois de May la rose
     En sa belle jeunesse, en sa premiere fleur,
Rendre le ciel jaloux de sa vive couleur,
Quand l'aube de ses pleurs au poinct du jour l'arrose :

La grace dans sa feuille, et l'amour se repose,
Embasmant les jardins et les arbres d'odeur :
Mais battue ou de pluye ou d'excessive ardeur,
Languissante elle meurt feuille à feuille déclose.

Ainsi en ta premiere et jeune nouveauté,
Quand la terre et le ciel honoroient ta beauté,
La Parque t'a tuée, et cendre tu reposes.

Pour obseques reçoy mes larmes et mes pleurs,
Ce vase plein de laict, ce pannier plein de fleurs,
Afin que vif et mort ton corps ne soit que roses.

61   ·   *vi*

QUAND vous serez bien vieille, au soir, à la chandelle,
     Assise auprès du feu, devidant et filant,
Direz chantant mes vers, en vous esmerveillant :
Ronsard me celebroit du temps que j'estois belle.

Lors vous n'aurez servante oyant telle nouvelle,
Desja sous le labeur à demy sommeillant,
Qui au bruit de mon nom ne s'aille resveillant,
Benissant vostre nom de louange immortelle.

Je seray sous la terre, et, fantosme sans os,
Par les ombres myrteux je prendray mon repos :
Vous serez au fouyer une vieille accroupie,

Regrettant mon amour et vostre fier desdain.
Vivez, si m'en croyez, n'attendez à demain :
Cueillez dès aujourd'huy les roses de la vie.

62   *vii*

(A la Royne d'Ecosse.)

ENCORES que la mer de bien loin nous separe,
 Si est-ce que l'esclair de vostre beau soleil,
De vostre œil qui n'a point au monde de pareil,
Jamais loin de mon cœur par le temps ne s'egare.

Royne, qui enfermez une royne si rare,
Adoucissez vostre ire et changez de conseil;
Le soleil se levant et allant au sommeil
Ne voit point en la terre un acte si barbare.

Peuple, vous forlignez, aux armes nonchalant,
De vos ayeux Renauld, Lancelot et Roland,
Qui prenoient d'un grand cœur pour les dames querelle;

Les gardoient, les sauvoient, où vous n'avez, François,
Ny osé regarder ny toucher le harnois
Pour oster de servage une royne si belle.

63   *viii*

JE veux lire en trois jours l'Iliade d'Homere,
 Et pour ce, Corydon, ferme bien l'huis sur moy:
Si rien me vient troubler, je t'asseure ma foy,
Tu sentiras combien pesante est ma colere.

Je ne veux seulement que nostre chambrière
Vienne faire mon lit, ton compagnon, ny toy;
Je veux trois jours entiers demeurer à requoy,
Pour follastrer, après, une sepmaine entiere.

Mais si quelqu'un venoit de la part de Cassandre,
Ouvre-luy tost la porte, et ne le fais attendre,
Soudain entre en ma chambre, et me vien accoustrer.

Je veux tant seulement à luy seul me monstrer:
Au reste, si un dieu vouloit pour moy descendre
Du ciel, ferme la porte, et ne le laisse entrer.

Odes

64

i

MIGNONNE, allons voir si la rose
    Qui ce matin avoit desclose
Sa robe de pourpre au Soleil,
A point perdu ceste vesprée
Les plis de sa robe pourprée,
Et son teint au vostre pareil.
Las! voyez comme en peu d'espace,
Mignonne, elle a dessus la place
Las! las! ses beautez laissé cheoir!
O vrayment marastre Nature,
Puis qu'une telle fleur ne dure
Que du matin jusques au soir!
Donc, si vous me croyez, mignonne,
Tandis que vostre âge fleuronne
En sa plus verte nouveauté,
Cueillez, cueillez vostre jeunesse:
Comme à ceste fleur la vieillesse
Fera ternir vostre beauté.

65

ii

O FONTAINE Bellerie,
    Belle fontaine cherie
De nos Nymphes quand ton eau
Les cache au creux de ta source
Fuyantes le Satyreau,
Qui les pourchasse à la course
Jusqu'au bord de ton ruisseau:
Tu es la Nymphe eternelle
    De ma terre paternelle:

Pource en ce pré verdelet
Voy ton Poëte qui t'orne
D'un petit chevreau de lait,
A qui l'une et l'autre corne
Sortent du front nouvelet.
L'Esté je dors ou repose
Sus ton herbe, où je compose,
Caché sous tes saules vers,
Je ne sçay quoy, qui ta gloire
Envoira par l'univers,
Commandant à la Memoire
Que tu vives par mes vers.
L'ardeur de la Canicule
Ton verd rivage ne brule,
Tellement qu'en toutes pars
Ton ombre est espaisse et druë
Aux pasteurs venans des parcs,
Aux bœufs las de la charruë,
Et au bestial espars.
Iô, tu seras sans cesse
Des fontaines la princesse,
Moy celebrant le conduit
Du rocher percé, qui darde
Avec un enroué bruit
L'eau de ta source jazarde
Qui trepillante se suit.

66   iii

F AY refraischir mon vin de sorte
        Qu'il passe en froideur un glaçon :
Fay venir Janne, qu'elle apporte
Son luth pour dire une chanson :

Nous ballerons tous trois au son:
Et dy à Barbe qu'elle vienne
Les cheveux tors à la façon
D'une follastre Italienne.
Ne vois tu que le jour se passe?
Je ne vy point au lendemain:
Page, reverse dans ma tasse,
Que ce grand verre soit tout plain.
Maudit soit qui languit en vain:
Ces vieux Medecins je n'appreuve:
Mon cerveau n'est jamais bien sain,
Si beaucoup de vin ne l'abreuve.

67   *iv*

A la Forest de Gastine

COUCHÉ sous tes ombrages vers,
    Gastine, je te chante
Autant que les Grecs par leurs vers
    La forest d'Erymanthe.
Car malin, celer je ne puis
    A la race future
De combien obligé je suis
    A ta belle verdure:
Toy, qui sous l'abry de tes bois
    Ravy d'esprit m'amuses:
Toy, qui fais qu'à toutes les fois
    Me respondent les Muses:
Toy, par qui de ce mechant soin
    Tout franc je me delivre,
Lors qu'en toy je me pers bien loin,
    Parlant avec un livre.

Tes bocages soient tousjours pleins
　　D'amoureuses brigades
De Satyres et de Sylvains,
　　La crainte des Naiades.
En toy habite desormais
　　Des Muses le college,
Et ton bois ne sente jamais
　　La flame sacrilege.

v

A sa Maistresse

JEUNE beauté, mais trop outrecuidée
　　Des presens de Venus,
Quand tu verras ta peau toute ridée
　　Et tes cheveux chenus,
Contre le temps et contre toy rebelle
　　Diras en te tançant,
Que ne pensoy-je alors que j'estoy belle
　　Ce que je vay pensant?
Ou bien, pourquoy à mon desir pareille
　　Ne suis-je maintenant?
La beauté semble à la rose vermeille
　　Qui meurt incontinent.
Voila les vers tragiques, et la plainte
　　Qu'au ciel tu envoyras,
Incontinent que ta face dépainte
　　Par le temps tu voirras.
Tu sçais combien ardemment je t'adore
　　Indocile à pitié,
Et tu me fuis, et tu ne veux encore
　　Te joindre à ta moitié.

O de Paphos, et de Cypre regente,
    Deesse aux noirs sourcis!
Plustost encor que le temps, sois vengente
    Mes desdaignez soucis,
Et du brandon dont les cœurs tu enflames
    Des jumens tout autour,
Brusle-la moy, à fin que de ses flames
    Je me rie à mon tour.

69   *vi*

De l'Election de son sepulchre

ANTRES, et vous fontaines
    De ces roches hautaines
Qui tombez contre-bas
    D'un glissant pas :
Et vous forests et ondes
    Par ces prez vagabondes,
Et vous rives et bois,
    Oyez ma voix.
Quand le ciel et mon heure
    Jugeront que je meure,
Ravy du beau sejour
    Du commun jour,
Je defens qu'on ne rompe
    Le marbre pour la pompe
De vouloir mon tombeau
    Bastir plus beau :
Mais bien je veux qu'un arbre
    M'ombrage en lieu d'un marbre,
Arbre qui soit couvert
    Tousjours de vert.

De moy puisse la terre
 Engendrer un lierre,
 M'embrassant en maint tour
  Tout à l'entour :
Et la vigne tortisse
 Mon sepulcre embellisse,
 Faisant de toutes pars
  Un ombre espars.
Là viendront chaque année
 A ma feste ordonnée
 Avecques leurs troupeaux
  Les pastoureaux :
Puis ayant fait l'office
 De leur beau sacrifice,
 Parlans à l'isle ainsi
  Diront ceci :
Que tu es renommée
 D'estre tombeau nommée
 D'un, de qui l'univers
  Chante les vers !
Et qui onq en sa vie
 Ne fut bruslé d'envie,
 Mendiant les honneurs
  Des grands Seigneurs !
Ny ne r'apprist l'usage
 De l'amoureux breuvage
 Ny l'art des anciens
  Magiciens !
Mais bien à noz campagnes
 Fist voir les Sœurs compagnes
 Foulantes l'herbe aux sons
  De ses chansons.
Car il fist à sa lyre

Si bons accords eslire,
  Qu'il orna de ses chants
    Nous et noz champs.
La douce manne tombe
  A jamais sur sa tumbe,
  Et l'humeur que produit
    En May la nuit.
Tout à l'entour l'emmure
  L'herbe et l'eau qui murmure,
  L'un tousjours verdoyant,
    L'autre ondoyant.
Et nous ayans memoire
  Du renom de sa gloire
  Luy ferons comme à Pan
    Honneur chaque an.
Ainsi dira la troupe,
  Versant de mainte coupe
  Le sang d'un agnelet
    Avec du laict
Desur moy, qui à l'heure
  Seray par la demeure
  Où les heureux espris
    Ont leur pourpris.
La gresle ne la neige
  N'ont tels lieux pour leur siège,
  Ne la foudre oncque là
    Ne devala :
Mais bien constante y dure
  L'immortelle verdure,
  Et constant en tout temps
    Le beau Printemps.
Le soin qui sollicite
  Les Rois, ne les incite

Le monde ruiner
   Pour dominer :
Ains comme freres vivent,
   Et morts encore suivent
   Les mestiers qu'ils avoient
      Quand ils vivoient.
Là, là j'oiray d'Alcée
   La lyre courroucée,
   Et Sapphon qui sur tous
      Sonne plus dous.
Combien ceux qui entendent
   Les chansons qu'ils respandent
   Se doivent resjouir
      De les ouir !
Quand la peine receuë
   Du rocher est deceuë,
   Et quand le vieil Tantal
      N'endure mal !
La seule lyre douce
   L'ennuy des cœurs repousse,
   Et va l'esprit flatant
      De l'escoutant.

70   *vii*

BEL Aubepin fleurissant,
      Verdissant
Le long de ce beau rivage,
Tu es vestu jusqu'au bas
      Des longs bras
D'une lambrunche sauvage.
Deux camps de rouges fourmis
      Se sont mis
En garnison sous ta souche :

Dans les pertuis de ton tronc
  Tout du long
Les avettes ont leur couche.
Le chantre Rossignolet
  Nouvelet,
Courtisant sa bien-aimée,
Pour ses amours alleger
  Vient loger
Tous les ans en ta ramée.
Sur ta cime il fait son ny
  Tout uny
De mousse et de fine soye,
Où ses petits esclorront,
  Qui seront
De mes mains la douce proye.
Or vy, gentil Aubepin,
  Vy sans fin,
Vy sans que jamais tonnerre,
Ou la coignée, ou les vents,
  Ou les temps
Te puissent ruer par terre.

71   *viii*

VERSONS ces roses pres ce vin,
  Pres de ce vin versons ces roses,
Et boivons l'un à l'autre, à fin
Qu'au cœur nos tristesses encloses
Prennent en boivant quelque fin.
La belle Rose du Printemps,
  Aubert, admonneste les hommes
Passer joyeusement le temps,
  Et pendant que jeunes nous sommes,
Esbatre la fleur de nos ans.

Tout ainsi qu'elle defleurit,
  Fanie en une matinée,
  Ainsi nostre âge se flestrit,
  Las! et en moins d'une journée
  Le printemps d'un homme perit.
Ne veis-tu pas hier Brinon
  Parlant et faisant bonne chere,
  Qui las! aujourd'huy n'est sinon
  Qu'un peu de poudre en une biere,
  Qui de lui n'a rien que le nom?
Nul ne desrobe son trespas,
  Caron serre tout en sa nasse,
  Rois et pauvres tombent là bas:
  Mais ce-pendant le temps se passe,
  Rose, et je ne te chante pas.
La Rose est l'honneur d'un pourpris,
  La Rose est des fleurs la plus belle,
  Et dessus toutes a le pris:
  C'est pour cela que je l'appelle
  La violette de Cypris.
La Rose est le bouquet d'Amour,
  La Rose est le jeu des Charites,
  La Rose blanchit tout au tour
  Au matin de perles petites
  Qu'elle emprunte du poinct au jour.
La Rose est le parfum des Dieux,
  La Rose est l'honneur des pucelles,
  Qui leur sein beaucoup aiment mieux
  Enrichir de Roses nouvelles,
  Que d'un or tant soit precieux.
Est-il rien sans elle de beau?
  La Rose embellit toutes choses,
  Venus de Roses a la peau,

Et l'Aurore a les doigts de Roses,
Et le front le Soleil nouveau.
Les Nymphes de Rose ont le sein,
  Les coudes, les flancs et les hanches :
  Hebé de Roses a la main,
  Et les Charites, tant soient blanches,
  Ont le front de Roses tout plein.
Que le mien en soit couronné,
  Ce m'est un Laurier de victoire :
  Sus, appellons le deux-fois-né,
  Le bon pere, et le faison boire,
  De ces Roses environné.
Bacchus, espris de la beauté
  Des Roses aux feuilles vermeilles,
  Sans elles n'a jamais esté,
  Quand en chemise sous les treilles
  Il boit au plus chaud de l'Esté.

72   *L'Alouette*

HÉ Dieu, que je porte d'envie
    Aux felicitez de ta vie,
Alouette, qui de l'amour
Caquettes dés le poinct du jour,
Secouant la douce rosée
En l'air, dont tu es arrosée.
  Davant que Phebus soit levé
Tu enleves ton corps lavé
Pour l'essuyer pres de la nue,
Tremoussant d'une aile menue :
Et te sourdant à petits bons,
Tu dis en l'air de si doux sons

Composez de ta tirelire,
Qu'il n'est amant qui ne desire
Comme toy devenir oyseau,
Pour desgoiser un chant si beau ;
Puis quand tu es bien eslevée,
Tu tombes comme une fusée
Qu'une jeune pucelle au soir
De sa quenouille laisse choir,
Quand au fouyer elle sommeille,
Frappant son sein de son oreille :
Ou bien quand en filant le jour
Voit celui qui luy fait l'amour
Venir pres d'elle à l'impourveue,
De honte elle abaisse la veue,
Et son tors fuscau delié
Loin de sa main roule à son pié.
Ainsi tu roules, Alouette,
Ma doucelette mignonnette,
Qui plus qu'un rossignol me plais
Chantant par un taillis espais.

    Tu vis sans offenser personne,
Ton bec innocent ne moissonne
Le froment, comme ces oyseaux
Qui font aux hommes mille maux,
Soit que le bled rongent en herbe,
Ou soit qu'ils l'egrenent en gerbe :
Mais tu vis par les sillons verds,
De petits fourmis et de vers :
Ou d'une mouche, ou d'une achée
Tu portes aux tiens la bechée,
Ou d'une chenille qui sort
Des feuilles, quand l'Hyver est mort.
    A tort les mensongers Poëtes

Vous accusent vous alouettes
D'avoir vostre pere haï
Jadis jusqu'à l'avoir trahi,
Coupant de sa teste Royale
La blonde perruque fatale,
Dans laquelle un crin d'or portoit
En qui toute sa force estoit.
Mais quoy ! vous n'estes pas seulettes
A qui les mensongers Poëtes
Ont fait grand tort : dedans le bois
Le Rossignol à haute vois
Caché dessous quelque verdure
Se plaint d'eux, et leur dit injure.
Si fait bien l'Arondelle aussi
Quand elle chante son cossi.
Ne laissez pas pourtant de dire
Mieux que devant la tirelire,
Et faites crever par despit
Ces menteurs de ce qu'ils ont dit.

  Ne laissez pour cela de vivre
Joyeusement, et de poursuivre
A chaque retour du Printemps
Vos accoustumez passetemps :
Ainsi jamais la main pillarde
D'une pastourelle mignarde
Parmi les sillons espiant
Vostre nouveau nid pepiant,
Quand vous chantez ne le desrobe
Ou dans son sein ou dans sa robe.
Vivez, oiseaux, et vous haussez
Tousjours en l'air, et annoncez
De vostre chant et de vostre aile
Que le Printemps se renouvelle.

73 *Institution pour l'Adolescence du Roy*
tres-chrestien Charles IX de ce nom

SIRE, ce n'est pas tout que d'estre Roy de France,
  Il faut que la vertu honore vostre enfance :
Un Roy sans la vertu porte le sceptre en vain,
Qui ne luy est sinon un fardeau dans la main.

  Pource on dit que Thetis la femme de Pelée,
Apres avoir la peau de son enfant bruslée,
Pour le rendre immortel, le print en son giron,
Et de nuict l'emporta dans l'antre de Chiron,
Chiron noble centaure, à fin de luy apprendre
Les plus rares vertus dés sa jeunesse tendre,
Et de science et d'art son Achille honorer.

  Un Roy pour estre grand ne doit rien ignorer.
Il ne doit seulement sçavoir l'art de la guerre,
De garder les citez, ou les ruer par terre,
De picquer les chevaux, ou contre son harnois
Recevoir mille coups de lances aux tournois :
De sçavoir comme il faut dresser une embuscade,
Ou donner une cargue ou une camisade,
Se renger en bataille et sous les estendars
Mettre par artifice en ordre les soldars.

  Les Rois les plus brutaux telles choses n'ignorent,
Et par le sang versé leurs couronnes honorent :
Tout ainsi que lions qui s'estiment alors
De tous les animaux estre veuz les plus fors,
Quand ils ont devoré un cerf au grand corsage,
Et ont remply les champs de meurtre et de carnage.

  Mais les Princes mieux naiz n'estiment leur vertu
Proceder ny de sang ny de glaive pointu,
Ny de harnois ferrez qui les peuples estonnent,
Mais par les beaux mestiers que les Muses nous donnent.

71

Quand les Muses, qui sont filles de Jupiter,
(Dont les Rois sont issus) les Rois daignent chanter,
Elles les font marcher en toute reverence,
Loin de leur Majesté banissant l'ignorance :
Et tous remplis de grace et de divinité,
Les font parmy le peuple ordonner equité.

Ils deviennent appris en la Mathematique,
En l'art de bien parler, en Histoire et Musique,
En Physiognomie, à fin de mieux sçavoir
Juger de leurs sujets seulement à les voir.

Telle science sceut le jeune Prince Achille,
Puis sçavant et vaillant fit trebucher Troïlle
Sur le champ Phrygien et fit mourir encor
Devant le mur Troyen le magnanime Hector :
Il tua Sarpedon, tua Pentesilée,
Et par luy la cité de Troye fut bruslée.

Tel fut jadis Thesée, Hercules et Jason,
Et tous les vaillans preux de l'antique saison,
Tel vous serez aussi, si la Parque cruelle
Ne tranche avant le temps vostre trame nouvelle.

Charles, vostre beau nom tant commun à nos Rois,
Nom du Ciel revenu en France par neuf fois,
Neuf fois, nombre parfait (comme cil qui assemble
Pour sa perfection trois triades ensemble),
Monstre que vous aurez l'empire et le renom
De huit Charles passez dont vous portez le nom.
Mais pour vous faire tel il faut de l'artifice,
Et dés jeunesse apprendre à combatre le vice.

Il faut premierement apprendre à craindre Dieu,
Dont vous estes l'image, et porter au milieu
De vostre cœur son nom et sa saincte parole,
Comme le seul secours dont l'homme se console.

En apres, si voulez en terre prosperer,

Vous devez vostre mere humblement honorer,
La craindre et la servir : qui seulement de mere
Ne vous sert pas icy, mais de garde et de pere.

Apres il faut tenir la loy de vos ayeux,
Qui furent Rois en terre et sont là haut aux cieux :
Et garder que le peuple imprime en sa cervelle
Le curieux discours d'une secte nouvelle.

Apres il faut apprendre à bien imaginer,
Autrement la raison ne pourroit gouverner :
Car tout le mal qui vient à l'homme prend naissance
Quand par sus la raison le cuider a puissance.

Tout ainsi que le corps s'exerce en travaillant,
Il faut que la raison s'exerce en bataillant
Contre la monstrueuse et fausse fantaisie,
De peur que vainement l'ame n'en soit saisie.
Car ce n'est pas le tout de sçavoir la vertu :
Il faut cognoistre aussi le vice revestu
D'un habit vertueux, qui d'autant plus offence,
Qu'il se monstre honorable, et a belle apparence.

De là vous apprendrez à vous cognoistre bien,
Et en vous cognoissant vous ferez tousjours bien.
Le vray commencement pour en vertus accroistre,
C'est (disoit Apollon) soy-mesme se cognoistre :
Celuy qui se cognoist est seul maistre de soy,
Et sans avoir Royaume il est vrayment un Roy.

Commencez donc ainsi : puis si tost que par l'âge
Vous serez homme fait de corps et de courage,
Il faudra de vous-mesme apprendre à commander,
A ouyr vos sujets, les voir et demander,
Les cognoistre par nom et leur faire justice,
Honorer la vertu, et corriger le vice.

Malheureux sont les Rois qui fondent leur appuy
Sur l'aide d'un commis, qui par les yeux d'autruy

Voyent l'estat du peuple, et oyent par l'oreille
D'un flateur mensonger qui leur conte merveille.
Tel Roy ne regne pas, ou bien il regne en peur
(D'autant qu'il ne sçait rien) d'offenser un trompeur.
Mais (Sire) ou je me trompe en voyant vostre grace,
Ou vous tiendrez d'un Roy la legitime place :
Vous ferez vostre charge, et comme un Prince doux,
Audience et faveur vous donnerez à tous.

Vostre palais royal cognoistrez en presence,
Et ne commettrez point une petite offence.
Si un Pilote faut tant soit peu sur la mer
Il fera dessous l'eau le navire abysmer.
Si un Monarque faut tant soit peu, la province
Se perd : car volontiers le peuple suit le Prince.

Aussi pour estre Roy vous ne devez penser
Vouloir comme un tyran vos sujets offenser.
De mesme nostre corps vostre corps est de boüe.
Des petits et des grands la Fortune se joüe :
Tous les regnes mondains se font et se desfont,
Et au gré de Fortune ils viennent et s'en-vont,
Et ne durent non-plus qu'une flame allumée,
Qui soudain est esprise, et soudain consumée.

Or, Sire, imitez Dieu, lequel vous a donné
Le sceptre, et vous a fait un grand Roy couronné,
Faites misericorde à celuy qui supplie,
Punissez l'orgueilleux qui s'arme en sa folie :
Ne poussez par faveur un homme en dignité,
Mais choisissez celuy qui l'a bien merité :
Ne baillez pour argent ny estats ny offices,
Ne donnez aux premiers les vacans benefices,
Ne souffrez pres de vous ne flateurs ne vanteurs :
Fuyez ces plaisans fols qui ne sont que menteurs,
Et n'endurez jamais que les langues legeres

Mesdisent des seigneurs des terres estrangeres.

Ne soyez point mocqueur, ne trop haut à la main,
Vous souvenant tousjours que vous estes humain :
Ne pillez vos sujets par rançons ny par tailles,
Ne prenez sans raison ny guerres ny batailles :
Gardez le vostre propre, et vos biens amassez :
Car pour vivre content vous en avez assez.

S'il vous plaist vous garder sans archer de la garde,
Il faut que d'un bon œil le peuple vous regarde,
Qu'il vous aime sans crainte : ainsi les puissans Rois
Ont conservé le sceptre, et non par le harnois.
Comme le corps royal ayez l'ame royale,
Tirez le peuple à vous d'une main liberale,
Et pensez que le mal le plus pernicieux
C'est un Prince sordide et avaricieux.

Ayez autour de vous personnes venerables,
Et les oyez parler volontiers à vos tables :
Soyez leur auditeur comme fut vostre ayeul,
Ce grand François qui vit encores au cercueil.

Soyez comme un bon Prince amoureux de la gloire,
Et faites que de vous se remplisse une histoire
Du temps victorieux, vous faisant immortel
Comme Charles le Grand, ou bien Charles Martel.

Ne souffrez que les grands blessent le populaire,
Ne souffrez que le peuple aux grands puisse desplaire,
Gouvernez vostre argent par sagesse et raison.
Le Prince qui ne peut gouverner sa maison,
Sa femme, ses enfans, et son bien domestique,
Ne sçauroit gouverner une grand' Republique.

Pensez longtemps devant que faire aucuns Edicts :
Mais si tost qu'ils seront devant le peuple dicts,
Qu'ils soient pour tout jamais d'invincible puissance,
Autrement vos Decrets sentiroient leur enfance.

Ne vous monstrez jamais pompeusement vestu,
L'habillement des Rois est la seule vertu.
Que vostre corps reluise en vertus glorieuses,
Et non pas vos habits de perles precieuses.

D'amis plus que d'argent monstrez vous desireux :
Les Princes sans amis sont tousjours malheureux.
Aimez les gens de bien, ayant tousjours envie
De ressembler à ceux qui sont de bonne vie.
Punissez les malins et les seditieux :
Ne soyez point chagrin, despit ne furieux :
Mais honneste et gaillard, portant sur le visage
De vostre gentille ame un gentil tesmoignage.

Or, Sire, pour-autant que nul n'a le pouvoir
De chastier les Rois qui font mal leur devoir,
Punissez vous vous mesme, afin que la justice
De Dieu, qui est plus grand, vos fautes ne punisse.

Je dy ce puissant Dieu dont l'empire est sans bout,
Qui de son throsne assis en la terre voit tout,
Et fait à un chacun ses justices egales,
Autant aux laboureurs qu'aux personnes royales :
Lequel nous supplions vous tenir en sa loy,
Et vous aimer autant qu'il fit David son Roy,
Et rendre comme à luy vostre sceptre tranquille :
Sans la faveur de Dieu la force est inutile.

74   *A son Ame*

A MELETTE Ronsardelette,
    Mignonnelette, doucelette,
Tres-chere hostesse de mon corps,

   Tu descens là bas foiblelette,
   Pasle, maigrelette, seulette,
   Dans le froid royaume des mors ;

Toutefois simple, sans remors,
De meurtre, poison, et rancune,
Mesprisant faveurs et tresors

Tant enviez par la commune.
Passant, j'ai dit : suy ta fortune,
Ne trouble mon repos : je dors.

JOACHIM DU BELLAY

1525-†1560

Sonnets

75   i

VOUS qui aux bois, aux fleuves, aux campaignes,
  A cri, à cor, et à course hative
Suivez des cerfz la trace fugitive
Avec Diane, et les Nymphes compaignes :

Et toi ô Dieu ! qui mon rivage baignes,
A tu point veu une Nymphe craintive,
Qui va menant ma liberté captive
Par les sommez des plus haultes montaignes ?

Helas enfans ! si le sort malheureux
Vous monstre à nu sa cruelle beauté,
Que telle ardeur longuement ne vous tienne.

Trop fut celuy chasseur avantureux,
Qui de ses chiens sentit la cruauté,
Pour avoir veu la chaste Cyntienne.

76 *ii*

SI nostre vie est moins qu'une journée
   En l'eternel, si l'an qui faict le tour
Chasse noz jours sans espoir de retour,
Si perissable est toute chose née,

Que songes-tu, mon ame emprisonnée ?
Pourquoy te plaist l'obscur de nostre jour,
Si pour voler en un plus cler sejour
Tu as au dos l'aele bien empanée ?

La est le bien que tout esprit desire,
La, le repos ou tout le monde aspire,
La est l'amour, la, le plaisir encore.

La, ô mon ame, au plus hault ciel guidée,
Tu y pourras recongnoistre l'Idée
De la beauté, qu'en ce monde j'adore.

77 *iii*

FRANCE, mere des arts, des armes, et des loix,
   Tu m'as nourry long temps du laict de ta mamelle :
Ores, comme un aigneau qui sa nourrisse appelle,
Je remplis de ton nom les antres et les bois.

Si tu m'as pour enfant advoué quelquefois,
Que ne me respons-tu maintenant, ô cruelle ?
France, France, respons à ma triste querelle :
Mais nul, sinon Echo, ne respond à ma voix.

Entre les loups cruels j'erre parmy la plaine,
Je sens venir l'hyver, de qui la froide haleine
D'une tremblante horreur fait herisser ma peau.

Las ! tes autres aigneaux n'ont faute de pasture,
Ils ne craignent le loup, le vent, ny la froidure :
Si ne suis-je pourtant le pire du troppeau.

78   *iv*

M ALHEUREUX l'an, le mois, le jour, l'heure,
      et le poinct,
Et malheureuse soit la flateuse esperance,
Quand pour venir icy j'abandonnay la France :
La France, et mon Anjou, dont le desir me poingt.

Vrayment d'un bon oyseau guidé je ne fus point,
Et mon cœur me donnoit assez signifiance,
Que le ciel estoit plein de mauvaise influence,
Et que Mars estoit lors à Saturne conjoint.

Cent fois le bon advis lors m'en voulut distraire,
Mais tousjours le destin me tiroit au contraire :
Et si mon desir n'eust aveuglé ma raison,

N'estoit-ce pas assez pour rompre mon voyage,
Quand sur le sueil de l'huis, d'un sinistre presage,
Je me blessay le pied sortant de ma maison ?

79   *v*

H EUREUX qui, comme Ulysse, a fait un beau voyage,
      Ou comme cestuy là qui conquit la toison,
Et puis est retourné, plein d'usage et raison,
Vivre entre ses parents le reste de son aage !

Quand revoiray-je, helas, de mon petit village
Fumer la cheminée : et en quelle saison
Revoiray-je le clos de ma pauvre maison,
Qui m'est une province, et beaucoup d'avantage ?

Plus me plaist le sejour qu'ont basty mes ayeux,
Que des palais Romains le front audacieux :
Plus que le marbre dur me plaist l'ardoise fine,

Plus mon Loyre Gaulois, que le Tybre Latin,
Plus mon petit Lyré, que le mont Palatin,
Et plus que l'air marin la doulceur Angevine.

80   *vi*

O QU'HEUREUX est celuy qui peult passer son aage
    Entre pareils à soy! et qui sans fiction,
Sans crainte, sans envie, et sans ambition,
Regne paisiblement en son pauvre mesnage!

Le miserable soing d'acquerir d'avantage
Ne tyrannise point sa libre affection,
Et son plus grand desir, desir sans passion,
Ne s'estend plus avant que son propre heritage.

Il ne s'empesche point des affaires d'autry,
Son principal espoir ne depend que de luy,
Il est sa court, son roy, sa faveur, et son maistre.

Il ne mange son bien en païs estranger,
Il ne met pour autry sa personne en danger,
Et plus riche qu'il est ne voudroit jamais estre.

81   *vii*

JE ne te conteray de Boulongne, et Venise,
    De Padoue, et Ferrare, et de Milan encor',
De Naples, de Florence, et lesquelles sont or'
Meilleures pour la guerre, ou pour la marchandise:

Je te raconteray du siege de l'Eglise,
Qui fait d'oysiveté son plus riche tresor,
Et qui dessous l'orgueil de trois couronnes d'or
Couve l'ambition, la haine, et la feintise:

Je te diray qu'icy le bon heur, et malheur,
Le vice, la vertu, le plaisir, la douleur,
La science honorable, et l'ignorance abonde.

Bref, je diray qu'icy, comme en ce vieil Chaos,
Se trouve (Peletier) confusément enclos
Tout ce qu'on void de bien et de mal en ce monde.

viii

IL fait bon voir (Paschal) un conclave serré,
 Et l'une chambre à l'autre egalement voisine
D'antichambre servir, de salle, et de cuisine,
En un petit recoing de dix pieds en carré :

Il fait bon voir autour le palais emmuré,
Et briguer là dedans ceste troppe divine,
L'un par ambition, l'autre par bonne mine,
Et par despit de l'un, estre l'autre adoré :

Il fait bon voir dehors toute la ville en armes,
Crier, le Pape est fait, donner de faulx alarmes,
Saccager un palais : mais plus que tout cela

Fait bon voir, qui de l'un, qui de l'autre se vante,
Qui met pour cestui-cy, qui met pour cestui-là,
Et pour moins d'un escu dix Cardinaux en vente.

ix

J'AYME la liberté, et languis en service,
 Je n'ayme point la Court, et me fault courtiser,
Je n'ayme la feintise, et me fault deguiser,
J'ayme simplicité, et n'apprens que malice.

Je n'adore les biens, et sers à l'avarice,
Je n'ayme les honneurs, et me les fault priser,
Je veulx garder ma foy, et me la fault briser,
Je cherche la vertu, et ne trouve que vice.

Je cherche le repos, et trouver ne le puis,
J'embrasse le plaisir, et n'esprouve qu'ennuis,
Je n'ayme à discourir, en raison je me fonde :

J'ay le corps maladif, et me fault voyager,
Je suis né pour la Muse, on me fait mesnager :
Ne suis-je pas (Morel) le plus chetif du monde ?

84   x

JE hay du Florentin l'usuriere avarice,
    Je hay du fol Sienois le sens mal arresté,
Je hay du Genevois la rare verité,
Et du Venetien la trop caute malice.

Je hay le Ferrarois pour je ne sçay quel vice,
Je hay tous les Lombards pour l'infidelité,
Le fier Napolitain pour sa grand' vanité,
Et le poltron Romain pour son peu d'exercice.

Je hay l'Anglois mutin, et le brave Escossois,
Le traistre Bourguignon, et l'indiscret François,
Le superbe Espaignol, et l'yvrongne Thudesque :

Bref, je hay quelque vice en chasque nation,
Je hay moymesme encor mon imperfection,
Mais je hay par sur tout un sçavoir pedantesque.

85   xi

FLATTER un crediteur, pour son terme allonger,
    Courtiser un banquier, donner bonne esperance,
Ne suivre en son parler la liberté de France,
Et pour respondre un mot, un quart d'heure y songer :

Ne gaster sa santé par trop boire et manger,
Ne faire sans propos une folle despense,
Ne dire à tous venans tout cela que lon pense,
Et d'un maigre discours gouverner l'estranger :

Cognoistre les humeurs, cognoistre qui demande,
Et d'autant que lon a la liberté plus grande,
D'autant plus se garder que lon ne soit repris :

Vivre avecques chascun, de chascun faire compte :
Voila, mon cher Morel (dont je rougis de honte),
Tout le bien qu'en trois ans à Rome j'ay appris.

86 *D'un Vanneur de Blé aux Vents*

A VOUS troppe legere,
 Qui d'aele passagere
Par le monde volez,
Et d'un sifflant murmure
L'ombrageuse verdure
Doulcement esbranlez,

J'offre ces violettes,
Ces lis et ces fleurettes,
Et ces roses icy,
Ces vermeillettes roses,
Tout freschement écloses,
Et ces œilletz aussi.

De vostre doulce halaine
Eventez ceste plaine,
Eventez ce sejour:
Ce pendant que j'ahanne
A mon blé, que je vanne
A la chaleur du jour.

87 *Villanelle*

E N ce moys delicieux,
 Qu'amour toute chose incite,
Un chacun à qui mieulx mieulx
La doulceur du temps imite,
Mais une rigueur despite
Me faict pleurer mon malheur.
Belle et franche Marguerite,
Pour vous j'ay ceste douleur.

Dedans vostre œil gracieux
Toute doulceur est escrite,
Mais la doulceur de voz yeux
En amertume est confite,
Souvent la couleuvre habite
Dessoubs une belle fleur.
Belle et franche Marguerite,
Pour vous j'ay ceste douleur.

Or puis que je deviens vieux,
Et que rien ne me profite,
Desesperé d'avoir mieulx,
Je m'en iray rendre hermite,
Je m'en iray rendre hermite,
Pour mieulx pleurer mon malheur.
Belle et franche Marguerite,
Pour vous j'ay ceste douleur.

Mais si la faveur des Dieux
Au bois vous avoit conduitte,
Où, desperé d'avoir mieulx,
Je m'en iray rendre hermite :
Peult estre que ma poursuite
Vous feroit changer couleur.
Belle et franche Marguerite,
Pour vous j'ay ceste douleur.

88   *A Ceres*

REGARDE, ô Ceres la grande,
    Danser la rustique bande
Des laboureurs assemblez
A la semence des bledz :

Fay que le grain ne pourrisse
Par la pluie, et ne perisse
Par l'hyver trop avancé
Le sillon ensemencé.
Que la malheureuse avéne
Ne foisonne sur la plaine,
Ny toute autre herbe qui nuit
Au grain dont vient le bon fruict.
Qu'un fort vent meslé de gresle
Ne renverse pesle mesle
Le blé sur terre haulsé
De telle fureur blessé.
Que les oyseaux qui ravissent
Du froument ne se nourrissent,
Ny ces monstres d'animaulx,
Qui font par tout tant de maulx.
Mais fay que le champ nous rende,
Avec une usure grande,
Les grains par nous enserrez
Soubs les sillons labourez.
Ainsi sera. Qu'on espanche
Un plein pot de créme blanche,
Et du miel delicieux,
Coulant avecques vin vieux.
Que l'hostie inviolée,
Avant que d'estre immolée,
Par trois fois d'un heureux tour
Cerne ces bledz à l'entour.
C'est assez. Moissons parfaictes,
Autres festes seront faictes,
Et seront tes cheveux saincts
D'espicz couronnez et ceinctz.

89   *Epitaphe d'un petit Chien*

DESSOUS ceste motte verte
    De lis et roses couverte
Gist le petit Peloton
De qui le poil foleton
Frisoit d'une toyson blanche
Le doz, le ventre, et la hanche.
    Son nez camard, ses gros yeux
Qui n'estoient pas chassieux,
Sa longue oreille velue
D'une soyë crespelue,
Sa queue au petit floquet,
Semblant un petit bouquet,
Sa gembe gresle, et sa patte
Plus mignarde qu'une chatte
Avec ses petits chattons,
Ses quatre petits tetons,
Ses dentelettes d'ivoyre,
Et la barbelette noyre
De son musequin friand :
Bref, tout son maintien riand
Des pieds jusques à la teste,
Digne d'une telle beste,
Meritoient qu'un chien si beau
Eust un plus riche tumbeau.
    Son exercice ordinaire
Estoit de japper et braire,
Courir en hault et en bas,
Et faire cent mille esbas,
Tous estranges et farouches,

Et n'avoit guerre qu'aux mousches,
Qui luy faisoient maint torment.
Mais Peloton dextrement
Leur rendoit bien la pareille :
Car se couchant sur l'oreille,
Finement il aguignoit
Quand quelqu'une le poingnoit :
Lors d'une habile soupplesse
Happant la mouche traistresse,
La serroit bien fort dedans,
Faisant accorder ses dens
Au tintin de sa sonnette
Comme un clavier d'espinette.

   Peloton ne caressoit
Sinon ceulx qu'il cognoissoit,
Et n'eust pas voulu repaistre
D'autre main que de son maistre,
Qu'il alloit tousjours suyvant :
Quelquefois marchoit devant,
Faisant ne sçay quelle feste
D'un gay branlement de teste.

   Peloton tousjours veilloit
Quand son maistre sommeilloit,
Et ne souilloit point sa couche
Du ventre ny de la bouche,
Car sans cesse il gratignoit
Quand ce desir le poingnoit :
Tant fut la petite beste
En toutes choses honneste.

   Le plus grand mal, ce dict-on,
Que feist nostre Peloton,
(Si mal appellé doit estre)
C'estoit d'esveiller son maistre,

Jappant quelquefois la nuict,
Quand il sentoit quelque bruit,
Ou bien le voyant escrire,
Sauter, pour le faire rire,
Sur la table, et trepigner,
Follastrer, et gratigner,
Et faire tumber sa plume,
Comme il avoit de coustume.
Mais quoy? nature ne faict
En ce monde rien parfaict:
Et n'y a chose si belle,
Qui n'ait quelque vice en elle.

Peloton ne mangeoit pas
De la chair à son repas:
Ses viandes plus prisées
C'estoient miettes brisées
Que celuy qui le paissoit
De ses doigts amollissoit:
Aussi sa bouche estoit pleine
Tousjours d'une doulce haleine.

Mon-dieu, quel plaisir c'estoit
Quand Peloton se grattoit,
Faisant tinter sa sonnette
Avec sa teste folette!
Quel plaisir, quand Peloton
Cheminoit sur un baston,
Ou coifé d'un petit linge,
Assis comme un petit singe,
Se tenoit mignardelet
D'un maintien damoiselet!

Ou sur les pieds de derriere
Portant la pique guerriere
Marchoit d'un front asseuré,

Avec un pas mesuré :
Ou couché dessus l'eschine,
Avec ne sçay quelle mine
Il contrefaisoit le mort !
Ou quand il couroit si fort,
Il tournoit comme une boule,
Ou un peloton, qui roule !

    Bref, le petit Peloton
Sembloit un petit mouton :
Et ne feut onc creature
De si benigne nature.

    Las, mais ce doulx passetemps
Ne nous dura pas longtemps :
Car la mort ayant envie
Sur l'ayse de nostre vie,
Envoya devers Pluton
Nostre petit Peloton,
Qui maintenant se pourmeine
Parmi ceste umbreuse plaine,
Dont nul ne revient vers nous.
Que mauldictes soyez-vous,
Filandieres de la vie,
D'avoir ainsi par envie
Envoyé devers Pluton
Nostre petit Peloton :
Peloton qui estoit digne
D'estre au ciel un nouveau signe,
Temperant le Chien cruel
D'un printemps perpetuel.

Antiquitez de Rome

i

90

DIVINS Esprits, dont la poudreuse cendre
Gist sous le fais de tant de murs couvers,
Non vostre loz, qui vif par voz beaux vers
Ne se verra sous la terre descendre,

Si des humains la voix se peult estendre
Depuis icy jusqu'au fond des enfers,
Soient à mon cry les abysmes ouvers,
Tant que d'abas vous me puissiez entendre.

Trois fois cernant sous le voile des cieux
De voz tumbeaux le tour devotieux,
A haulte voix trois fois je vous appelle :

J'invoque icy vostre antique fureur,
En ce pendant que d'une saincte horreur
Je vays chantant vostre gloire plus belle.

ii

91

LE Babylonien ses haults murs vantera,
Et ses vergers en l'air, de son Ephesienne
La Grece descrira la fabrique ancienne,
Et le peuple du Nil ses pointes chantera :

La mesme Grece encor vanteuse publira
De son grand Juppiter l'image Olympienne,
Le Mausole sera la gloire Carienne,
Et son vieux Labyrinth' la Crete n'oublira.

L'antique Rhodien elevera la gloire
De son fameux Colosse, au temple de Memoire :
Et si quelque œuvre encor digne se peult vanter

De marcher en ce ranc, quelque plus grand' faconde
Le dira : quant à moy, pour tous je veulx chanter
Les sept costeaux Romains, sept miracles du monde.

92   *iii*

NOUVEAU venu, qui cherches Rome en Rome,
    Et rien de Rome en Rome n'apperçois,
Ces vieux palais, ces vieux arcz que tu vois,
Et ces vieux murs, c'est ce que Rome on nomme.

Voy quel orgueil, quelle ruine : et comme
Celle qui mist le monde sous les loix,
Pour donter tout, se donta quelquefois,
Et devint proye au temps, qui tout consomme.

Rome de Rome est le seul monument,
Et Rome Rome a vaincu seulement.
Le Tybre seul, qui vers la mer s'enfuit,

Reste de Rome. O mondaine inconstance !
Ce qui est ferme, est par le temps destruit,
Et ce qui fuit, au temps fait resistance.

93   *iv*

CELLE qui de son chef les estoilles passoit,
    Et d'un pied sur Thetis, l'autre dessous l'Aurore,
D'une main sur le Scythe, et l'autre sur le More,
De la terre, et du ciel, la rondeur compassoit,

Juppiter ayant peur, si plus elle croissoit,
Que l'orgueil des Geans se relevast encore,
L'accabla sous ces monts, ces sept monts qui sont ore
Tumbeaux de la grandeur qui le ciel menassoit.

Il luy meist sur le chef la croppe Saturnale,
Puis dessus l'estomac assist la Quirinale,
Sur le ventre il planta l'antique Palatin,

Mist sur la dextre main la hauteur Celienne,
Sur la senestre assist l'eschine Exquilienne,
Viminal sur un pied, sur l'autre l'Aventin.

94   *v*

QUI voudra voir tout ce qu'ont peu nature,
    L'art et le ciel (Rome) te vienne voir :
J'entens s'il peult ta grandeur concevoir
Par ce qui n'est que ta morte peinture.

Rome n'est plus : et si l'architecture
Quelque umbre encor de Rome fait revoir,
C'est comme un corps par magique sçavoir
Tiré de nuict hors de sa sepulture.

Le corps de Rome en cendre est devallé,
Et son esprit rejoindre s'est allé
Au grand esprit de cette masse ronde.

Mais ses escripts, qui son loz le plus beau
Malgré le temps arrachent du tumbeau,
Font son idole errer parmy le monde.

95   *vi*

TELLE que dans son char la Berecynthienne
    Couronnée de tours, et joyeuse d'avoir
Enfanté tant de Dieux, telle se faisoit voir
En ses jours plus heureux ceste ville ancienne :

Ceste ville qui fut plus que la Phrygienne
Foisonnante en enfans, et de qui le pouvoir
Fut le pouvoir du monde, et ne se peult revoir
Pareille à sa grandeur, grandeur sinon la sienne.

Rome seule pouvoit à Rome ressembler,
Rome seule pouvoit Rome faire trembler :
Aussi n'avoit permis l'ordonnance fatale,

Qu'autre pouvoir humain, tant fust audacieux,
Se vantast d'égaler celle qui fit égale
Sa puissance à la terre, et son courage aux cieux.

96   *vii*

TELZ que lon vid jadis les enfans de la Terre,
 Plantez dessus les monts pour eschellé les cieux,
Combattre main à main la puissance des Dieux,
Et Juppiter contre eux, qui ses foudres desserre :

Puis tout soudainement renversez du tonnerre
Tumber deçà delà ces squadrons furieux,
La Terre gemissante, et le Ciel glorieux
D'avoir à son honneur achevé ceste guerre :

Tel encor' on a veu par dessus les humains
Le front audacieux des sept costaux Romains
Lever contre le ciel son orgueilleuse face :

Et telz ores on void ces champs deshonnorez
Regretter leur ruine, et les Dieux asseurez
Ne craindre plus là hault si effroyable audace.

97   *viii*

COMME lon void de loing sur la mer courroucée
 Une montaigne d'eau d'un grand branle ondoyant,
Puis trainant mille flotz, d'un gros choc abboyant
Se crever contre un roc, où le vent l'a poussée :

Comme on void la fureur par l'Aquillon chassée
D'un sifflement aigu l'orage tournoyant,
Puis d'une aile plus large en l'air esbanoyant
Arrester tout à coup sa carriere lassée :

Et comme on void la flamme ondoyant en ces lieux
Se rassemblant en un, s'aguiser vers les cieux,
Puis tumber languissante : ainsi parmy le monde

Erra la Monarchie : et croissant tout ainsi
Qu'un flot, qu'un vent, qu'un feu, sa course vagabonde
Par un arrest fatal s'est venu' perdre icy.

98   *ix*

QUAND ce brave sejour, honneur du nom Latin,
    Qui borna sa grandeur d'Afrique, et de la Bize,
De ce peuple qui tient les bords de la Tamise,
Et de celuy qui void esclorre le matin,

Anima contre soy d'un courage mutin
Ses propres nourissons, sa despouille conquise,
Qu'il avoit par tant d'ans sur tout le monde acquise,
Devint soudainement du monde le butin :

Ainsi quand du grand Tout la fuite retournée,
Où trentesix mil' ans ont sa course bornée,
Rompra des elemens le naturel accord,

Les semences qui sont meres de toutes choses
Retourneront encor à leur premier discord,
Au ventre du Chaos eternellement closes.

99   *x*

QUI voudroit figurer la Romaine grandeur
    En ses dimensions, il ne luy faudroit querre
A la ligne, et au plomb, au compas, à l'equerre,
Sa longueur et largeur, hautesse et profondeur :

Il luy faudroit cerner d'une egale rondeur
Tout ce que l'Ocean de ses longs bras enserre,
Soit où l'Astre annuel eschauffe plus la terre,
Soit où soufle Aquilon sa plus grande froideur.

Rome fut tout le monde, et tout le monde est Rome.
Et si par mesmes noms mesmes choses on nomme,
Comme du nom de Rome on se pourroit passer,

La nommant par le nom de la terre et de l'onde :
Ainsi le monde on peult sur Rome compasser,
Puis que le plan de Rome est la carte du monde.

100   *xi*

TOY qui de Rome emerveillé contemples
    L'antique orgueil, qui menassoit les cieux,
Ces vieux palais, ces monts audacieux,
Ces murs, ces arcz, ces thermes, et ces temples,

Juge, en voyant ces ruines si amples,
Ce qu'a rongé le temps injurieux,
Puis qu'aux ouvriers les plus industrieux
Ces vieux fragmens encor servent d'exemples.

Regarde apres, comme de jour en jour
Rome, fouillant son antique sejour,
Se rebatist de tant d'œuvres divines :

Tu jugeras, que le dæmon Romain
S'efforce encor d'une fatale main
Ressusciter ces poudreuses ruines.

101   *xii*

ESPEREZ-vous que la posterité
    Doive (mes vers) pour tout jamais vous lire?
Esperez-vous que l'œuvre d'une lyre
Puisse acquerir telle immortalité?

Si sous le ciel fust quelque eternité,
Les monuments que je vous ay fait dire,
Non en papier, mais en marbre et porphyre,
Eussent gardé leur vive antiquité.

Ne laisse pas toutefois de sonner,
Luth, qu'Apollon m'a bien daigné donner :
Car si le temps ta gloire ne desrobbe,

Vanter te peux, quelque bas que tu sois,
D'avoir chanté le premier des François,
L'antique honneur du peuple à longue robbe.

Avril

AVRIL, l'honneur et des **bois**
Et des mois :
Avril, la douce espérance
Des fruicts qui sous le coton
Du bouton
Nourissent leur jeune entance.

Avril, l'honneur des prez verds,
Jaunes, pers,
Qui d'une humeur bigarrée
Emaillent de mille fleurs
De couleurs,
Leur parure diaprée.

Avril, l'honneur des soupirs
Des Zéphyrs,
Qui sous le vent de leur ælle
Dressent encor és forests
Des doux rets,
Pour ravir Flore la belle.

Avril, c'est ta douce main
Qui du sein
De la nature desserre
Une moisson de senteurs,
Et de fleurs,
Embasmant l'Air et la Terre.

Avril, l'honneur verdissant,
    Florissant
Sur les tresses blondelettes
De ma Dame et de son sein,
    Tousjours plein
De mille et mille fleurettes.

Avril, la grace, et le ris
    De Cypris,
Le flair et la douce haleine:
Avril, le parfum des Dieux,
    Qui des cieux
Sentent l'odeur de la plaine.

C'est toy courtois et gentil,
    Qui d'exil
Retires ces passagéres,
Ces arondelles qui vont,
    Et qui sont
Du printemps les messagéres.

L'aubespine et l'aiglantin,
    Et le thym,
L'œillet, le lis et ſes roses
En ceste belle saison,
    A foison,
Monstrent leurs robes écloses.

Le gentil rossignolet,
    Doucelet,
Découpe dessous l'ombrage
Mille fredons babillars,
    Frétillars,
Au doux chant de son ramage.

C'est à ton heureux retour
    Que l'amour
Souffle à doucettes haleines,
Un feu croupi et couvert,
    Que l'hyver
Receloit dedans nos veines.

Tu vois en ce temps nouveau
    L'essaim beau
De ces pillardes avettes
Volleter de fleur en fleur,
    Pour l'odeur
Qu'ils mussent en leurs cuissettes.

May vantera ses fraischeurs,
    Ses fruicts meurs,
Et sa feconde rosée,
La manne et le sucre doux,
    Le miel roux,
Dont sa grace est arrosée.

Mais moy je donne ma voix
    A ce mois,
Qui prend le surnom de celle
Qui de l'escumeuse mer
    Veit germer
Sa naissance maternelle.

103 *Sonnet*

LUNE porte-flambeau, seule fille heritiere
    Des ombres de la nuit au grand et large sein,
Seule dedans le ciel qui de plus viste train
Gallopes tes moreaux par la noire carriere :

Seule quand il te plaist qui retiens ta lumiere
D'un œil à demi-clos, puis la versant soudain
Montres le teint vermeil de ton visage plein,
Et les rayons sacrez de ta belle paupiere :

Laisse moy, je te pry, sous le silence ombreux
De tes feux argentez au sejour amoureux
De ces rares beautez qui m'ont l'ame ravie,

Et causent que sans peur j'erre dedans ce bois
Vagabond et seulet, comme toy quelquefois
Pour ton mignon dormeur sur le mont de Latmie.

104 *La Cigalle*

HÂ que nous t'estimons heureuse,
    Gentille Cigalle amoureuse !
Car aussi tost que tu as beu
Dessus les arbrisseaux un peu
De la rosée, aussi contente
Qu'est une Princesse puissante,
Tu fais de ta doucette voix
Tressaillir les monts et les bois.

Tout ce qu'apporte la campagne,
Tout ce qu'apporte la montaigne,
Est de ton propre, au laboureur
Tu plais sur tout : car son labeur

N'offenses, ny portes dommage
N'à luy, ny à son labourage.
Tout homme estime ta bonté,
Douce prophete de l'esté !

La Muse t'aime, et t'aime aussi
Apollon, qui t'a fait ainsi
Doucement chanter, la vieillesse
Comme nous jamais ne te blesse.

O sage, ô fille terre-née,
Aime-chanson, passionnée,
Qui ne fus onc d'affection,
Franche de toute passion,
Sans estre de sang ny de chair,
Presque semblable à Jupiter.

ESTIENNE JODELLE

†1573

105 *Aux cendres de Claude Colet*

SI ma voix, qui me doit bien tost pousser au nombre
Des Immortels, pouvoit aller jusqu'à ton ombre,
COLET, à qui la mort
Se monstra trop jalouse et dépite d'attendre
Que tu eusses parfait ce qui te peut deffendre
De son avare port :

Si tu pouvois encor sous la cadence saincte
D'un Lut, qui gemiroit et ta mort, et ma plainte,
Tout ainsi te ravir,
Que tu te ravissois dessous tant de merveilles,
Lors que durant tes jours je faisois tes oreilles
Sous mes loix s'asservir :

ESTIENNE JODELLE

Tu ferois escouter à la troupe sacrée
Des Manes bien heureux, qui seule se recrée
      Entre les lauriers verds,
Les mots que maintenant devot en mon office
Je rediray neuf fois, pour l'heureux sacrifice
      Que te doivent mes vers.

Mais pource que ma voix, adversaire aux tenebres,
Ne pourroit pas passer par les fleuves funebres,
      Qui de bras tortillez
Vous serrent à l'entour, et dont, peut estre, l'onde
Pourroit souiller mes vers, qui dedans nostre monde
      Ne seront point souillez :

Il me faut contenter, pour mon devoir te rendre,
De tesmoigner tout bas à ta muette cendre,
      Bien que ce soit en vain,
Que ceste horrible Sœur qui a tranché ta vie
Ne trancha point alors l'amitié qui me lie,
      Où rien ne peut sa main.

Que les fardez amis, dont l'amitié chancelle
Sous le vouloir du fort, evitent un JODELLE,
      Obstiné pour vanger
Toute amitié rompue, amoindrie, et volage,
Autant qu'il est ami des bons amis, que l'age
      Ne peut jamais changer.

Sois moy donc un tesmoin, ô toy Tumbe poudreuse,
Sois moy donc un tesmoin, ô toy Fosse cendreuse,
      Qui t'anoblis des os
Desja pourris en toy, sois tesmoin que j'arrache
Maugré l'injuste mort ce beau nom, qui se cache
      Dedans ta poudre enclos.

Vous qui m'accompagnez, ô trois fois trois pucelles,
Qu'on donne à ce beau nom des ailes immortelles,
      Pour voler de ce lieu
Jusqu'à l'autel que tient vostre mere Memoire,
Qui regaignant sans fin sus la mort la victoire,
      D'un homme fait un Dieu.

Pour accomplir mon vœu, je vois trois fois espandre
Trois gouttes de ce laict dessus la seiche cendre,
      Et tout autant de vin;
Tien, reçoy le cyprés, l'amaranthe, et la rose,
O Cendre bien heureuse, et mollement repose
      Icy jusqu'à la fin.

JEAN-ANTOINE DE BAÏF

1532–†1589

106   *Du Printemps*

L A froidure paresseuse
   De l'yver a fait son temps;
Voicy la saison joyeuse
Du délicieux printemps.

La terre est d'herbes ornée,
L'herbe de fleuretes l'est;
La feuillure retournée
Fait ombre dans la forest.

De grand matin, la pucelle
Va devancer la chaleur,
Pour de la rose nouvelle
Cueillir l'odorante fleur.

Pour avoir meilleure grace
Soit qu'elle en pare son sein,
Soit que présent elle en fasse
A son amy, de sa main:

Qui, de sa main l'ayant uë
Pour souvenance d'amour,
Ne la perdra point de vuë,
La baisant cent fois le jour.

Mais oyez dans le bocage
Le flageolet du berger,
Qui agace le ramage
Du rossignol bocager.

Voyez l'onde clere et pure
Se cresper dans les ruisseaux ;
Dedans, voyez la verdure
De ces voisins arbrisseaux.

La mer est calme et bonasse ;
Le ciel est serein et cler,
La nef jusqu'aux Indes passe ;
Un bon vent la fait voler.

Les menageres avetes
Font çà et là un doux fruit,
Voletant par les fleuretes
Pour cueillir ce qui leur duit.

En leur ruche elles amassent
Des meilleures fleurs la fleur,
C'est à fin qu'elles en fassent
Du miel la douce liqueur.

Tout resonne des voix nettes
De toutes races d'oyseaux,
Par les chams, des alouetes,
Des cygnes, dessus les eaux.

Aux maisons, les arondelles,
Les rossignols, dans les boys,
En gayes chansons nouvelles
Exercent leurs belles voix.

Doncques, la douleur et l'aise
De l'amour je chanteray,
Comme sa flame ou mauvaise,
Ou bonne, je sentiray.

Et si le chanter m'agrée,
N'est-ce pas avec raison,
Puis qu'ainsi tout se recrée
Avec la gaye saison?

PONTUS DE TYARD

1521–†1603

107   *Sonnets*

SI c'est fidelité, aimer mieux que la flame
     Qui brille en voz beaux yeux me devore le cueur,
Que des faveurs d'Amour jouissant et vainqueur
Me laisser dans l'esprit imprimer autre Dame:

Si c'est fidelité, le beau trait qui m'entame,
Bien qu'il me soit cruel, n'estimer que douceur,
N'asseoir ailleurs qu'en vous le comble de mon heur,
L'honneur de mon honneur, ny l'Ame de mon Ame:

Si c'est fidelité, ne vouloir aspirer
Qu'à ce qu'il vous plaira me laisser œsirer,
Ny me hausser le vol qu'au mouvoir de vostre æsle:

Si c'est fidelité, autant aimer ma vie
Qu'elle vous agréra pour en estre servie,
Je viens icy jurer que je vous suis fidelle.

108   *ii*

PERE du doux repos, Sommeil pere du songe,
    Maintenant que la nuit, d'une grande ombre obscure,
Faict à cet air serain humide couverture,
Viens, Sommeil desiré, et dans mes yeux te plonge.

Ton absence, Sommeil, languissamment alonge,
Et me fait plus sentir la peine que j'endure.
Viens, Sommeil, l'assoupir et la rendre moins dure,
Viens abuser mon mal de quelque doux mensonge.

Ja le muet Silence un esquadron conduit
De fantosmes ballans dessous l'aveugle nuict,
Tu me dedaignes seul qui te suis tant devot!

Viens, Sommeil desiré, m'environner la teste,
Car d'un vœu non menteur un bouquet je t'appreste
De ta chere morelle, et de ton cher pavot.

OLIVIER DE MAGNY

?–†1560

109

MON Castin, quand j'aperçois
    Ces grands arbres dans ces bois
Dépouillés de leur parure,
Je rêvasse à la verdure
Qui ne dure que six mois.

Puis, je pense à nostre vie
Si malement asservie,
Qu'el' n'a presque le loisir
De choisir quelque plaisir,
Qu'elle ne nous soit ravie.

Nous semblons à l'arbre verd
Qui demeure, un temps, couvert
De mainte feuille naïve,
Puis, dès que l'hiver arrive,
Toutes ses feuilles il perd.

Ce pendant que la jeunesse
Nous repand de sa richesse,
Tousjours gais, nous florissons;
Mais soudain nous flétrissons,
Assaillis de la vieillesse.

Car ce vieil faucheur, le Tems,
Qui devore ses enfans,
Ayant ailé nos années,
Les fait voler empennées
Plus tost que les mesmes vents.

Doncques, tandis que nous sommes,
Mon Castin, entre les hommes,
N'ayons que notre aise cher,
Sans aller là haut chercher
Tant de feux et tant d'atomes.

Quelque fois il faut mourir,
Et si quelqu'un peut guerir
Quelque fois de quelque peine,
Enfin son attente vaine
Ne sait plus où recourir.

L'esperance est trop mauvaise.
Allons doncques sous la braise
Cacher ces marons si beaux,
Et de ces bons vins nouveaux
Appaisons notre mésaise.

Aisant ainsi notre cœur,
Le petit archer vainqueur
Nous viendra dans la memoire;
Car, sans le manger et boire,
Son trait n'a point de vigueur.

Puis, avecq' nos nymphes gayes,
Nous irons guerir les playes
Qu'il nous fit dedans le flanc,
Lorsqu'au bord de cet estang
Nous dansions en ces saulayes.

110   *Sonnet*

MAGNY

Hola, Charon, Charon, Nautonnier infernal!

CHARON

Qui est cet importun qui si pressé m'appelle?

MAGNY

C'est l'esprit eploré d'un amoureux fidelle,
Lequel pour bien aimer n'eust jamais que du mal.

CHARON

Que cherches-tu de moy?

MAGNY

Le passage fatal.

CHARON

Quel est ton homicide?

MAGNY

O demande cruelle!

Amour m'a fait mourir.

CHARON

Jamais dans ma nasselle
Nul subget à l'amour je ne conduis à val.

MAGNY

Et de grâce, Charon, reçoi-moy aans ta barque.

CHARON

Cherche un autre nocher, car ny moy ny la Parque
N'entreprenons jamais sur ce maistre des Dieux.

MAGNY

J'iray donc maugré toy ; car j'ay deaans mon âme
Tant de traicts amoureux, tant de larmes aux yeux,
Que je seray le fleuve, et la barque et la rame.

LOUISE LABÉ

1526-†1566

111 *Sonnets*

TOUT aussitot que je commence à prendre
  Dens le mol lit le repos desiré,
Mon triste esprit hors de moy retiré
S'en va vers toy incontinent se rendre.

Lors m'est avis que, dedens mon sein tendre,
Je tiens le bien où j'ay tant aspiré,
Et pour lequel j'ay si haut souspiré,
Que de sanglots ay souvent cuidé fendre.

O dous sommeil, ô nuit à moy heureuse !
Plaisant repos, plein de tranquilité,
Continuez toutes les nuits mon songe ;

Et si jamais ma povre ame amoureuse
Ne doit avoir de bien en verité,
Faites au moins qu'elle en ait en mensonge.

112   *ii*

TANT que mes yeus pourront larmes espandre,
     A l'heur passé avec toy regretter ;
Et qu'aus sanglots et soupirs resister
Pourra ma voix, et un peu faire entendre ;

Tant que ma main pourra les cordes tendre
Du mignart lut, pour tes graces chanter ;
Tant que l'esprit se voudra contenter
De ne vouloir rien fors que toy comprendre ;

Je ne souhaitte encore point mourir :
Mais, quand mes yeus je sentiray tarir,
Ma voix cassée, et ma main impuissante,

Et mon esprit, en ce mortel sejour,
Ne pouvant plus montrer signe d'amante ;
Priray la Mort noircir mon plus cler jour.

113   *iii*

NE reprenez, Dames, si j'ay aymé ;
     Si j'ay senti mile torches ardantes,
Mile travaus, mile douleurs mordantes :
Si en pleurant j'ay mon tems consumé,

Las ! que mon nom n'en soit par vous blasmé :
Si j'ay failli, les peines sont presentes ;
N'aigrissez point leurs pointes violentes :
Mais estimez qu'Amour, à point nommé,

Sans votre ardeur d'un Vulcan excuser,
Sans la beauté d'Adonis acuser,
Pourra, s'il veut, plus vous rendre amoureuses :

En ayant moins que moi d'ocasion,
Et plus d'estrange et forte passion ;
Et gardez-vous d'estre plus malheureuses.

Elegie

QUAND vous lirez, ô Dames Lionnoises,
 Ces miens escrits pleins d'amoureuses noises,
Quand mes regrets, ennuis, despits et larmes
M'orrez chanter en pitoyables carmes,
Ne veuillez pas condamner ma simplesse,
Et jeune erreur de ma folle jeunesse,
Si c'est erreur: mais qui dessous les Cieus
Se peut vanter de n'estre vicieus?
L'un n'est content de sa sorte de vie,
Et tousjours porte à ses voisins envie:
L'un, forcenant de voir la paix en terre,
Par tous moyens tache y mettre la guerre:
L'autre, croyant povreté estre vice,
A autre Dieu qu'or ne fait sacrifice:
L'autre sa foy parjure il emploira
A decevoir quelcun qui le croira:
L'un en mentant de sa langue lezarde,
Mile brocars sur l'un et l'autre darde:
Je ne suis point sous ces planettes née,
Qui m'ussent pù tant faire infortunée.
Onques ne fut mon œil marri, de voir
Chez mon voisin mieus que chez moy pleuvoir.
Onq ne mis noise ou discord entre amis:
A faire gain jamais ne me soumis.
Mentir, tromper, et abuser autrui,
Tant m'a desplu, que mesdire de lui.
Mais si en moy rien y ha d'imparfait,
Qu'on blame Amour: c'est lui seul qui l'a fait,
Sur mon verd aage en ses laqs il me prit,
Lors qu'exerçois mon corps et mon esprit

En mile et mile euvres ingenieuses,
Qu'en peu de temps me rendit ennuieuses.
Pour bien savoir avecque l'esguille peindre
J'eusse entrepris la renommée esteindre
De celle là, qui, plus docte que sage,
Avec Pallas comparoit son ouvrage.
Qui m'ust vù lors en armes fiere aller,
Porter la lance et bois faire voler,
La devoir faire en l'estour furieus,
Piquer, volter le cheval glorieus,
Pour Bradamante, ou la haute Marphise,
Seur de Roger, il m'ust, possible, prise.
Mais quoy? Amour ne peut longuement voir
Mon cœur n'aymant que Mars et le savoir:
Et me voulant donner autre souci,
En souriant, il me disoit ainsi:
'Tu penses donq, ô Lionnoise Dame,
Pouvoir fuir par ce moyen ma flamme:
Mais non feras; j'ay subjugué les Dieus
Es bas Enfers, en la Mer et es Cieus,
Et penses tu que n'aye tel pouvoir
Sur les humeins, de leur faire savoir
Qu'il n'y ha rien qui de ma main eschape?
Plus fort se pense et plus tot je le frape.
De me blamer quelque fois tu n'as honte,
En te fiant en Mars, dont tu fais conte:
Mais maintenant, voy si pour persister
En le suivant me pourras resister.'
Ainsi parloit, et tout eschaufé d'ire
Hors de sa trousse une sagette il tire,
Et decochant de son extreme force,
Droit la tira contre ma tendre escorce:
Foible harnois, pour bien couvrir le cœur

Contre l'Archer qui tousjours est vainqueur.
La bresche faite, entre Amour en la place,
Dont le repos premierement il chasse :
Et de travail qui me donne sans cesse,
Boire, manger, et dormir ne me laisse.
Il ne me chaut de soleil ne d'ombrage :
Je n'ay qu'Amour et feu en mon courage,
Qui me desguise, et fait autre paroitre,
Tant que ne peu moymesme me connoitre.
Je n'avois vu encore seize hivers,
Lors que j'entray en ces ennuis divers ;
Et jà voici le treizième esté
Que mon cœur fut par amour arresté.
Le tems met fin aus hautes Pyramides,
Le tems met fin aus fonteines humides ;
Il ne pardonne aus braves Colisées,
Il met à fin les viles plus prisées,
Finir aussi il ha acoutumé
Le feu d'Amour tant soit-il allumé :
Mais, las ! en moy il semble qu'il augmente
Avec le tems, et que plus me tourmente.
Paris ayma Œnone ardamment,
Mais son amour ne dura longuement,
Medée fut aymée de Jason,
Qui tot apres la mit hors sa maison.
Si meritoient-elles estre estimées,
Et pour aymer leurs amis, estre aymées.
S'estant aymé on peut Amour laisser,
N'est-il raison, ne l'estant, se lasser ?
N'est-il raison te prier de permettre,
Amour, que puisse à mes tourmens fin mettre ?
Ne permets point que de Mort face espreuve,
Et plus que toy pitoyable la treuve :

Mais si tu veus que j'ayme jusqu'au bout,
Fay que celui que j'estime mon tout,
Qui seul me peut faire plorer et rire,
Et pour lequel si souvent je soupire,
Sente en ses os, en son sang, en son ame,
Ou plus ardente, ou bien egale flame.
Alors ton faix plus aisé me sera,
Quand avec moy quelcun le portera.

JEAN PASSERAT

1534–†1602

Sonnet

115   *Sur la mort de Thulène*

SIRE, Thulène est mort: j'ay veu sa sépulture.
   Mais il est presque en vous de le resusciter;
Faictes de son estat un poëte hériter:
Le poëte et le fou sont de mesme nature.

L'un fuit l'ambition, et l'autre n'en a cure,
Tous deux ne font jamais leur argent profiter;
Tous deux sont d'une humeur aisée à irriter,
L'un parle sans penser, et l'autre à l'aventure.

L'un a la teste verte, et l'autre va couvert
D'un joly chapperon faict de jaune et de vert;
L'un chante des sonets, l'autre danse aus sonettes.

Le plus grand différent qui se trouve entre nous,
C'est qu'on dict que tousjours fortune aime les fouls
Et qu'elle est peu souvent favorable aux poètes.

116   *Villanelle*

J'AI perdu ma tourterelle;
   Est-ce point celle que j'oy?
Je veux aller après elle.

Tu regrettes ta femelle,
Hélas! aussi fais-je moy.
J'ai perdu ma tourterelle.

Si ton amour est fidelle,
Aussi est ferme ma foy;
Je veux aller après elle.

Ta plainte se renouvelle,
Toujours plaindre je me doy;
J'ai perdu ma tourterelle.

En ne voyant plus la belle,
Plus rien de beau je ne voy;
Je veux aller après elle.

Mort, que tant de fois j'appelle,
Prends ce qui se donne à toy!
J'ai perdu ma tourterelle;
Je veux aller après elle.

NICOLAS RAPIN

1535-†1606

117   *A Achille de Harlay*

COURAGE, grand Achille, oppose à la fortune
   Ce bouclier de Vulcan, ce mur de fin acier,
Ce rempart d'innocence en ce cœur justicier,
Comme un roc qui résiste aux courroux de Neptune.

Ta 'vertu soit tousjours toute telle et toute une,
Insensible aux appas d'un puissant financier,
Impénétrable et sourde aux charmes d'un sorcier,
Qui de crainte et d'espoir ta constance importune.

Destourne tes pensers des faveurs de la cour,
Maintien ton grave front, quoyque le temps qui court
Désireroit des mœurs qui fussent moins austères.

Aux grands maux comme sont les nostres d'à présent,
Le médecin perd tout, qui se rend complaisant ;
Les bruvages amers sont les plus salutaires.

VAUQUELIN DE LA FRESNAYE

1536–†1606

Idillies

118

i

ENTRE les fleurs, entre les lis,
   Doucement dormoit ma Philis,
Et tout autour de son visage
Les petits Amours, comme enfans,
Jouoient, folastroient, triomphans,
Voyant des cieux la belle image.

J'admirois toutes ces beautez
Égalles à mes loyautez,
Quand l'esprit me dit en l'oreille :
Fol, que fais-tu ? Le temps perdu
Souvent est chèrement vendu ;
S'on le recouvre, c'est merveille.

Alors, je m'abbaissai tout bas,
Sans bruit je marchai pas à pas,
Et baisai ses lèvres pourprines :
Savourant un tel bien, je dis
Que tel est dans le paradis
Le plaisir des asmes divines.

119 ii

PASTEURS, voici la fonteinette
  Où tousjours se venoit mirer,
Et ses beautez, seule, admirer
La pastourelle Philinette.

Voici le mont où de la bande
Je la vis la dance mener,
Et les nymphes l'environner
Comme celle qui leur commande.

Pasteurs, voici la verte prée
Où les fleurs elle ravissoit,
Dont, après, elle embellissoit
Sa perruque blonde et sacrée.

Ici, folastre et decrochée,
Contre un chesne elle se cacha ;
Mais, par avant, elle tascha
Que je la vis estre cachée.

Dans cet antre secret encore,
Mile fois elle me baisa ;
Mais, depuis, mon cœur n'apaisa
De la flamme qui le devore.

Donc, à toutes ces belles places,
A la fontaine, au mont, au pré,
Au chesne, à l'antre tout sacré,
Pour ces dons, je rends mile graces.

120   *Sonnet*

DU paresseux sommeil où tu gis endormie
    Desjà par si long temps, ô France, éveille-toy,
Respire dedaigneuse, et tes offences voy,
Ne sois point ton esclave et ta propre ennemie.

Reprend ta liberté, gueri ta maladie,
Et ton antique honneur, ô France, ramentoy :
Legere, desormais, sans bien sçavoir pourquoy,
Dans un sentier tortu ne donne à l'estourdie.

Si tu regardois bien les annales des rois,
Tu connoistrois avoir triomphé mille fois
De ceux qui veulent or amoindrir ta puissance.

Sans toy, qui contre toy despite ouvre le sein,
Ces ventres de harpie, ejunez par souffrance,
N'auroient jamais osé passer le Rhin germain.

AMADIS JAMYN

1540-†1585

121

ESTANT couché pres les ruchettes
    Où faisoient du miel les avettes,
En ces mots je vins à parler :
Mouches, vous volez à vostre aise,
Et ma maistresse est si mauvaise
Qu'elle m'empesche de voler.

Vous volez sur les fleurs escloses,
Et moissonnez les douces choses
Du thym, du safran rougissant,
Et du saule à la feuille molle ;
Mais sur les moissons je ne vole,
Dont j'aime à estre jouissant.

Mouches, de Jupiter nourrices,
Des odeurs qui vous sont propices
Vous faites la cire et le miel ;
Et moy, des beautez de ma dame,
Je ne produis rien en mon âme,
Que plaintes, que deuil et que fiel.

On dit, ô coleres abeilles,
Qu'en vos pointures nonpareilles
Vostre destin se voit borné ;
Mais celle dont les traits je porte,
Las ! en me blessant n'est point morte
De la mort qu'elle m'a donné.

Ha ! je voudrois estre une mouche,
Pour voleter dessus la bouche,
Sur les cheveux et sur le sein
De ma dame belle et rebelle ;
Je picquerois ceste cruelle
A peine d'y mourir soudain.

GUILLAUME DU BARTAS

1544–†1590

122

FRANÇOIS, arreste-toi, ne passe la campagne
    Que Nature mura de rochers d'un costé,
Que l'Auriège entrefend d'un cours précipité ;
Campagne qui n'a point en beauté de compagne.

Passant, ce que tu vois n'est point une montagne :
C'est un grand Briarée, un géant haut monté
Qui garde ce passage, et défend, indomté,
De l'Espagne la France, et de France l'Espagne.

Il tend à l'une l'un, à l'autre l'autre bras,
Il porte sur son chef l'antique faix d'Atlas,
Dans deux contraires mers il pose ses deux plantes.

Les espaisses forests sont ses cheveux espais ;
Les rochers sont ses os ; les rivières bruyantes
L'éternelle sueur que luy cause un tel faix.

PHILIPPE DESPORTES

1546–†1606

123   *Villanelle*

ROZETTE, pour un peu d'absence
    Vostre cœur vous avez changé,
Et moy, sçachant cette inconstance,
Le mien autre part j'ay rangé :
Jamais plus, beauté si legere,
Sur moy tant de pouvoir n'aura :
Nous verrons, volage bergere,
Qui premier s'en repentira.

Tandis qu'en pleurs je me consume,
Maudissant cet esloignement,
Vous, qui n'aimez que par coustume,
Caressiez un nouvel amant.
Jamais legere girouëtte
Au vent si tost ne se vira :
Nous verrons, bergere Rozette,
Qui premier s'en repentira.

Où sont tant de promesses saintes,
Tant de pleurs versez en partant ?
Est il vray que ces tristes plaintes
Sortissent d'un cœur inconstant ?
Dieux ! que vous estes mensongere !
Maudit soit qui plus vous croira !
Nous verrons, volage bergere,
Qui premier s'en repentira.

Celuy qui a gaigné ma place
Ne vous peut aymer tant que moy,
Et celle que j'aime vous passe
De beauté, d'amour et de foy.
Gardez bien vostre amitié neufve,
La mienne plus ne varira,
Et puis, nous verrons à l'espreuve
Qui premier s'en repentira.

124 *Chanson*

O BIEN heureux qui peut passer sa vie
    Entre les siens, franc de haine et d'envie,
Parmy les champs, les forests et les bois,
Loin du tumulte et du bruit populaire ;
Et qui ne vend sa liberté pour plaire
Aux passions des princes et des rois !

PHILIPPE DESPORTES

Il n'a soucy d'une chose incertaine,
Il ne se paist d'une esperance vaine,
Nulle faveur ne le va decevant;
De cent fureurs il n'a l'âme embrasée
Et ne maudit sa jeunesse abusée,
Quand il ne trouve à la fin que du vent.

Il ne fremist quand la mer courroucée
Enfle ses flots, contrairement poussée
Des vens esmeus soufflans horriblement;
Et quand la nuict à son aise il sommeille,
Une trompette en sursaut ne l'esveille
Pour l'envoyer du lict au monument.

L'ambition son courage n'attise,
D'un fard trompeur son âme il ne desguise,
Il ne se plaist à violer sa foy;
Des grands seigneurs l'oreille il n'importune,
Mais en vivant content de sa fortune
Il est sa cour, sa faveur, et son roy.

Je vous rens grace, ô deitez sacrées
Des monts, des eaux, des forests et des prées,
Qui me privez de pensers soucieux,
Et qui rendez ma volonté contente,
Chassant bien loin la miserable attente,
Et les desirs des cœurs ambitieux!

Dedans mes champs ma pensée est enclose.
Si mon corps dort mon esprit se repose,
Un soin cruel ne le va devorant:
Au plus matin, la fraischeur me soulage,
S'il fait trop chaud, je me mets à l'ombrage,
Et s'il fait froid, je m'eschauffe en courant.

Si je ne loge en ces maisons dorées,
Au front superbe, aux voûtes peinturées
D'azur, d'esmail, et de mille couleurs,
Mon œil se paist des tresors de la plaine
Riche d'œillets, de lis, de marjolaine,
Et du beau teint des printanieres fleurs.

Dans les palais enflez de vaine pompe,
L'ambition, la faveur qui nous trompe,
Et les soucys logent communement :
Dedans nos champs se retirent les fées,
Roines des bois à tresses decoiffées,
Les jeux, l'amour, et le contentement.

Ainsi vivant, rien n'est qui ne m'agrée.
J'oy des oiseaux la musique sacrée,
Quand, au matin, ils benissent les cieux ;
Et le doux son des bruyantes fontaines
Qui vont, coulant de ces roches hautaines,
Pour arrouser nos prez delicieux.

Que de plaisir de voir deux colombelles,
Bec contre bec, en tremoussant des ailes,
Mille baisers se donner tour à tour ;
Puis, tout ravy de leur grace naïve,
Dormir au frais d'une source d'eau vive,
Dont le doux bruit semble parler d'amour !

Que de plaisir de voir sous la nuict brune,
Quand le soleil a fait place à la lune,
Au fond des bois les nymphes s'assembler,
Monstrer au vent leur gorge découverte,
Danser, sauter, se donner cotte-verte,
Et sous leur pas tout l'herbage trembler.

PHILIPPE DESPORTES

Le bal finy, je dresse en haut la veuë
Pour voir le teint de la lune cornuë,
Claire, argentée, et me mets à penser
Au sort heureux du pasteur de Latmie :
Lors je souhaite une aussi belle amie,
Mais je voudrois, en veillant, l'embrasser.

Ainsi, la nuict, je contente mon âme,
Puis, quand Phebus de ses rays nous enflame,
J'essaye encor mille autres jeux nouveaux :
Diversement mes plaisirs j'entrelasse,
Ores je pesche, or' je vay à la chasse,
Et or' je dresse embuscade aux oyseaux.

Je fay l'amour, mais c'est de telle sorte
Que seulement du plaisir j'en rapporte,
N'engageant point ma chere liberté :
Et quelques laqs que ce dieu puisse faire
Pour m'attraper, quand je m'en veux distraire,
J'ay le pouvoir comme la volonté.

Douces brebis, mes fidelles compagnes,
Hayes, buissons, forests, prez et montagnes,
Soyez témoins de mon contentement :
Et vous, ô dieux ! faites, je vous supplie,
Que, cependant que durera ma vie,
Je ne connoisse un autre changement.

1551-†1630

125   *L'Hyver*

MES volages humeurs, plus sterilles que belles,
     S'en vont; et je leur dis: Vous sentez, irondelles,
S'esloigner la chaleur et le froid arriver.
Allez nicher ailleurs, pour ne tascher, impures,
Ma couche de babil et ma table d'ordures;
Laissez dormir en paix la nuict de mon hyver.

D'un seul poinct le soleil n'esloigne l'hemisphere;
Il jette moins d'ardeur, mais autant de lumiere.
Je change sans regrets, lorsque je me repens
Des frivoles amours et de leur artifice.
J'ayme l'hyver qui vient purger mon cœur de vice,
Comme de peste l'air, la terre de serpens.

Mon chef blanchit dessous les neiges entassées.
Le soleil, qui reluit, les eschauffe, glacées,
Mais ne les peut dissoudre, au plus court de ses mois.
Fondez, neiges; venez dessus mon cœur descendre,
Qu'encores il ne puisse allumer de ma cendre
Du brasier, comme il fit des flammes autrefois.

Mais quoi! serai-je esteint devant ma vie esteinte?
Ne luira plus sur moi la flamme vive et sainte,
Le zèle flamboyant de la sainte maison?
Je fais aux saints autels holocaustes des restes,
De glace aux feux impurs, et de naphte aux celestes:
Clair et sacré flambeau, non funebre tison!

Voici moins de plaisirs, mais voici moins de peines.
Le rossignol se taist, se taisent les Sereines.
Nous ne voyons cueillir ni les fruits ni les fleurs;

L'esperance n'est plus bien souvent tromperesse,
L'hyver jouit de tout. Bienheureuse vieillesse,
La saison de l'usage, et non plus des labeurs !

Mais la mort n'est pas loin ; cette mort est suivie
D'un vivre sans mourir, fin d'une fausse vie :
Vie de nostre vie, et mort de nostre mort.
Qui hait la seureté, pour aimer le naufrage ?
Qui a jamais esté si friant de voyage
Que la longueur en soit plus douce que le port ?

FRANÇOIS DE MALHERBE

1555-†1628

126   *Consolation à M. du Périer*

TA douleur, du Périer, sera donc éternelle ?
    Et les tristes discours
Que te met en l'esprit l'amitié paternelle
    L'augmenteront toujours ?

Le malheur de ta fille au tombeau descendue
    Par un commun trépas,
Est-ce quelque dédale, où ta raison perdue
    Ne se retrouve pas ?

Je sais de quels appas son enfance étoit pleine,
    Et n'ai pas entrepris,
Injurieux ami, de soulager ta peine
    Avecque son mépris.

Mais elle étoit du monde, où les plus belles choses
    Ont le pire destin ;
Et rose elle a vécu ce que vivent les roses,
    L'espace d'un matin.

Puis quand ainsi seroit que, selon ta prière,
   Elle auroit obtenu
D'avoir en cheveux blancs terminé sa carrière,
   Qu'en fût-il advenu?

Penses-tu que, plus vieille, en la maison céleste
   Elle eût eu plus d'accueil?
Ou qu'elle eût moins senti la poussière funeste
   Et les vers du cercueil?

Non, non, mon du Périer, aussitôt que la Parque
   Ôte l'âme du corps,
L'âge s'évanouit au deçà de la barque,
   Et ne suit point les morts.

Tithon n'a plus les ans qui le firent cigale;
   Et Pluton aujourd'hui,
Sans égard du passé, les mérites égale
   D'Archémore et de lui.

Ne te lasse donc plus d'inutiles complaintes;
   Mais, sage à l'avenir,
Aime une ombre comme ombre, et des cendres éteintes
   Éteins le souvenir.

C'est bien, je le confesse, une juste coutume
   Que le cœur affligé,
Par le canal des yeux vidant son amertume,
   Cherche d'être allégé.

Même quand il advient que la tombe sépare
   Ce que nature a joint,
Celui qui ne s'émeut a l'âme d'un barbare,
   Ou n'en a du tout point.

Mais d'être inconsolable et dedans sa mémoire
   Enfermer un ennui,
N'est-ce pas se haïr pour acquérir la gloire
   De bien aimer autrui?

Priam qui vit ses fils abattus par Achille,
   Dénué de support
Et hors de tout espoir du salut de sa ville,
   Reçut du réconfort.

François, quand la Castille, inégale à ses armes,
   Lui vola son dauphin,
Sembla d'un si grand coup devoir jeter des larmes
   Qui n'eussent point de fin.

Il les sécha pourtant, et, comme un autre Alcide,
   Contre fortune instruit,
Fit qu'à ses ennemis d'un acte si perfide
   La honte fut le fruit.

Leur camp, qui la Durance avoit presque tarie
   De bataillons épais,
Entendant sa constance, eut peur de sa furie,
   Et demanda la paix.

De moi, déjà deux fois d'une pareille foudre
   Je me suis vu perclus,
Et deux fois la raison m'a si bien fait résoudre
   Qu'il ne m'en souvient plus.

Non qu'il ne me soit grief que la tombe possède
   Ce qui me fut si cher;
Mais en un accident qui n'a point de remède
   Il n'en faut point chercher.

La Mort a des rigueurs à nulle autre pareilles ;
   On a beau la prier,
La cruelle qu'elle est se bouche les oreilles,
   Et nous laisse crier.

Le pauvre en sa cabane, où le chaume le couvre,
   Est sujet à ses lois ;
Et la garde qui veille aux barrières du Louvre
   N'en défend point nos rois.

De murmurer contre elle et perdre patience,
   Il est mal à propos ;
Vouloir ce que Dieu veut est la seule science
   Qui nous met en repos.

127   *Chanson*

ILS s'en vont, ces rois de ma vie,
   Ces yeux, ces beaux yeux,
Dont l'éclat fait pâlir d'envie
   Ceux même des cieux.
Dieux, amis de l'innocence,
Qu'ai-je fait pour mériter
Les ennuis où cette absence
   Me va précipiter ?

Elle s'en va cette merveille,
   Pour qui nuit et jour,
Quoi que la raison me conseille,
   Je brûle d'amour.
Dieux, amis de l'innocence,
Qu'ai-je fait pour mériter
Les ennuis où cette absence
   Me va précipiter ?

En quel effroi de solitude
  Assez écarté
Mettrai-je mon inquiétude
  En sa liberté ?
Dieux, amis de l'innocence,
Qu'ai-je fait pour mériter
Les ennuis où cette absence
  Me va précipiter ?

Les affligés ont en leurs peines
  Recours à pleurer :
Mais quand mes yeux seroient fontaines,
  Que puis-je espérer ?
Dieux, amis de l'innocence,
Qu'ai-je fait pour mériter
Les ennuis où cette absence
  Me va précipiter ?

128   *Paraphrase du Psaume cxlv*
       Stances.

N'ESPÉRONS plus, mon âme, aux promesses du
    monde ;
Sa lumière est un verre, et sa faveur une onde
Que toujours quelque vent empêche de calmer.
Quittons ces vanités, lassons-nous de les suivre ;
    C'est Dieu qui nous fait vivre,
    C'est Dieu qu'il faut aimer.

En vain, pour satisfaire à nos lâches envies,
Nous passons près des rois tout le temps de nos vies
A souffrir des mépris et ployer les genoux :
Ce qu'ils peuvent n'est rien ; ils sont, comme nous sommes,
    Véritablement hommes,
    Et meurent comme nous.

Ont-ils rendu l'esprit, ce n'est plus que poussière
Que cette majesté si pompeuse et si fière,
Dont l'éclat orgueilleux étonnait l'univers;
Et, dans ces grands tombeaux où leurs âmes hautaines
      Font encore les vaines,
      Ils sont mangés des vers.

Là se perdent ces noms de maîtres de la terre,
D'arbitres de la paix, de foudres de la guerre;
Comme ils n'ont plus de sceptre, ils n'ont plus de flatteurs;
Et tombent avec eux d'une chute commune
      Tous ceux que leur fortune
      Faisait leurs serviteurs.

129   *Sur la Mort de son Fils*

QUE mon fils ait perdu sa dépouille mortelle,
    Ce fils qui fut si brave, et que j'aimai si fort,
Je ne l'impute point à l'injure du sort,
Puisque finir à l'homme est chose naturelle.

Mais que de deux marauds la surprise infidèle
Ait terminé ses jours d'une tragique mort,
En cela ma douleur n'a point de réconfort,
Et tous mes sentiments sont d'accord avec elle.

O mon Dieu, mon Sauveur, puisque, par la raison,
Le trouble de mon âme étant sans guérison,
Le vœu de la vengeance est un vœu légitime,

Fais que de ton appui je sois fortifié;
Ta justice t'en prie, et les auteurs du crime
Sont fils de ces bourreaux qui t'ont crucifié.

MATHURIN REGNIER

1573–†1613

130 *Stances*

SI vostre œil tout ardent d'amour et de lumière
De mon cœur vostre esclave est la flamme première
Que comme un astre saint je révère à genoux,
  Pourquoy ne m'aymez-vous?

Si vous que la beauté rend ores si superbe
Devez, comme une fleur qui flétrit dessus l'herbe,
Éprouver des saisons l'outrage et le courroux,
  Pourquoy ne m'aymez-vous?

Voulez-vous que votre œil en amour si fertile
Vous soit de la nature un présent inutile?
Si l'Amour comme un dieu se communique à tous,
  Pourquoy ne m'aymez-vous?

Attendez-vous qu'un jour un regret vous saisisse?
C'est à trop d'intérêts imprimer un supplice.
Mais puisque nous vivons en un âge si doux,
  Pourquoy ne m'aymez-vous?

Si vostre grand beauté toutes beautés excelle,
Le ciel pour mon malheur ne vous fît point si belle:
S'il semble en son dessein avoir pitié de nous,
  Pourquoy ne m'aymez-vous?

Si j'ay, pour vous aymer, ma raison offensée,
Mortellement blessé d'une flèche insensée,
Sage en ce seul égard que j'en benys les coups,
  Pourquoy ne m'aymez-vous?

La douleur, m'étrangeant de toute compagnie,
De mes jours malheureux a la clarté bannie ;
Et si dans ce malheur pour vous je me résous,
   Pourquoy ne m'aymez-vous ?

Fasse le ciel qu'enfin vous puissiez recognoître
Que mon mal a de vous son essence et son être.
Mais, Dieu ! puisqu'il est vray, yeux qui m'êtes si doux,
   Pourquoy ne m'aymez-vous ?

131   *A Monsieur le Marquis de Cœuvres*

MARQUIS, que dois-je faire en cette incertitude ?
   Dois-je, las de courir, me remettre à l'étude,
Lire Homère, Aristote, et, disciple nouveau,
Glaner ce que les Grecs ont de riche et de beau,
Reste de ces moissons que Ronsard et Desportes
Ont remporté du champ sur leurs épaules fortes,
Qu'ils ont comme leur propre en leur grange entassé,
Égalant leurs honneurs aux honneurs du passé ?
Ou si, continuant à courtiser mon maître,
Je me dois jusqu'au bout d'espérance repaître,
Courtisan morfondu, frénétique et rêveur,
Portrait de la disgrâce et de la défaveur ;
Puis, sans avoir du bien, troublé de rêverie,
Mourir dessus un coffre en une hôtellerie,
En Toscane, en Savoie, ou dans quelque autre lieu,
Sans pouvoir faire paix ou trêve avecque Dieu ?
Sans parler je t'entends : il faut suivre l'orage.
Aussi bien on ne peut où choisir avantage :
Nous vivons à tâtons : et dans ce monde ici
Souvent avec travail on poursuit du souci ;
Car les Dieux, courroucés contre la race humaine,

Ont mis avec les biens la sueur et la peine.
Le monde est un brelan où tout est confondu :
Tel pense avoir gagné, qui souvent a perdu,
Ainsi qu'en une blanque où par hasard on tire ;
Et qui voudrait choisir souvent prendrait le pire.
Tout dépend du destin, qui, sans avoir égard,
Les faveurs et les biens en ce monde départ.
Mais puisqu'il est ainsi que le sort nous emporte,
Qui voudrait se bander contre une loi si forte ?
Suivons donc sa conduite en cet aveuglement.
Qui pêche avec le ciel pêche honorablement !
Car penser s'affranchir, c'est une rêverie.
La liberté par songe en la terre est chérie ;
Rien n'est libre en ce monde, et chaque homme dépend,
Comtes, princes, sultans, de quelque autre plus grand.
Tous les hommes vivants sont ici bas esclaves,
Mais suivant ce qu'ils sont ils diffèrent d'entraves ;
Les uns les portent d'or et les autres de fer ;
Mais, n'en déplaise aux vieux, ni leur philosopher
Ni tant de beaux écrits qu'on lit en leurs écoles
Pour s'affranchir l'esprit ne sont que des paroles.

Au joug nous sommes nés, et n'a jamais été
Homme qu'on ait vu vivre en pleine liberté.
En vain, me retirant enclos en une étude,
Penserai-je laisser le joug de servitude ;
Étant serf du désir d'apprendre et de savoir,
Je ne ferais sinon que changer de devoir.
C'est l'arrêt de nature, et personne en ce monde
Ne saurait controller sa sagesse profonde.
Puis, que peut-il servir aux mortels ici-bas,
Marquis, d'être savant ou de ne l'être pas,
Si la science, pauvre, affreuse et méprisée,
Sert au peuple de fable, aux plus grands de risée ;

Si les gens de latin des sots sont dénigrés,
Et si l'on est docteur sans prendre ses degrés?
Pourvu qu'on soit morguant, qu'on bride sa moustache,
Qu'on frise ses cheveux, qu'on porte un grand panache,
Qu'on parle baragouin et qu'on suive le vent,
En ce temps du jourd'hui l'on n'est que trop savant.

Du siècle les mignons, fils de la poule blanche,
Ils tiennent à leur gré la fortune en la manche;
En crédit élevés, ils disposent de tout,
Et n'entreprennent rien qu'ils n'en viennent à bout.
'Mais quoi! me diras-tu, il t'en faut autant faire.
Qui ose a peu souvent la fortune contraire.
Importune le Louvre, et de jour et de nuit;
Perds, pour t'assujettir, et la table et le lit;
Sois entrant, effronté, et sans cesse importune:
En ce temps l'impudence élève la fortune.'

Il est vrai! mais pourtant je ne suis point d'avis
De dégager mes jours pour les rendre asservis,
Et sous un nouvel astre aller, nouveau pilote,
Conduire en autre mer mon navire, qui flotte
Entre l'espoir du bien et la peur du danger
De froisser mon attente en ce bord étranger.

Car, pour dire le vrai, c'est un pays étrange,
Où comme un vrai Protée à toute heure on se change,
Où les lois, par respect sages humainement,
Confondent le loyer avec le châtiment;
Et pour un même fait, de même intelligence,
L'un est justicié, l'autre aura récompense.
Car selon l'intérêt, le crédit ou l'appui,
Le crime se condamne et s'absout aujourd'hui.
Je le dis sans confondre en ces aigres remarques

La clémence du roi, le miroir des monarques,
Qui plus grand de vertu, de cœur et de renom,
S'est acquis de clément et la gloire et le nom.
Or, quant à ton conseil qu'à la Cour je m'engage,
Je n'en ai pas l'esprit, non plus que le courage.
Il faut trop de savoir et de civilité,
Et, si j'ose en parler, trop de subtilité.
Ce n'est pas mon humeur ; je suis mélancolique,
Je ne suis point entrant, ma façon est rustique,
Et le surnom de bon me va-t-on reprochant,
D'autant que je n'ai pas l'esprit d'être méchant.

Et puis, je ne saurais me forcer ni me feindre ;
Trop libre en volonté, je ne me puis contraindre.
Je ne saurais flatter, et ne sais point comment
Il faut se faire accort, ou parler faussement,
Bénir les favoris de geste et de paroles,
Parler de leurs aïeux au jour de Cérisoles,
De hauts faits de leur race et comme ils ont acquis
Ce titre avec honneur de Ducs et de Marquis.
Je n'ai point tant d'esprit pour tant de menterie ;
Je ne puis m'adonner à la cajolerie,
Selon les accidents, les humeurs ou les jours,
Changer, comme d'habits, tous les mois de discours.
Suivant mon naturel, je hais tout artifice :
Je ne puis déguiser la vertu ni le vice ;
Offrir tout de la bouche, et, d'un propos menteur,
Dire : 'Pardieu ! monsieur, je vous suis serviteur ;'
Pour cent bonadiés s'arrêter en la rue ;
Faire sur l'un des pieds en la salle la grue ;
Entendre un marjolet qui dit avec mépris :
'Ainsi qu'ânes, ces gens sont tous vêtus de gris ;
Ces autres verdelets aux perroquets ressemblent,

Et ceux-ci mal peignés devant les dames tremblent.'
Puis, au partir de là, comme tourne le vent,
Avecques un bonjour, amis comme devant.
Je n'entends point le cours du ciel ni des planètes ;
Je ne sais deviner les affaires secrètes,
Connaître un bon visage, et juger si le cœur,
Contraire à ce qu'on voit, ne serait point moqueur.
De porter un poulet je n'ai la suffisance,
Je ne suis point adroit, je n'ai point d'éloquence
Pour colorer un fait ou détourner la foi,
Prouver qu'un grand amour n'est sujet à la loi,
Suborner par discours une femme coquette,
Lui conter les chansons de Jeanne et de Paquette,
Débaucher une fille, et par vives raisons
Lui montrer comme Amour fait les bonnes maisons,
Les maintient, les élève, et, propice aux plus belles,
En honneur les avance et les fait demoiselles ;
Que c'est pour leur beaux nez que se font les ballets,
Qu'elles sont le sujet des vers et des poulets,
Que leur nom retentit dans les airs que l'on chante,
Qu'elles ont à leur suite une troupe béante
De langoureux transis ; et, pour le faire court,
Dire qu'il n'est rien tel qu'aimer les gens de Court,
Allégant maint exemple en ce siècle où nous sommes,
Qu'il n'est rien si facile à prendre que les hommes,
Et qu'on ne s'enquiert plus s'elle a fait le pourquoi,
Pourvu qu'elle soit riche et qu'elle ait bien de quoi.
Quand elle aurait suivi le camp à la Rochelle,
S'elle a force ducats, elle est toute pucelle.
L'honneur estropié, languissant et perclus,
N'est plus rien qu'une idole en qui l'on ne croit plus.
   Or pour dire ceci il faut force mystère,
Et de mal discourir il vaut bien mieux se taire.

Il est vrai que ceux-là qui n'ont pas tant d'esprit
Peuvent mettre en papier leur dire par écrit,
Et rendre par leurs vers leur muse maquerelle ;
Mais, pour dire le vrai, je n'en ai la cervelle.

Il faut être trop prompt, écrire à tous propos,
Perdre pour un sonnet et sommeil et repos.
Puis ma muse est trop chaste, et j'ai trop de courage
Et ne puis pour autrui façonner un ouvrage.
Pour moi, j'ai de la Court autant comme il m'en faut ;
Le vol de mon dessein ne s'étend point si haut ;
De peu je suis content, encore que mon maître,
S'il lui plaisait un jour mon travail reconnaître,
Peut autant qu'autre prince, et a trop de moyen
D'élever ma fortune et me faire du bien.
Ainsi que sa nature, à la vertu facile,
Promet que mon labeur ne doit être inutile,
Et qu'il doit quelque jour, malgré le sort cuisant,
Mon service honorer d'un honnête présent,
Honnête et convenable à ma basse fortune
Qui n'aboye et n'aspire, ainsi que la commune,
Après l'or de Pérou, ni ne tend aux honneurs
Que Rome départit aux vertus des seigneurs.
Que me sert de m'asseoir le premier à la table,
Si la faim d'en avoir me rend insatiable,
Et si le faix léger d'un double évêché,
Me rendant moins content, me rend plus empêché ?
Si la gloire et la charge, à la peine adonnée,
Rend sous l'ambition mon âme infortunée ?
Et quand la servitude a pris l'homme au collet,
J'estime que le prince est moins que son valet.
C'est pourquoi je ne tends à fortune si grande ;
Loin de l'ambition, la raison me commande,
Et ne prétends avoir autre chose sinon

Qu'un simple bénéfice et quelque peu de nom,
Afin de pouvoir vivre avec quelque assurance,
Et de m'ôter mon bien que l'on ait conscience.

    Alors, vraiment heureux, les livres feuilletant,
Je rendrais mon désir et mon esprit content;
Car sans le revenu l'étude nous abuse,
Et le corps ne se paît aux banquets de la Muse.
Ses mets sont de savoir discourir par raison
Comme l'âme se meut un temps en sa prison,
Et comme délivrée, elle monte, divine,
Au ciel, lieu de son être et de son origine;
Comme le ciel mobile, éternel en son cours,
Fait les siècles, les ans, et les mois et les jours,
Comme aux quatre éléments les matières encloses
Donnent, comme la mort, la vie à toutes choses,
Comme premièrement les hommes dispersés
Furent par l'harmonie en troupes amassés,
Et comme la malice en leur âme glissée
Troubla de nos aïeux l'innocente pensée,
D'où nâquirent les lois, les bourgs et les cités,
Pour servir de gourmette à leurs méchancetés.
Comme ils furent enfin réduits sous un empire,
Et beaucoup d'autres plats qui seraient longs à dire;
Et quand on en saurait ce que Platon en sait,
Marquis, tu n'en serais plus gras ni plus refait;
Car c'est une viande en esprit consommée,
Légère à l'estomac ainsi que la fumée.
Sais-tu, pour savoir bien, ce qu'il nous faut savoir?
C'est s'affiner le goût de connaître et de voir;
Apprendre dans le monde et lire dans la vie
D'autres secrets plus fins que de philosophie,
Et qu'avec la science il faut un bon esprit.

    Or, entends à ce point ce qu'un Grec en écrit:

Jadis un loup, dit-il, que la faim époinçonne,
Sortant hors de son fort rencontre une lionne,
Rugissante à l'abord, et qui montrait aux dents
L'insatiable faim qu'elle avait au dedans.
Furieuse, elle approche ; et le loup, qui l'avise,
D'un langage flatteur lui parle et la courtise :
Car ce fut de tout temps que, ploiant sous l'effort,
Le petit cède au grand, et le faible au plus fort.
Lui, dis-je, qui craignait que faute d'autre proie
La beste l'attaquât, ses ruses il emploie.
Mais enfin le hasard si bien le secourut,
Qu'un mulet gros et gras à leurs yeux apparut.
Ils cheminent dispos, croyant la table prête,
Et s'approchent tous deux assez près de la bête.
Le loup, qui la connaît, malin et défiant,
Lui regardant aux pieds, lui parlait en riant :
'D'où es-tu, qui es-tu ? quelle est ta nourriture,
Ta race, ta maison, ton maître, ta nature ?'
Le mulet, étonné de ce nouveau discours,
De peur ingénieux, aux ruses eut recours ;
Et, comme les Normands, sans lui répondre voire :
'Compère, ce dit-il, je n'ai point de mémoire ;
Et comme sans esprit ma grand-mère me vit,
Sans m'en dire autre chose au pied me l'écrivit.'
    Lors il lève la jambe au jarret ramassée,
Et d'un œil innocent il couvrait sa pensée,
Se tenant suspendu sur les pieds en avant.
Le loup qui l'apercevait se lève de devant,
S'excusant de ne lire avec cette parole,
Que les loups de son temps n'allaient point à l'école.
Quand la chaude lionne, à qui l'ardente faim
Allait précipitant la rage et le dessein,
S'approche, plus savante, en volonté de lire.

Le mulet prend le temps, et du grand coup qu'il tire
Lui enfonce la tête, et d'une autre façon,
Qu'elle ne savait point, lui apprit sa leçon.
   Alors le loup s'enfuit, voyant la bête morte,
Et de son ignorance ainsi se réconforte :
'N'en déplaise aux docteurs, Cordeliers, Jacobins,
Pardieu, les plus grands clercs ne sont pas les plus fins.'

132   *Abrégé de Confession*

PUISQUE sept péchés de nos yeux
   Ferment la barrière des Cieux,
Révérend Père, je vous jure
De les abhorrer en tout point,
Pourvu que je ne trouve point
L'impatience et la luxure.

Ces deux sont naturels en moy :
Il n'y a ny rigueur ny loy
Ny beau discours qui m'en retire ;
Et quand un simple repentir
M'en voudroit enfin divertir,
Mon humeur les feroit dédire.

J'ay tâché de les éviter
Tous deux en disant mon Pater
Et lisant la Sainte Écriture ;
Mais au milieu de mes combas
Des flatteurs me disent tout bas
Qu'ils sont enfans de la nature.

Ce n'est point Dieu qui les a mis
Au nombre de nos ennemis;
C'est quelque Pandore seconde,
Qui, pour affliger les humains,
A semé de ses propres mains
Ce mensonge par le monde.

Car je ne sais point d'Augustin,
De Carme ny de Celestin,
Tant soit-il ferme et plein de zèle,
Si rempli de devotion,
Qui puisse, entrant en action,
Tenir une loy si cruelle.

Faites donc, ainsi que j'ay dit,
Que je puisse avoir ce credit,
Pour être net de conscience,
Comme les vieux Saints l'ont été,
D'ôter de ce nombre arrêté
La luxure et l'impatience.

133   *Épitaphe de Regnier*

J'AY vécu sans nul pensement,
   Me laissant aller doucement
A la bonne loy naturelle,
Et si m'étonne fort pourquoy
La mort osa songer à moy,
Qui ne songeay jamais à elle.

FRANÇOIS MAYNARD

1582–†1642

134 *La Belle Vieille*

CLORIS, que dans mon cœur j'ai si longtemps servie,
  Et que ma passion montre à tout l'univers,
Ne veux-tu pas changer le destin de ma vie,
Et donner de beaux jours à mes derniers hivers ?

N'oppose plus ton deuil au bonheur où j'aspire.
Ton visage est-il fait pour demeurer voilé ?
Sors de ta nuit funèbre, et permets que j'admire
Les divines clartés des yeux qui m'ont brûlé.

Où s'enfuit ta prudence acquise et naturelle ?
Qu'est-ce que ton esprit a fait de sa vigueur ?
La folle vanité de paraître fidèle
Aux cendres d'un jaloux m'expose à ta rigueur.

Eusses-tu fait le vœu d'un éternel veuvage
Pour l'honneur du mari que ton lit a perdu,
Et trouvé des Césars dans ton haut parentage :
Ton amour est un bien qui m'est justement dû.

Qu'on a vu revenir de malheurs et de joies,
Qu'on a vu trébucher de peuples et de rois,
Qu'on a pleuré d'Hector, qu'on a brûlé de Troyes,
Depuis que mon courage a fléchi sous tes lois !

Ce n'est pas d'aujourd'hui que je suis ta conquête ;
Huit lustres ont suivi le jour que tu me pris ;
Et j'ai fidèlement aimé ta belle tête
Sous des cheveux châtains, et sous des cheveux gris.

FRANÇOIS MAYNARD

C'est de tes jeunes yeux que mon ardeur est née,
C'est de leurs premiers traits que je fus abattu ;
Mais, tant que tu brûlas du flambeau d'hyménée,
Mon amour se cacha pour plaire à ta vertu.

Je sais de quel respect il faut que je t'honore,
Et mes ressentiments ne l'ont pas violé ;
Si quelquefois j'ai dit le soin qui me dévore,
C'est à des confidents qui n'ont jamais parlé.

Pour adoucir l'aigreur des peines que j'endure,
Je me plains aux rochers, et demande conseil
A ces vieilles forêts, dont l'épaisse verdure
Fait de si belles nuits en dépit du soleil.

L'âme pleine d'amour et de mélancolie,
Et couché sur des fleurs et sous des orangers,
J'ai montré ma blessure aux deux mers d'Italie,
Et fait dire ton nom aux échos étrangers.

Ce fleuve impérieux à qui tout fit hommage,
Et dont Neptune même endura le mépris,
A su qu'en mon esprit j'adorais ton image,
Au lieu de chercher Rome en ses vastes débris.

Cloris, la passion que mon cœur t'a jurée
Ne trouve point d'exemple aux siècles les plus vieux.
Amour et la Nature admirent la durée
Du feu de mes désirs, et du feu de tes yeux.

La beauté qui te suit depuis ton premier âge,
Au déclin de tes jours ne veut pas te laisser ;
Et le temps, orgueilleux d'avoir fait ton visage,
En conserve l'éclat, et craint de l'effacer.

Regarde sans frayeur la fin de toutes choses,
Consulte ton miroir avec des yeux contents:
On ne voit point tomber ni tes lis ni tes roses,
Et l'hiver de ta vie est ton second printemps.

Pour moi, je cède aux ans, et ma tête chenue
M'apprend qu'il faut quitter les hommes et le jour;
Mon sang se refroidit; ma force diminue;
Et je serais sans feu, si j'étais sans amour.

C'est dans peu de matins que je croîtrai le nombre
De ceux à qui la Parque a ravi la clarté.
Oh! qu'on oira souvent les plaintes de mon ombre
Accuser tes mépris de m'avoir maltraité!

Que feras-tu, Cloris, pour honorer ma cendre?
Pourras-tu sans regret ouïr parler de moi,
Et le mort que tu plains te pourra-t-il défendre
De blâmer ta rigueur et de louer ma foi?

Si je voyais la fin de l'âge qui te reste,
Ma raison tomberait sous l'excès de mon deuil;
Je pleurerais sans cesse un malheur si funeste,
Et ferais, jour et nuit, l'amour à ton cercueil.

135   *Épigramme*

UN rare écrivain comme toi
    Devrait enrichir sa famille
D'autant d'argent que le feu roi
En avait mis en la Bastille:
Mais les vers ont perdu leur prix,
Et pour les excellents esprits
La faveur des princes est morte;
Malherbe, en cet âge brutal,
Pégase est un cheval qui porte
Les grands hommes à l'hôpital.

136   *Épitaphe*

CI gît Paul qui baissait les yeux
        A la rencontre des gens sobres,
Et qui priait toujours les cieux
Que l'année eût plusieurs Octobres.
Ce grand pilier de cabaret
Avecque un hareng soret
Humait des bouteilles sans nombre ;
Passant qui t'es ici porté,
Sache qu'il voudrait que son ombre
Eût de quoi boire à ta santé.

HONORAT DE RACAN

1589-†1670

137   *Stances*

TIRCIS, il faut penser à faire la retraite ;
        La course de nos jours est plus qu'à demi faite ;
L'âge insensiblement nous conduit à la mort :
Nous avons assez vu sur la mer de ce monde
Errer au gré des flots notre nef vagabonde ;
Il est temps de jouir des délices du port.

Le bien de la fortune est un bien périssable ;
Quand on bâtit sur elle, on bâtit sur le sable ;
Plus on est élevé, plus on court de dangers ;
Les grands pins sont en butte aux coups de la tempête,
Et la rage des vents brise plutôt le faîte
Des maisons de nos rois que les toits des bergers.

HONORAT DE RACAN

O bienheureux celui qui peut de sa mémoire
Effacer pour jamais ce vain espoir de gloire,
Dont l'inutile soin traverse nos plaisirs ;
Et qui, loin retiré de la foule importune,
Vivant dans sa maison, content de sa fortune,
A, selon son pouvoir, mesuré ses désirs !

Il laboure le champ que labourait son père ;
Il ne s'informe point de ce qu'on délibère
Dans ces graves conseils d'affaires accablés ;
Il voit sans intérêt la mer grosse d'orages,
Et n'observe des vents les sinistres présages,
Que pour le soin qu'il a du salut de ses blés.

Roi de ses passions, il a ce qu'il désire.
Son fertile domaine est son petit empire,
Sa cabane est son Louvre et son Fontainebleau ;
Ses champs et ses jardins sont autant de provinces,
Et sans porter envie à la pompe des princes
Se contente chez lui de les voir en tableau.

Il voit de toutes parts combler d'heur sa famille,
La javelle à plein poing tomber sous sa faucille,
Le vendangeur ployer sous le faix des paniers ;
Et semble qu'à l'envi les fertiles montagnes,
Les humides vallons, et les grasses campagnes
S'efforcent à remplir sa cave et ses greniers.

Il suit aucune fois un cerf par les foulées,
Dans ces vieilles forêts du peuple reculées,
Et qui même du jour ignorent le flambeau ;
Aucune fois des chiens il suit les voix confuses,
Et voit enfin le lièvre, après toutes ses ruses,
Du lieu de sa naissance en faire son tombeau.

HONORAT DE RACAN

Tantôt il se promène au long de ses fontaines,
De qui les petits flots font luire dans les plaines
L'argent de leurs ruisseaux parmi l'or des moissons ;
Tantôt il se repose, avecque les bergères,
Sur des lits naturels de mousse et de fougères,
Qui n'ont d'autres rideaux que l'ombre des buissons.

Il soupire en repos l'ennui de sa vieillesse,
Dans ce même foyer où sa tendre jeunesse
A vu dans le berceau ses bras emmaillotés ;
Il tient par les moissons registre des années,
Et voit de temps en temps leurs courses enchaînées
Vieillir avecque lui les bois qu'il a plantés.

Il ne va point fouiller aux terres inconnues,
A la merci des vents et des ondes chenues,
Ce que nature avare a caché de trésors ;
Et ne recherche point, pour honorer sa vie
De plus illustre mort, ni plus digne d'envie,
Que de mourir au lit où ses pères sont morts

Il contemple, du port, les insolentes rages
Des vents de la faveur, auteurs de nos orages,
Allumer des mutins les desseins factieux ;
Et voit en un clin d'œil, par un contraire échange,
L'un déchiré du peuple au milieu de la fange
Et l'autre à même temps élevé dans les cieux.

S'il ne possède point ces maisons magnifiques,
Ces tours, ces chapiteaux, ces superbes portiques
Où la magnificence étale ses attraits,
Il jouit des beautés qu'ont les saisons nouvelles ;
Il voit de la verdure et des fleurs naturelles,
Qu'en ces riches lambris l'on ne voit qu'en portraits.

Crois-moi, retirons-nous hors de la multitude,
Et vivons désormais loin de la servitude
De ces palais dorés où tout le monde accourt :
Sous un chêne élevé les arbrisseaux s'ennuient,
Et devant le soleil tous les astres s'enfuient,
De peur d'être obligés de lui faire la cour.

Après qu'on a suivi sans aucune assurance
Cette vaine faveur qui nous paît d'espérance,
L'envie en un moment tous nos desseins détruit ;
Ce n'est qu'une fumée ; il n'est rien de si frêle ;
Sa plus belle moisson est sujette à la grêle,
Et souvent elle n'a que des fleurs pour du fruit.

Agréables déserts, séjour de l'innocence,
Où loin des vanités, de la magnificence,
Commence mon repos et finit mon tourment,
Vallons, fleuves, rochers, plaisante solitude,
Si vous fûtes témoins de mon inquiétude,
Soyez-le désormais de mon contentement !

THÉOPHILE DE VIAU

1591-†1626

138   *Apollon Champion*

MOI, de qui les rayons font les traits du tonnerre
        Et de qui l'univers adore les autels,
Moi, dont les plus grands dieux redouteraient la guerre,
Puis-je, sans déshonneur, me prendre à des mortels ?

J'attaque malgré moi leur orgueilleuse envie,
Leur audace a vaincu ma nature et le sort ;
Car ma vertu, qui n'est que de donner la vie,
Est aujourd'hui forcée à leur donner la mort.

J'affranchis mes autels de ces fâcheux obstacles,
Et, foulant ces brigands que mes traits vont punir,
Chacun dorénavant viendra vers mes oracles,
Et préviendra le mal qui lui peut advenir.

C'est moi qui, pénétrant la dureté des arbres,
Arrache de leur cœur une savante voix, •
Qui fais taire les vents, qui fais parler les marbres,
Et qui trace au destin la conduite des rois.

C'est moi dont la chaleur donne la vie aux roses
Et fait ressusciter les fruits ensevelis ;
Je donne la durée et la couleur aux choses,
Et fais vivre l'éclat de la blancheur des lis.

Si peu que je m'absente, un manteau de ténèbres
Tient d'une froide horreur ciel et terre couverts ;
Les vergers les plus beaux sont des objets funèbres ;
Et quand mon œil est clos, tout meurt dans l'univers.

MARC-ANTOINE GÉRARD DE SAINT-AMANT

1594-†1661

139

OH ! que j'aime la solitude !
    Que ses lieux sacrés à la nuit,
Éloignés du monde et du bruit,
Plaisent à mon inquiétude !
Mon Dieu ! que mes yeux sont contents
De voir ces bois qui se trouvèrent
A la nativité du temps,
Et que tous les siècles révèrent,
Être encore aussi beaux et verts
Qu'aux premiers jours de l'univers !

Un gai zéphyre les caresse
D'un mouvement douce et flatteur.
Rien que leur extrême hauteur
Ne fait remarquer leur vieillesse,
Jadis Pan et ses demi-dieux
Y vinrent chercher du refuge,
Quand Jupiter ouvrit les cieux
Pour nous envoyer le déluge,
Et se sauvant sur leurs rameaux,
A peine virent-ils les eaux.

Que, sur cette épine fleurie,
Dont le printemps est amoureux,
Philomèle au chant langoureux,
Entretient bien ma rêverie !
Que je prends de plaisir de voir
Ces monts pendant en précipices,
Qui pour les coups du désespoir
Sont aux malheureux si propices,
Quand la cruauté de leur sort
Les force à rechercher la mort.

Que je trouve doux le ravage
De ces fiers torrents vagabonds,
Qui se précipitent par bonds
Dans ce vallon vert et sauvage,
Puis glissant sous les arbrisseaux,
Ainsi que des serpents sur l'herbe,
Se changent en plaisants ruisseaux,
Où quelque Naïade superbe
Règne comme en son lit natal,
Dessus un trône de crystal !

Que j'aime ce marais paisible !
Il est tout bordé d'aliziers,
D'aulnes, de saules et d'oziers,
A qui le fer n'est point nuisible.
Les nymphes, y cherchant le frais,
S'y viennent fournir de quenouilles,
De pipeaux, de joncs et de glais ;
Où l'on voit sauter les grenouilles,
Qui de frayeur s'y vont cacher
Sitôt qu'on veut s'en approcher.

Là, cent mille oiseaux aquatiques
Vivent sans craindre, en leur repos,
Le giboyeur fin et dispos,
Avec ses mortelles pratiques.
L'un, tout joyeux d'un si beau jour,
S'amuse à becqueter sa plume ;
L'autre alentit le feu d'amour
Qui dans l'eau même se consume,
Et prennent tout innocemment
Leur plaisir en cet élément.

Jamais l'été ni la froidure
N'ont vu passer dessus cette eau
Nulle charrette ni bateau,
Depuis que l'un et l'autre dure ;
Jamais voyageur altéré
N'y fit servir sa main de tasse ;
Jamais chevreuil désespéré
N'y finit sa vie à la chasse ;
Et jamais le traître hameçon
N'en fit sortir aucun poisson.

Que j'aime à voir la décadence
De ces vieux châteaux ruinés,
Contre qui les ans mutinés
Ont déployé leur insolence !
Les sorciers y font leur sabbat ;
Les démons follets s'y retirent,
Qui d'un malicieux ébat
Trompent nos sens et nous martyrent ;
Là se nichent en mille trous
Les couleuvres et les hiboux.

L'orfraie, avec ses cris funèbres,
Mortels augures des destins,
Fait rire et danser les lutins
Dans ces lieux remplis de ténèbres.
Sous un chevron de bois maudit
Y branle le squelette horrible
D'un pauvre amant qui se pendit
Pour une bergère insensible,
Qui d'un seul regard de pitié
Ne daigna voir son amitié . . .

Tantôt, sortant de ces ruines,
Je monte au haut de ce rocher,
Dont le sommet semble chercher
En quel lieu se font les bruines ;
Puis je descends tout à loisir
Sous une falaise escarpée,
D'où je regarde avec plaisir
L'onde qui l'a presque sapée,
Jusqu'au siège de Palémon,
Fait d'éponges et de limon.

Que c'est une chose agréable
D'être sur le bord de la mer,
Quand elle vient à se calmer
Après quelque orage effroyable,
Et que les chevelus Tritons,
Hauts, sur les vagues secouées,
Frappent les airs d'étranges tons
Avec leurs trompes enrouées,
Dont l'éclat rend respectueux
Les vents les plus impétueux !

Tantôt l'onde, brouillant l'arène,
Murmure et frémit de courroux,
Se roulant dessus les cailloux
Qu'elle apporte et qu'elle rentraîne.
Tantôt elle étale en ses bords,
Que l'ire de Neptune outrage,
Des gens noyés, des monstres morts,
Des vaisseaux brisés du naufrage,
Des diamants, de l'ambre gris
Et mille autres choses de prix.

Tantôt, la plus claire du monde,
Elle semble un miroir flottant,
Et nous représente l'instant
Encore d'autres cieux sous l'onde.
Le soleil s'y fait si bien voir,
Y contemplant son beau visage,
Qu'on est quelque temps à savoir
Si c'est lui-même, ou son image,
Et d'abord il semble à nos yeux
Qu'il s'est laissé tomber des cieux.

Bernières, pour qui je me vante
De ne rien faire que de beau,
Reçois ce fantasque tableau
Fait d'une peinture vivante.
Je ne cherche que les déserts,
Où, rêvant tout seul, je m'amuse
A des discours assez diserts
De mon génie avec la muse;
Mais mon plus aimable entretien
C'est le ressouvenir du tien.

Tu vois dans cette poésie
Pleine de licence et d'ardeur
Les beaux rayons de la splendeur
Qui m'éclaire la fantaisie:
Tantôt chagrin, tantôt joyeux,
Selon que la fureur m'enflamme
Et que l'objet s'offre à mes yeux,
Les propos me naissent en l'âme,
Sans contraindre la liberté
Du démon qui m'a transporté.

Oh! que j'aime la solitude!
C'est l'élément des bons esprits,
C'est par elle que j'ai compris
L'art d'Apollon sans nulle étude;
Je l'aime pour l'amour de toi,
Connaissant que ton humeur l'aime;
Mais, quand je pense bien à moi,
Je la hais pour la raison même;
Car elle pourrait me ravir
L'heur de te voir et te servir.

1598–†1648

140 *Sonnet*

IL faut finir mes jours en l'amour d'Uranie ;
   L'absence ni le temps ne m'en sauraient guérir,
Et je ne vois plus rien qui me pût secourir,
Ni qui sût rappeler ma liberté bannie.

Dès longtemps je connais sa rigueur infinie ;
Mais pensant aux beautés, pour qui je dois périr,
Je bénis mon martyre, et content de mourir,
Je n'ose murmurer contre sa tyrannie.

Quelquefois ma raison par de faibles discours
M'incite à la révolte et me promet secours ;
Mais lorsqu'à mon besoin je me veux servir d'elle,

Après beaucoup de peine et d'efforts impuissants,
Elle dit qu'Uranie est seule aimable et belle,
Et m'y rengage plus que ne font tous mes sens.

Rondeaux

141   i

MA foi, c'est fait de moi ; car Isabeau
   M'a conjuré de lui faire un rondeau,
Cela me met en une peine extrême.
Quoi ! treize vers, huit en eau, cinq en ème !
Je lui ferais aussitôt un bateau.

En voilà cinq pourtant en un monceau,
Faisons en huit, en invoquant Brodeau,
Et puis mettons par quelque stratagème :
      Ma foi, c'est fait !

Si je pouvais encor de mon cerveau
Tirer cinq vers, l'ouvrage serait beau.
Mais cependant je suis dedans l'onzième,
Et ci je crois que je fais le douzième,
En voilà treize ajustés au niveau :
      Ma foi, c'est fait !

142   *ii*

VOUS parlez comme un Scipion,
    Et si vous n'êtes qu'un pion,
D'un mot je vous pourrais défaire ;
Mais une palme si vulgaire
N'est pas pour un tel champion.

Je vous le dis sans passion,
N'ayez point de présomption,
Et songez de quelle manière
    Vous parlez.

Eussiez-vous le corps d'Orion,
Avecque la voix d'Arion,
Devant moi vous vous devez taire ;
Ne craignez-vous point ma colère ?
Qu'est-ce-là, petit embrion ?
    Vous parlez !

143   *iii*

EN bon Français politique et dévot
    Vous discourez, plus grave qu'un magot ;
Votre chagrin de tout se formalise,
Et l'on dirait que la France et l'Église
Tournent sur vous, comme sur leur pivot.

A tous propos vous faites le bigot,
Pleurant nos maux avecque maint sanglot ;
Et votre cœur espagnol se déguise
    En bon Français.

Laissez l'État et n'en dites plus mot ;
Il est pourvu d'un très-bon matelot ;
Car, s'il vous faut parler avec franchise,
Quoique sur tout votre esprit subtilise,
On vous connaît, et vous n'êtes qu'un sot
    En bon Français.

GUILLAUME COLLETET

1598-†1659

Sonnets

144

La Maison de Ronsard

i

JE ne vois rien ici qui ne flatte mes yeux ;
    Cette cour du balustre est gaie et magnifique,
Ces superbes lions qui gardent ce portique
Adoucissent pour moi leurs regards furieux.

Le feuillage, animé d'un vent délicieux,
Joint au chant des oiseaux sa tremblante musique ;
Ce parterre de fleurs, par un secret magique,
Semble avoir dérobé les étoiles des cieux.

L'aimable promenoir de ces doubles allées,
Qui de profanes pas n'ont point été foulées,
Garde encor, ô Ronsard, les vestiges des tiens.

Désir ambitieux d'une gloire infinie !
Je trouve bien ici mes pas avec les siens,
Mais non pas, dans mes vers, sa force et son génie.

145   *ii*

AFIN de témoigner à la postérité
    Que je fus en mon temps partisan de ta gloire,
Malgré ces ignorants de qui la bouche noire
Blasphème parmi nous contre ta déité ;

Je viens rendre à ton nom ce qu'il a mérité,
Belle âme de Ronsard, dont la sainte mémoire
Remportera du temps une heureuse victoire,
Et ne se bornera que de l'éternité.

Attendant que le ciel mon désir favorise,
Que je te puisse voir dans les plaines d'Élise,
Ne t'ayant jamais vu qu'en tes doctes écrits ;

Belle âme, qu'Apollon ses grâces me refuse,
Si je n'adore en toi le roi des grands esprits,
Le père des beaux vers et l'enfant de la Muse.

PIERRE CORNEILLE

1606–†1684

146   *Stances à la Marquise*

MARQUISE, si mon visage
    A quelques traits un peu vieux,
Souvenez-vous qu'à mon âge
Vous ne vaudrez guère mieux.

Le temps aux plus belles choses
Se plaît à faire un affront,
Et saura faner vos roses
Comme il a ridé mon front.

PIERRE CORNEILLE

Le même cours des planètes
Règle nos jours et nos nuits,
On m'a vu ce que vous êtes;
Vous serez ce que je suis.

Cependant j'ai quelques charmes
Qui sont assez éclatants
Pour n'avoir pas trop d'alarmes
De ces ravages du temps.

Vous en avez qu'on adore,
Mais ceux que vous méprisez
Pourraient bien durer encore
Quand ceux-là seront usés.

Ils pourront sauver la gloire
Des yeux qui me semblent doux,
Et dans mille ans faire croire
Ce qu'il me plaira de vous.

Chez cette race nouvelle
Où j'aurai quelque crédit,
Vous ne passerez pour belle
Qu'autant que je l'aurai dit.

Pensez-y, belle Marquise:
Quoiqu'un grison fasse effroi,
Il vaut bien qu'on le courtise,
Quand il est fait comme moi.

147   *Épitaphe d'Élisabeth Ranquet*

NE verse point de pleurs sur cette sépulture,
   Passant : ce lit funèbre est un lit précieux,
Où gît d'un corps tout pur la cendre toute pure ;
Mais le zèle du cœur vit encore en ces lieux.

Avant que de payer le droit à la nature,
Son âme, s'élevant au delà de ses yeux,
Avait au Créateur uni la créature ;
Et marchant sur la terre elle était dans les cieux.

Les pauvres bien mieux qu'elle ont senti sa richesse :
L'humilité, la peine étaient son allégresse ;
Et son dernier soupir fut un soupir d'amour.

Passant, qu'à son exemple un beau feu te transporte,
Et loin de la pleurer d'avoir perdu le jour,
Crois qu'on ne meurt jamais quand on meurt de la sorte.

148   *Stances de Don Rodrigue*

[*Le Cid*, Acte I. sc. vi]

PERCÉ jusques au fond du cœur
   D'une atteinte imprévue aussi bien que mortelle,
Misérable vengeur d'une juste querelle,
Et malheureux objet d'une injuste rigueur,
Je demeure immobile, et mon âme abattue
      Cède au coup qui me tue.
   Si près de voir mon feu récompensé,
      O Dieu ! l'étrange peine !
   En cet affront mon père est l'offensé,
   Et l'offenseur le père de Chimène !

Que je sens de rudes combats !
Contre mon propre honneur mon amour s'intéresse :
Il faut venger un père, et perdre une maîtresse ;
L'un m'anime le cœur, l'autre retient mon bras.
Réduit au triste choix, ou de trahir ma flamme,
    Ou de vivre en infâme,
  Des deux côtés mon mal est infini.
    O Dieu ! l'étrange peine !
  Faut-il laisser un affront impuni ?
  Faut-il punir le père de Chimène ?

    Père, maîtresse, honneur, amour,
Noble et dure contrainte, aimable tyrannie,
Tous mes plaisirs sont morts, ou ma gloire ternie :
L'un me rend malheureux, l'autre indigne du jour.
Cher et cruel espoir d'une âme généreuse,
    Mais ensemble amoureuse,
  Digne ennemi de mon plus grand bonheur,
    Fer, qui causes ma peine,
  M'es-tu donné pour venger mon honneur ?
  M'es-tu donné pour perdre ma Chimène ?

    Il vaut mieux courir au trépas ;
Je dois à ma maîtresse aussi bien qu'à mon père :
J'attire en me vengeant sa haine et sa colère,
J'attire ses mépris en ne me vengeant pas.
A mon plus doux espoir l'un me rend infidèle,
    Et l'autre indigne d'elle ;
  Mon mal augmente à le vouloir guérir,
    Tout redouble ma peine :
  Allons, mon âme, et puisqu'il faut mourir,
  Mourons du moins sans offenser Chimène.

Mourir sans tirer ma raison !
Rechercher un trépas si mortel à ma gloire !
Endurer que l'Espagne impute à ma mémoire
D'avoir mal soutenu l'honneur de ma maison !
Respecter un amour dont mon âme égarée
  Voit la perte assurée !
 N'écoutons plus ce penser suborneur
  Qui ne sert qu'à ma peine :
 Allons, mon bras, sauvons du moins l'honneur,
Puisqu'après tout il faut perdre Chimène.

  Oui, mon esprit s'était déçu :
Je dois tout à mon père avant qu'à ma maîtresse ;
Que je meure au combat, ou meure de tristesse,
Je rendrai mon sang pur, comme je l'ai reçu.
Je m'accuse déjà de trop de négligence.
  Courons à la vengeance,
 Et, tout honteux d'avoir tant balancé,
  Ne soyons plus en peine,
 Puisqu' aujourd'hui mon père est offensé,
Si l'offenseur est père de Chimène !

149   *Stances de Polyeucte*

[*Polyeucte*, Acte IV. sc. ii]

SOURCE délicieuse, en misères féconde,
 Que voulez-vous de moi, flatteuses voluptés ?
Honteux attachements de la chair et du monde,
Que ne me quittez-vous, quand je vous ai quittés ?
Allez, honneurs, plaisirs, qui me livrez la guerre :

Toute votre félicité,
Sujette à l'instabilité,
En moins de rien tombe par terre,
Et comme elle a l'éclat du verre,
Elle en a la fragilité.

Ainsi n'espérez pas qu'après vous je soupire.
Vous étalez en vain vos charmes impuissants ;
Vous me montrez en vain, par tout ce vaste empire,
Les ennemis de Dieu pompeux et florissants.
Il étale à son tour des revers équitables
        Par qui les grands sont confondus ;
        Et les glaives qu'il tient pendus
        Sur les plus fortunés coupables
        Sont d'autant plus inévitables,
        Que leurs coups sont moins attendus.

Tigre altéré de sang, Décie impitoyable,
Ce Dieu t'a trop longtemps abandonné les siens ;
De ton heureux destin vois la suite effroyable :
Le Scythe va venger la Perse et les Chrétiens ;
Encore un peu plus outre, et ton heure est venue ;
        Rien ne t'en saurait garantir ;
        Et la foudre qui va partir,
        Toute prête à crever la nue,
        Ne peut plus être retenue
        Par l'attente du repentir.

Que cependant Félix m'immole a ta colère ;
Qu'un rival plus puissant éblouisse ses yeux ;
Qu'aux dépens de ma vie il s'en fasse beau-père,
Et qu'à titre d'esclave il commande en ces lieux :
Je consens, ou plutôt j'aspire à ma ruine.

Monde, pour moi tu n'as plus rien:
Je porte en un cœur tout chrétien
Une flamme toute divine;
Et je ne regarde Pauline
Que comme un obstacle à mon bien.

Saintes douceurs du ciel, adorables idées,
Vous remplissez un cœur qui vous peut recevoir:
De vos sacrés attraits les âmes possédées
Ne conçoivent plus rien qui les puisse émouvoir.
Vous promettez beaucoup, et donnez davantage:
　　Vos biens ne sont point inconstants,
　　Et l'heureux trépas que j'attends
　　Ne vous sert que d'un doux passage
　　Pour nous introduire au partage
　　Qui nous rend à jamais contents.

PAUL SCARRON

1610–†1660

150　　*Épitaphe*

CELUI qui ci maintenant dort
　　Fit plus de pitié que d'envie,
Et souffrit mille fois la mort
Avant que de perdre la vie.
Passant, ne fais ici de bruit,
Prends garde qu'aucun ne l'éveille;
Car voici la première nuit
Que le pauvre Scarron sommeille.

1612–† 1691

151   *Sonnet*

JOB, de mille tourments atteint,
      Vous rendra sa douleur connue,
Et raisonnablement il craint
Que vous n'en soyez point émue.

Vous verrez sa misère nue ;
Il s'est lui-même ici dépeint :
Accoutumez-vous à la vue
D'un homme qui souffre et se plaint.

Bien qu'il eût d'extrêmes souffrances,
On voit aller des patiences
Plus loin que la sienne n'alla.

Il souffrit des maux incroyables ;
Il s'en plaignit, il en parla ;
J'en connais de plus misérables.

FRANÇOIS MAUCROIX

1619–†1708

152   *Stances*

CHLORIS, je vous le dis toujours,
      Ces faiseurs de pièces tragiques,
Ces chantres de gens héroïques
Ne chantent pas bien les amours.

De beaux mots leurs œuvres sont pleines,
Ils sont sages comme Catons,
Ils sont discrets pour les Hélènes,
Et muets pour les Jeannetons !

Tout ce qu'on nomme bagatelle
Déplaît à ces rares esprits ;
On dirait qu'ils sont en querelle
Avec les Grâces et les Ris.

Pour moi qui hais la muse austère
Et la gravité de ses tons,
Je vous ai choisi, ma bergère,
Pour le sujet de mes chansons.

Au doux murmure des fontaines
Je mêlerai des airs si doux
Que les dieux des prés et des plaines
Deviendront amoureux de vous.

Mais gardez bien d'être infidèle
A votre fidèle berger ;
Car, ma Chloris, pour être belle,
Il n'est pas permis de changer.

JEAN DE LA FONTAINE

1621–†1695

153   *La Cour du Lion*

SA Majesté Lionne un jour voulut connaître
    De quelles nations le Ciel l'avait fait maître.
Il manda donc par députés
Ses vassaux de toute nature,
Envoyant de tous les côtés
Une circulaire écriture,
Avec son sceau.   L'écrit portait
Qu'un mois durant le roi tiendrait

    Cour plénière dont l'ouverture
    Devait être un fort grand festin,
    Suivi des tours de Fagotin.
    Par ce trait de magnificence
Le prince à ses sujets étalait sa puissance.
    En son Louvre il les invita.
Quel Louvre ! un vrai charnier, dont l'odeur se porta
D'abord au nez des gens. L'ours boucha sa narine :
Il se fût bien passé de faire cette mine.
Sa grimace déplut. Le monarque irrité
L'envoya chez Pluton faire le dégoûté.
Le singe approuva fort cette sévérité,
Et, flatteur excessif, il loua la colère
Et la griffe du prince, et l'antre, et cette odeur :
    Il n'était ambre, il n'était fleur,
Qui ne fût ail au prix. Sa sotte flatterie
Eut un mauvais succès, et fut encor punie.
    Ce monseigneur du Lion là
    Fut parent de Caligula.
Le renard étant proche : 'Or çà, lui dit le sire,
Que sens-tu ? dis-le-moi. Parle sans déguiser.'
    L'autre aussitôt de s'excuser,
Alléguant un grand rhume : il ne pouvait que dire
    Sans odorat ; bref il s'en tire.
    Ceci vous sert d'enseignement.
Ne soyez à la cour, si vous voulez y plaire,
Ni fade adulateur, ni parleur trop sincère,
Et tâchez quelquefois de répondre en Normand.

154 *Le Rat qui s'est retiré du Monde*

LES Levantins en leur légende
  Disent qu'un certain rat, las des soins d'ici-bas,
Dans un fromage de Hollande
Se retira loin du tracas.
La solitude était profonde,
S'entendant partout à la ronde.
Notre hermite nouveau subsistait là-dedans.
  Il fit tant de pieds et de dents
Qu'en peu de jours il eut au fond de l'hermitage
Le vivre et le couvert; que faut-il davantage?
Il devint gros et gras: Dieu prodigue ses biens
  A ceux qui font vœu d'être siens.
  Un jour au dévot personnage
  Des députés du peuple rat
S'en vinrent demander quelque aumône légère:
  Ils allaient en terre étrangère
Chercher quelque secours contre le peuple chat;
  Ratopolis était bloquée:
On les avait contraints de partir sans argent,
  Attendu l'état indigent
  De la république attaquée.
Ils demandaient fort peu, certains que le secours
  Serait prêt dans quatre ou cinq jours.
  'Mes amis, dit le solitaire,
Les choses d'ici-bas ne me regardent plus:
  En quoi peut un pauvre reclus
  Vous assister? que peut-il faire,
Que de prier le Ciel qu'il vous aide en ceci?
J'espère qu'il aura de vous quelque souci.'
  Ayant parlé de cette sorte
  Le nouveau saint ferma sa porte.

Qui désignai-je, à votre avis,
Par ce rat si peu secourable ?
Un moine ? Non, mais un dervis :
Je suppose qu'un moine est toujours charitable.

155   *La Laitière et le Pot au Lait*

PERRETTE, sur sa tête ayant un pot au lait
    Bien posé sur un coussinet,
Prétendait arriver sans encombre à la ville.
Légère et court vêtue, elle allait à grands pas,
Ayant mis ce jour-là, pour être plus agile,
    Cotillon simple et souliers plats.
    Notre laitière ainsi troussée
    Comptait déjà dans sa pensée
Tout le prix de son lait, en employait l'argent ;
Achetait un cent d'œufs, faisait triple couvée :
La chose allait à bien par son soin diligent.
    ' Il m'est, disait-elle, facile
D'élever des poulets autour de ma maison ;
    Le renard sera bien habile
S'il ne m'en laisse assez pour avoir un cochon.
Le porc à s'engraisser coûtera peu de son ;
Il était, quand je l'eus, de grosseur raisonnable :
J'aurai, le revendant, de l'argent bel et bon.
Et qui m'empêchera de mettre dans notre étable,
Vu le prix dont il est, une vache et son veau,
Que je verrai sauter au milieu du troupeau ? '
Perrette là-dessus saute aussi, transportée :
Le lait tombe ; adieu veau, vache, cochon, couvée.
La dame de ces biens, quittant d'un œil marri
    Sa fortune ainsi répandue,
    Va s'excuser à son mari,

En grand danger d'être battue.
Le récit en farce en fut fait;
On l'appela le *Pot au lait*.

Quel esprit ne bat la campagne?
Qui ne fait châteaux en Espagne?
Picrochole, Pyrrhus, la laitière, enfin tous,
    Autant les sages que les fous,
Chacun songe en veillant; il n'est rien de plus doux.
Une flatteuse erreur emporte alors nos âmes;
    Tout le bien du monde est à nous,
    Tous les honneurs, toutes les femmes.
Quand je suis seul, je fais au plus brave un défi;
Je m'écarte, je vais détrôner le sophi;
    On m'élit roi, mon peuple m'aime,
Les diadèmes vont sur ma tête pleuvant.
Quelque accident fait-il que je rentre en moi-même:
    Je suis Gros-Jean comme devant.

156   *La Mort et le Mourant*

LA mort ne surprend point le sage:
    Il est toujours prêt à partir,
    S'étant su lui-même avertir
Du temps où l'on se doit résoudre à ce passage.
    Ce temps, hélas! embrasse tous les temps:
Qu'on le partage en jours, en heures, en moments,
    Il n'en est point qu'il ne comprenne
Dans le fatal tribut; tous sont de son domaine;
Et le premier instant où les enfants des rois
    Ouvrent les yeux à la lumière
    Est celui qui vient quelquefois
    Fermer pour toujours leur paupière.
    Défendez-vous par la grandeur,

Alléguez la beauté, la vertu, la jeunesse :
La mort ravit tout sans pudeur ;
Un jour, le monde entier accroîtra sa richesse.
 Il n'est rien de moins ignoré,
 Et, puisqu'il faut que je le die,
 Rien où l'on soit moins préparé.
Un mourant, qui comptait plus de cent ans de vie,
Se plaignait à la Mort que précipitamment
Elle le contraignait de partir tout à l'heure,
 Sans qu'il eût fait son testament,
Sans l'avertir au moins. 'Est-il juste qu'on meure
Au pied levé ? dit-il ; attendez quelque peu :
Ma femme ne veut pas que je parte sans elle ;
Il me reste à pourvoir un arrière-neveu ;
Souffrez qu'à mon logis j'ajoute encore une aile.
Que vous êtes pressante, ô déesse cruelle !'
— 'Vieillard, lui dit la Mort, je ne t'ai point surpris ;
Tu te plains sans raison de mon impatience :
Eh ! n'as-tu pas cent ans ? Trouve-moi dans Paris
Deux mortels aussi vieux ; trouve-m'en dix en France.
Je devais, ce dis-tu, te donner quelque avis
 Qui te disposât à la chose :
 J'aurais trouvé ton testament tout fait,
Ton petit-fils pourvu, ton bâtiment parfait.
Ne te donna-t-on pas des avis, quand la cause
 Du marcher et du mouvement,
 Quand les esprits, le sentiment,
Quand tout faillit en toi ? Plus de goût, plus d'ouïe ;
Toute chose pour toi semble être évanouie ;
Pour toi l'astre du jour prend des soins superflus ;
Tu regrettes des biens qui ne te touchent plus.
 Je t'ai fait voir tes camarades,
 Ou morts, ou mourants, ou malades :

Qu'est-ce que tout cela, qu'un avertissement?
   Allons, vieillard, et sans réplique.
   Il n'importe à la République
   Que tu fasses ton testament.'

La Mort avait raison. Je voudrais qu'à cet âge
On sortît de la vie ainsi que d'un banquet,
Remerciant son hôte, et qu'on fît son paquet:
Car de combien peut-on retarder le voyage?
Tu murmures, vieillard! Vois ces jeunes mourir,
   Vois-les marcher, vois-les courir
A des morts, il est vrai, glorieuses et belles,
Mais sûres cependant, et quelquefois cruelles.
J'ai beau te le crier; mon zèle est indiscret:
Le plus semblable aux morts meurt le plus à regret.

157   *La Grenouille qui se veut faire aussi grosse que le bœuf*

UNE grenouille vit un bœuf
   Qui lui sembla de belle taille.
Elle, qui n'était pas grosse en tout comme un œuf,
Envieuse s'étend, et s'enfle, et se travaille
   Pour égaler l'animal en grosseur,
   Disant: 'Regardez bien, ma sœur,
   Est-ce assez? dites-moi. N'y suis-je point encore:
   — Nenni. — M'y voici donc? — Point du tout. —
   M'y voilà?
   — Vous n'en approchez point.' La chétive pécore
   S'enfla si bien qu'elle creva.
Le monde est plein de gens qui ne sont pas plus sages:
Tout bourgeois veut bâtir comme les grands seigneurs;
   Tout petit prince a des ambassadeurs;
   Tout marquis veut avoir des pages.

158   *La Montagne qui accouche*

UNE montagne en mal d'enfant
    Jettait une clameur si haute
Que chacun, au bruit accourant,
Crût qu'elle accoucherait, sans faute,
D'une cité plus grosse que Paris :
    Elle accoucha d'une souris.

    Quand je songe à cette fable
    Dont le récit est menteur
    Et le sens est véritable,
    Je me figure un auteur
Qui dit : 'Je chanterai la guerre
Que firent les Titans au maître du tonnerre.'
C'est promettre beaucoup ; mais qu'en sort-il souvent ?
    Du vent.

159   *Le Singe et le Léopard*

LE singe avec le léopard
    Gagnaient de l'argent à la foire.
Ils affichaient chacun à part.
L'un d'eux disait : 'Messieurs, mon mérite et ma gloire
Sont connus en bon lieu. Le roi m'a voulu voir ;
    Et si je meurs, il veut avoir
Un manchon de ma peau, tant elle est bigarrée,
    Pleine de taches, marquetée,
    Et vergetée, et mouchetée.'
La bigarrure plaît. Partant chacun le vit ;
Mais ce fut bientôt fait ; bientôt chacun sortit.
Le singe, de sa part, disait : 'Venez, de grâce,
Venez, Messieurs : je fais cent tours de passe-passe.

Cette diversité dont on vous parle tant,
Mon voisin léopard l'a sur soi seulement;
Moi je l'ai dans l'esprit. Votre serviteur Gille,
    Cousin et gendre de Bertrand,
    Singe du pape en son vivant,
    Tout fraîchement en cette ville
Arrive en trois bateaux, exprès pour vous parler;
Car il parle, on l'entend: il sait danser, baller,
    Faire des tours de toute sorte,
Passer en des cerceaux; et le tout pour six blancs;
Non, Messieurs, pour un sou: si vous n'êtes contents
Nous rendrons à chacun son argent à la porte.'
Le singe avait raison. Ce n'est pas sur l'habit
Que la diversité me plaît, c'est dans l'esprit:
L'une fournit toujours des choses agréables;
L'autre, en moins d'un moment, lasse les regardants.
Oh! que de grands seigneurs, au léopard semblables,
    N'ont que l'habit pour tous talents!

160 *Les Animaux malades de la Peste*

    UN mal qui répand la terreur,
        Mal que le Ciel, en sa fureur,
Inventa pour punir les crimes de la terre,
La peste (puisqu'il faut l'appeler par son nom),
Capable d'enrichir en un jour l'Achéron,
    Faisait aux animaux la guerre.
Ils ne mouraient pas tous, mais tous étaient frappés:
    On n'en voyait point d'occupés
A chercher le soutien d'une mourante vie:
    Nul mets n'excitait leur envie;
    Ni loups ni renards n'épiaient

La douce et l'innocente proie;
Les tourterelles se fuyaient:
Plus d'amour; partant, plus de joie.
Le lion tint conseil, et dit: 'Mes chers amis,
Je crois que le ciel a permis
Pour nos péchés cette infortune.
Que le plus coupable de nous
Se sacrifie aux traits du céleste courroux:
Peut-être il obtiendra la guérison commune.
L'histoire nous apprend qu'en de tels accidents
On fait de pareils dévouements.
Ne nous flattons donc point; voyons sans indulgence
L'état de notre conscience.
Pour moi, satisfaisant mes appétits gloutons,
J'ai dévoré force moutons.
Que m'avaient-ils fait? Nulle offense;
Même il m'est arrivé quelquefois de manger
Le berger.
Je me dévouerai donc, s'il le faut; mais je pense
Qu'il est bon que chacun s'accuse ainsi que moi;
Car on doit souhaiter, selon toute justice,
Que le plus coupable périsse.'
— 'Sire, dit le renard, vous êtes trop bon roi;
Vos scrupules font voir trop de délicatesse.
Eh bien! manger moutons, canaille, sotte espèce,
Est-ce un péché? Non, non. Vous leur fîtes, Seigneur,
En les croquant, beaucoup d'honneur;
Et quant au berger, l'on peut dire
Qu'il était digne de tous maux,
Étant de ces gens-là qui sur les animaux
Se font un chimérique empire.'
Ainsi dit le renard; et flatteurs d'applaudir;
On n'osa trop approfondir

Du tigre, ni de l'ours, ni des autres puissances
    Les moins pardonnables offenses :
Tous les gens querelleurs, jusqu'aux simples mâtins,
Au dire de chacun, étaient de petits saints.
L'âne vint à son tour, et dit : 'J'ai souvenance
    Qu'en un pré de moines passant,
La faim, l'occasion, l'herbe tendre, et, je pense,
    Quelque diable aussi me poussant,
Je tondis de ce pré la largeur de ma langue ;
Je n'en avais nul droit, puisqu'il faut parler net.'
A ces mots, on cria haro sur le baudet.
Un loup, quelque peu clerc, prouva par sa harangue
Qu'il fallait dévouer ce maudit animal,
Ce pelé, ce galeux, d'où venait tout leur mal.
Sa peccadille fut jugée un cas pendable,
Manger l'herbe d'autrui ! quel crime abominable !
    Rien que la mort n'était capable
D'expier son forfait. On le lui fit bien voir.
Selon que vous serez puissant ou misérable,
Les jugements de cour vous rendront blanc ou noir.

161   *Le Vieillard et les Trois Jeunes Hommes*

UN octogénaire plantait.
'Passe encor de bâtir ; mais planter à cet âge !
Disaient trois jouvenceaux, enfants du voisinage :
    Assurément il radotait.
    'Car, au nom des dieux, je vous prie,
Quel fruit de ce labeur pouvez-vous recueillir ?
Autant qu'un patriarche il vous faudrait vieillir.
    A quoi bon charger votre vie

Des soins d'un avenir qui n'est pas fait pour vous ?
Ne songez désormais qu'à vos erreurs passées ;
Quittez le long espoir et les vastes pensées ;
    Tout cela ne convient qu'à nous.'
  —'Il ne convient pas à vous-mêmes,
Repartit le vieillard. Tout établissement
Vient tard, et dure peu. La main des Parques blêmes
De vos jours et des miens se joue également.
Nos termes sont pareils par leur courte durée.
Qui de nous des clartés de la voûte azurée
Doit jouir le dernier ? Est-il aucun moment
Qui vous puisse assurer d'un second seulement ?
Mes arrière-neveux me devront cet ombrage :
    Eh bien ! défendez-vous au sage
De se donner des soins pour le plaisir d'autrui ?
Cela même est un fruit que je goûte aujourd'hui :
J'en puis jouir demain, et quelques jours encore ;
    Je puis enfin compter l'aurore
    Plus d'une fois sur vos tombeaux.'
Le vieillard eut raison : l'un des trois jouvenceaux
Se noya dès le port, allant à l'Amérique ;
L'autre, afin de monter aux grandes dignités,
Dans les emplois de Mars servant la république,
Par un coup imprévu vit ses jours emportés ;
    Le troisième tomba d'un arbre
    Que lui-même il voulut enter ;
Et, pleurés du vieillard, il grava sur leur marbre
    Ce que je viens de raconter.

162   *L'Alouette et ses petits avec le Maître d'un champ*

NE t'attends qu'à toi seul : c'est un commun proverbe.
   Voici comme Ésope le mit
     En crédit.
   Les Alouettes font leur nid
   Dans les blés quand ils sont en herbe,
  C'est-à-dire environ le temps
Que tout aime et que tout pullule dans le monde :
   Monstres marins au fond de l'onde,
Tigres dans les forêts, alouettes aux champs.
   Une pourtant de ces dernières
Avait laissé passer la moitié d'un printemps
Sans goûter le plaisir des amours printanières.
A toute force enfin elle se résolut
D'imiter la Nature, et d'être mère encore.
Elle bâtit un nid, pond, couve, et fait éclore
A la hâte : le tout alla du mieux qu'il put.
Les blés d'alentour mûrs avant que la nitée
   Se trouvât assez forte encor
   Pour voler et prendre l'essor,
De mille soins divers l'alouette agitée
S'en va chercher pâture, avertit ses enfants
D'être toujours au guet et faire sentinelle.
  ' Si le possesseur de ces champs
Vient avecque son fils, comme il viendra, dit-elle,
   Écoutez bien : selon ce qu'il dira,
    Chacun de nous décampera.'
Sitôt que l'alouette eut quitté sa famille,
Le possesseur du champ vint avecque son fils.
'Ces blés sont mûrs, dit-il : allez chez nos amis

Les prier que chacun, apportant sa faucille,
Nous vienne aider demain dès la pointe du jour.'
  Notre alouette, de retour,
   Trouve en alarme sa couvée.
L'un commence : ' Il a dit que, l'aurore levée,
L'on fît venir demain ses amis pour l'aider.
— S'il n'a dit que cela, repartit l'alouette,
Rien ne nous presse encor de changer de retraite ;
Mais c'est demain qu'il faut tout de bon écouter.
Cependant soyez gais ; voilà de quoi manger.'
Eux repus, tout s'endort, les petits et la mère.
L'aube du jour arrive, et d'amis point du tout.
L'alouette à l'essor, le maître s'en vient faire
  Sa ronde ainsi qu'à l'ordinaire.
' Ces blés ne devraient pas, dit-il, être debout.
Nos amis ont grand tort, et tort qui se repose
Sur de tels paresseux, à servir ainsi lents.
  Mon fils, allez chez nos parents,
   Les prier de la même chose.'
L'épouvante est au nid plus forte que jamais :
' Il a dit ses parents, mère ! c'est à cette heure . . .
  — Non, mes enfants ; dormez en paix :
   Ne bougeons de notre demeure.'
L'alouette eut raison ; car personne ne vint.
Pour la troisième fois le maître se souvint
De visiter ses blés. ' Notre erreur est extrême,
Dit-il, de nous attendre à d'autres gens que nous.
Il n'est meilleur ami ni parent que soi-même.
Retenez bien cela, mon fils. Et savez-vous
Ce qu'il faut faire ? Il faut qu'avec notre famille
Nous prenions dès demain chacun une faucille :
C'est là notre plus court ; et nous achèverons
  Notre moisson quand nous pourrons.'

Dès lors que ce dessein fut su de l'alouette :
'C'est ce coup qu'il est bon de partir, mes enfants ! '
  Et les petits, en même temps,
  Voletants, se culebutants,
  Délogèrent tous sans trompette.

163 *Le Savetier et le Financier*

UN savetier chantait du matin jusqu'au soir :
  C'était merveille de le voir,
Merveille de l'ouïr ; il faisait des passages,
  Plus content qu'aucun des sept Sages.
Son voisin, au contraire, étant tout cousu d'or,
  Chantait peu, dormait moins encor :
  C'était un homme de finance.
Si sur le point du jour parfois il sommeillait,
Le savetier alors en chantant l'éveillait ;
Et le financier se plaignait
  Que les soins de la Providence
N'eussent pas au marché fait vendre le dormir
  Comme le manger et le boire.
  En son hôtel il fait venir
Le chanteur, et lui dit : 'Or çà, sire Grégoire,
Que gagnez-vous par an ? — Par an ! ma foi, Monsieur,
  Dit avec un ton de rieur
Le gaillard savetier, ce n'est point ma manière
De compter de la sorte ; et je n'entasse guère
  Un jour sur l'autre : il suffit qu'à la fin
  J'attrape le bout de l'année ;
  Chaque jour amène son pain.
  — Eh bien ! que gagnez-vous, dites-moi, par journée ?
  — Tantôt plus, tantôt moins : le mal est que toujours

(Et sans cela nos gains seraient assez honnêtes),
Le mal est que dans l'an s'entremêlent des jours
   Qu'il faut chômer; on nous ruine en fêtes;
L'une fait tort à l'autre; et monsieur le curé
De quelque nouveau saint charge toujours son prône.'
Le financier, riant de sa naïveté,
Lui dit: 'Je vous veux mettre aujourd'hui sur le trône.
Prenez ces cent écus; gardez-les avec soin,
   Pour vous en servir au besoin.'
Le savetier crut voir tout l'argent que la terre
   Avait, depuis plus de cent ans,
   Produit pour l'usage des gens.
Il retourne chez lui: dans sa cave il enserre
   L'argent et sa joie à la fois.
Plus de chant: il perdit la voix
Du moment qu'il gagna ce qui cause nos peines.
   Le sommeil quitta son logis:
   Il eut pour hôtes les soucis,
   Les soupçons, les alarmes vaines.
Tout le jour il avait l'œil au guet; et la nuit,
   Si quelque chat faisait du bruit,
Le chat prenait l'argent. A la fin le pauvre homme
S'en courut chez celui qu'il ne réveillait plus:
'Rendez-moi, lui dit-il, mes chansons et mon somme,
   Et reprenez vos cent écus.'

164   *Invocation*

O DOUCE Volupté, sans qui, dès notre enfance,
   Le vivre et le mourir nous deviendraient égaux;
Aimant universel de tous les animaux,
Que tu sais attirer avecque violence!

Par toi tout se meut ici-bas.
C'est pour toi, c'est pour tes appas,
Que nous courons après la peine :
Il n'est soldat, ni capitaine,
Ni ministre d'État, ni prince, ni sujet,
Qui ne t'ait pour unique objet.
Nous autres nourrissons, si, pour fruit de nos veilles,
Un bruit délicieux ne charmait nos oreilles,
Si nous ne nous sentions chatouillés de ce son,
Ferions-nous un mot de chanson ?
Ce qu'on appelle gloire en termes magnifiques,
Ce qui servait de prix dans les jeux olympiques,
N'est que toi proprement, divine Volupté,
Et le plaisir des sens n'est-il de rien compté ?
Pour quoi sont faits les dons de Flore,
Le Soleil couchant et l'Aurore,
Pomone et ses mets délicats,
Bacchus, l'âme des bons repas,
Les forêts, les eaux, les prairies.
Mères des douces rêveries ?
Pour quoi tant de beaux arts, qui tous sont tes enfants,
Mais pour quoi les Chloris aux appas triomphants,
Que pour maintenir ton commerce ?
J'entends innocemment : sur son propre désir
Quelque rigueur que l'on exerce,
Encor y prend-on du plaisir.

Volupté, Volupté, qui fus jadis maîtresse
Du plus bel esprit de la Grèce,
Ne me dédaigne pas, viens-t'en loger chez moi ;
Tu n'y seras pas sans emploi :
J'aime le jeu, l'amour, les livres, la musique,
La ville et la campagne, enfin tout ; il n'est rien

Qui ne me soit souverain bien,
Jusqu'au sombre plaisir d'un cœur mélancolique.
Viens donc ; et de ce bien, ô douce Volupté,
Veux-tu savoir au vrai la mesure certaine ?
Il m'en faut tout au moins un siècle bien compté ;
    Car trente ans, ce n'est pas la peine.

JEAN-BAPTISTE POQUELIN DE MOLIÈRE

1622–†1673

165   *A Monsieur Le Vayer, sur la*
Mort de son Fils

AUX larmes, Le Vayer, laisse tes yeux ouverts,
  Ton deuil est raisonnable encor qu'il soit extrême,
Et lorsque pour toujours on perd ce que tu perds,
La sagesse, crois-moi, peut pleurer elle-même.

On se propose à tort cent préceptes divers
Pour vouloir d'un œil sec voir mourir ce qu'on aime ;
L'effort en est barbare aux yeux de l'univers,
Et c'est brutalité plus que vertu suprême.

On sait bien que les pleurs ne ramèneront pas
Ce cher fils que t'enlève un imprévu trépas,
Mais la perte par là n'en est pas moins cruelle :

Ses vertus d'un chacun le faisaient révérer,
Il avait le cœur grand, l'esprit beau, l'âme belle,
Et ce sont des sujets à toujours le pleurer.

CLAUDE-EMMANUEL LUILLIER,
dit CHAPELLE

1626-†1686

Rondeau

166   *Sur les Métamorphoses d'Ovide,
mises en rondeaux par Benserade*

A LA fontaine où l'on puise cette eau,
    Qui fait rimer et Racine et Boileau,
Je ne bois point ou bien je ne bois guère.
Dans un besoin si j'en avais affaire,
J'en boirais moins que ne fait un moineau.

Je tirerai pourtant de mon cerveau
Plus aisément, s'il le faut, un rondeau,
Que je n'avale un plein verre d'eau claire
        A la fontaine.

De ces rondeaux un livre tout nouveau
A bien des gens n'a pas eu l'heur de plaire ;
Mais quant à moi, j'en trouve tout fort beau,
Papier, dorure, images, caractère,
Hormis les vers, qu'il fallait laisser faire
        A La Fontaine.

ANTOINETTE DU LIGIER DE LA
GARDE, DAME DESHOULIÈRES

1633-†1694

167   *Allégorie*

D ANS ces prés fleuris
    Qu'arrose la Senne,
Cherchez qui vous mène,
Mes chères brebis.

184

J'ai fait, pour vous rendre
Le Destin plus doux,
Ce qu'on peut attendre
D'une amitié tendre :
Mais son long courroux
Détruit, empoisonne
Tous mes soins pour vous
Et vous abandonne
Aux fureurs des loups.
Seriez-vous leur proie,
Aimable troupeau,
Vous de ce hameau
L'honneur et la joie ;
Vous qui, gras et beau,
Me donniez sans cesse
Sur l'herbette épaisse
Un plaisir nouveau ?

Que je vous regrette !
Mais il faut céder :
Sans chien, sans houlette,
Puis-je vous garder ?
L'injuste Fortune
Me les a ravis.
En vain j'importune
Le Ciel par mes cris ;
Il rit de mes plaintes,
Et, sourd à mes craintes,
Houlette ni chien,
Il ne me rend rien.

Puissiez-vous, contentes,
Et sans mon secours,

Passer d'heureux jours,
Brebis innocentes,
Brebis, mes amours !
Que Pan vous défende :
Hélas ! il le sait,
Je ne lui demande
Que ce seul bienfait.

Oui, brebis chéries,
Qu'avec tant de soin
J'ai toujours nourries,
Je prends à témoin
Ces bois, ces prairies,
Que si les faveurs
Du dieu des pasteurs
Vous gardent d'outrages
Et vous font avoir,
Du matin au soir,
De gras pâturages,
J'en conserverai,
Tant que je vivrai,
La douce mémoire ;
Et que mes chansons,
En mille façons,
Porteront sa gloire
Du rivage heureux
Où, vif et pompeux,
L'astre qui mesure
Les nuits et les jours,
Commençant son cours,
Rend à la nature
Toute sa parure,
Jusqu'en ces climats

Où, sans doute las
D'éclairer le monde,
Il va chez Téthys
Rallumer dans l'onde
Ses feux amortis.

NICOLAS BOILEAU-DESPRÉAUX

1636-†1711

168 *Chanson*

VOICI les lieux charmants, où mon âme ravie
  Passait à contempler Sylvie
Ces tranquilles moments si doucement perdus.
Que je l'aimais alors ! Que je la trouvais belle !
Mon cœur, vous soupirez au nom de l'infidèle :
Avez-vous oublié que vous ne l'aimez plus ?

C'est ici que souvent, errant dans les prairies,
  Ma main des fleurs les plus chéries
Lui faisait des présents si tendrement reçus.
Que je l'aimais alors ! Que je la trouvais belle !
Mon cœur, vous soupirez au nom de l'infidèle :
Avez-vous oublié que vous ne l'aimez plus ?

169 *Épître à M. Racine*

QUE tu sais bien, Racine, à l'aide d'un acteur,
  Émouvoir, étonner, ravir un spectateur !
Jamais Iphigénie, en Aulide immolée,
N'a coûté tant de pleurs à la Grèce assemblée,
Que, dans l'heureux spectacle à nos yeux étalé,
En a fait sous son nom verser la Champmelé.
Ne crois pas toutefois, par tes savans ouvrages,

Entraînant tous les cœurs, gagner tous les suffrages.
Sitôt que d'Apollon un génie inspiré
Trouve loin du vulgaire un chemin ignoré,
En cent lieux contre lui les cabales s'amassent ;
Ses rivaux obscurcis autour de lui croassent ;
Et son trop de lumière, importunant les yeux,
De ses propres amis lui fait des envieux.
La mort seule, ici-bas, en terminant sa vie,
Peut calmer sur son nom l'injustice et l'envie ;
Faire au poids du bon sens peser tous ses écrits,
Et donner à ses vers leur légitime prix.

Avant qu'un peu de terre, obtenu par prière,
Pour jamais sous la tombe eût enfermé Molière,
Mille de ses beaux traits, aujourd'hui si vantés,
Furent des sots esprits à nos yeux rebutés.
L'ignorance et l'erreur à ses naissantes pièces
En habits de marquis, en robes de comtesses,
Venaient pour diffamer son chef-d'œuvre nouveau
Et secouaient la tête à l'endroit le plus beau.
Le commandeur voulait la scène plus exacte ;
Le vicomte indigné sortait au second acte ;
L'un, défenseur zélé des bigots mis en jeu,
Pour prix de ces bons mots le condamnait au feu,
L'autre, fougueux marquis, lui déclarant la guerre,
Voulait venger la cour immolée au parterre.
Mais, sitôt que d'un trait de ses fatales mains
La Parque l'eut rayé du nombre des humains,
On reconnut le prix de sa muse éclipsée.
L'aimable Comédie, avec lui terrassée,
En vain d'un coup si rude espéra revenir
Et sur ses brodequins ne put plus se tenir.
Tel fut chez nous le sort du théâtre comique.

Toi donc qui, t'élevant sur la scène tragique,

Suis les pas de Sophocle, et, seul de tant d'esprits,
De Corneille vieilli sais consoler Paris :
Cesse de t'étonner si l'envie animée,
Attachant à ton nom sa rouille envenimée,
La calomnie en main, quelquefois te poursuit.
En cela, comme en tout, le ciel qui nous conduit,
Racine, fait briller sa profonde sagesse.
Le mérite en repos s'endort dans la paresse ;
Mais par les envieux un génie excité
Au comble de son art est mille fois monté :
Plus on veut l'affaiblir, plus il croît et s'élance.
Au Cid persécuté Cinna doit sa naissance ;
Et peut-être ta plume aux censeurs de Pyrrhus
Doit les plus nobles traits dont tu peignis Burrhus.

Moi-même, dont la gloire ici moins répandue
Des pâles envieux ne blesse point la vue,
Mais qu'une humeur trop libre, un esprit peu soumis,
De bonne heure a pourvu d'utiles ennemis,
Je dois plus à leur haine, il faut que je l'avoue,
Qu'au faible et vain talent dont la France me loue.
Leur venin, qui sur moi brûle de s'épancher,
Tous les jours en marchant m'empêche de broncher.
Je songe, à chaque trait que ma plume hasarde,
Que d'un œil dangereux leur troupe me regarde.
Je sais sur leurs avis corriger mes erreurs,
Et je mets à profit leurs malignes fureurs.
Sitôt que sur un vice ils pensent me confondre,
C'est en me guérissant que je sais leur répondre ;
Et plus en criminel ils pensent m'ériger,
Plus, croissant en vertu, je songe à me venger.

Imite mon exemple ; et lorsqu'une cabale,
Un flot de vains auteurs follement te ravale,
Profite de leur haine et de leur mauvais sens,

Ris du bruit passager de leurs cris impuissans.
Que peut contre tes vers une ignorance vaine?
Le Parnasse français, ennobli par ta veine,
Contre tous ces complots saura se maintenir
Et soulever pour toi l'équitable avenir.
Et qui, voyant un jour la douleur vertueuse
De Phèdre malgré soi perfide, incestueuse,
D'un si noble travail justement étonné,
Ne bénira d'abord le siècle fortuné
Qui, rendu plus fameux par tes illustres veilles,
Vit naître sous ta main ces pompeuses merveilles?
   Cependant laisse ici gronder quelques censeurs
Qu'aigrissent de tes vers les charmantes douceurs.
Et qu'importe à nos vers que Perrin les admire;
Que l'auteur de *Jonas* s'empresse pour les lire;
Qu'ils charment de Senlis le poète idiot,
Ou le sec traducteur du français d'Amyot:
Pourvu qu'avec éclat leurs rimes débitées
Soient du peuple, des grands, des provinces goûtées;
Pourvu qu'ils puissent plaire au plus puissant des rois;
Qu'à Chantilly Condé les souffre quelquefois;
Qu'Enghien en soit touché; que Colbert et Vivonne,
Que La Rochefoucauld, Marsillac et Pomponne,
Et mille autres qu'ici je ne puis faire entrer
A leurs traits délicats se laissent pénétrer?
Et plût au ciel encor, pour couronner l'ouvrage,
Que Montausier voulût leur donner son suffrage!
C'est à de tels lecteurs que j'offre mes écrits.
Mais pour un tas grossier de frivoles esprits,
Admirateurs zélés de toute œuvre insipide,
Que, non loin de la place où Brioché préside,
Sans chercher dans les vers ni cadence ni son,
Il s'en aille admirer le savoir de Pradon!

JEAN RACINE

1639-†1699

Hymnes traduites du Bréviaire Romain

170   Le Lundi, à Matines

TANDIS que le sommeil, réparant la nature,
    Tient enchaînés le travail et le bruit,
Nous rompons ses liens, ô clarté toujours pure !
    Pour te louer dans la profonde nuit.

Que dès notre réveil notre voix te bénisse ;
    Qu'à te chercher notre cœur empressé
T'offre ses premiers vœux ; et que par toi finisse
    Le jour par toi saintement commencé.

L'astre dont la présence écarte la nuit sombre
    Viendra bientôt recommencer son tour :
O vous, noirs ennemis qui vous glissez dans l'ombre,
    Disparaissez à l'approche du jour.

Nous t'implorons, Seigneur : tes bontés sont nos armes :
    De tout péché rends-nous purs à tes yeux ;
Fais que, t'ayant chanté dans ce séjour de larmes,
    Nous te chantions dans le repos des cieux.

Exauce, Père saint, notre ardente prière,
    Verbe, son Fils, Esprit, leur nœud divin,
Dieu qui, tout éclatant de ta propre lumière,
    Règnes au ciel sans principe et sans fin.

171   Le Lundi, à Vêpres

GRAND Dieu, qui vis les cieux se former sans matière,
    A ta voix seulement ;
Tu séparas les eaux, leur marquas pour barrière
    Le vaste firmament.

Si la voûte céleste a ses plaines liquides,
  La terre a ses ruisseaux,
Qui, contre les chaleurs, portent aux champs arides
  Le secours de leurs eaux.

Seigneur, qu'ainsi les eaux de ta grâce féconde
  Réparent nos langueurs ;
Que nos sens désormais vers les appas du monde
  N'entraînent plus nos cœurs.

Fais briller de ta foi les lumières propices
  A nos yeux éclairés :
Qu'elle arrache le voile à tous les artifices
  Des enfers conjurés.

Règne, ô Père éternel, Fils, sagesse incréée,
  Esprit saint, Dieu de paix,
Qui fais changer des temps l'inconstante durée,
  Et ne changes jamais.

172   *Le Mardi, à Laudes*

L'OISEAU vigilant nous réveille ;
Et ses chants redoublés semblent chasser la nuit :
Jésus se fait entendre à l'âme qui sommeille,
Et l'appelle à la vie, où son jour nous conduit.

 'Quittez, dit-il, la couche oisive
Où vous ensevelit une molle langueur :
Sobres, chastes et purs, l'œil et l'âme attentive,
Veillez : je suis tout proche, et frappe à votre cœur.'

Ouvrons donc l'œil à sa lumière,
Levons vers ce Sauveur et nos mains et nos yeux,
Pleurons et gémissons : une ardente prière
Écarte le sommeil, et pénètre les cieux.

O Christ, ô soleil de justice !
De nos cœurs endurcis romps l'assoupissement ;
Dissipe l'ombre épaisse où les plonge le vice,
Et que ton divin jour y brille à tout moment !

Gloire à toi, Trinité profonde,
Père, Fils, Esprit saint : qu'on t'adore toujours,
Tant que l'astre des temps éclairera le monde,
Et quand les siècles même auront fini leur cours.

Cantique

173 *Sur les vaines occupations*
des gens du siècle

QUEL charme vainqueur du monde
    Vers Dieu m'élève aujourd'hui ?
Malheureux l'homme qui fonde
Sur les hommes son appui !
Leur gloire fuit et s'efface
En moins de temps que la trace
Du vaisseau qui fend les mers,
Ou de la flèche rapide
Qui, loin de l'œil qui la guide,
Cherche l'oiseau dans les airs.

De la Sagesse immortelle
La voix tonne et nous instruit :

'Enfants des hommes, dit-elle,
De vos soins quel est le fruit?
Par quelle erreur, âmes vaines,
Du plus pur sang de vos veines,
Achetez-vous si souvent,
Non un pain qui vous repaisse,
Mais une ombre qui vous laisse
Plus affamés que d'avant?

'Le pain que je vous propose
Sert aux anges d'aliment;
Dieu lui-même le compose
De la fleur de son froment.
C'est ce pain si délectable
Que ne sert point à sa table
Le monde que vous suivez.
Je l'offre à qui veut me suivre:
Approchez. Voulez-vous vivre?
Prenez, mangez, et vivez.'

O Sagesse! ta parole
Fit éclore l'univers,
Posa sur un double pôle
La terre au milieu des airs.
Tu dis; et les cieux parurent,
Et tous les astres coururent
Dans leur ordre se placer.
Avant les siècles tu règnes;
Et qui suis-je, que tu daignes
Jusqu'à moi te rabaisser?

Le Verbe, image du Père,
Laissa son trône éternel

Et d'une mortelle mère
Voulut naître homme et mortel.
Comme l'orgueil fut le crime
Dont il naissait la victime,
Il dépouilla sa splendeur,
Et vint pauvre et misérable
Apprendre à l'homme coupable
Sa véritable grandeur.

L'âme heureusement captive
Sous ton joug trouve la paix
Et s'abreuve d'une eau vive
Qui ne s'épuise jamais.
Chacun peut boire en cette onde,
Elle invite tout le monde;
Mais nous courons follement
Chercher des sources bourbeuses
Ou des citernes trompeuses
D'où l'eau fuit à tout moment.

Épigrammes
i
Sur l'Iphigénie de Le Clerc

174

ENTRE Le Clerc et son ami Coras,
   Tous deux auteurs rimants en compagnie,
N'a pas longtemps sourdirent grands débats
Sur le propos de son *Iphigénie.*
Coras lui dit : 'La pièce est de mon cru';
Le Clerc répond : 'Elle est mienne, et non vôtre.'
Mais aussitôt que l'ouvrage a paru,
Plus n'ont voulu l'avoir fait l'un ni l'autre.

ii

175   *Sur l'Aspar de M. de Fontenelle*

L'Origine des Sifflets

CES jours passés, chez un vieil histrion,
    Grand chroniqueur, s'émut en question
Quand à Paris commença la méthode
De ces sifflets qui sont tant à la mode.
'Ce fut,' dit l'un, 'aux pièces de Boyer.'
Gens pour Pradon voulurent parier :
'Non,' dit l'acteur, 'je sais toute l'histoire,

Que par degrés je vais vous débrouiller :
Boyer apprit au parterre à bâiller ;
Quant à Pradon, si j'ai bonne mémoire,
Pommes sur lui volèrent largement ;
Or quand sifflets prirent commencement,
C'est, j'y jouais, j'en suis témoin fidèle,
C'est à l'*Aspar* du sieur de Fontenelle.'

iii

176   *Sur le Germanicus de Pradon*

QUE je plains le destin du grand Germanicus !
    Quel fut le prix de ses rares vertus ?
Persécuté par le cruel Tibère,
Empoisonné par le traître Pison,
Il ne lui restait plus, pour dernière misère,
    Que d'être chanté par Pradon.

GUILLAUME AMFRYE, ABBÉ
DE CHAULIEU

1639-†1720

Stances

A la Solitude de Fontenay

C'EST toi qui me rends à moi-meme :
   Tu calmes mon cœur agité ;
Et de ma seule oisiveté
Tu me fais un bonheur extrême.

Parmi ces bois et ces hameaux
C'est là que je commence à vivre ;
Et j'empêcherai de m'y suivre
Le souvenir de tous mes maux.

Emplois, grandeurs tant désirées,
J'ai connu vos illusions ;
Je vis loin des préventions
Qui forgent vos chaînes dorées.

La cour ne peut plus m'éblouir ;
Libre de son joug le plus rude,
J'ignore ici la servitude
De louer qui je dois haïr.

Fils des dieux, qui de flatteries
Repaissez votre vanité,
Apprenez que la vérité
Ne s'entend que dans nos prairies.

Grotte d'où sort ce clair ruisseau,
De mousse et de fleurs tapissée,
N'entretiens jamais ma pensée
Que du murmure de son eau.

ABBÉ DE CHAULIEU

Bannissons la flatteuse idée
Des honneurs que m'avaient promis
Mon savoir-faire et mes amis,
Tous deux maintenant en fumée.

Je trouve ici tous les plaisirs
D'une condition commune ;
Avec l'éclat de ma fortune
Je mets au niveau mes désirs.

Ah ! quelle riante peinture
Chaque jour se montre à mes yeux,
Des trésors dont la main des Dieux
Se plaît d'enrichir la nature !

Quel plaisir de voir les troupeaux,
Quand le midi brûle l'herbette,
Rangés autour de la houlette,
Chercher le frais sous ces ormeaux ;

Puis sur le soir, à nos musettes
Ouïr répondre les coteaux,
Et retentir tous nos hameaux
De hautbois et de chansonnettes !

Mais hélas ! ces paisibles jours
Coulent avec trop de vitesse ;
Mon indolence et ma paresse
N'en peuvent suspendre le cours.

Déjà la vieillesse s'avance ;
Et je verrai dans peu la mort
Exécuter l'arrêt du sort,
Qui m'y livre sans espérance.

Fontenay, lieu délicieux,
Où je vis d'abord la lumière,
Bientôt, au bout de ma carrière,
Chez toi je joindrai mes aïeux.

Muses, qui dans ce lieu champêtre
Avec soin me fîtes nourrir,
Beaux arbres, qui m'avaient vu naître,
Bientôt vous me verrez mourir!

Cependant du frais de votre ombre
Il faut sagement profiter,
Sans regret, prêt à vous quitter
Pour ce manoir terrible et sombre,

Où de ces arbres, dont exprès
Pour un doux et plus long usage
Mes mains ornèrent ce bocage,
Nul ne me suivra qu'un cyprès.

JEAN-FRANÇOIS REGNARD

1655-†1709

178   *Épître à M. . . .*

SI tu peux te résoudre à quitter ton logis,
    Où l'or et l'outremer brillent sur les lambris,
Et laisser cette table avec ordre servie,
Viens, pourvu que l'amour ailleurs ne te convie,
Prendre un repas chez moi, demain, dernier janvier,
Dont le seul appétit sera le cuisinier.
Je te garde avec soin, mieux que mon patrimoine,
D'un vin exquis, sorti des pressoirs de ce moine
Fameux dans Ovilé, plus que ne fut jamais
Le défenseur du clos vanté par Rabelais.
Trois convives connus, sans amour, sans affaires,
Discrets, qui n'iront point révéler nos mystères,
Seront par moi choisis pour orner le festin.

Là par cent mots piquants, enfants nés dans le vin,
Nous donnerons l'essor à cette noble audace
Qui fait sortir la joie, et qu'avoûrait Horace.

Peut-être ignores-tu dans quel coin reculé
J'habite dans Paris, citoyen exilé,
Et me cache aux regards du profane vulgaire ?
Si tu le veux savoir, je vais te satisfaire.
Au bout de cette rue où ce grand cardinal,
Ce prêtre conquérant, ce prélat amiral,
Laissa pour monument une triste fontaine
Qui fait dire au passant que cet homme, en sa haine,
Qui du trône ébranlé soutint tout le fardeau,
Sut répandre le sang plus largement que l'eau,
S'élève une maison modeste et retirée,
Dont le chagrin surtout ne connaît point l'entrée.
L'œil voit d'abord ce mont dont les antres profonds
Fournissent à Paris l'honneur de ses plafonds,
Où de trente moulins les ailes étendues
M'apprennent chaque jour quel vent chasse les nues ;
Le jardin est étroit ; mais les yeux satisfaits
S'y promènent au loin sur de vastes marais.
C'est là qu'en mille endroits laissant errer ma vue
Je vois croître à plaisir l'oseille et la laitue ;
C'est là que, dans son temps, des moissons d'artichauts
Du jardinier actif secondent les travaux,
Et que de champignons une couche voisine
Ne fait, quand il me plaît, qu'un saut dans ma cuisine ;
Là, de Vertumne enfin les trésors précieux
Charment également et le goût et les yeux.

Dans ce logis pourtant humble et dont les tentures
Dans l'eau des Gobelins n'ont point pris leurs teintures,
Où Mansart de son art ne donna point les lois,

Sais-tu quel hôte, ami, j'ai reçu quelquefois?
Enghien, qui ne suivant que la gloire pour guide,
Vers l'immortalité prend un vol si rapide,
Et que Nerwinde a vu, par des faits inouïs,
Enchaîner la victoire aux drapeaux de Louis;
Ce prince, respecté moins par son rang suprême
Que par tant de vertus qu'il ne dut qu'à lui-même,
A fait plus d'une fois, fatigué de Marly,
De ce simple séjour un autre Chantilly.
Conti, le grand Conti, que la gloire environne,
Plus orné par son nom que par une couronne,
Qui voit, de tous côtés, du peuple et des soldats
Et les cœurs et les yeux voler devant ses pas,
A qui Mars et l'Amour donnent, quand il commande,
De myrte et de laurier une double guirlande,
Dont l'esprit pénétrant, vif et plein de clarté,
Est un rayon sorti de la Divinité,
A daigné quelquefois, sans bruit, dans le silence,
Honorer le réduit de sa noble présence.
Ces héros, méprisant tout l'or de leurs buffets,
Contents d'un linge blanc et de verres bien nets,
Qui ne recevaient point la liqueur infidèle
Que Rousseau fit chez lui d'une main criminelle,
Ont souffert un repas simple et non préparé,
Où l'art des cuisiniers, sainement ignoré,
N'étalait point au goût la funeste élégance
De cent ragoûts divers que produit l'abondance,
Mais où le sel attique, à propos répandu,
Dédommageait assez d'un entremets perdu.

C'est à de tels repas que je te sollicite;
C'est dans cette maison où ma lettre t'invite.
Ma servante déjà, dans ses nobles transports,

A fait à deux chapons passer les sombres bords.
Ami, viens donc demain avant qu'il soit une heure.
Si le hasard te fait oublier ma demeure,
Ne va pas t'aviser, pour trouver ma maison,
Aux gens des environs d'aller nommer mon nom ;
Depuis trois ans et plus, dans tout le voisinage,
On ne sait, grâce au ciel, mon nom ni mon visage.
Mais demande d'abord où loge dans ces lieux
Un homme qui, poussé d'un désir curieux,
Dès ses plus jeunes ans sut percer où l'Aurore
Voit de ses premiers feux les peuples du Bosphore ;
Qui, parcourant le sein des infidèles mers,
Par le fier Ottoman se vit chargé de fers ;
Qui prit, rompant sa chaîne, une nouvelle course
Vers les tristes Lapons que gèle et transit l'Ourse,
Et s'ouvrit un chemin jusqu'aux bords retirés
Où les feux du soleil sont six mois ignorés.
Mes voisins ont appris l'histoire de ma vie,
Dont mon valet causeur souvent les désennuie.
Demande-leur encore où loge en ces marais
Un magistrat qu'on voit rarement au palais ;
Qui, revenant chez lui lorsque chacun sommeille,
Du bruit de ses chevaux bien souvent les réveille ;
Chez qui l'on voit entrer, pour orner ses celliers,
Force quartauts de vin, et point de créanciers.
Si tu veux, cher ami, leur parler de la sorte,
Aucun ne manquera de te montrer ma porte :
C'est là qu'au premier coup tu verras accourir
Un valet diligent qui viendra pour t'ouvrir ;
Tu seras aussitôt conduit dans une chambre
Où l'on brave à loisir les fureurs de décembre.
Déjà le feu dressé d'une prodigue main
S'allume en pétillant. Adieu jusqu'à demain.

1671-†1741

179   *Ode*

POURQUOI, plaintive Philomèle,
   Songer encore à vos malheurs,
Quand, pour apaiser vos douleurs,
Tout cherche à vous marquer son zèle ?
L'univers, à votre retour,
Semble renaître pour vous plaire ;
Les Dryades à votre amour
Prêtent leur ombre solitaire.
Loin de vous l'aquilon fougueux
Souffle sa piquante froidure ;
La terre reprend sa verdure ;
Le ciel brille des plus beaux feux :
Pour vous l'amante de Céphale
Enrichit Flore de ses pleurs ;
Le zéphyr cueille sur les fleurs
Les parfums que la terre exhale.

Pour entendre vos doux accents
Les oiseaux cessent leur ramage ;
Et le chasseur le plus sauvage
Respecte vos jours innocents.
Cependant votre âme, attendrie
Par un douloureux souvenir,
Des malheurs d'une sœur chérie
Semble toujours s'entretenir.
Hélas ! que mes tristes pensées
M'offrent des maux bien plus cuisants !
Vous pleurez des peines passées ;
Je pleure des ennuis présents ;

Et quand la Nature attentive
Cherche à calmer vos déplaisirs
Il faut même que je me prive
De la douceur de mes soupirs.

180   *Ode tirée du Psaume XLVIII*
      Sur l'aveuglement des hommes du siècle

QU'AUX accents de ma voix la terre se réveille ;
     Rois, soyez attentifs ; peuples, ouvrez l'oreille :
Que l'univers se taise, et m'écoute parler.
Mes chants vont seconder les accords de ma lyre :
L'esprit saint me pénètre ; il m'échauffe, et m'inspire
Les grands vérités que je vais révéler.

L'homme en sa propre force a mis sa confiance ;
Ivre de ses grandeurs et de son opulence,
L'éclat de sa fortune enfle sa vanité.
Mais, ô moment terrible, ô jour épouvantable,
Où la mort saisira ce fortuné coupable,
Tout chargé des liens de son iniquité !

Que deviendront alors, répondez, grands du monde,
Que deviendront ces biens où votre espoir se fonde,
Et dont vous étalez l'orgueilleuse moisson ?
Sujets, amis, parents, tout deviendra stérile ;
Et, dans ce jour fatal, l'homme à l'homme inutile
Ne paiera point à Dieu le prix de sa rançon.

Vous avez vu tomber les plus illustres têtes ;
Et vous pourriez encore, insensés que vous êtes,
Ignorer le tribut que l'on doit à la mort ?
Non, non, tout doit franchir ce terrible passage :

Le riche et l'indigent, l'imprudent et le sage,
Sujets à même loi, subissent même sort.

D'avides étrangers, transportés d'allégresse
Engloutissent déjà toute cette richesse,
Ces terres, ces palais de vos noms ennoblis.
Et que vous reste-t-il en ces moments suprêmes?
Un sépulcre funèbre, où vos noms, où vous mêmes
Dans l'éternelle nuit serez ensevelis.

Les hommes, éblouis de leurs honneurs frivoles,
Et de leurs vains flatteurs écoutant les paroles,
Ont de ces vérités perdu le souvenir :
Pareils aux animaux farouches et stupides,
Les lois de leur instinct sont leurs uniques guides,
Et pour eux le présent paraît sans avenir.

Un précipice affreux devant eux se présente ;
Mais toujours leur raison, soumise et complaisante,
Au-devant de leurs yeux met un voile imposteur.
Sous leurs pas cependant s'ouvrent les noirs abîmes,
Où la cruelle mort, les prenant pour victimes,
Frappe ces vils troupeaux, dont elle est le pasteur.

Là s'anéantiront ces titres magnifiques,
Ce pouvoir usurpé, ces ressorts politiques,
Dont le juste autrefois sentit le poids fatal :
Ce qui fit leur bonheur deviendra leur torture ;
Et Dieu, de sa justice apaisant le murmure,
Livrera ces méchants au pouvoir infernal.

Justes, ne craignez point le vain pouvoir des hommes ;
Quelque élevés qu'ils soient, ils sont ce que nous sommes :
Si vous êtes mortels, ils le sont comme vous.
Nous avons beau vanter nos grandeurs passagères,
Il faut mêler sa cendre aux cendres de ses pères ;
Et c'est le même Dieu qui nous jugera tous.

FRANÇOIS-MARIE AROUET DE VOLTAIRE

1694-†1778

A Madame du Châtelet

SI vous voulez que j'aime encore,
   Rendez-moi l'âge des amours ;
Au crépuscule de mes jours
Rejoignez, s'il se peut, l'aurore.

Des beaux lieux où le dieu du vin
Avec l'Amour tient son empire,
Le Temps, qui me prend par la main,
M'avertit que je me retire.

De son inflexible rigueur
Tirons au moins quelque avantage.
Qui n'a pas l'esprit de son âge
De son âge a tout le malheur.

Laissons à la belle jeunesse
Ses folâtres emportements :
Nous ne vivons que deux moments ;
Qu'il en soit un pour la sagesse.

Quoi ! pour toujours vous me fuyez,
Tendresse, illusion, folie,
Dons du ciel, qui me consoliez
Des amertumes de la vie !

On meurt deux fois, je le vois bien :
Cesser d'aimer et d'être aimable,
C'est une mort insupportable ;
Cesser de vivre, ce n'est rien.

Ainsi je déplorais la perte
Des erreurs de mes premiers ans;
Et mon âme, aux désirs ouverte,
Regrettait ses égarements.

Du ciel alors daignant descendre,
L'Amitié vint à mon secours;
Elle était peut-être aussi tendre,
Mais moins vive que les Amours.

Touché de sa beauté nouvelle,
Et de sa lumière éclairé,
Je la suivis; mais je pleurai
De ne pouvoir plus suivre qu'elle.

182   *Les Vous et les Tu*

PHILIS, qu'est devenu ce temps
        Où, dans un fiacre promenée,
Sans laquais, sans ajustements,
De tes grâces seules ornée,
Contente d'un mauvais soupé
Que tu changeais en ambroisie,
Tu te livrais, dans ta folie,
A l'amant heureux et trompé
Qui t'avait consacré sa vie?
Le ciel ne te donnait alors,
Pour tout rang et pour tous trésors,
Que les agréments de ton âge,
Un cœur tendre, un esprit volage,
Un sein d'albâtre, et de beaux yeux.
Avec tant d'attraits précieux,
Hélas! qui n'eût été friponne?
Tu le fus, objet gracieux;

Et (que l'Amour me le pardonne!)
Tu sais que je t'en aimais mieux.

Ah, madame! que votre vie,
D'honneurs aujourd'hui si remplie,
Diffère de ces doux instants!
Ce large suisse à cheveux blancs,
Qui ment sans cesse à votre porte,
Philis, est l'image du Temps:
On dirait qu'il chasse l'escorte
Des tendres Amours et des Ris;
Sous vos magnifiques lambris
Ces enfants tremblent de paraître.
Hélas! je les ai vus jadis
Entrer chez toi par la fenêtre
Et se jouer dans ton taudis.

Non, madame, tous ces tapis
Qu'a tissus la Savonnerie,
Ceux que les Persans ont ourdis,
Et toute votre orfèvrerie,
Et ces plats si chers que Germain
A gravés de sa main divine,
Et ces cabinets où Martin
A surpassé l'art de la Chine;
Vos vases japonais et blancs,
Toutes ces fragiles merveilles;
Ces deux lustres de diamants
Qui pendent à vos deux oreilles;
Ces riches carcans, ces colliers,
Et cette pompe enchanteresse,
Ne valent pas un des baisers
Que tu donnais dans ta jeunesse.

Épigrammes

183   *i*

DANCHET, si méprisé jadis,
   Fait voir aux pauvres de génie
Qu'on peut gagner l'Académie
Comme on gagne le Paradis.

184   *ii*

(Sur un Christ habillé en Jésuite)

ADMIREZ l'artifice extrême
   De ces moines industrieux;
Ils vous ont habillé comme eux,
Mon Dieu, de peur qu'on ne vous aime.

185   *iii*

(Inscription pour une statue de l'Amour)

QUI que tu sois, voici ton maître;
   Il l'est, le fut, ou le doit être.

186   *iv*

(Épitaphe)

CI-GÎT dont la suprême loi
   Fut de ne vivre que pour soi.
Passant, garde-toi de le suivre;
Car on pourrait dire de toi:
'Ci-gît qui ne dut jamais vivre.'

187   *v*

SAVEZ-VOUS pourquoi Jérémie
    A tant pleuré pendant sa vie?
C'est qu'en prophète il prévoyait
Qu'un jour Lefranc le traduirait.

188   *vi*

(*Sur le portrait de Voltaire mis entre ceux de
La Beaumelle et de Fréron*)

LE JAY vient de mettre Voltaire
    Entre La Beaumelle et Fréron:
Ce serait vraiment un Calvaire,
S'il s'y trouvait un bon larron.

189   *vii*

(*A M. Grétry sur son opéra du 'Jugement de Midas'*)

LA Cour a dénigré tes chants,
    Dont Paris a dit des merveilles.
Hélas! les oreilles des grands
Sont souvent de grandes oreilles.

190   *viii*

L'AUTRE jour, au fond d'un vallon,
    Un serpent piqua Jean Fréron.
Que pensez-vous qu'il arriva?
Ce fut le serpent qui creva.

A Marmontel

MON très aimable successeur,
De la France historiographe,
Votre indigne prédécesseur
Attend de vous une épitaphe.
Au bout de quatre-vingts hivers
Dans mon obscurité profonde,
Enseveli dans mes déserts,
Je me tiens déjà mort au monde.
Mais sur le point d'être jeté
Au fond de la nuit éternelle,
Comme tant d'autres l'ont été,
Tout ce que je vois me rappelle
A ce monde que j'ai quitté.
Si vers le soir un triste orage
Vient ternir l'éclat d'un beau jour,
Je me souviens qu'à votre cour
Le vent change encor davantage.
Si mes paons de leur beau plumage
Me font admirer les couleurs,
Je crois voir nos jeunes seigneurs
Avec leur brillant étalage;
Et mes coqs d'Inde sont l'image
De leurs pesants imitateurs.
Puis-je voir mes troupeaux bêlants
Qu'un loup impunément dévore
Sans songer à des conquérants
Qui sont beaucoup plus loups encore?
Lorsque les chantres du printemps
Réjouissent de leurs accents
Mes jardins et mon toit rustique,
Lorsque mes sens en sont ravis,

On me soutient que leur musique
Cède aux bémols des Monsignis
Qu'on chante à l'Opéra-Comique.
Je lis cet éloge éloquent
Que Thomas a fait savamment
Des dames de Rome et d'Athène ;
On me dit : 'Partez promptement.
Venez sur les bords de la Seine,
Et vous en direz tout autant
Avec moins d'esprit et de peine.'
Ainsi, du monde détrompé,
Tout m'en parle, tout m'y ramène ;
Serais-je un esclave échappé
Qui tient encore un bout de chaîne ?
Non, je ne suis point faible assez
Pour regretter des jours stériles,
Perdus bien plutôt que passés
Parmi tant d'erreurs inutiles.
Adieu, faites de jolis riens,
Vous, encor dans l'âge de plaire,
Chantez Alonzo, Bélisaire.
Nos solides historiens
Sont des auteurs bien respectables ;
Mais à vos chers concitoyens
Que faut-il, mon ami ? des fables.

192 *A Horace*

J'AI déjà passé l'âge où ton grand protecteur,
    Ayant joué son rôle en excellent acteur,
Et sentant que la Mort assiégeait sa vieillesse,
Voulut qu'on l'applaudît lorsqu'il finit sa pièce.
J'ai vécu plus que toi ; mes vers dureront moins ;

Mais au bord du tombeau je mettrai tous mes soins
A suivre les leçons de ta philosophie,
A mépriser la mort en savourant la vie,
A lire tes écrits pleins de grâce et de sens,
Comme on boit d'un vin vieux qui rajeunit les sens.

Avec toi l'on apprend à souffrir l'indigence,
A jouir sagement d'une honnête opulence,
A vivre avec soi-même, à servir ses amis,
A se moquer un peu de ses sots ennemis,
A sortir d'une vie ou triste ou fortunée
En rendant grâce aux dieux de nous l'avoir donnée.
Aussi, lorsque mon pouls inégal et pressé
Faisait peur à Tronchin, près de mon lit placé,
Quand la vieille Atropos, aux humains si sévère,
Approchait ses ciseaux de ma trame légère,
Il a vu de quel air je prenais mon congé;
Il sait si mon esprit, mon cœur, était changé.

193   *A Madame Lullin*

HÉ quoi! vous êtes étonnée
    Qu'au bout de quatre-vingts hivers
Ma muse faible et surannée
Puisse encor fredonner des vers?

Quelquefois un peu de verdure
Rit sous les glaçons de nos champs;
Elle console la nature,
Mais elle sèche en peu de temps.

Un oiseau peut se faire entendre
Après la saison des beaux jours;
Mais sa voix n'a plus rien de tendre;
Il ne chante plus ses amours.

Ainsi je touche encor ma lyre,
Qui n'obéit plus à mes doigts;
Ainsi j'essaye encor ma voix
Au moment même qu'elle expire.

'Je veux dans mes derniers adieux,
Disait Tibulle à son amante,
Attacher mes yeux sur tes yeux,
Te presser de ma main mourante.'

Mais quand on sent qu'on va passer,
Quand l'âme fuit avec la vie,
A-t-on des yeux pour voir Délie,
Et des mains pour la caresser?

Dans ce moment chacun oublie
Tout ce qu'il a fait en santé,
Quel mortel s'est jamais flatté
D'un rendez-vous à l'agonie?

Délie elle-même à son tour
S'en va dans la nuit éternelle,
En oubliant qu'elle fut belle,
Et qu'elle a vécu pour l'amour.

Nous naissons, nous vivons, bergère,
Nous mourons sans savoir comment:
Chacun est parti du néant:
Où va-t-il? . . . Dieu le sait, ma chère.

PONCE-DENIS ÉCOUCHARD LEBRUN

1729–†1807

Arion

QUEL est ce navire perfide
   Où l'impitoyable Euménide
A soufflé d'horribles complots?
J'entends les cris d'une victime
Que la main sanglante du crime
Va précipiter dans les flots.

Arrêtez, pirates avares!
Durs nochers, que vos mains barbares
D'Arion respectent les jours!
Arrêtez! écoutez sa lyre:
Il chante! et du liquide empire
Un dauphin vole à son secours.

Il chante! et sa lyre fidèle
Du glaive qui brille autour d'elle
Charme les coups impétueux,
Tandis que le monstre en silence
Sous le demi-dieu qui s'élance
Courbe son flanc respectueux.

Le voilà, tel qu'un char docile,
Qui l'emporte d'un cours agile
Sur la plaine immense des mers!
Et du fond des grottes humides
Arion voit les Néréides
Courir en foule à ses concerts.

O merveilles de l'harmonie !
L'onde orageuse est aplanie,
Le ciel devient riant et pur,
Un doux calme enchaîne Borée,
Les palais flottants de Nérée
Brillent d'un immobile azur.

Jeune Arion, bannis la crainte ;
Aborde aux rives de Corinthe :
Périandre est digne de toi.
Minerve aime ce doux rivage ;
Et tes yeux y verront un sage
Assis sur le trône d'un roi.

195   *Sur une Dame Poète*

ÉGLÉ, belle et poète, a deux petits travers :
    Elle fait son visage, et ne fait pas ses vers.

196   *Dialogue entre un pauvre Poète*
              et l'Auteur

ON vient de me voler !—Que je plains ton malheur !
—Tous mes vers manuscrits !—Que je plains le voleur !

JEAN-FRANÇOIS DUCIS

1730-†1816

197   *A mes Pénates*

PETITS dieux avec qui j'habite,
    Compagnons de ma pauvreté,
Vous dont l'œil voit avec bonté
Mon fauteuil, mes chenets d'ermite,

Mon lit couleur de carmélite,
Et mon armoire de noyer,
O mes Pénates, mes dieux lares,
Chers protecteurs de mon foyer!
Si mes mains, pour vous fêtoyer,
De gâteaux ne sont point avares,
Si j'ai souvent versé pour vous
Le vin, le miel, un lait si doux,
Oh! veillez bien sur notre porte,
Sur nos gonds et sur nos verrous,
Non point par la peur des filous;
Car que voulez-vous qu'on m'emporte?
Je n'ai ni trésors ni bijoux,
Je peux voyager sans escorte.
Mes vœux sont courts: les voici tous:
Qu'un peu d'aisance entre chez nous,
Que jamais la vertu n'en sorte.
Mais n'en laissez point approcher
Tout front qui devrait se cacher,
Ces échappés de l'indigence
Que Plutus couvrit de ses dons,
Si surpris de leur opulence,
Si bas avec tant d'arrogance,
Si petits dans leurs grands salons.
Que je n'ignore en sa misère
Cet aveugle errant sur la terre,
Sous le fardeau des ans pressé,
Jadis si grand par la victoire,
Maintenant puni de sa gloire,
Qu'un pauvre enfant déjà lassé,
Quand le jour est presque effacé,
Conduit, pieds nus, pendant l'orage,
Quêtant pour lui sur son passage,

Dans son casque ou sa faible main,
Avec les grâces de son âge,
De quoi ne pas mourir de faim !
O mes doux Pénates d'argile,
Attirez-les sous mon asile !
S'il est des cœurs faux, dangereux,
Soyez de fer, d'acier, pour eux ;
Mais qu'un sot vienne à m'apparaître,
Exaucez ma prière, ô dieux :
Fermez vite et porte et fenêtre !
Après m'avoir sauvé du traître,
Défendez-moi de l'ennuyeux.

NICOLAS-LAURENT-JOSEPH GILBERT

1751-†1780

198   *Adieux à la vie*

J'AI révélé mon cœur au Dieu de l'innocence ;
   Il a vu mes pleurs pénitents ;
Il guérit mes remords, il m'arme de constance :
   Les malheureux sont ses enfants.

Mes ennemis, riant, ont dit dans leur colère :
   'Qu'il meure, et sa gloire avec lui !'
Mais à mon cœur calmé le Seigneur dit en père :
   'Leur haine sera ton appui.

'A tes plus chers amis ils ont prêté leur rage :
   Tout trompe ta simplicité ;
Celui que tu nourris court vendre ton image,
   Noire de sa méchanceté.

'Mais Dieu t'entend gémir, Dieu vers qui te ramène
    Un vrai remords né des douleurs,
Dieu qui pardonne enfin à la nature humaine
    D'être faible dans les malheurs.

'J'éveillerai pour toi la pitié, la justice
    De l'incorruptible avenir ;
Eux-même épureront, par leur long artifice,
    Ton honneur qu'ils pensent ternir.'

Soyez béni, mon Dieu, vous qui daignez me rendre
    L'innocence et son noble orgueil,
Vous qui, pour protéger le repos de ma cendre,
    Veillerez près de mon cercueil !

Au banquet de la vie, infortuné convive,
    J'apparus un jour, et je meurs ;
Je meurs, et sur ma tombe, où lentement j'arrive,
    Nul ne viendra verser des pleurs.

Salut, champs que j'aimais ! et vous, douce verdure !
    Et vous, riant exil des bois !
Ciel, pavillon de l'homme, admirable nature,
    Salut pour la dernière fois !

Ah ! puissent voir longtemps votre beauté sacrée
    Tant d'amis sourds à mes adieux !
Qu'ils meurent pleins de jours, que leur mort soit pleurée,
    Qu'un ami leur ferme les yeux !

ÉVARISTE DE PARNY

1753-†1814

199   Sur la mort d'une jeune fille

SON âge échappait à l'enfance ;
   Riante comme l'innocence,
Elle avait les traits de l'Amour.
Quelques mois, quelques jours encore,
Dans ce cœur pur et sans détour
Le sentiment allait éclore.
Mais le ciel avait au trépas
Condamné ses jeunes appas.
Au ciel elle a rendu sa vie,
Et doucement s'est endormie
Sans murmurer contre ses lois.
Ainsi le sourire s'efface ;
Ainsi meurt, sans laisser de trace,
Le chant d'un oiseau dans les bois.

JEAN-PIERRE CLARIS DE FLORIAN

1755-†1794

200   Le Philosophe et le Chat-huant

PERSÉCUTÉ, proscrit, chassé de son asile,
   Pour avoir appelé les choses par leur nom,
Un pauvre philosophe errait de ville en ville,
Emportant avec lui tous ses biens, sa raison.
Un jour qu'il méditait sur le fruit de ses veilles,
(C'était dans un grand bois,) il voit un chat-huant
   Entouré de geais, de corneilles,
   Qui le harcelaient en criant :

'C'est un coquin! c'est un impie,
  Un ennemi de la patrie!
Il faut le plumer vif: oui, oui, plumons, plumons!
  Ensuite nous le jugerons.'
Et tous fondaient sur lui: la malheureuse bête,
Tournant et retournant sa bonne et grosse tête,
Leur disait, mais en vain, d'excellentes raisons.
Touché de son malheur, car la philosophie
  Nous rend plus doux et plus humains,
Notre sage fait fuir la cohorte ennemie,
Puis dit au chat-huant: 'Pourquoi ces assassins
  En voulaient-ils à votre vie?
Que leur avez-vous fait?' L'oiseau lui répondit:
'Rien du tout. Mon seul crime est d'y voir clair la nuit.'

201   *Le Roi de Perse*

U N roi de Perse, certain jour,
     Chassait avec toute sa cour.
Il eut soif, et dans cette plaine
On ne trouvait point de fontaine.
Près de là seulement était un grand jardin
Rempli de beaux cédrats, d'oranges, de raisin:
  'A Dieu ne plaise que j'en mange!
Dit le roi; ce jardin courrait trop de danger:
Si je me permettais d'y cueillir une orange,
Mes vizirs aussitôt mangeraient le verger.'

Le Phénix

L E Phénix, venant d'Arabie,
    Dans nos bois parut un beau jour :
Grand bruit chez les oiseaux, leur troupe réunie
    Vole pour lui faire sa cour.
    Chacun l'observe, l'examine :
Son plumage, sa voix, son chant mélodieux,
    Tout est beauté, grâce divine,
    Tout charme l'oreille et les yeux.
Pour la première fois on vit céder l'envie
Au besoin de louer et d'aimer son vainqueur.
Le rossignol disait : 'Jamais tant de douceur
    N'enchanta mon âme ravie.
— Jamais, disait le paon, de plus belles couleurs
    N'ont eu cet éclat que j'admire :
Il éblouit mes yeux et toujours les attire.'
Les autres répétaient ces éloges flatteurs,
    Vantaient le privilège unique
De ce roi des oiseaux, de cet enfant du ciel,
Qui, vieux, sur un bûcher de cèdre aromatique
Se consume lui-même et renaît immortel.
Pendant tous ces discours, la seule tourterelle,
    Sans rien dire, fit un soupir.
    Son époux, la poussant de l'aile,
    Lui demande d'où peut venir
    Sa rêverie et sa tristesse :
'De cet heureux oiseau désires-tu le sort ?
    — Moi ! mon ami, je le plains fort :
    Il est le seul de son espèce.'

LOUIS DE FONTANES

1757-†1821

203   *A M. de Chateaubriand*

LE TASSE errant de ville en ville,
  Un jour, accablé de ses maux,
S'assit près du laurier fertile
Qui sur la tombe de Virgile
Étend toujours ses verts rameaux.

En contemplant l'urne sacrée,
Ses yeux de larmes sont couverts ;
Et là, d'une voix éplorée,
Il raconte à l'ombre adorée
Les longs tourments qu'il a soufferts.

Il veut fuir l'ingrate Ausonie,
Des talents il maudit le don,
Quand, touché des pleurs du génie,
Devant le chantre d'Herminie
Paraît le chantre de Didon.

'Eh quoi! dit-il, tu fis Armide,
Et tu peux accuser ton sort !
Souviens-toi que le Méonide,
Notre modèle et notre guide,
Ne devint grand qu'après sa mort.

'L'infortune en sa coupe amère
L'abreuva d'affronts et de pleurs ;
Et, quelque jour, un autre Homère
Doit au fond d'une île étrangère
Mourir aveugle et sans honneurs.

223

'Ainsi les maîtres de la lyre
Partout exhalent leurs chagrins :
Vivants, la haine les déchire ;
Et ces dieux que la terre admire
Ont peu compté de jours sereins.

'Longtemps la gloire fugitive
Semble troubler leur noble orgueil ;
La gloire en vain pour eux arrive,
Et toujours sa palme tardive
Croît plus belle au pied d'un cercueil.

'Torquato, d'asile en asile
L'envie ose en vain t'assiéger ;
Enfant des Muses, sois tranquille :
Ton Renaud vivra comme Achille ;
L'arrêt du temps doit te venger.

'Le bruit confus de la cabale
A tes pieds va bientôt mourir ;
Bientôt à moi-même on t'égale,
Et pour ta pourpre triomphale
Le Capitole va s'ouvrir.'

Les derniers mots que l'ombre achève
Du Tasse ont calmé les regrets ;
Plein de courage il se relève
Et, tenant sa lyre et son glaive,
Du destin brave tous les traits.

Chateaubriand, le sort du Tasse
Doit t'instruire et te consoler.
Trop heureux qui, suivant ta trace,
Au prix de la même disgrâce,
Dans l'avenir peut t'égaler !

Contre toi du peuple critique
Que peut l'injuste opinion ?

Tu retrouvas la muse antique
Sous la poussière poétique
Et de Solyme et d'Ilion.

Du grand peintre de l'Odyssée
Tous les trésors te sont ouverts,
Et dans ta prose cadencée
Les soupirs de Cymodocée
Ont la douceur des plus beaux vers.

Aux regrets d'Eudore coupable
Je trouve un charme différent ;
Et tu joins dans la même fable
Ce qu'Athène a de plus aimable,
Ce que Sion a de plus grand.

ANDRÉ CHÉNIER

1762-†1794

204   *La Jeune Tarentine*

PLEUREZ, doux alcyons ! ô vous, oiseaux sacrés !
   Oiseaux chers à Téthys, doux alcyons, pleurez !
Elle a vécu, Myrto, la jeune Tarentine !
Un vaisseau la portait aux bords de Camarine :
Là, l'hymen, les chansons, les flûtes, lentement
Devaient la reconduire au seuil de son amant.
Une clef vigilante a, pour cette journée,
Dans le cèdre enfermé sa robe d'hyménée,
Et l'or dont au festin ses bras seraient parés,
Et pour ses blonds cheveux les parfums préparés.
Mais, seule sur la proue, invoquant les étoiles,
Le vent impétueux qui soufflait dans les voiles
L'enveloppe : étonnée et loin des matelots,
Elle crie, elle tombe, elle est au sein des flots.

Elle est au sein des flots, la jeune Tarentine !
Son beau corps a roulé sous la vague marine.
Téthys, les yeux en pleurs, dans le creux d'un rocher
Aux monstres dévorants eut soin de le cacher.
Par ses ordres bientôt les belles Néréides
L'élèvent au-dessus des demeures humides,
Le portent au rivage, et dans ce monument
L'ont au cap du Zéphyr déposé mollement ;
Puis de loin, à grands cris appelant leurs compagnes,
Et les nymphes des bois, des sources, des montagnes,
Toutes, frappant leur sein et traînant un long deuil,
Répétèrent, hélas ! autour de son cercueil :

'Hélas ! chez ton amant tu n'es point ramenée,
Tu n'as point revêtu ta robe d'hyménée,
L'or autour de tes bras n'a point serré de nœuds,
Et le bandeau d'hymen n'orna point tes cheveux.'

205 _Clytie_

MES Mânes à Clytie : 'Adieu, Clytie, adieu.
    Est-ce toi dont les pas ont visité ce lieu ?
Parle, est-ce toi, Clytie, ou dois-je attendre encore ?
Ah ! si tu ne viens pas seule ici, chaque aurore,
Rêver au peu de jours où j'ai vécu pour toi,
Voir cette ombre qui t'aime et parler avec moi,
D'Élysée à mon cœur la paix devient amère,
Et la terre à mes os ne sera plus légère.
Chaque fois qu'en ces lieux un air frais du matin
Vient caresser ta bouche et voler sur ton sein,
Pleure, pleure, c'est moi ; pleure, fille adorée ;
C'est mon âme qui fuit sa demeure sacrée
Et sur ta bouche encore aime à se reposer.
Pleure, ouvre-lui tes bras et rends-lui son baiser.'

206 *Hercule*

ŒTA, mont ennobli par cette nuit ardente,
    Quand l'infidèle époux d'une épouse imprudente
Reçut de son amour un présent trop jaloux,
Victime du centaure immolé par ses coups ;
Il brise tes forêts : ta cime épaisse et sombre
En un bûcher immense amoncelle sans nombre
Les sapins résineux que son bras a ployés.
Il y porte la flamme ; il monte : sous ses pieds
Étend du vieux lion la dépouille héroïque,
Et l'œil au ciel, la main sur la massue antique,
Attend sa récompense et l'heure d'être un dieu.
Le vent souffle et mugit. Le bûcher tout en feu
Brille autour du héros, et la flamme rapide
Porte aux palais divins l'âme du grand Alcide !

207 *J'étais un faible enfant . . .*

J'ÉTAIS un faible enfant qu'elle était grande et belle ;
    Elle me souriait et m'appelait près d'elle.
Debout sur ses genoux, mon innocente main
Parcourait ses cheveux, son visage, son sein,
Et sa main quelquefois, aimable et caressante,
Feignait de châtier mon enfance imprudente.
C'est devant ses amants, auprès d'elle confus,
Que la fière beauté me caressait le plus.
Que de fois (mais, hélas ! que sent-on à cet âge ?)
Les baisers de sa bouche ont pressé mon visage !
Et les bergers disaient, me voyant triomphant :
'Oh ! que de biens perdus ! O trop heureux enfant !'

208 *La Flûte*

TOUJOURS ce souvenir m'attendrit et me touche,
  Quand lui-même, appliquant la flûte sur ma bouche,
Riant et m'asseyant sur lui, près de son cœur,
M'appelait son rival et déjà son vainqueur.
Il façonnait ma lèvre inhabile et peu sûre
A souffler une haleine harmonieuse et pure ;
Et ses savantes mains prenaient mes jeunes doigts,
Les levaient, les baissaient, recommençaient vingt fois,
Leur enseignant ainsi, quoique faibles encore,
A fermer tour à tour les trous du buis sonore.

209 *L'Aveugle*

'DIEU dont l'arc est d'argent, dieu de Claros, écoute.
  O Sminthée-Apollon, je périrai sans doute,
Si tu ne sers de guide à cet aveugle errant.' —

C'est ainsi qu'achevait l'Aveugle en soupirant,
Et près des bois marchait, faible, et sur une pierre
S'asseyait. Trois pasteurs, enfants de cette terre,
Le suivaient, accourus aux abois turbulents
Des molosses, gardiens de leurs troupeaux bêlants.
Ils avaient, retenant leur fureur indiscrète,
Protégé du vieillard la faiblesse inquiète :
Ils l'écoutaient de loin, et s'approchant de lui :
'Quel est ce vieillard blanc, aveugle et sans appui ?
Serait-ce un habitant de l'empire céleste ?
Ses traits sont grands et fiers ; de sa ceinture agreste
Pend une lyre informe, et les sons de sa voix
Émeuvent l'air et l'onde, et le ciel et les bois.'
Mais il entend leurs pas, prête l'oreille, espère,
Se trouble, et tend déjà les mains à la prière.

ANDRÉ CHÉNIER

‘ Ne crains point, disent-ils, malheureux étranger
(Si plutôt, sous un corps terrestre et passager,
Tu n'es point quelque dieu protecteur de la Grèce,
Tant une grâce auguste ennoblit ta vieillesse!);
Si tu n'es qu'un mortel, vieillard infortuné,
Les humains, près de qui les flots t'ont amené,
Aux mortels malheureux n'apportent point d'injures.
Les destins n'ont jamais de faveurs qui soient pures.
Ta voix noble et touchante est un bienfait des dieux;
Mais aux clartés du jour ils ont fermé tes yeux.

— Enfants, car votre voix est enfantine et tendre,
Vos discours sont prudents plus qu'on eût dû l'attendre;
Mais toujours soupçonneux, l'indigent étranger
Croit qu'on rit de ses maux et qu'on veut l'outrager.
Ne me comparez point à la troupe immortelle:
Ces rides, ces cheveux, cette nuit éternelle,
Voyez, est-ce le front d'un habitant des cieux?
Je ne suis qu'un mortel, un des plus malheureux!
Si vous en savez un pauvre, errant, misérable,
C'est à celui-là seul que je suis comparable:
Et pourtant je n'ai point, comme fit Thamyris,
Des chansons à Phébus voulu ravir le prix;
Ni, livré comme Œdipe à la noire Euménide,
Je n'ai puni sur moi l'inceste parricide;
Mais les Dieux tout-puissants gardaient à mon déclin
Les ténèbres, l'exil, l'indigence et la faim.

— Prends, et puisse bientôt changer ta destinée!’
Disent-ils. Et tirant ce que, pour leur journée,
Tient la peau d'une chèvre aux crins noirs et luisants,
Ils versent à l'envi, sur ses genoux pesants,
Le pain de pur froment, les olives huileuses,
Le fromage et l'amande, et les figues mielleuses,

Et du pain à son chien entre ses pieds gisant,
Tout hors d'haleine encore, humide et languissant,
Qui, malgré les rameurs, se lançant à la nage,
L'avait loin du vaisseau rejoint sur le rivage.

' Le sort, dit le vieillard, n'est pas toujours de fer.
Je vous salue, enfants venus de Jupiter ;
Heureux sont les parents qui tels vous firent naître !
Mais venez, que mes mains cherchent à vous connaître ;
Je crois avoir des yeux. Vous êtes beaux tous trois.
Vos visages sont doux, car douce est votre voix.
Qu'aimable est la vertu que la grâce environne !
Croissez, comme j'ai vu ce palmier de Latone,
Alors qu'ayant des yeux je traversai les flots :
Car jadis, abordant à la sainte Délos,
Je vis près d'Apollon, à son autel de pierre,
Un palmier, don du ciel, merveille de la terre.
Vous croîtrez, comme lui, grands, féconds, révérés,
Puisque les malheureux sont par vous honorés.
Le plus âgé de vous aura vu treize années :
A peine, mes enfants, vos mères étaient nées,
Que j'étais presque vieux. Assieds-toi près de moi,
Toi, le plus grand de tous ; je me confie à toi.
Prends soin du vieil aveugle. — O sage magnanime !
Comment, et d'où viens-tu ? car l'onde maritime
Mugit de toutes parts sur nos bords orageux.

— Des marchands de Symé m'avaient pris avec eux.
J'allais voir, m'éloignant des rives de Carie,
Si la Grèce pour moi n'aurait point de patrie,
Et des Dieux moins jaloux et de moins tristes jours,
Car jusques à la mort nous espérons toujours.
Mais, pauvre et n'ayant rien pour payer mon passage,
Ils m'ont, je ne sais où, jeté sur le rivage.

— Harmonieux vieillard, tu n'as donc point chanté ?
Quelques sons de ta voix auraient tout acheté.

— Enfants ! du rossignol la voix pure et légère
N'a jamais apaisé le vautour sanguinaire,
Et les riches, grossiers, avares, insolents,
N'ont pas une âme ouverte à sentir les talents.
Guidé par ce bâton, sur l'arène glissante,
Seul, en silence, au bord de l'onde mugissante,
J'allais, et j'écoutais le bêlement lointain
De troupeaux agitant leurs sonnettes d'airain.
Puis j'ai pris cette lyre, et les cordes mobiles
Ont encore résonné sous mes vieux doigts débiles.
Je voulais des grands Dieux implorer la bonté.
Et surtout Jupiter, dieu d'hospitalité,
Lorsque d'énormes chiens à la voix formidable
Sont venus m'assaillir ; et j'étais misérable,
Si vous (car c'était vous), avant qu'ils m'eussent pris,
N'eussiez armé pour moi les pierres et les cris.

— Mon père, il est donc vrai : tout est devenu pire ?
Car jadis, aux accents d'une éloquente lyre,
Les tigres et les loups, vaincus, humiliés,
D'un chanteur comme toi vinrent baiser les pieds.

— Les barbares ! J'étais assis près de la poupe.
'Aveugle vagabond, dit l'insolente troupe,
Chante ; si ton esprit n'est point comme tes yeux,
Amuse notre ennui ; tu rendras grâce aux Dieux . . .'
J'ai fait taire mon cœur qui voulait les confondre ;
Ma bouche ne s'est point ouverte à leur répondre.
Ils n'ont pas entendu ma voix, et sous ma main
J'ai retenu le dieu courroucé dans mon sein.
Symé, puisque tes fils dédaignent Mnémosyne,

Puisqu'ils ont fait outrage à la muse divine,
Que leur vie et leur mort s'éteignent dans l'oubli ;
Que ton nom dans la nuit demeure enseveli !

— Viens ! Suis-nous à la ville ; elle est toute voisine,
Et chérit les amis de la muse divine.
Un siège aux clous d'argent te place à nos festins ;
Et là les mets choisis, le miel et les bons vins,
Sous la colonne où pend une lyre d'ivoire,
Te feront de tes maux oublier la mémoire.
Et si, dans le chemin, rapsode ingénieux,
Tu veux nous accorder tes chants dignes des cieux,
Nous dirons qu'Apollon, pour charmer les oreilles,
T'a lui-même dicté de si douces merveilles.

— Oui, je le veux ; marchons. Mais où m'entraînez-vous?
Enfants du vieil aveugle, en quel lieu sommes-nous ?

— Syros est l'île heureuse où nous vivons, mon père

— Salut, belle Syros, deux fois hospitalière !
Car sur ses bords heureux je suis déjà venu.
Amis, je la connais. Vos pères m'ont connu !
Ils croissaient comme vous, mes yeux s'ouvraient encore
Au soleil, au printemps, aux roses de l'aurore ;
J'étais jeune et vaillant. Aux danses des guerriers,
A la course, aux combats, j'ai paru des premiers.
J'ai vu Corinthe, Argos, et Crète, et les cent villes,
Et du fleuve Ægyptus les rivages fertiles ;
Mais la terre et la mer, et l'âge et les malheurs,
Ont épuisé ce corps fatigué de douleurs.
La voix me reste. Ainsi la cigale innocente,
Sur un arbuste assise, et se console et chante.
Commençons par les Dieux : Souverain Jupiter,

Soleil qui vois, entends, connais tout, et toi, mer,
Fleuves, terre, et noirs dieux des vengeances trop lentes,
Salut! Venez à moi, de l'Olympe habitantes,
Muses! vous savez tout, vous, déesses; et nous,
Mortels, ne savons rien qui ne vienne de vous.'

Il poursuit; et déjà les antiques ombrages
Mollement en cadence inclinaient leurs feuillages;
Et pâtres oubliant leur troupeau délaissé,
Et voyageurs quittant leur chemin commencé,
Couraient. Il les entend, près de son jeune guide,
L'un sur l'autre pressés, tendre une oreille avide,
Et nymphes et sylvains sortaient pour l'admirer,
Et l'écoutaient en foule, et n'osaient respirer:
Car en de longs détours de chansons vagabondes
Il enchaînait de tout les semences fécondes,
Les principes du feu, les eaux, la terre et l'air,
Les fleuves descendus du sein de Jupiter,
Les oracles, les arts, les cités fraternelles,
Et depuis le chaos les amours immortelles;
D'abord le roi divin, et l'Olympe, et les cieux,
Et le monde, ébranlés d'un signe de ses yeux,
Et les Dieux partagés en une immense guerre,
Et le sang plus qu'humain venant rougir la terre,
Et les rois assemblés, et sous les pieds guerriers
Une nuit de poussière, et les chars meurtriers,
Et les héros armés, brillant dans les campagnes
Comme un vaste incendie aux cimes des montagnes,
Les coursiers hérissant leur crinière à longs flots
Et d'une voix humaine excitant les héros;
De là, portant ses pas dans les paisibles villes,
Les lois, les orateurs, les récoltes fertiles;
Mais bientôt de soldats les remparts entourés,

Les victimes tombant dans les parvis sacrés,
Et les assauts mortels aux épouses plaintives,
Et les mères en deuil et les filles captives ;
Puis aussi les moissons joyeuses, les troupeaux
Bêlants ou mugissants, les rustiques pipeaux,
Les chansons, les festins, les vendanges bruyantes,
Et la flûte et la lyre, et les notes dansantes.
Puis, déchaînant les vents à soulever les mers,
Il perdait les nochers sur les gouffres amers ;
De là, dans le sein frais d'une roche azurée,
En foule il appelait les filles de Nérée,
Qui bientôt, à ses cris, s'élevant sur les eaux,
Aux rivages troyens parcouraient les vaisseaux ;
Puis il ouvrait du Styx la rive criminelle,
Et puis les demi-dieux et les champs d'asphodèle,
Et la foule des morts : vieillards seuls et souffrants,
Jeunes gens emportés aux yeux de leurs parents,
Enfants dont au berceau la vie est terminée,
Vierges dont le trépas suspendit l'hyménée.

Mais, ô bois, ô ruisseaux, ô monts, ô durs cailloux,
Quels doux frémissements vous agitèrent tous,
Quand bientôt à Lemnos, sur l'enclume divine,
Il forgeait cette trame irrésistible et fine
Autant que d'Arachné les pièges inconnus,
Et dans ce fer mobile emprisonnait Vénus !
Et quand il revêtit d'une pierre soudaine
La fière Niobé, cette mère thébaine,
Et quand il répétait en accents de douleurs
De la triste Aédon l'imprudence et les pleurs,
Qui, d'un fils méconnu marâtre involontaire,
Vola, doux rossignol, sous le bois solitaire ;
Ensuite, avec le vin, il versait aux héros

Le puissant népenthès, oubli de tous les maux,
Il cueillait le moly, fleur qui rend l'homme sage ;
Du paisible lotos il mêlait le breuvage :
Les mortels oubliaient, à ce philtre charmés,
Et la douce patrie et les parents aimés.
Enfin l'Ossa, l'Olympe, et les bois du Pénée
Voyaient ensanglanter les banquets d'hyménée,
Quand Thésée, au milieu de la joie et du vin,
La nuit où son ami reçut à son festin
Le peuple monstrueux des enfants de la Nue,
Fut contraint d'arracher l'épouse demi-nue
Au bras ivre et nerveux du sauvage Eurytus.
Soudain, le glaive en main, l'ardent Pirithoüs :
'Attends ; il faut ici que mon affront s'expie,
Traître !' Mais avant lui, sur le centaure impie,
Dryas a fait tomber, avec tous ses rameaux,
Un long arbre de fer hérissé de flambeaux.
L'insolent quadrupède en vain s'écrie ; il tombe,
Et son pied bat le sol qui doit être sa tombe.
Sous l'effort de Nessus, la table du repas
Roule, écrase Cymèle, Évagre, Périphas.
Pirithoüs égorge Antimaque, et Pétrée,
Et Cyllare aux pieds blancs, et le noir Macarée,
Qui de trois fiers lions, dépouillés par sa main,
Couvrait ses quatre flancs, armait son double sein.
Courbé, levant un roc choisi pour leur vengeance,
Tout à coup, sous l'airain d'un vase antique, immense,
L'imprudent Bianor, par Hercule surpris,
Sent de sa tête énorme éclater les débris ;
Hercule et sa massue entassent en trophée
Clanis, Démoléon, Lycothas, et Riphée
Qui portait, sur ses crins de taches colorés,
L'héréditaire éclat des nuages dorés.

Mais d'un double combat Eurynome est avide,
Car ses pieds agités en un cercle rapide
Battent à coups pressés l'armure de Nestor.
Le quadrupède Hélops fuit. L'agile Crantor,
Le bras levé, l'atteint. Eurynome l'arrête.
D'un érable noueux il va fendre sa tête,
Lorsque le fils d'Égée, invincible, sanglant,
L'aperçoit, à l'autel prend un chêne brûlant,
Sur sa croupe indomptée, avec un cri terrible,
S'élance, va saisir sa chevelure horrible,
L'entraîne, et, quand sa bouche ouverte avec effort
Crie, il y plonge ensemble et la flamme et la mort.
L'autel est dépouillé. Tous vont s'armer de flamme,
Et le bois porte aux cieux des hurlements de femme,
L'ongle frappant la terre, et les guerriers meurtris,
Et les vases brisés, et l'injure, et les cris.

Ainsi le grand vieillard, en images hardies,
Déployait le tissu des saintes mélodies.
Les trois enfants, émus à son auguste aspect,
Admiraient, d'un regard de joie et de respect,
De sa bouche abonder les paroles divines,
Comme en hiver la neige aux sommets des collines.
Et, partout accourus, dansant sur son chemin,
Hommes, femmes, enfants, les rameaux à la main,
Et vierges et guerriers, jeunes fleurs de la ville,
Chantaient : 'Viens dans nos murs, viens habiter notre île ;
Viens, prophète éloquent, aveugle harmonieux,
Convive du nectar, disciple aimé des Dieux ;
Des jeux, tous les cinq ans, rendront saint et prospère
Le jour où nous avons reçu le grand HOMÈRE.'

210   *Sur la mort d'un enfant*

L'INNOCENTE victime, au terrestre séjour,
   N'a vu que le printemps qui lui donna le jour.
Rien n'est resté de lui qu'un nom, un vain nuage,
Un souvenir, un songe, une invisible image.
Adieu, fragile enfant échappé de nos bras ;
Adieu, dans la maison d'où l'on ne revient pas.
Nous ne te verrons plus, quand, de moissons couverte,
La campagne d'été rend la ville déserte ;
Dans l'enclos paternel nous ne te verrons plus,
De tes pieds, de tes mains, de tes flancs demi-nus,
Presser l'herbe et les fleurs dont les nymphes de Seine
Couronnent tous les ans les coteaux de Lucienne ;
L'axe de l'humble char à tes jeux destiné,
Par de fidèles mains avec toi promené,
Ne sillonnera plus les prés et le rivage.
Tes regards, ton murmure, obscur et doux langage,
N'inquiéteront plus nos soins officieux ;
Nous ne recevrons plus avec des cris joyeux
Les efforts impuissants de ta bouche vermeille
A bégayer les sons offerts à ton oreille.
Adieu, dans la demeure où nous nous suivrons tous,
Où ta mère déjà tourne ses yeux jaloux.

211   *A Charlotte Corday*

QUOI ! tandis que partout, ou sincères ou feintes,
   Des lâches, des pervers, les larmes et les plaintes
Consacrent leur Marat parmi les immortels,
Et que, prêtre orgueilleux de cette idole vile,
Des fanges du Parnasse un impudent reptile
Vomit un hymne infâme au pied de ses autels,

La vérité se tait! Dans sa bouche glacée,
Des liens de la peur sa langue embarrassée
Dérobe un juste hommage aux exploits glorieux!
Vivre est-il donc si doux? De quel prix est la vie,
Quand, sous un joug honteux, la pensée asservie,
Tremblante, au fond du cœur se cache à tous les yeux?

Non, non. Je ne veux point t'honorer en silence,
Toi qui crus par ta mort ressusciter la France
Et dévouas tes jours à punir des forfaits.
Le glaive arma ton bras, fille grande et sublime,
Pour faire honte aux dieux, pour réparer leur crime,
Quand d'un homme à ce monstre ils donnèrent les traits.

Le noir serpent, sorti de sa caverne impure,
A donc vu rompre enfin sous ta main ferme et sûre
Le venimeux tissu de ses jours abhorrés!
Aux entrailles du tigre, à ses dents homicides,
Tu vins redemander et les membres livides
Et le sang des humains qu'il avait dévorés!

Son œil mourant t'a vue, en ta superbe joie,
Féliciter ton bras et contempler ta proie.
Ton regard lui disait: 'Va, tyran furieux,
Va, cours frayer la route aux tyrans tes complices,
Te baigner dans le sang fut tes seules délices,
Baigne-toi dans le tien et reconnais des dieux.'

La Grèce, ô fille illustre, admirant ton courage,
Épuiserait Paros pour placer ton image
Auprès d'Harmodius, auprès de son ami;
Et des chœurs sur ta tombe, en une sainte ivresse,
Chanteraient Némésis, la tardive déesse,
Qui frappe le méchant sur son trône endormi.

Mais la France à la hache abandonne ta tête.
C'est au monstre égorgé qu'on prépare une fête
Parmi ses compagnons, tous dignes de son sort.
Oh! quel noble dédain fit sourire ta bouche
Quand un brigand, vengeur de ce brigand farouche,
Crut te faire pâlir aux menaces de mort!

C'est lui qui dut pâlir, et tes juges sinistres,
Et notre affreux sénat et ses affreux ministres,
Quand, à leur tribunal, sans crainte et sans appui,
Ta douceur, ton langage et simple et magnanime
Leur apprit qu'en effet, tout puissant qu'est le crime,
Qui renonce à la vie est plus puissant que lui.

Longtemps, sous les dehors d'une allégresse aimable,
Dans ses détours profonds ton âme impénétrable
Avait tenu cachés les destins du pervers.
Ainsi, dans le secret amassant la tempête,
Rit un beau ciel d'azur, qui cependant s'apprête
A foudroyer les monts, à soulever les mers.

Belle, jeune, brillante, aux bourreaux amenée,
Tu semblais t'avancer sur le char d'hyménée;
Ton front resta paisible et ton regard serein.
Calme sur l'échafaud, tu méprisas la rage
D'un peuple abject, servile et fécond en outrage,
Et qui se croit encore et libre et souverain.

La vertu seule est libre. Honneur de notre histoire,
Notre immortel opprobre y vit avec ta gloire;
Seule, tu fus un homme et vengeas les humains!
Et nous, eunuques vils, troupeau lâche et sans âme,
Nous savons répéter quelques plaintes de femme;
Mais le fer pèserait à nos débiles mains.

Non, tu ne pensais pas qu'aux mânes de la France
Un seul traître immolé suffit à ta vengeance,
Ou tirât du chaos ses débris dispersés.
Tu voulais, enflammant les courages timides,
Réveiller les poignards sur tous ces parricides,
De rapines, de sang, d'infamie engraissés.

Un scélérat de moins rampe dans cette fange.
La Vertu t'applaudit ; de sa mâle louange
Entends, belle héroïne, entends l'auguste voix.
O Vertu, le poignard, seul espoir de la terre.
Est ton arme sacrée, alors que le tonnerre
Laisse régner le crime et te vend à ses lois.

212 *La Jeune Captive*

'L'ÉPI naissant mûrit de la faux respecté ;
    Sans crainte du pressoir, le pampre tout l'été
      Boit les doux présents de l'aurore ;
Et moi, comme lui belle, et jeune comme lui,
Quoi que l'heure présente ait de trouble et d'ennui,
      Je ne veux point mourir encore.

'Qu'un stoïque aux yeux secs vole embrasser la mort,
Moi je pleure et j'espère ; au noir souffle du nord
      Je plie et relève ma tête.
S'il est des jours amers, il en est de si doux !
Hélas ! quel miel jamais n'a laissé de dégoûts ?
      Quelle mer n'a point de tempête ?

'L'illusion féconde habite dans mon sein.
D'une prison sur moi les murs pèsent en vain,
      J'ai les ailes de l'espérance :
Échappée aux réseaux de l'oiseleur cruel,
Plus vive, plus heureuse, aux campagnes du ciel
      Philomèle chante et s'élance.

ANDRÉ CHÉNIER

'Est-ce à moi de mourir? Tranquille je m'endors,
Et tranquille je veille, et ma veille aux remords
 Ni mon sommeil ne sont en proie.
Ma bienvenue au jour me rit dans tous les yeux;
Sur des fronts abattus, mon aspect dans ces lieux
 Ranime presque de la joie.

'Mon beau voyage encore est si loin de sa fin!
Je pars, et des ormeaux qui bordent le chemin
 J'ai passé les premiers à peine.
Au banquet de la vie à peine commencé,
Un instant seulement mes lèvres ont pressé
 La coupe en mes mains encor pleine.

'Je ne suis qu'au printemps, je veux voir la moisson,
Et comme le soleil, de saison en saison,
 Je veux achever mon année.
Brillante sur ma tige et l'honneur du jardin,
Je n'ai vu luire encor que les feux du matin,
 Je veux achever ma journée.

'O mort! tu peux attendre; éloigne, éloigne-toi;
Va consoler les cœurs que la honte, l'effroi,
 Le pâle désespoir dévore.
Pour moi Palès encore a des asiles verts,
Les Amours des baisers, les Muses des concerts,
 Je ne veux point mourir encore.'

Ainsi, triste et captif, ma lyre toutefois
S'éveillait, écoutant ces plaintes, cette voix,
 Ces vœux d'une jeune captive;
Et, secouant le faix de mes jours languissants,
Aux douces lois des vers je pliais les accents
 De sa bouche aimable et naïve.

Ces chants, de ma prison témoins harmonieux,
Feront à quelque amant des loisirs studieux
    Chercher quelle fut cette belle :
La grâce décorait son front et ses discours,
Et, comme elle, craindront de voir finir leurs jours
    Ceux qui les passeront près d'elle.

213   *Saint-Lazare*

COMME un dernier rayon, comme un dernier zéphyre,
    Animent la fin d'un beau jour,
Au pied de l'échafaud j'essaye encor ma lyre ;
    Peut-être est-ce bientôt mon tour ;
Peut-être, avant que l'heure en cercle promenée
    Ait posé sur l'émail brillant,
Dans les soixante pas où sa route est bornée,
    Son pied sonore et vigilant,
Le sommeil du tombeau pressera ma paupière !
    Avant que de ses deux moitiés
Ce vers que je commence ait atteint la dernière,
    Peut-être en ces murs effrayés
Le messager de mort, noir recruteur des ombres,
    Escorté d'infâmes soldats,
Remplissant de mon nom ces longs corridors sombres,
    Où, seul, dans la foule à grands pas
J'erre, aiguisant ces dards persécuteurs du crime,
    Du juste trop faibles soutiens,
Sur mes lèvres soudain va suspendre la rime ;
    Et, chargeant mes bras de liens,
Me traîner, amassant en foule à mon passage
    Mes tristes compagnons reclus,
Qui me connaissaient tous avant l'affreux message,
    Mais qui ne me connaissent plus.

   .   .   .   .   .   .

ANDRÉ CHÉNIER

. . . .

Eh bien! j'ai trop vécu.   Quelle franchise auguste,
   De mâle constance et d'honneur
Quels exemples sacrés, doux à l'âme du juste,
   Pour lui quelle ombre de bonheur,
Quelle Thémis terrible aux têtes criminelles,
   Quels pleurs d'une noble pitié,
Des antiques bienfaits quels souvenirs fidèles,
   Quels beaux échanges d'amitié,
Font digne de regrets l'habitacle des hommes?
   La Peur blême et louche est leur dieu.
Le désespoir! . . . la feinte! Ah! lâches que nous sommes,
   Tous, oui, tous.   Adieu, terre, adieu.
Vienne, vienne la mort! Que la mort me délivre!
   Ainsi donc, mon cœur abattu
Cède au poids de ses maux? Non, non, puissé-je vivre!
   Ma vie importe à la vertu:
Car l'honnête homme enfin, victime de l'outrage,
   Dans les cachots, près du cercueil,
Relève plus altiers son front et son langage
   Brillants d'un généreux orgueil.
S'il est écrit aux cieux que jamais une épée
   N'étincellera dans mes mains,
Dans l'encre et l'amertume une autre arme trempée
   Peut encor servir les humains.
Justice, vérité, si ma bouche sincère,
   Si mes pensers les plus secrets
Ne froncèrent jamais votre sourcil sévère,
   Et si les infâmes progrès,
Si la risée atroce ou (plus atroce injure!)
   L'encens de hideux scélérats
Ont pénétré vos cœurs d'une longue blessure,
   Sauvez-moi: conservez un bras

Qui lance votre foudre, un amant qui vous venge.
    Mourir sans vider mon carquois !
Sans percer, sans fouler, sans pétrir dans leur fange
    Ces bourreaux barbouilleurs de lois,
Ces vers cadavéreux de la France asservie,
    Égorgée ! ... O mon cher trésor,
O ma plume ! Fiel, bile, horreur, dieux de ma vie !
    Par vous seuls je respire encor,
Comme la poix brûlante agitée en ses veines
    Ressuscite un flambeau mourant.
Je souffre, mais je vis. Par vous, loin de mes peines,
    D'espérance un vaste torrent
Me transporte. Sans vous, comme un poison livide,
    L'invincible dent du chagrin,
Mes amis opprimés, du menteur homicide
    Les succès, le sceptre d'airain,
Des bons proscrits par lui la mort ou la ruine,
    L'opprobre de subir sa loi,
Tout eût tari ma vie, ou contre ma poitrine
    Dirigé mon poignard. Mais quoi ?
Nul ne resterait donc pour attendrir l'histoire
    Sur tant de justes massacrés ;
Pour consoler leurs fils, leurs veuves, leur mémoire ;
    Pour que des brigands abhorrés
Frémissent aux portraits noirs de leur ressemblance ;
    Pour descendre jusqu'aux enfers
Chercher le triple fouet, le fouet de la vengeance,
    Déjà levé sur ces pervers ;
Pour cracher sur leurs noms, pour chanter leur supplice !
    Allons, étouffe tes clameurs ;
Souffre, ô cœur gros de haine, affamé de justice.
    Toi, Vertu, pleure si je meurs.

FRANÇOIS-RENÉ, VICOMTE DE CHATEAUBRIAND

1768-†1848

214   *Le Montagnard exilé*

COMBIEN j'ai douce souvenance
    Du joli lieu de ma naissance !
Ma sœur, qu'ils étaient beaux les jours
    De France !
O mon pays, sois mes amours
    Toujours !

Te souvient-il que notre mère
Au foyer de notre chaumière
Nous pressait sur son cœur joyeux,
    Ma chère,
Et nous baisions ses blancs cheveux
    Tous deux ?

Ma sœur, te souvient-il encore
Du château que baignait la Dore,
Et de cette tant vieille tour
    Du Maure,
Où l'airain sonnait le retour
    Du jour ?

Te souvient-il du lac tranquille
Qu'effleurait l'hirondelle agile,
Du vent qui courbait le roseau
    Mobile,
Et du soleil couchant sur l'eau
    Si beau ?

Oh! qui me rendra mon Hélène,
Et ma montagne, et le grand chêne?
Leur souvenir fait tous les jours
    Ma peine!
Mon pays sera mes amours
    Toujours!

PIERRE-JEAN DE BÉRANGER

1780–†1857

215   *Roger Bontemps*

AUX gens atrabilaires
  Pour exemple donné,
En un temps de misères
Roger Bontemps est né.
Vivre obscur à sa guise,
Narguer les mécontents;
Eh gai! c'est la devise
Du gros Roger Bontemps.

Du chapeau de son père
Coiffé dans les grands jours,
De roses ou de lierre
Le rajeunir toujours;
Mettre un manteau de bure,
Vieil ami de vingt ans;
Eh gai! c'est la parure
Du gros Roger Bontemps.

Posséder dans sa hutte
Une table, un vieux lit,
Des cartes, une flûte,
Un broc que Dieu remplit.

Un portrait de maîtresse,
Un coffre et rien dedans;
Eh gai ! c'est la richesse
Du gros Roger Bontemps.

Aux enfants de la ville
Montrer de petits jeux;
Être un faiseur habile
De contes graveleux :
Ne parler que de danse
Et d'almanachs chantants;
Eh gai ! c'est la science
Du gros Roger Bontemps.

Faute de vin d'élite,
Sabler ceux du canton;
Préférer Marguerite
Aux dames du grand ton;
De joie et de tendresse
Remplir tous ses instants;
Eh gai ! c'est la sagesse
Du gros Roger Bontemps.

Dire au Ciel : Je me fie,
Mon Père, à ta bonté;
De ma philosophie
Pardonne la gaîté;
Que ma saison dernière
Soit encore un printemps;
Eh gai ! c'est la prière
Du gros Roger Bontemps.

Vous, pauvres pleins d'envie,
Vous, riches désireux,
Vous, dont le char dévie
Après un cours heureux;

Vous, qui perdrez peut-être
Des titres éclatants,
Eh gai ! prenez pour maître
Le gros Roger Bontemps.

216   *Les Souvenirs du peuple*

ON parlera de sa gloire
     Sous le chaume bien longtemps.
L'humble toit, dans cinquante ans,
Ne connaîtra plus d'autre histoire.
Là viendront les villageois
Dire alors à quelque vieille :
'Par des récits d'autrefois,
Mère, abrégez notre veille.
Bien, dit-on, qu'il nous ait nui,
Le peuple encor le révère,
     Oui, le révère ;
Parlez-nous de lui, grand'mère,
     Parlez-nous de lui.'

'Mes enfants, dans ce village,
Suivi de rois, il passa ;
Voilà bien longtemps de ça :
Je venais d'entrer en ménage.
A pied grimpant le coteau
Où pour voir je m'étais mise,
Il avait petit chapeau
Avec redingote grise.
Près de lui je me troublai ;
Il me dit : Bonjour, ma chère,
     Bonjour, ma chère.
— Il vous a parlé, grand'mère !
     Il vous a parlé !

'L'an d'après, moi, pauvre femme,
A Paris étant un jour,
Je le vis avec sa cour :
Il se rendait à Notre-Dame.
Tous les cœurs étaient contents ;
On admirait son cortège.
Chacun disait : Quel beau temps !
Le ciel toujours le protège.
Son sourire était bien doux ;
D'un fils Dieu le rendait père,
 Le rendait père.
— Quel beau jour pour vous, grand'mère !
 Quel beau jour pour vous !

'Mais quand la pauvre Champagne
Fut en proie aux étrangers,
Lui, bravant tous les dangers,
Semblait seul tenir la campagne.
Un soir, tout comme aujourd'hui,
J'entends frapper à ma porte ;
J'ouvre ; bon Dieu ! c'était lui
Suivi d'une faible escorte.
Il s'asseoit où me voilà,
S'écriant : Oh ! quelle guerre !
 Oh ! quelle guerre !
— Il s'est assis là, grand'mère !
 Il s'est assis là !

'J'ai faim, dit-il ; et bien vite
Je sers piquette et pain bis ;
Puis il sèche ses habits,
Même à dormir le feu l'invite.
Au réveil, voyant mes pleurs,
Il me dit : " Bonne espérance !

Je cours de tous ses malheurs,
Sous Paris, venger la France."
Il part ; et comme un trésor
J'ai depuis gardé son verre,
    Gardé son verre.
— Vous l'avez encor, grand'mère !
  Vous l'avez encor !

'Le voici. Mais à sa perte
Le héros fut entraîné.
Lui, qu'un pape a couronné,
Est mort dans une île déserte.
Longtemps aucun ne l'a cru ;
On disait : Il va paraître.
Par mer il est accouru ;
L'étranger va voir son maître.
Quand d'erreur on nous tira,
Ma douleur fut bien amère,
    Fut bien amère.
— Dieu vous bénira, grand'mère,
  Dieu vous bénira !'

217   *Les Hirondelles*

CAPTIF au rivage du Maure
  Un guerrier courbé sous ses fers
Disait : 'Je vous revois encore,
Oiseaux ennemis des hivers.
Hirondelles, que l'espérance
Suit jusqu'en ces brillants climats,
Sans doute vous quittez la France :
De mon pays ne me parlez-vous pas ?

'Depuis trois ans je vous conjure
De m'apporter un souvenir
Du vallon où ma vie obscure
Se berçait d'un doux avenir.
Au détour d'une eau qui chemine
A flots purs, sous de frais lilas,
Vous avez vu notre chaumine :
De ce vallon ne me parlez-vous pas ?

'L'une de vous peut-être est née
Au toit où j'ai reçu le jour ;
Là, d'une mère infortunée
Vous avez dû pleurer l'amour.
Mourante, elle croit à toute heure
Entendre le bruit de mes pas ;
Elle écoute, et puis elle pleure ;
De son amour ne me parlez-vous pas ?

'Ma sœur est-elle mariée ?
Avez-vous vu de nos garçons
La foule, aux noces conviée,
La célébrer dans leurs chansons ?
Et ces compagnons du jeune âge,
Qui m'ont suivi dans les combats,
Ont-ils revu tous le village ?
De tant d'amis ne me parlez-vous pas ?

'Sur leurs corps l'étranger peut-être
Du vallon reprend le chemin ;
Sous mon chaume il commande en maître ;
De ma sœur il trouble l'hymen.
Pour moi plus de mère qui prie,
Et partout des fers ici-bas.
Hirondelles de ma patrie,
De ses malheurs ne me parlez-vous pas ?'

1782–†1816

La Chute des feuilles

DE la dépouille de nos bois
   L'automne avait jonché la terre ;
Le bocage était sans mystère,
Le rossignol était sans voix.
Triste et mourant à son aurore
Un jeune malade, à pas lents,
Parcourait une fois encore
Le bois cher à ses premiers ans.

'Bois que j'aime, adieu ! je succombe ;
Votre deuil me prédit mon sort,
Et dans chaque feuille qui tombe
Je lis un présage de mort.
Fatal oracle d'Épidaure,
Tu m'as dit : "Les feuilles des bois
A tes yeux jauniront encore,
Et c'est pour la dernière fois.
La nuit du trépas t'environne ;
Plus pâle que la pâle automne,
Tu t'inclines vers le tombeau.
Ta jeunesse sera flétrie
Avant l'herbe de la prairie,
Avant le pampre du coteau."
Et je meurs ! De sa froide haleine
Un vent funeste m'a touché,
Et mon hiver s'est approché
Quand mon printemps s'écoule à peine.
Arbuste en un seul jour détruit,
Quelques fleurs faisaient ma parure ;

Mais ma languissante verdure
Ne laisse après elle aucun fruit.
Tombe, tombe, feuille éphémère,
Voile aux yeux ce triste chemin,
Cache au désespoir de ma mère
La place où je serai demain !
Mais vers la solitaire allée
Si mon amante désolée
Venait pleurer quand le jour fuit,
Éveille par un léger bruit
Mon ombre un instant consolée.'

Il dit, s'éloigne . . . et sans retour.
La dernière feuille qui tombe
A signalé son dernier jour.
Sous le chêne on creusa sa tombe.
Mais ce qu'il aimait ne vint pas
Visiter la pierre isolée ;
Et le pâtre de la vallée
Troubla seul du bruit de ses pas
Le silence du mausolée.

MARCELINE DESBORDES-VALMORE

1787-†1859

219   *Souvenir*

QUAND il pâlit un soir, et que sa voix tremblante
   S'éteignit tout à coup dans un mot commencé ;
Quand ses yeux, soulevant leur paupière brûlante,
Me blessèrent d'un mal dont je le crus blessé ;
Quand ses traits plus touchants, éclairés d'une flamme
     Qui ne s'éteint jamais,
S'imprimèrent vivants dans le fond de mon âme ;
     Il n'aimait pas, j'aimais !

220 *La Couronne effeuillée*

J'IRAI, j'irai porter ma couronne effeuillée
    Au jardin de mon père où revit toute fleur;
J'y répandrai longtemps mon âme agenouillée:
Mon père a des secrets pour vaincre la douleur.

J'irai, j'irai lui dire, au moins avec mes larmes:
'Regardez, j'ai souffert...' Il me regardera,
Et sous mes jours changés, sous mes pâleurs sans charmes,
Parce qu'il est mon père il me reconnaîtra.

Il dira: 'C'est donc vous, chère âme désolée!
La terre manque-t-elle à vos pas égarés?
Chère âme, je suis Dieu: ne soyez plus troublée;
Voici votre maison, voici mon cœur, entrez!'

O clémence! ô douceur! ô saint refuge! ô Père!
Votre enfant qui pleurait vous l'avez entendu!
Je vous obtiens déjà, puisque je vous espère
Et que vous possédez tout ce que j'ai perdu.

Vous ne rejetez pas la fleur qui n'est plus belle;
Ce crime de la terre au ciel est pardonné.
Vous ne maudirez pas votre enfant infidèle,
Non d'avoir rien vendu, mais d'avoir tout donné.

ALPHONSE DE LAMARTINE
1790-†1869

221 *Le Lac*

AINSI, toujours poussés vers de nouveaux rivages,
    Dans la nuit éternelle emportés sans retour,
Ne pourrons-nous jamais sur l'océan des âges
        Jeter l'ancre un seul jour?

ALPHONSE DE LAMARTINE

O lac! l'année à peine a fini sa carrière,
Et près des flots chéris qu'elle devait revoir
Regarde! je viens seul m'asseoir sur cette pierre
    Où tu la vis s'asseoir!

Tu mugissais ainsi sous ces roches profondes;
Ainsi tu te brisais sur leurs flancs déchirés:
Ainsi le vent jetait l'écume de tes ondes
    Sur ses pieds adorés.

Un soir, t'en souvient-il? nous voguions en silence;
On n'entendait au loin, sur l'onde et sous les cieux,
Que le bruit des rameurs qui frappaient en cadence
    Tes flots harmonieux.

Tout à coup des accents inconnus à la terre
Du rivage charmé frappèrent les échos;
Le flot fut attentif, et la voix qui m'est chère
    Laissa tomber ces mots:

'O temps, suspends ton vol! et vous, heures propices,
    Suspendez votre cours!
Laissez-nous savourer les rapides délices
    Des plus beaux de nos jours!

'Assez de malheureux ici-bas vous implorent:
    Coulez, coulez pour eux;
Prenez avec leurs jours les soins qui les dévorent;
    Oubliez les heureux.

'Mais je demande en vain quelques moments encore,
    Le temps m'échappe et fuit;
Je dis à cette nuit: "Sois plus lente"; et l'aurore
    Va dissiper la nuit.

'Aimons donc, aimons donc! de l'heure fugitive,
    Hâtons-nous, jouissons!
L'homme n'a point de port, le temps n'a point de rive;
    Il coule, et nous passons!'

Temps jaloux, se peut-il que ces moments d'ivresse,
Où l'amour à longs flots nous verse le bonheur,
S'envolent loin de nous de la même vitesse
    Que les jours de malheur?

Hé quoi! n'en pourrons-nous fixer au moins la trace?
Quoi! passés pour jamais? quoi! tout entiers perdus?
Ce temps qui les donna, ce temps qui les efface,
    Ne nous les rendra plus?

Éternité, néant, passé, sombres abîmes,
Que faites-vous des jours que vous engloutissez?
Parlez: nous rendrez-vous ces extases sublimes
    Que vous nous ravissez?

O lac! rochers muets! grottes! forêt obscure!
Vous que le temps épargne ou qu'il peut rajeunir,
Gardez de cette nuit, gardez, belle nature,
    Au moins le souvenir!

Qu'il soit dans ton repos, qu'il soit dans tes orages,
Beau lac, et dans l'aspect de tes riants coteaux,
Et dans ces noirs sapins, et dans ces rocs sauvages
    Qui pendent sur tes eaux!

Qu'il soit dans le zéphyr qui frémit et qui passe,
Dans les bruits de tes bords par tes bords répétés,
Dans l'astre au front d'argent qui blanchit ta surface
    De ses molles clartés!

Que le vent qui gémit, le roseau qui soupire,
Que les parfums légers de ton air embaumé,
Que tout ce qu'on entend, l'on voit ou l'on respire,
    Tout dise : 'Ils ont aimé!'

222   *Le Crucifix*

TOI que j'ai recueilli sur sa bouche expirante
    Avec son dernier souffle et son dernier adieu,
Symbole deux fois saint, don d'une main mourante,
    Image de mon Dieu ;

Que de pleurs ont coulé sur tes pieds que j'adore,
Depuis l'heure sacrée où, du sein d'un martyr,
Dans mes tremblantes mains tu passas. tiède encore
    De son dernier soupir !

Les saints flambeaux jetaient une dernière flamme ;
Le prêtre murmurait ces doux chants de la mort,
Pareils aux chants plaintifs que murmure une femme
    A l'enfant qui s'endort.

De son pieux espoir son front gardait la trace,
Et sur ses traits, frappés d'une auguste beauté,
La douleur fugitive avait empreint sa grâce,
    La mort sa majesté.

Le vent qui caressait sa tête échevelée
Me montrait tour à tour ou me voilait ses traits,
Comme l'on voit flotter sur un blanc mausolée
    L'ombre des noirs cyprès.

ALPHONSE DE LAMARTINE

Un de ses bras pendait de la funèbre couche;
L'autre, languissamment replié sur son cœur,
Semblait chercher encore et presser sur sa bouche
    L'image du Sauveur.

Ses lèvres s'entr'ouvraient pour l'emorasser encore;
Mais son âme avait fui dans ce divin baiser,
Comme un léger parfum que la flamme dévore
    Avant de l'embraser.

Maintenant tout dormait sur sa bouche glacée,
Le souffle se taisait dans son sein endormi,
Et sur l'œil sans regard la paupière affaissée
    Retombait à demi.

Et moi, debout, saisi d'une terreur secrète,
Je n'osais m'approcher de ce reste adoré,
Comme si du trépas la majesté muette
    L'eût déjà consacré.

Je n'osais! . . . Mais le prêtre entendit mon silence,
Et, de ses doigts glacés prenant le crucifix:
'Voilà le souvenir, et voilà l'espérance:
    Emportez-les, mon fils!'

Oui, tu me resteras, ô funèbre héritage!
Sept fois, depuis ce jour, l'arbre que j'ai planté
Sur sa tombe sans nom a changé de feuillage:
    Tu ne m'as pas quitté.

Placé près de ce cœur, hélas! où tout s'efface,
Tu l'as contre le temps défendu de l'oubli,
Et mes yeux goutte à goutte ont imprimé leur trace
    Sur l'ivoire amolli.

O dernier confident de l'âme qui s'envole,
Viens, reste sur mon cœur! parle encore, et dis-moi
Ce qu'elle te disait quand sa faible parole
      N'arrivait plus qu'à toi;

A cette heure douteuse où l'âme recueillie,
Se cachant sous le voile épaissi sur nos yeux,
Hors de nos sens glacés pas à pas se replie,
      Sourde aux derniers adieux;

Alors qu'entre la vie et la mort incertaine,
Comme un fruit par son poids détaché du rameau,
Notre âme est suspendue et tremble à chaque haleine
      Sur la nuit du tombeau;

Quand des chants, des sanglots la confuse harmonie
N'éveille déjà plus notre esprit endormi,
Aux lèvres du mourant collé dans l'agonie,
      Comme un dernier ami;

Pour éclaircir l'horreur de cet étroit passage,
Pour relever vers Dieu son regard abattu,
Divin consolateur, dont nous baisons l'image,
      Réponds, que lui dis-tu?

Tu sais, tu sais mourir! et tes larmes divines,
Dans cette nuit terrible où tu prias en vain,
De l'olivier sacré baignèrent les racines
      Du soir jusqu'au matin.

De la croix, où ton œil sonda ce grand mystère,
Tu vis ta mère en pleurs et la nature en deuil;
Tu laissas comme nous tes amis sur la terre,
      Et ton corps au cercueil!

Au nom de cette mort, que ma faiblesse obtienne
De rendre sur ton sein ce douloureux soupir :
Quand mon heure viendra, souviens-toi de la tienne,
      O toi qui sais mourir !

Je chercherai la place où sa bouche expirante
Exhala sur tes pieds l'irrévocable adieu,
Et son âme viendra guider mon âme errante
      Au sein du même Dieu.

Ah ! puisse, puisse alors sur ma funèbre couche,
Triste et calme à la fois, comme un ange éploré,
Une figure en deuil recueillir sur ma bouche
      L'héritage sacré !

Soutiens ses derniers pas, charme sa dernière heure ;
Et, gage consacré d'espérance et d'amour,
De celui qui s'éloigne à celui qui demeure
      Passe ainsi tour à tour,

Jusqu'au jour où, des morts perçant la voûte sombre,
Une voix dans le ciel, les appelant sept fois,
Ensemble éveillera ceux qui dorment à l'ombre
      De l'éternelle croix !

223   *Le Vallon*

MON cœur, lassé de tout, même de l'espérance,
    N'ira plus de ses vœux importuner le sort ;
Prêtez-moi seulement, vallon de mon enfance,
Un asile d'un jour pour attendre la mort.

ALPHONSE DE LAMARTINE

Voici l'étroit sentier de l'obscure vallée :
Du flanc de ces coteaux pendent des bois épais,
Qui, courbant sur mon front leur ombre entremêlée,
Me couvrent tout entier de silence et de paix.

Là, deux ruisseaux cachés sous des ponts de verdure
Tracent en serpentant les contours du vallon ;
Ils mêlent un moment leur onde et leur murmure,
Et non loin de leur source ils se perdent sans nom.

La source de mes jours comme eux s'est écoulée ;
Elle a passé sans bruit, sans nom et sans retour :
Mais leur onde est limpide, et mon âme troublée
N'aura pas réfléchi les clartés d'un beau jour.

La fraîcheur de leurs lits, l'ombre qui les couronne,
M'enchaînent tout le jour sur les bords des ruisseaux ;
Comme un enfant bercé par un chant monotone,
Mon âme s'assoupit au murmure des eaux.

Ah ! c'est là qu'entouré d'un rempart de verdure,
D'un horizon borné qui suffit à mes yeux,
J'aime à fixer mes pas, et, seul dans la nature,
A n'entendre que l'onde, à ne voir que les cieux.

J'ai trop vu, trop senti, trop aimé dans ma vie ;
Je viens chercher vivant le calme du Léthé.
Beaux lieux, soyez pour moi ces bords où l'on oublie :
L'oubli seul désormais est ma félicité.

Mon cœur est en repos, mon âme est en silence ;
Le bruit lointain du monde expire en arrivant,
Comme un son éloigné qu'affaiblit la distance,
A l'oreille incertaine apporté par le vent.

D'ici je vois la vie, à travers un nuage,
S'évanouir pour moi dans l'ombre du passé ;
L'amour seul est resté, comme une grande image
Survit seul au réveil dans un songe effacé.

Repose-toi, mon âme, en ce dernier asile,
Ainsi qu'un voyageur qui, le cœur plein d'espoir,
S'assied, avant d'entrer, aux portes de la ville,
Et respire un moment l'air embaumé du soir.

Comme lui, de nos pieds secouons la poussière ;
L'homme par ce chemin ne repasse jamais :
Comme lui, respirons au bout de la carrière
Ce calme avant-coureur de l'éternelle paix.

Tes jours, sombres et courts comme les jours d'automne,
Déclinent comme l'ombre au penchant des coteaux ;
L'amitié te trahit, la pitié t'abandonne,
Et, seule, tu descends le sentier des tombeaux.

Mais la nature est là qui t'invite et qui t'aime ;
Plonge-toi dans son sein qu'elle t'ouvre toujours :
Quand tout change pour toi, la nature est la même,
Et le même soleil se lève sur tes jours.

De lumière et d'ombrage elle t'entoure encore :
Détache ton amour des faux biens que tu perds ;
Adore ici l'écho qu'adorait Pythagore,
Prête avec lui l'oreille aux célestes concerts.

Suis le jour dans le ciel, suis l'ombre sur la terre ;
Dans les plaines de l'air vole avec l'aquilon ;
Avec le doux rayon de l'astre du mystère
Glisse à travers les bois dans l'ombre du vallon.

Dieu, pour le concevoir, a fait l'intelligence :
Sous la nature enfin découvre son auteur !
Une voix à l'esprit parle dans son silence :
Qui n'a pas entendu cette voix dans son cœur ?

224   *Le Coquillage au bord de la mer*

(*A une jeune étrangère*)

QUAND tes beaux pieds distraits errent, ô jeune fille,
      Sur ce sable mouillé, frange d'or de la mer,
Baisse-toi, mon amour, vers la blonde coquille
Que Vénus fait, dit-on, polir au flot amer.

L'écrin de l'Océan n'en a point de pareille ;
Les roses de ta joue ont peine à l'égaler ;
Et quand de sa volute on approche l'oreille
On entend mille voix qu'on ne peut démêler.

Tantôt c'est la tempête avec ses lourdes vagues
Qui viennent en tonnant se briser sur tes pas,
Tantôt c'est la forêt avec ses frissons vagues,
Tantôt ce sont des voix qui chuchotent tout bas.

Oh ! ne dirais-tu pas, à ce confus murmure
Que rend le coquillage aux lèvres de carmin,
Un écho merveilleux où l'immense nature
Résume tous ses bruits dans le creux de ta main ?

Emporte-la, mon ange ! Et quand ton esprit joue
Avec lui-même, oisif, pour charmer tes ennuis,
Sur ce bijou des mers penche en riant ta joue,
Et, fermant tes beaux yeux, recueilles-en les bruits.

Si, dans ces mille accents dont sa conque fourmille,
Il en est un plus doux qui vienne te frapper,
Et qui s'élève à peine aux bords de la coquille,
Comme un aveu d'amour qui n'ose s'échapper ;

S'il a pour ta candeur des terreurs et des charmes ;
S'il renaît en mourant presque éternellement ;
S'il semble au fond d'un cœur rouler avec des larmes ;
S'il tient de l'espérance et du gémissement ; . . .

Ne te consume pas à chercher ce mystère !
Ce mélodieux souffle, ô mon ange, c'est moi !
Quel bruit plus éternel, et plus doux sur la terre,
Qu'un écho de mon cœur qui m'entretient de toi ?

225 *Vers sur un Album*

LE livre de la vie est le livre suprême
   Qu'on ne peut ni fermer ni rouvrir à son choix ;
Le passage attachant ne s'y lit pas deux fois,
Mais le feuillet fatal se tourne de lui-même :
On voudrait revenir à la page où l'on aime,
Et la page où l'on meurt est déjà sous nos doigts !

226 *Ferrare*

(*Improvisé en sortant du cachot du Tasse*)

HOMME ou Dieu, tout génie est promis au martyre ;
   Du supplice plus tard on baise l'instrument ;
L'homme adore la croix où sa victime expire,
Et du cachot du Tasse enchâsse le ciment.

Prison du Tasse ici, de Galilée à Rome,
Échafaud de Sidney, bûchers, croix ou tombeaux,
Ah ! vous donnez le droit à bien mépriser l'homme,
Qui veut que Dieu l'éclaire, et qui hait ses flambeaux !

Grand parmi les petits, libre chez les serviles,
Si le génie expire, il l'a bien mérité ;
Car nous dressons partout aux portes de nos villes
Ces gibets de la gloire et de la vérité.

Loin de nous amollir, que ce sort nous retrempe !
Sachons le prix du don, mais ouvrons notre main.
Nos pleurs et notre sang sont l'huile de la lampe
Que Dieu nous fait porter devant le genre humain !

227 *La Cloche du village*

OH ! quand cette humble cloche à la lente volée
    Épand comme un soupir sa voix sur la vallée,
Voix qu'arrête si près le bois ou le ravin ;
Quand la main d'un enfant qui balance cette urne
En verse à sons pieux dans la brise nocturne
    Ce que la terre a de divin ;

Quand du clocher vibrant l'hirondelle habitante
S'envole au vent d'airain qui fait trembler sa tente,
Et de l'étang ridé vient effleurer les bords,
Ou qu'à la fin du fil qui chargeait sa quenouille
La veuve du village à ce bruit s'agenouille
    Pour donner leur aumône aux morts :

Ce qu'éveille en mon sein le chant du toit sonore,
Ce n'est pas la gaîté du jour qui vient d'éclore,
Ce n'est pas le regret du jour qui va finir,
Ce n'est pas le tableau de mes fraîches années
Croissant sur ces coteaux parmi ces fleurs fanées
    Qu'effeuille encor mon souvenir;

Ce n'est pas mes sommeils d'enfant sous ces platanes,
Ni ces premiers élans du jeu de mes organes,
Ni mes pas égarés sur ces rudes sommets,
Ni ces grands cris de joie en aspirant vos vagues,
O brises du matin pleines de saveurs vagues
    Et qu'on croit n'épuiser jamais!

Ce n'est pas le coursier atteint dans la prairie,
Pliant son cou soyeux sous ma main aguerrie
Et mêlant sa crinière à mes beaux cheveux blonds,
Quand, le sol sous ses pieds sonnant comme une enclume,
Sa croupe m'emportait et que sa blanche écume
    Argentait l'herbe des vallons!

Ce n'est pas même, amour, ton premier crépuscule,
Au mois où du printemps la sève qui circule
Fait fleurir la pensée et verdir le buisson,
Quand l'ombre ou seulement les jeunes voix lointaines
Des vierges rapportant leurs cruches des fontaines
    Laissaient sur ma tempe un frisson.

Ce n'est pas vous non plus, vous que pourtant je pleure,
Premier bouillonnement de l'onde intérieure,
Voix du cœur qui chantait en s'éveillant en moi,
Mélodieux murmure embaumé d'ambroisie
Qui fait rendre à sa source un vent de poésie! . . .
    O gloire, c'est encor moins toi!

De mes jours sans regret que l'hiver vous remporte
Avec le chaume vide, avec la feuille morte,
Avec la renommée, écho vide et moqueur !
Ces herbes du sentier sont des plantes divines
Qui parfument les pieds, oui, mais dont les racines
    Ne s'enfoncent pas dans le cœur !

Guirlandes du festin que pour un soir on cueille,
Que la haine empoisonne ou que l'envie effeuille,
Dont vingt fois sous les mains la couronne se rompt,
Qui donnent à la vie un moment de vertige,
Mais dont la fleur d'emprunt ne tient pas à la tige,
    Et qui sèche en tombant du front.

*

C'est le jour où ta voix dans la vallée en larmes
Sonnait le désespoir après le glas d'alarmes,
Où deux cercueils passant sous les coteaux en deuil,
Et bercés sur des cœurs par des sanglots de femmes,
Dans un double sépulcre enfermèrent trois âmes
    Et m'oublièrent sur le seuil !

De l'aurore à la nuit, de la nuit à l'aurore,
O cloche, tu pleuras comme je pleure encore,
Imitant de nos cœurs le sanglot étouffant ;
L'air, le ciel, résonnaient de ta complainte amère,
Comme si chaque étoile avait perdu sa mère,
    Et chaque brise son enfant !

Depuis ce jour suprême où ta sainte harmonie
Dans ma mémoire en deuil à ma peine est unie,
Où ton timbre et mon cœur n'eurent qu'un même son,
Oui, ton bronze sonore et trempé dans la flamme
Me semble, quand il pleure, un morceau de mon âme
    Qu'un ange frappe à l'unisson !

ALPHONSE DE LAMARTINE

Je dors lorsque tu dors, je veille quand tu veilles ;
Ton glas est un ami qu'attendent mes oreilles ;
Entre la voix des tours je démêle ta voix ;
Et ta vibration encore en moi résonne
Quand l'insensible bruit qu'un moucheron bourdonne
   Te couvre déjà sous les bois !

Je me dis : 'Ce soupir mélancolique et vague
Que l'air profond des nuits roule de vague en vague,
Ah ! c'est moi, pour moi seul, là-haut retentissant !
Je sais ce qu'il me dit, il sait ce que je pense
Et le vent qui l'ignore, à travers ce silence,
   M'apporte un sympathique accent.'

Je me dis : 'Cet écho de ce bronze qui vibre,
Avant de m'arriver au cœur de fibre en fibre,
A frémi sur la dalle où tout mon passé dort ;
Du timbre du vieux dôme il garde quelque chose :
La pierre du sépulcre où mon amour repose
   Sonne aussi dans ce doux accord !'

     *

Ne t'étonne donc pas, enfant, si ma pensée,
Au branle de l'airain secrètement bercée,
Aime sa voix mystique et fidèle au trépas,
Si, dès le premier son qui gémit sous sa voûte,
Sur un pied suspendu je m'arrête, et j'écoute
   Ce que la mort me dit tout bas.

Et toi, saint porte-voix des tristesses humaines,
Que la terre inventa pour mieux crier ses peines,
Chante ! des cœurs brisés le timbre est encor beau !
Que ton gémissement donne une âme à la pierre,
Des larmes aux yeux secs, un signe à la prière,
   Une mélodie au tombeau !

     *

Moi, quand des laboureurs porteront dans ma bière
Le peu qui doit rester ici de ma poussière ;
Après tant de soupirs que mon sein lance ailleurs,
Quand des pleureurs gagés, froide et banale escorte,
Déposeront mon corps endormi sous la porte
  Qui mène à des soleils meilleurs,

Si quelque main pieuse en mon honneur te sonne,
Des sanglots de l'airain, oh ! n'attriste personne.
Ne va pas mendier des pleurs à l'horizon ;
Mais prends ta voix de fête, et sonne sur ma tombe
Avec le bruit joyeux d'une chaîne qui tombe
  Au seuil libre d'une prison !

Ou chante un air semblable au cri de l'alouette
Qui, s'élevant du chaume où la bise la fouette,
Dresse à l'aube du jour son vol mélodieux,
Et gazouille ce chant qui fait taire d'envie
Ses rivaux attachés aux ronces de la vie,
  Et qui se perd au fond des cieux !

228 *La Vigne et la Maison*

MOI

QUEL fardeau te pèse, ô mon âme !
  Sur ce vieux lit des jours par l'ennui retourné,
Comme un fruit de douleurs qui pèse aux flancs de femme,
Impatient de naître et pleurant d'être né,
La nuit tombe, ô mon âme ! un peu de veille encore !
Ce coucher d'un soleil est d'un autre l'aurore.
Vois comme avec tes sens s'écroule ta prison !
Vois comme aux premiers vents de la précoce automne
Sur les bords de l'étang où le roseau frissonne
S'envole brin à brin le duvet du chardon !

Vois **comme** de mon front la couronne est fragile,
Vois **comme** cet oiseau dont le nid est la tuile
Nous suit pour emporter à son frileux asile
Nos cheveux blancs, pareils à la toison que file
La vieille femme assise au seuil de sa maison !
Dans un lointain qui fuit ma jeunesse recule,
Ma sève refroidie avec lenteur circule,
L'arbre quitte sa feuille et va nouer son fruit :
Ne presse pas ces jours qu'un autre doigt calcule,
Bénis plutôt ce Dieu qui place un crépuscule
Entre les bruits du soir et la paix de la nuit !
Moi qui par des concerts saluai ta naissance,
Moi qui te réveillai neuve à cette existence
Avec des chants de fête et des chants d'espérance,
Moi qui fis de ton cœur chanter chaque soupir,
Veux-tu que, remontant ma harpe qui sommeille,
Comme un David assis près d'un Saül qui veille,
    Je chante encor pour t'assoupir ?

L'ÂME

Non ! Depuis qu'en ces lieux le temps m'oublia seule,
La terre m'apparaît vieille comme une aïeule
Qui pleure ses enfants sous ses robes de deuil.
Je n'aime des longs jours que l'heure des ténèbres,
Je n'écoute des chants que ces strophes funèbres
Que sanglote le prêtre en menant un cercueil.

MOI

Pourtant le soir qui tombe a des langueurs sereines
Que la fin donne à tout, aux bonheurs comme aux peines ;
Le linceul même est tiède au cœur enseveli :
On a vidé ses yeux de ses dernières larmes,
L'âme à son désespoir trouve de tristes charmes,
Et des bonheurs perdus se sauve dans l'oubli.

ALPHONSE DE LAMARTINE

Cette heure a pour nos sens des impressions douces
Comme des pas muets qui marchent sur des mousses :
C'est l'amère douceur du baiser des adieux.
De l'air plus transparent le cristal est limpide,
Des mots vaporisés l'azur vague et liquide
    S'y fond avec l'azur des cieux.

Je ne sais quel lointain y baigne toute chose,
Ainsi que le regard l'oreille s'y repose,
On entend dans l'éther glisser le moindre vol ;
C'est le pied de l'oiseau sur le rameau qui penche,
Ou la chute d'un fruit détaché de la branche
    Qui tombe du poids sur le sol.

Aux premières lueurs de l'aurore frileuse,
On voit flotter ces fils, dont la vierge fileuse
D'arbre en arbre au verger a tissé le réseau :
Blanche toison de l'air que la brume encor mouille,
Qui traîne sur nos pas, comme de la quenouille
    Un fil traîne après le fuseau.

Aux précaires tiédeurs de la trompeuse automne,
Dans l'oblique rayon le moucheron foisonne,
Prêt à mourir d'un souffle à son premier frisson ;
Et sur le seuil désert de la ruche engourdie
Quelque abeille en retard, qui sort et qui mendie,
Rentre lourde de miel dans sa chaude prison.

Viens, reconnais la place où ta vie était neuve !
N'as-tu point de douceur, dis-moi, pauvre âme veuve,
A remuer ici la cendre des jours morts ?
A revoir ton arbuste et ta demeure vide,
Comme l'insecte ailé revoit sa chrysalide,
    Balayure qui fut son corps ?

Moi, le triste instinct m'y ramène :
Rien n'a changé là que le temps ;
Des lieux où notre œil se promène,
Rien n'a fui que les habitants.

Suis-moi du cœur pour voir encore,
Sur la pente douce au midi,
La vigne qui nous fit éclore
Ramper sur le roc attiédi.

Contemple la maison de pierre
Dont nos pas usèrent le seuil :
Vois-la se vêtir de son lierre
Comme d'un vêtement de deuil.

Écoute le cri des vendanges
Qui monte du pressoir voisin,
Vois les sentiers rocheux des granges
Rougis par le sang du raisin.

Regarde au pied du toit qui croule :
Voilà, près du figuier séché,
Le cep vivace qui s'enroule
A l'angle du mur ébréché !

L'hiver noircit sa rude écorce ;
Autour du banc rongé du ver
Il contourne sa branche torse
Comme un serpent frappé du fer.

Autrefois ses pampres sans nombre
S'entrelaçaient autour du puits ;
Père et mère goûtaient son ombre,
Enfants, oiseaux, rongeaient ses fruits.

Il grimpait jusqu'à la fenêtre,
Il s'arrondissait en arceau ;
Il semble encor nous reconnaître
Comme un chien gardien d'un berceau.

Sur cette mousse des allées
Où rougit son pampre vermeil,
Un bouquet de feuilles gelées
Nous abrite encor du soleil.

Vives glaneuses de novembre,
Les grives, sur la grappe en deuil,
Ont oublié ces beaux grains d'ambre
Qu'enfant nous convoitions de l'œil.

Le rayon du soir la transperce
Comme un albâtre oriental,
Et le sucre d'or qu'elle verse
Y pend en larmes de cristal.

Sous ce cep de vigne qui t'aime,
O mon âme ! ne crois-tu pas
Te retrouver enfin toi-même,
Malgré l'absence et le trépas ?

N'a-t-il pas pour toi le délice
Du brasier tiède et réchauffant
Qu'allume une vieille nourrice
Au foyer qui nous vit enfant ?

Ou l'impression qui console
L'agneau tondu hors de saison,
Quand il sent sur sa laine folle
Repousser sa chaude toison ?

ALPHONSE DE LAMARTINE

L'ÂME

Que me fait le coteau, le toit, la vigne aride ?
Que me ferait le ciel, si le ciel était vide ?
Je ne vois en ces lieux que ceux qui n'y sont pas.
Pourquoi ramènes-tu mes regrets sur leur trace ?
Des bonheurs disparus se rappeler la place,
C'est rouvrir des cercueils pour revoir des trépas !

I

Le mur est gris, la tuile est rousse,
L'hiver a rongé le ciment ;
Des pierres disjointes la mousse
Verdit l'humide fondement ;
Les gouttières, que rien n'essuie,
Laissent, en rigoles de suie,
S'égoutter le ciel pluvieux,
Traçant sur la vide demeure
Ces noirs sillons par où l'on pleure,
Que les veuves ont sous les yeux.

La porte où file l'araignée,
Qui n'entend plus le doux accueil,
Reste immobile et dédaignée
Et ne tourne plus sur son seuil ;
Les volets que le moineau souille,
Détachés de leurs gonds de rouille,
Battent nuit et jour le granit ;
Les vitraux brisés par les grêles
Livrent aux vieilles hirondelles
Un libre passage à leur nid.

Leur gazouillement sur les dalles
Couvertes de duvets flottants
Est la seule voix de ces salles
Pleines des silences du temps.
De la solitaire demeure
Une ombre lourde d'heure en heure
Se détache sur le gazon :
Et cette ombre, couchée et morte,
Est la seule chose qui sorte
Tout le jour de cette maison !

II

Efface ce séjour, ô Dieu ! de ma paupière,
Ou rends-le-moi semblable à celui d'autrefois,
Quand la maison vibrait comme un grand cœur de pierre
De tous ces cœurs joyeux qui battaient sous ses toits !

A l'heure où la rosée au soleil s'évapore
Tous ces volets fermés s'ouvraient à sa chaleur,
Pour y laisser entrer, avec la tiède aurore,
Les nocturnes parfums de nos vignes en fleur.

On eût dit que ces murs respiraient comme un être
Des pampres réjouis la jeune exhalaison ;
La vie apparaissait rose, à chaque fenêtre,
Sous les beaux traits d'enfants nichés dans la maison.

Leurs blonds cheveux, épars au vent de la montagne,
Les filles, se passant leurs deux mains sur les yeux,
Jetaient des cris de joie à l'écho des montagnes,
Ou sur leurs seins naissants croisaient leurs doigts pieux.

La mère, de sa couche à ces doux bruits levée,
Sur ces fronts inégaux se penchait tour à tour,
Comme la poule heureuse assemble sa couvée,
Leur apprenant les mots qui bénissent le jour.

Moins de balbutiements sortent du nid sonore,
Quand, au rayon d'été qui vient la réveiller,
L'hirondelle, au plafond qui les abrite encore,
A ses petits sans plume apprend à gazouiller.

Et les bruits du foyer que l'aube fait renaître,
Les pas des serviteurs sur les degrés de bois,
Les aboiements du chien qui voit sortir son maître,
Le mendiant plaintif qui fait pleurer sa voix,

Montaient avec le jour ; et, dans les intervalles,
Sous des doigts de quinze ans répétant leur leçon,
Les claviers résonnaient ainsi que des cigales
Qui font tinter l'oreille au temps de la moisson !

III

Puis ces bruits d'année en année
Baissèrent d'une vie, hélas ! et d'une voix ;
Une fenêtre en deuil, à l'ombre condamnée,
Se ferma sous le bord des toits.

Printemps après printemps, de belles fiancées
Suivirent de chers ravisseurs,
Et, par la mère en pleurs sur le seuil embrassées,
Partirent en baisant leurs sœurs.

Puis sortit un matin pour le champ où l'on pleure
    Le cercueil tardif de l'aïeul,
Puis un autre, et puis deux; et puis dans la demeure
    Un vieillard morne resta seul!

Puis la maison glissa sur la pente rapide
    Où le temps entasse les jours;
Puis la porte à jamais se ferma sur le vide,
    Et l'ortie envahit les cours! . . .

IV

.   .   .   .

Ô famille! ô mystère! ô cœur de la nature,
Où l'amour dilaté dans toute créature
Se resserre en foyer pour couver des berceaux!
Goutte de sang puisée à l'artère du monde,
Qui court de cœur en cœur toujours chaude et féconde,
Et qui se ramifie en éternels ruisseaux!

Chaleur du sein de mère où Dieu nous fit éclore,
Qui du duvet natal nous enveloppe encore
Quand le vent d'hiver siffle à la place des lits;
Arrière-goût du lait dont la femme nous sèvre,
Qui, même en tarissant, nous embaume la lèvre;
Étreinte de deux bras par l'amour amollis!

Premier rayon du ciel vu dans des yeux de femmes,
Premier foyer d'une âme où s'allument nos âmes,
Premiers bruits de baisers au cœur retentissants!
Adieux, retours, départs pour de lointaines rives,
Mémoire qui revient pendant les nuits pensives
A ce foyer des cœurs, univers des absents!

.   .   .   .

Ah ! que tout fils dise anathème
A l'insensé qui vous blasphème !
Rêveur du groupe universel,
Qu'il embrasse, au lieu de sa mère,
Sa froide et stoïque chimère
Qui n'a ni cœur, ni lait, ni sel !

Du foyer proscrit volontaire,
Qu'il cherche en vain sur cette terre
Un père au visage attendri ;
Que tout foyer lui soit de glace,
Et qu'il change à jamais de place
Sans qu'aucun lieu lui jette un cri !

Envieux du champ de famille,
Que, pareil au frelon qui pille
L'humble ruche adossée au mur,
Il maudisse la loi divine
Qui donne un sol à la racine
Pour multiplier le fruit mûr !

Que sur l'herbe des cimetières
Il foule, indifférent, les pierres
Sans savoir laquelle prier !
Qu'il réponde au nom qui le nomme
Sans savoir s'il est né d'un homme,
Ou s'il est fils d'un meurtrier ! . . .

V

Dieu ! qui révèle aux cœurs mieux qu'à l'intelligence !
Resserre autour de nous, faits de joie et de pleurs,
Ces groupes rétrécis où de ta providence
Dans la chaleur du sang nous sentons les chaleurs ;

Où, sous la porte bien close,
La jeune nichée éclose
Des saintetés de l'amour
Passe du lait de la mère
Au pain savoureux qu'un père
Pétrit des sueurs du jour;

Où ces beaux fronts de famille,
Penchés sur l'âtre et l'aiguille,
Prolongent leurs soirs pieux:
O soirs! ô douces veillées
Dont les images mouillées
Flottent dans l'eau de nos yeux!

Oui, je vous revois tous, et toutes, âmes mortes!
O chers essaims groupés aux fenêtres, aux portes!
Les bras tendus vers vous, je crois vous ressaisir,
Comme on croit dans les eaux embrasser des visages
Dont le miroir trompeur réfléchit les images,
Mais glace le baiser aux lèvres du désir.

Toi qui fis la mémoire, est-ce pour qu'on oublie? . . .
Non, c'est pour rendre au temps à la fin tous ses jours
Pour faire confluer, là-bas, en un seul cours,
Le passé, l'avenir, ces deux moitiés de vie
Dont l'une dit jamais et l'autre dit toujours.
Ce passé, doux Éden dont notre âme est sortie,
De notre éternité ne fait-il pas partie?
Où le temps a cessé tout n'est-il pas présent?
Dans l'immuable sein qui contiendra nos âmes
Ne rejoindrons-nous pas tout ce que nous aimâmes
  Au foyer qui n'a plus d'absent?

Toi qui formas ces nids rembourrés de tendresses
Où la nichée humaine est chaude de caresses,
    Est-ce pour en faire un cercueil?
N'as-tu pas, dans un pan de tes globes sans nombre,
Une pente au soleil, une vallée à l'ombre
    Pour y rebâtir ce doux seuil?

Non plus grand, non plus beau, mais pareil, mais le même,
Où l'instinct serre un cœur contre les cœurs qu'il aime,
Où le chaume et la tuile abritent tout l'essaim,
Où le père gouverne, où la mère aime et prie,
Où dans ses petits-fils l'aïeule est réjouie
    De voir multiplier son sein!

Toi qui permets, ô père! aux pauvres hirondelles
De fuir sous d'autres cieux la saison des frimas,
N'as-tu donc pas aussi pour tes petits sans ailes
D'autres toits préparés dans tes divins climats?
O douce Providence! ô mère de famille
Dont l'immense foyer de tant d'enfants fourmille,
Et qui les vois pleurer, souriante au milieu,
Souviens-toi, cœur du ciel, que la terre est ta fille
    Et que l'homme est parent de Dieu!

MOI

    Pendant que l'âme oubliait l'heure
    Si courte dans cette saison,
    L'ombre de la chère demeure
    S'allongeait sur le froid gazon;
    Mais de cette ombre sur la mousse
    L'impression funèbre et douce
    Me consolait d'y pleurer seul:
    Il me semblait qu'une main d'ange
    De mon berceau prenait un lange
    Pour m'en faire un sacré linceul!

ÉMILE DESCHAMPS

1791–†1871

229   *A une mère qui pleure*

COMME un voleur de nuit, chez vous, la mort avide
   S'est glissée ... Et voilà qu'il dort sous le gazon,
Le beau petit enfant, lui qui dans la maison
Tenait si peu de place et laisse un si grand vide!

Quand le fil de nos jours lentement se dévide
Sur le fuseau fatal, et que notre toison
Tombe mûre et jaunie, à l'arrière-saison,
Insensé qui se plaint du moissonneur livide!

Mais qui donc, avec vous, qui ne gémirait pas,
Voyant que votre Abel se lasse au premier pas,
Que son rire si vite en un râle se change?

Pourtant réfléchissons que Dieu dut bien l'aimer,
Puisqu'il le prend à l'âge où, sans le transformer,
De l'enfant rose et blond il va se faire un ange.

230   *Rodrigue pendant la bataille*

C'EST la huitième journée
   De la bataille donnée
Aux bords du Guadalèté;
Maures et chrétiens succombent,
Comme les cédrats qui tombent
Sous les flèches de l'été.

ÉMILE DESCHAMPS

Sur le point qui les rassemble
Jamais tant d'hommes ensemble
N'ont combattu tant de jours;
C'est une bataille immense
Qui sans cesse recommence,
Plus formidable toujours.

Enfin le sort se décide,
Et la Victoire homicide
Dit : 'Assez pour aujourd'hui !
Soudain l'armée espagnole
Devant l'Arabe qui vole
Fuit . . . Les Espagnols ont fui !

Rodrigue, au bruit du tonnerre,
Comme un vautour de son aire,
S'échappe du camp tout seul,
Sur son front, altier naguère,
Jetant son manteau de guerre,
Comme l'on fait d'un linceul.

Son cheval, tout hors d'haleine,
Marche au hasard dans la plaine,
Insensible aux éperons ;
Ses longs crins méconnaissables,
Ses pieds traînent sur les sables,
Ses pieds autrefois si prompts.

Dans une sombre attitude,
Mort de soif, de lassitude,
Le roi sans royaume allait,
Longeant la côte escarpée,
Broyant dans sa main crispée
Les grains d'or d'un chapelet.

Les pierres de loin lancées,
Par son écu repoussées,
En ont bosselé le fer ;
Son casque déformé pèse
Sur son cerveau, que n'apaise
Signe de croix ni *Pater*.

Sa dague, à peine attachée,
Figure, tout ébréchée,
Une scie aux mille dents ;
Ses armures entr'ouvertes
Rougissent, de sang couvertes,
Comme des charbons ardents.

Sur la plus haute colline
Il monte ; et, sa javeline
Soutenant ses membres lourds,
Il voit son armée en fuite,
Et de sa tente détruite
Pendre en lambeaux le velours ;

Il voit ses drapeaux sans gloire
Couchés dans la fange noire,
Et pas un seul chef debout ;
Les cadavres s'amoncellent,
Les torrents de sang ruissellent . . .
Le sien se rallume et bout.

Il cria : 'Ah ! quelle campagne !
Hier de toute l'Espagne
J'étais le seigneur et roi :
Xérès, Tolède, Séville,
Pas un bourg, pas une ville,
Hier, qui ne fût à moi.

' Hier, puissant et célèbre,
J'avais des châteaux sur l'Èbre,
Sur le Tage des châteaux.
Dans la fournaise rougie,
Sur l'or à mon effigie
Retentissaient les marteaux.

' Hier, deux mille chanoines
Et dix fois autant de moines
Jeûnaient tous pour mon salut ;
Et comtesses et marquises,
Au dernier tournoi conquises,
Chantaient mon nom sur le luth.

' Hier, j'avais trois cents mules,
Des vents rapides émules,
Douze cents chiens haletants,
Trois fous, et des grands sans nombre
Qui, pour saluer mon ombre,
Restaient au soleil longtemps.

' Hier j'avais douze armées,
Vingt forteresses fermées,
Trente ports, trente arsenaux . . .
Aujourd'hui, pas une obole,
Pas une lance espagnole,
Pas une tour à créneaux !

' Périsse la nuit fatale
Où, sur ma couche natale,
Je poussai le premier cri !
Maudite soit et périsse
La Castillane nourrice
A qui d'abord j'ai souri !

'Ou plutôt, folle chimère !
Pourquoi le sein de ma mère
Ne fut-il pas mon tombeau ? ...
Je dormirais sous la terre,
Dans mon caveau solitaire,
Aux lueurs d'un saint flambeau,

'Avec les rois, mes ancêtres,
Avec les guerriers, les prêtres,
Dont le trépas fut pleuré ;
Ma gloire eût été sauvée,
Et l'Espagne préservée
De son Rodrigue abhorré !

'Et mon père, à ma naissance,
En grande réjouissance,
Fit partir deux cents hérauts !
Et des seigneurs très avares,
Aux joutes des deux Navarres,
Firent tuer leurs taureaux !

'Chaque madone eut cent cierges,
On dota cent belles vierges
Pour cent archers courageux,
On donna trois bals splendides,
On brûla trois juifs sordides ...
Ce n'étaient qu'amours et jeux !

'Ah ! que Dieu m'entende et m'aide !
Ce fer est mon seul remède ;
Mais saint Jacques le défend.
Ce que je veux, je ne l'ose ;
Car l'évêque de Tolose,
Qui m'a béni tout enfant,

'Promènerait sur la claie
Mon cadavre avec sa plaie,
Aux regards de tous les miens;
Puis, sur une grève inculte,
Le livrerait à l'insulte
Des loups et des Bohémiens.

'Mais les trahisons ourdies,
Les chagrins, les maladies
Sauront bien me secourir:
Assez de honte environne
Un front qui perd sa couronne,
Pour espérer d'en mourir.

'Car quelle duègne insensée
Me croirait l'humble pensée
De vivre avec des égaux?...
Celui qui de si haut tombe
De son poids creuse sa tombe...
Mort au dernier roi des Goths!'

CASIMIR DELAVIGNE

1793-†1843

231   *La Brigantine*

LA brigantine
   Qui va tourner
Roule et s'incline
Pour m'entraîner.
O Vierge Marie,
Pour moi priez Dieu!
Adieu, patrie!
Provence, adieu!

Mon pauvre père
Verra souvent
Pâlir ma mère
Au bruit du vent.
O Vierge Marie,
Pour moi priez Dieu!
Adieu, patrie!
Mon père, adieu!

La vieille Hélène
Se confîra
Dans sa neuvaine,
Et dormira.
O Vierge Marie,
Pour moi priez Dieu!
Adieu, patrie!
Hélène, adieu!

Ma sœur se lève,
Et dit déjà:
'J'ai fait un rêve;
Il reviendra.'
O Vierge Marie,
Pour moi priez Dieu!
Adieu, patrie!
Ma sœur, adieu!

De mon Isaure
Le mouchoir blanc
S'agite encore
En m'appellant.
O Vierge Marie,
Pour moi priez Dieu!
Adieu, patrie!
Isaure, adieu!

Brise ennemie,
Pourquoi souffler,
Quand mon amie
Veut me parler ?
O Vierge Marie,
Pour moi priez Dieu !
Adieu, patrie !
Bonheur, adieu !

232 *Les Limbes*

COMME un vain rêve du matin,
    Un parfum vague, un bruit lointain,
C'est je ne sais quoi d'incertain
        Que cet empire ;
Lieux qu'à peine vient éclairer
Un jour qui, sans rien colorer,
A chaque instant près d'expirer,
        Jamais n'expire.

Partout cette demi-clarté
Dont la morne tranquillité
Suit un crépuscule d'été,
        Ou de l'aurore,
Fait pressentir que le retour
Va poindre au céleste séjour,
Quand la nuit n'est plus, quand le jour
        N'est pas encore !

Ce ciel terne, où manque un soleil,
N'est jamais bleu, jamais vermeil ;
Jamais brise, dans ce sommeil
        De la nature,

N'agita d'un frémissement
La torpeur de ce lac dormant,
Dont l'eau n'a point de mouvement,
  Point de murmure.

L'air n'entr'ouvre sous sa tiédeur
Que fleurs qui, presque sans odeur,
Comme les lis ont la candeur
  De l'innocence;
Sur leur sein pâle et sans reflets
Languissent des oiseaux muets:
Dans le ciel, l'onde et les forêts,
  Tout est silence.

Loin de Dieu, là, sont renfermés
Les milliers d'êtres tant aimés,
Qu'en ces bosquets inanimés
  La tombe envoie.
Le calme d'un vague loisir,
Sans regret comme sans désir,
Sans peine comme sans plaisir,
  C'est là leur joie.

Là, ni veille ni lendemain!
Ils n'ont sur un bonheur prochain,
Sur celui qu'on rappelle en vain,
  Rien à se dire.
Leurs sanglots ne troublent jamais
De l'air l'inaltérable paix;
Mais aussi leur rire jamais
  N'est qu'un sourire.

Sur leurs doux traits que de pâleur!
Adieu cette fraîche couleur
Qui de baiser leur joue en fleur
  Donnait l'envie!

De leurs yeux, qui charment d'abord,
Mais dont aucun éclair ne sort,
Le morne éclat n'est pas la mort,
    N'est pas la vie.

Rien de bruyant, rien d'agité
Dans leur triste félicité !
Ils se couronnent sans gaîté
    De fleurs nouvelles.
Ils se parlent, mais c'est tout bas ;
Ils marchent, mais c'est pas à pas.
Ils volent, mais on n'entend pas
    Battre leurs ailes.

Parmi tout ce peuple charmant,
Qui se meut si nonchalamment,
Qui fait sous son balancement
    Plier les branches,
Quelle est cette ombre aux blonds cheveux,
Au regard timide, aux yeux bleus,
Qui ne mêle pas à leurs jeux
    Ses ailes blanches ?

Elle arrive, et, fantôme ailé,
Elle n'a pas encor volé ;
L'effroi dont son cœur est troublé,
    J'en vois la cause :
N'est-ce pas celui que ressent
La colombe qui, s'avançant
Pour essayer son vol naissant,
    Voudrait et n'ose ?

Non ; dans ses yeux roulent des pleurs.
Belle enfant, calme tes douleurs ;
Là sont des fruits, là sont des fleurs
    Dont tu disposes.

Laisse-toi tenter, et, crois-moi,
Cueille ces roses sans effroi ;
Car, bien que pâles comme toi,
  Ce sont des roses.

Triomphe en tenant à deux mains
Ta robe pleine de jasmins ;
Et puis, courant par les chemins,
  Va les répandre.
Viens, tu prendras en le guettant
L'oiseau qui, sans but voletant,
N'aime ni ne chante, et partant
  Se laisse prendre.

Avec ces enfants tu joûras ;
Viens, ils tendent vers toi les bras ;
On danse tristement là-bas,
  Mais on y danse.
Pourquoi penser, pleurer ainsi ?
Aucun enfant ne pleure ici,
Ombre rêveuse ; mais aussi
  Aucun ne pense.

Dieu permet-il qu'un souvenir
Laisse ton cœur entretenir
D'un bien qui ne peut revenir
  L'idée amère ?
'Oui, je me souviens du passé,
Du berceau vide où j'ai laissé
Mon rêve à peine commencé,
  Et de ma mère.'

ALFRED DE VIGNY

1797-†1863

233 *Moïse*

L E soleil prolongeait sur la cime des tentes
   Ces obliques rayons, ces flammes éclatantes,
Ces larges traces d'or qu'il laisse dans les airs,
Lorsqu'en un lit de sable il se couche aux déserts.
La pourpre et l'or semblaient revêtir la campagne.
Du stérile Nébo gravissant la montagne,
Moïse, homme de Dieu, s'arrête, et, sans orgueil,
Sur le vaste horizon promène un long coup d'œil.
Il voit d'abord Phasga, que des figuiers entourent ;
Puis, au delà des monts que ses regards parcourent,
S'étend tout Galaad, Éphraïm, Manassé
Dont le pays fertile à sa droite est placé ;
Vers le Midi, Juda, grand et stérile, étale
Ses sables où s'endort la mer occidentale ;
Plus loin, dans un vallon que le soir a pâli,
Couronné d'oliviers, se montre Nephtali ;
Dans des plaines de fleurs magnifiques et calmes,
Jéricho s'aperçoit : c'est la ville des palmes ;
Et, prolongeant ses bois, des plaines de Phogor
Le lentisque touffu s'étend jusqu'à Ségor.
Il voit tout Chanaan et la terre promise,
Où sa tombe, il le sait, ne sera point admise.
Il voit ; sur les Hébreux étend sa grande main,
Puis vers le haut du mont il reprend son chemin.

Or, des champs de Moab couvrant la vaste enceinte,
Pressés au large pied de la montagne sainte,

Les enfants d'Israël s'agitaient au vallon
Comme les blés épais qu'agite l'aquilon.
Dès l'heure où la rosée humecte l'or des sables
Et balance sa perle au sommet des érables,
Prophète centenaire, environné d'honneur,
Moïse était parti pour trouver le Seigneur.
On le suivait des yeux aux flammes de sa tête,
Et, lorsque du grand mont il atteignit le faîte,
Lorsque son front perça le nuage de Dieu
Qui couronnait d'éclairs la cime du haut lieu,
L'encens brûla partout sur les autels de pierre,
Et six cent mille Hébreux, courbés dans la poussière,
A l'ombre du parfum par le soleil doré,
Chantèrent d'une voix le cantique sacré;
Et les fils de Lévi, s'élevant sur la foule,
Tels qu'un bois de cyprès sur le sable qui roule,
Du peuple avec la harpe accompagnant les voix,
Dirigeaient vers le ciel l'hymne du Roi des Rois.

Et debout devant Dieu, Moïse ayant pris place,
Dans le nuage obscur lui parlait face à face.

Il disait au Seigneur : 'Ne finirai-je pas?
Où voulez-vous encor que je porte mes pas?
Je vivrai donc toujours puissant et solitaire?
Laissez-moi m'endormir du sommeil de la terre!
Que vous ai-je donc fait pour être votre élu?
J'ai conduit votre peuple où vous avez voulu.
Voilà que son pied touche à la terre promise.
De vous à lui qu'un autre accepte l'entremise,
Au coursier d'Israël qu'il attache le frein;
Je lui lègue mon livre et la verge d'airain.

'Pourquoi vous fallut-il tarir mes espérances,
Ne pas me laisser homme avec mes ignorances,
Puisque du mont Horeb jusques au mont Nébo
Je n'ai pas pu trouver le lieu de mon tombeau ?
Hélas ! Vous m'avez fait sage parmi les sages !
Mon doigt du peuple errant a guidé les passages ;
J'ai fait pleuvoir le feu sur la tête des rois ;
L'avenir à genoux adorera mes lois ;
Des tombes des humains j'ouvre la plus antique,
La mort trouve à ma voix une voix prophétique,
Je suis très grand, mes pieds sont sur les nations,
Ma main fait et défait les générations.
Hélas ! je suis, Seigneur, puissant et solitaire,
Laissez-moi m'endormir du sommeil de la terre !

'Hélas ! je sais aussi tous les secrets des cieux,
Et vous m'avez prêté la force de vos yeux.
Je commande à la nuit de déchirer ses voiles ;
Ma bouche par leur nom a compté les étoiles,
Et, dès qu'au firmament mon geste l'appela,
Chacune s'est hâtée en disant "Me voilà."
J'impose mes deux mains sur le front des nuages
Pour tarir dans leurs flancs la source des orages ;
J'engloutis les cités sous les sables mouvants ;
Je renverse les monts sous les ailes des vents ;
Mon pied infatigable est plus fort que l'espace ;
Le fleuve aux grandes eaux se range quand je passe,
Et la voix de la mer se tait devant ma voix.
Lorsque mon peuple souffre, ou qu'il lui faut des lois,
J'élève mes regards, votre esprit me visite ;
La terre alors chancelle et le soleil hésite ;
Vos anges sont jaloux et m'admirent entre eux. —

Et cependant, Seigneur, je ne suis pas heureux ;
Vous m'avez fait vieillir puissant et solitaire,
Laissez-moi m'endormir du sommeil de la terre !

'Sitôt que votre souffle a rempli le berger,
Les hommes se sont dit : "Il nous est étranger" ;
Et les yeux se baissaient devant mes yeux de flamme,
Car ils venaient, hélas ! d'y voir plus que mon âme.
J'ai vu l'amour s'éteindre et l'amitié tarir ;
Les vierges se voilaient et craignaient de mourir.
M'enveloppant alors de la colonne noire,
J'ai marché devant tous, triste et seul dans ma gloire,
Et j'ai dit dans mon cœur : "Que vouloir à présent ?"
Pour dormir sur un sein mon front est trop pesant,
Ma main laisse l'effroi sur la main qu'elle touche,
L'orage est dans ma voix, l'éclair est sur ma bouche ;
Aussi, loin de m'aimer, voilà qu'ils tremblent tous,
Et, quand j'ouvre les bras, on tombe à mes genoux.
O Seigneur ! j'ai vécu puissant et solitaire,
Laissez-moi m'endormir du sommeil de la terre ! '

Or, le peuple attendait, et, craignant son courroux,
Priait sans regarder le mont du Dieu jaloux ;
Car, s'il levait les yeux, les flancs noirs du nuage
Roulaient et redoublaient les foudres de l'orage,
Et le feu des éclairs, aveuglant les regards,
Enchaînait tous les fronts courbés de toutes parts.

Bientôt le haut du mont reparut sans Moïse. —
Il fut pleuré. — Marchant vers la terre promise,
Josué s'avançait pensif et pâlissant,
Car il était déjà l'élu du Tout-Puissant.

234 *La Maison du Berger*

SI ton cœur, gémissant du poids de notre vie,
 Se traîne et se débat comme un aigle blessé,
Portant comme le mien, sur son aile asservie,
Tout un monde fatal, écrasant et glacé ;
S'il ne bat qu'en saignant par sa plaie immortelle,
S'il ne voit plus l'amour, son étoile fidèle,
Éclairer pour lui seul l'horizon effacé ;

Si ton âme enchaînée, ainsi que l'est mon âme,
Lasse de son boulet et de son pain amer,
Sur sa galère en deuil laisse tomber la rame,
Penche sa tête pâle et pleure sur la mer,
Et, cherchant dans les flots une route inconnue,
Y voit, en frissonnant, sur son épaule nue,
La lettre sociale écrite avec le fer ;

Si ton corps, frémissant des passions secrètes,
S'indigne des regards, timide et palpitant ;
S'il cherche à sa beauté de profondes retraites
Pour la mieux dérober au profane insultant ;
Si ta lèvre se sèche au poison des mensonges,
Si ton beau front rougit de passer dans les songes
D'un impur inconnu qui te voit et t'entend,

Pars courageusement, laisse toutes les villes ;
Ne ternis plus tes pieds aux poudres du chemin ;
Du haut de nos pensers vois les cités serviles
Comme les rocs fatals de l'esclavage humain.
Les grands bois et les champs sont de vastes asiles,
Libres comme la mer autour des sombres îles.
Marche à travers les champs une fleur à la main.

La Nature t'attend dans un silence austère ;
L'herbe élève à tes pieds son nuage des soirs,
Et le soupir d'adieu du soleil à la terre
Balance les beaux lys comme des encensoirs.
La forêt a voilé ses colonnes profondes,
La montagne se cache, et sur les pâles ondes
Le saule a suspendu ses chastes reposoirs.

Le crépuscule ami s'endort dans la vallée
Sur l'herbe d'émeraude et sur l'or du gazon,
Sous les timides joncs de la source isolée
Et sous le bois rêveur qui tremble à l'horizon,
Se balance en fuyant dans les grappes sauvages,
Jette son manteau gris sur le bord des rivages,
Et des fleurs de la nuit entr'ouvre la prison.

Il est sur ma montagne une épaisse bruyère
Où les pas du chasseur ont peine à se plonger,
Qui plus haut que nos fronts lève sa tête altière
Et garde dans la nuit le pâtre et l'étranger.
Viens y cacher l'amour et ta divine faute ;
Si l'herbe est agitée ou n'est pas assez haute,
J'y roulerai pour toi la Maison du Berger.

Elle va doucement avec ses quatre roues,
Son toit n'est pas plus haut que ton front et tes yeux ;
La couleur du corail et celle de tes joues
Teignent le char nocturne et ses muets essieux.
Le seuil est parfumé, l'alcôve est large et sombre,
Et, là, parmi les fleurs, nous trouverons dans l'ombre,
Pour nos cheveux unis, un lit silencieux.

Je verrai, si tu veux, les pays de la neige,
Ceux où l'astre amoureux dévore et resplendit,

Ceux que heurtent les vents, ceux que la neige assiège,
Ceux où le pôle obscur sous sa glace est maudit.
Nous suivrons du hasard la course vagabonde.
Que m'importe le jour? que m'importe le monde?
Je dirai qu'ils sont beaux quand tes yeux l'auront dit.

*   *   *   *   *

Éva, qui donc es-tu? Sais-tu bien ta nature?
Sais-tu quel est ici ton but et ton devoir?
Sais-tu que, pour punir l'homme, sa créature,
D'avoir porté la main sur l'arbre du savoir,
Dieu permit qu'avant tout, de l'amour de soi-même,
En tout temps, à tout âge, il fît son bien suprême,
Tourmenté de s'aimer, tourmenté de se voir?

Mais, si Dieu près de lui t'a voulu mettre, ô femme!
Compagne délicate! Éva! sais-tu pourquoi?
C'est pour qu'il se regarde au miroir d'une autre âme,
Qu'il entende ce chant qui ne vient que de toi:
— L'enthousiasme pur dans une voix suave.
C'est afin que tu sois son juge et son esclave
Et règnes sur sa vie en vivant sous sa loi.

Ta parole joyeuse a des mots despotiques;
Tes yeux sont si puissants, ton aspect est si fort,
Que les rois d'Orient ont dit dans leurs cantiques
Ton regard redoutable à l'égal de la mort;
Chacun cherche à fléchir tes jugements rapides...
— Mais ton cœur, qui dément tes formes intrépides,
Cède sans coup férir aux rudesses du sort.

Ta pensée a des bonds comme ceux des gazelles,
Mais ne saurait marcher sans guide et sans appui.

Le sol meurtrit ses pieds, l'air fatigue ses ailes,
Son œil se ferme au jour dès que le jour a lui ;
Parfois, sur les hauts lieux d'un seul élan posée,
Troublée au bruit des vents, ta mobile pensée
Ne peut seule y veiller sans crainte et sans ennui.

Mais aussi tu n'as rien de nos lâches prudences,
Ton cœur vibre et résonne au cri de l'opprimé,
Comme dans une église aux austères silences
L'orgue entend un soupir et soupire alarmé.
Tes paroles de feu meuvent les multitudes,
Tes pleurs lavent l'injure et les ingratitudes,
Tu pousses par le bras l'homme... Il se lève armé.

C'est à toi qu'il convient d'ouïr les grandes plaintes
Que l'humanité triste exhale sourdement.
Quand le cœur est gonflé d'indignations saintes,
L'air des cités l'étouffe à chaque battement.
Mais de loin les soupirs de tourmentes civiles,
S'unissant au-dessus du charbon noir des villes,
Ne forment qu'un grand mot qu'on entend clairement.

Viens donc ! le ciel pour moi n'est plus qu'une auréole
Qui t'entoure d'azur, t'éclaire et te défend ;
La montagne est ton temple et le bois sa coupole ;
L'oiseau n'est sur la fleur balancé par le vent,
Et la fleur ne parfume et l'oiseau ne soupire,
Que pour mieux enchanter l'air que ton sein respire ;
La terre est le tapis de tes beaux pieds d'enfant.

Éva, j'aimerai tout dans les choses créées,
Je les contemplerai dans ton regard rêveur
Qui partout répandra ses flammes colorées,
Son repos gracieux, sa magique saveur :

Sur mon cœur déchiré viens poser ta main pure,
Ne me laisse jamais seul avec la Nature;
Car je la connais trop pour n'en pas avoir peur.

Elle me dit : 'Je suis l'impassible théâtre
Que ne peut remuer le pied de ses acteurs;
Mes marches d'émeraude et mes parvis d'albâtre,
Mes colonnes de marbre ont les dieux pour sculpteurs.
Je n'entends ni vos cris ni vos soupirs; à peine
Je sens passer sur moi la comédie humaine
Qui cherche en vain au ciel ses muets spectateurs.

'Je roule avec dédain, sans voir et sans entendre,
A côté des fourmis les populations;
Je ne distingue pas leur terrier de leur cendre,
J'ignore en les portant les noms des nations.
On me dit une mère et je suis une tombe.
Mon hiver prend vos morts comme son hécatombe,
Mon printemps ne sent pas vos adorations.

'Avant vous, j'étais belle et toujours parfumée,
J'abandonnais au vent mes cheveux tout entiers :
Je suivais dans les cieux ma route accoutumée,
Sur l'axe harmonieux des divins balanciers.
Après vous, traversant l'espace où tout s'élance,
J'irai seule et sereine, en un chaste silence
Je fendrai l'air du front et de mes seins altiers.'

C'est là ce que me dit sa voix triste et superbe,
Et dans mon cœur alors je la hais, et je vois
Notre sang dans son onde et nos morts sous son herbe
Nourrissant de leurs sucs la racine des bois.
Et je dis à mes yeux qui lui trouvaient des charmes :
'Ailleurs tous vos regards, ailleurs toutes vos larmes,
Aimez ce que jamais on ne verra deux fois.'

ALFRED DE VIGNY

Oh! qui verra deux fois ta grâce et ta tendresse,
Ange doux et plaintif qui parle en soupirant?
Qui naîtra comme toi portant une caresse
Dans chaque éclair tombé de ton regard mourant,
Dans les balancements de ta tête penchée,
Dans ta taille dolente et mollement couchée,
Et dans ton pur sourire amoureux et souffrant?

Vivez, froide Nature, et revivez sans cesse
Sous nos pieds, sur nos fronts, puisque c'est votre loi;
Vivez, et dédaignez, si vous êtes déesse,
L'Homme, humble passager, qui dut vous être un Roi;
Plus que tout votre règne et que ses splendeurs vaines
J'aime la majesté des souffrances humaines:
Vous ne recevrez pas un cri d'amour de moi.

Mais toi, ne veux-tu pas, voyageuse indolente,
Rêver sur mon épaule, en y posant ton front?
Viens du paisible seuil de la maison roulante
Voir ceux qui sont passés et ceux qui passeront.
Tous les tableaux humains qu'un Esprit pur m'apporte
S'animeront pour toi quand devant notre porte
Les grands pays muets longuement s'étendront.

Nous marcherons ainsi, ne laissant que notre ombre
Sur cette terre ingrate où les morts ont passé;
Nous nous parlerons d'eux à l'heure où tout est sombre,
Où tu te plais à suivre un chemin effacé,
A rêver, appuyée aux branches incertaines,
Pleurant, comme Diane au bord de ses fontaines,
Ton amour taciturne et toujours menacé.

235 *La Colère de Samson*

LE désert est muet, la tente est solitaire.
    Quel pasteur courageux la dressa sur la terre
Du sable et des lions? — La nuit n'a pas calmé
La fournaise du jour dont l'air est enflammé.
Un vent léger s'élève à l'horizon et ride
Les flots de la poussière ainsi qu'un lac limpide.
Le lin blanc de la tente est bercé mollement;
L'œuf d'autruche allumé veille paisiblement,
Des voyageurs voilés intérieure étoile,
Et jette longuement deux ombres sur la toile.

L'une est grande et superbe, et l'autre est à ses pieds:
C'est Dalila, l'esclave, et ses bras sont liés
Aux genoux réunis du maître jeune et grave
Dont la force divine obéit à l'esclave.
Comme un doux léopard elle est souple, et répand
Ses cheveux dénoués aux pieds de son amant.
Ses grands yeux, entr'ouverts comme s'ouvre l'amande,
Sont brûlants du plaisir que son regard demande,
Et jettent, par éclats, leurs mobiles lueurs.
Ses bras fins tout mouillés de tièdes sueurs,
Ses pieds voluptueux qui sont croisés sous elle,
Ses flancs, plus élancés que ceux de la gazelle,
Pressés de bracelets, d'anneaux, de boucles d'or,
Sont bruns, et, comme il sied aux filles de Hatsor,
Ses deux seins, tout chargés d'amulettes anciennes,
Sont chastement pressés d'étoffes Syriennes.

Les genoux de Samson fortement sont unis
Comme les deux genoux du colosse Anubis.

Elle s'endort sans force et riante et bercée
Par la puissante main sous sa tête placée.
Lui, murmure ce chant funèbre et douloureux
Prononcé dans la gorge avec des mots hébreux.
Elle ne comprend pas la parole étrangère,
Mais le chant verse un somme en sa tête légère.

———

'Une lutte éternelle en tout temps, en tout lieu,
Se livre sur la terre, en présence de Dieu,
Entre la bonté d'Homme et la ruse de Femme,
Car la femme est un être impur de corps et d'âme.

'L'Homme a toujours besoin de caresse et d'amour,
Sa mère l'en abreuve alors qu'il vient au jour,
Et ce bras le premier l'engourdit, le balance
Et lui donne un désir d'amour et d'indolence.
Troublé dans l'action, troublé dans le dessein,
Il rêvera partout à la chaleur du sein,
Aux chansons de la nuit, aux baisers de l'aurore,
A la lèvre de feu que sa lèvre dévore,
Aux cheveux dénoués qui roulent sur son front,
Et les regrets du lit, en marchant, le suivront.
Il ira dans la ville, et là les vierges folles
Le prendront dans leurs lacs aux premières paroles.
Plus fort il sera né, mieux il sera vaincu,
Car plus le fleuve est grand et plus il est ému.
Quand le combat que Dieu fit pour la créature
Et contre son semblable et contre la nature
Force l'Homme à chercher un sein où reposer,
Quand ses yeux sont en pleurs, il lui faut un baiser.
Mais il n'a pas encor fini toute sa tâche :
Vient un autre combat plus secret, traître et lâche ;
Sous son bras, sur son cœur se livre celui-là ;
Et, plus ou moins, la Femme est toujours DALILA.

'Elle rit et triomphe; en sa froideur savante,
Au milieu de ses sœurs elle attend et se vante
De ne rien éprouver des atteintes du feu.
A sa plus belle amie elle en a fait l'aveu:
Elle se fait aimer sans aimer elle-même;
Un maître lui fait peur. C'est le plaisir qu'elle aime;
L'Homme est rude et le prend sans savoir le donner.
Un sacrifice illustre et fait pour étonner
Rehausse mieux que l'or, aux yeux de ses pareilles,
La beauté qui produit tant d'étranges merveilles
Et d'un sang précieux sait arroser ses pas.
— Donc, ce que j'ai voulu, Seigneur, n'existe pas! —
Celle à qui va l'amour et de qui vient la vie,
Celle-là, par orgueil, se fait notre ennemie.
La Femme est à présent pire que dans ces temps
Où, voyant les humains, Dieu dit: "Je me repens!"
Bientôt, se retirant dans un hideux royaume,
La Femme aura Gomorrhe et l'Homme aura Sodome;
Et, se jetant de loin un regard irrité,
Les deux sexes mourront chacun de son côté.

'Éternel! Dieu des forts! vous savez que mon âme
N'avait pour aliment que l'amour d'une femme,
Puisant dans l'amour seul plus de sainte vigueur
Que mes cheveux divins n'en donnaient à mon cœur.
— Jugez-nous. — La voilà sur mes pieds endormie.
Trois fois elle a vendu mes secrets et ma vie,
Et trois fois a versé des pleurs fallacieux
Qui n'ont pu me cacher la rage de ses yeux;
Honteuse qu'elle était plus encor qu'étonnée
De se voir découverte ensemble et pardonnée;
Car la bonté de l'Homme est forte, et sa douceur
Écrase, en l'absolvant, l'être faible et menteur.

'Mais enfin je suis las. J'ai l'âme si pesante
Que mon corps gigantesque et ma tête puissante
Qui soutiennent le poids des colonnes d'airain
Ne la peuvent porter avec tout son chagrin.
Toujours voir serpenter la vipère dorée
Qui se traîne en sa fange et s'y croit ignorée ;
Toujours ce compagnon dont le cœur n'est pas sûr,
La Femme, enfant malade et douze fois impur !
Toujours mettre sa force à garder sa colère
Dans son cœur offensé, comme en un sanctuaire
D'où le feu s'échappant irait tout dévorer ;
Interdire à ses yeux de voir ou de pleurer,
C'est trop ! Dieu, s'il le veut, peut balayer ma cendre.
J'ai donné mon secret, Dalila va le vendre.
Qu'ils seront beaux les pieds de celui qui viendra
Pour m'annoncer la mort ! — Ce qui sera, sera !'

Il dit et s'endormit près d'elle jusqu'à l'heure
Où les guerriers, tremblant d'être dans sa demeure,
Payant au poids de l'or chacun de ses cheveux,
Attachèrent ses mains et brûlèrent ses yeux,
Le traînèrent sanglant et chargé d'une chaîne
Que douze grands taureaux ne tiraient qu'avec peine,
Le placèrent debout, silencieusement,
Devant Dagon, leur Dieu, qui gémit sourdement
Et deux fois, en tournant, recula sur sa base
Et fit pâlir deux fois ses prêtres en extase ;
Allumèrent l'encens, dressèrent un festin
Dont le bruit s'entendait du mont le plus lointain ;
Et près de la génisse aux pieds du Dieu tuée
Placèrent Dalila, pâle prostituée,
Couronnée, adorée et reine du repas,
Mais tremblante et disant : 'IL NE ME VERRA PAS !'

Terre et Ciel! avez-vous tressailli d'allégresse
Lorsque vous avez vu la menteuse maîtresse
Suivre d'un œil hagard les yeux tachés de sang
Qui cherchaient le soleil d'un regard impuissant?
Et quand enfin Samson, secouant les colonnes
Qui faisaient le soutien des immenses Pylônes,
Écrasa d'un seul coup, sous les débris mortels,
Ses trois mille ennemis, leurs dieux et leurs autels?

Terre et Ciel! punissez par de telles justices
La trahison ourdie en des amours factices,
Et la délation du secret de nos cœurs
Arraché dans nos bras par des baisers menteurs!

236   *Les Destinées*

DEPUIS le premier jour de la création,
    Les pieds lourds et puissants de chaque Destinée
Pesaient sur chaque tête et sur toute action.

Chaque front se courbait et traçait sa journée,
Comme le front d'un bœuf creuse un sillon profond
Sans dépasser la pierre où sa ligne est bornée.

Ces froides Déités liaient le joug de plomb
Sur le crâne et les yeux des Hommes leurs esclaves,
Tous errants sans étoile en un désert sans fond;

Levant avec effort leurs pieds chargés d'entraves,
Suivant le doigt d'airain dans le cercle fatal,
Le doigt des Volontés inflexibles et graves.

ALFRED DE VIGNY

Tristes Divinités du monde Oriental,
Femmes au voile blanc, immuables statues,
Elles nous écrasaient de leur poids colossal.

Comme un vol de vautours sur le sol abattues,
Dans un ordre éternel, toujours en nombre égal
Aux têtes des mortels sur la terre épandues,

Elles avaient posé leur ongle sans pitié
Sur les cheveux dressés des races éperdues,
Traînant la femme en pleurs et l'homme humilié.

Un soir, il arriva que l'antique planète
Secoua sa poussière. — Il se fit un grand cri :
' Le Sauveur est venu, voici le jeune athlète ;

' Il a le front sanglant et le côté meurtri,
Mais la Fatalité meurt au pied du Prophète ;
La Croix monte et s'étend sur nous comme un abri ! '

Avant l'heure où, jadis, ces choses arrivèrent,
Tout homme était courbé, le front pâle et flétri ;
Quand ce cri fut jeté, tous ils se relevèrent.

Détachant les nœuds lourds du joug de plomb du Sort,
Toutes les nations à la fois s'écrièrent :
' O Seigneur ! est-il vrai ? le Destin est-il mort ? '

Et l'on vit remonter vers le ciel, par volées,
Les filles du Destin, ouvrant avec effort
Leurs ongles qui pressaient nos races désolées ;

Sous leur robe aux longs plis voilant leurs pieds d'airain,
Leur main inexorable et leur face inflexible ;
Montant avec lenteur en innombrable essaim,

D'un vol inaperçu, sans ailes, insensible,
Comme apparaît au soir, vers l'horizon lointain,
D'un nuage orageux l'ascension paisible.

— Un soupir de bonheur sortit du cœur numain ;
La terre frissonna dans son orbite immense,
Comme un cheval frémit délivré de son frein.

Tous les astres émus restèrent en silence,
Attendant avec l'Homme, en la même stupeur,
Le suprême décret de la Toute-Puissance,

Quand ces filles du Ciel, retournant au Seigneur,
Comme ayant retrouvé leurs régions natales,
Autour de Jéhovah se rangèrent en chœur,

D'un mouvement pareil levant leurs mains fatales,
Puis chantant d'une voix leur hymne de douleur
Et baissant à la fois leurs fronts calmes et pâles :

'Nous venons demander la Loi de l'avenir.
Nous sommes, ô Seigneur, les froides Destinées
Dont l'antique pouvoir ne devait point faillir.

'Nous roulions sous nos doigts les jours et les années :
Devons-nous vivre encore ou devons-nous finir,
Des Puissances du ciel, nous, les fortes aînées ?

'Vous détruisez d'un coup le grand piège du Sort
Où tombaient tour à tour les races consternées :
Faut-il combler la fosse et briser le ressort ?

'Ne mènerons-nous plus ce troupeau faible et morne,
Ces hommes d'un moment, ces condamnés à mort,
Jusqu'au bout du chemin dont nous posions la borne ?

' Le moule de la vie était creusé par nous.
Toutes les Passions y répandaient leur lave,
Et les événements venaient s'y fondre tous.

' Sur les tables d'airain où notre loi se grave,
Vous effacez le nom de la FATALITÉ,
Vous déliez les pieds de l'Homme notre esclave.

' Qui va porter le poids dont s'est épouvanté
Tout ce qui fut créé ? ce poids sur la pensée,
Dont le nom est en bas : RESPONSABILITÉ ? '

Il se fit un silence, et la Terre affaissée
S'arrêta comme fait la barque sans rameurs
Sur les flots orageux, dans la nuit balancée.

Une voix descendit, venant de ces hauteurs
Où s'engendrent, sans fin, les mondes dans l'espace ;
Cette voix de la Terre emplit les profondeurs :

' Retournez en mon nom, Reines, je suis la Grâce.
L'Homme sera toujours un nageur incertain
Dans les ondes du temps qui se mesure et passe.

' Vous toucherez son front, ô filles du Destin !
Son bras ouvrira l'eau, qu'elle soit haute ou basse,
Voulant trouver sa place et deviner sa fin.

' Il sera plus heureux, se croyant maître et libre
En luttant contre vous dans un combat mauvais
Où moi seule, d'en haut, je tiendrai l'équilibre.

' De moi naîtra son souffle et sa force à jamais.
Son mérite est le mien, sa loi perpétuelle :
Faire ce que je veux pour venir OÙ JE SAIS. '

———

Et le chœur descendit vers sa proie éternelle
Afin d'y ressaisir sa domination
Sur la race timide, incomplète et rebelle.

On entendit venir la sombre Légion
Et retomber les pieds des femmes inflexibles,
Comme sur nos caveaux tombe un cercueil de plomb.

Chacune prit chaque homme en ses mains invisibles ;
Mais, plus forte à présent, dans ce sombre duel,
Notre âme en deuil combat ces Esprits impassibles.

Nous soulevons parfois leur doigt faux et cruel.
La Volonté transporte à des hauteurs sublimes
Notre front éclairé par un rayon du ciel.

Cependant sur nos caps, sur nos rocs, sur nos cimes,
Leur doigt rude et fatal se pose devant nous
Et, d'un coup, nous renverse au fond des noirs abîmes.

Oh ! dans quel désespoir nous sommes encor tous !
Vous avez élargi le COLLIER qui nous lie,
Mais qui donc tient la chaîne ? — Ah ! Dieu juste, est-ce
    vous !

Arbitre libre et fier des actes de sa vie,
Si notre cœur s'entr'ouvre au parfum des vertus,
S'il s'embrase à l'amour, s'il s'élève au génie,

Que l'ombre des Destins, Seigneur, n'oppose plus
A nos belles ardeurs une immuable entrave,
A nos efforts sans fin des coups inattendus !

O sujet d'épouvante à troubler le plus brave !
Question sans réponse où vos Saints se sont tus !
O mystère ! ô tourment de l'âme forte et grave !

Notre mot éternel est-il : C'ÉTAIT ÉCRIT ?
SUR LE LIVRE DE DIEU, dit l'Orient esclave ;
Et l'Occident répond : SUR LE LIVRE DU CHRIST.

237   *La Mort du Loup*

I

LES nuages couraient sur la lune enflammée
    Comme sur l'incendie on voit fuir la fumée,
Et les bois étaient noirs jusques à l'horizon.
Nous marchions, sans parler, dans l'humide gazon,
Dans la bruyère épaisse et dans les hautes brandes,
Lorsque, sous des sapins pareils à ceux des Landes,
Nous avons aperçu les grands ongles marqués
Par les loups voyageurs que nous avions traqués.
Nous avons écouté, retenant notre haleine
Et le pas suspendu. — Ni le bois ni la plaine
Ne poussaient un soupir dans les airs ; seulement
La girouette en deuil criait au firmament ;
Car le vent, élevé bien au-dessus des terres,
N'effleurait de ses pieds que les tours solitaires,
Et les chênes d'en bas, contre les rocs penchés,
Sur leurs coudes semblaient endormis et couchés.
Rien ne bruissait donc, lorsque, baissant la tête,
Le plus vieux des chasseurs qui s'étaient mis en quête
A regardé le sable en s'y couchant ; bientôt,
Lui que jamais ici l'on ne vit en défaut,
A déclaré tout bas que ces marques récentes
Annonçaient la démarche et les griffes puissantes
De deux grands loups-cerviers et de deux louveteaux.
Nous avons tous alors préparé nos couteaux
Et, cachant nos fusils et leurs lueurs trop blanches,
Nous allions pas à pas en écartant les branches.
Trois s'arrêtent, et moi, cherchant ce qu'ils voyaient,
J'aperçois tout à coup deux yeux qui flamboyaient,
Et je vois au delà quatre formes légères

Qui dansaient sous la lune au milieu des bruyères,
Comme font chaque jour, à grand bruit, sous nos yeux,
Quand le maître revient, les lévriers joyeux.
Leur forme était semblable, et semblable la danse ;
Mais les enfants du Loup se jouaient en silence,
Sachant bien qu'à deux pas, ne dormant qu'à demi,
Se couche dans ses murs l'homme, leur ennemi.
Le père était debout, et plus loin, contre un arbre,
Sa louve reposait comme celle de marbre
Qu'adoraient les Romains, et dont les flancs velus
Couvaient les demi-dieux Rémus et Romulus.
Le Loup vient et s'assied, les deux jambes dressées
Par leurs ongles crochus dans le sable enfoncées.
Il s'est jugé perdu, puisqu'il était surpris,
Sa retraite coupée et tous ses chemins pris ;
Alors il a saisi, dans sa gueule brûlante,
Du chien le plus hardi la gorge pantelante
Et n'a pas desserré ses mâchoires de fer,
Malgré nos coups de feu qui traversaient sa chair
Et nos couteaux aigus qui, comme des tenailles,
Se croisaient en plongeant dans ses larges entrailles,
Jusqu'au dernier moment où le chien étranglé,
Mort longtemps avant lui, sous ses pieds a roulé.
Le Loup le quitte alors et puis il nous regarde.
Les couteaux lui restaient au flanc jusqu'à la garde,
Le clouaient au gazon tout baigné dans son sang ;
Nos fusils l'entouraient en sinistre croissant.
Il nous regarde encore, ensuite il se recouche,
Tout en léchant le sang répandu sur sa bouche,
Et, sans daigner savoir comment il a péri,
Refermant ses grands yeux, meurt sans jeter un cri.

II

J'ai reposé mon front sur mon fusil sans poudre,
Me prenant à penser, et n'ai pu me résoudre
A poursuivre sa Louve et ses fils, qui, tous trois,
Avaient voulu l'attendre, et, comme je le crois,
Sans ses deux louveteaux, la belle et sombre veuve
Ne l'eût pas laissé seul subir la grande épreuve ;
Mais son devoir était de les sauver, afin
De pouvoir leur apprendre à bien souffrir la faim,
A ne jamais entrer dans le pacte des villes
Que l'homme a fait avec les animaux serviles
Qui chassent devant lui, pour avoir le coucher,
Les premiers possesseurs du bois et du rocher.

III

Hélas ! ai-je pensé, malgré ce grand nom d'Hommes,
Que j'ai honte de nous, débiles que nous sommes !
Comment on doit quitter la vie et tous ses maux,
C'est vous qui le savez, sublimes animaux !
A voir ce que l'on fut sur terre et ce qu'on laisse,
Seul le silence est grand ; tout le reste est faiblesse.
— Ah ! je t'ai bien compris, sauvage voyageur,
Et ton dernier regard m'est allé jusqu'au cœur !
Il disait : ' Si tu peux, fais que ton âme arrive,
A force de rester studieuse et pensive,
Jusqu'à ce haut degré de stoïque fierté
Où, naissant dans les bois, j'ai tout d'abord monté.
Gémir, pleurer, prier, est également lâche.
Fais énergiquement ta longue et lourde tâche
Dans la voie où le Sort a voulu t'appeler.
Puis après, comme moi, souffre et meurs sans parler.'

La Bouteille à la Mer

I

COURAGE, ô faible enfant, de qui ma solitude
     Reçoit ces chants plaintifs, sans nom, que vous jetez
Sous mes yeux ombragés du camail de l'étude.
Oubliez les enfants par la mort arrêtés ;
Oubliez Chatterton, Gilbert et Malfilâtre ;
De l'œuvre d'avenir saintement idolâtre,
Enfin, oubliez l'homme en vous-même. — Écoutez :

II

Quand un grave marin voit que le vent l'emporte
Et que les mâts brisés pendent tous sur le pont,
Que dans son grand duel la mer est la plus forte
Et que par des calculs l'esprit en vain répond ;
Que le courant l'écrase et le roule en sa course,
Qu'il est sans gouvernail, et partant sans ressource,
Il se croise les bras dans un calme profond.

III

Il voit les masses d'eau, les toise et les mesure,
Les méprise en sachant qu'il en est écrasé,
Soumet son âme au poids de la matière impure
Et se sent mort ainsi que son vaisseau rasé.
— A de certains moments, l'âme est sans résistance ;
Mais le penseur s'isole et n'attend d'assistance
Que de la forte foi dont il est embrasé.

IV

Dans les heures du soir, le jeune Capitaine
A fait ce qu'il a pu pour le salut des siens.
Nul vaisseau n'apparaît sur la vague lointaine,
La nuit tombe, et le brick court aux rocs indiens.
— Il se résigne, il prie ; il se recueille, il pense
A Celui qui soutient les pôles et balance
L'équateur hérissé des longs méridiens.

v

Son sacrifice est fait; mais il faut que la terre
Recueille du travail le pieux monument.
C'est le journal savant, le calcul solitaire,
Plus rare que la perle et que le diamant;
C'est la carte des flots faite dans la tempête,
La carte de l'écueil qui va briser sa tête:
Aux voyageurs futurs sublime testament.

vi

Il écrit: 'Aujourd'hui, le courant nous entraîne,
Désemparés, perdus, sur la Terre-de-Feu.
Le courant porte à l'est. Notre mort est certaine:
Il faut cingler au nord pour bien passer ce lieu.
— Ci-joint est mon journal, portant quelques études
Des constellations des hautes latitudes.
Qu'il aborde, si c'est la volonté de Dieu!'

vii

Puis, immobile et froid, comme le cap des Brumes
Qui sert de sentinelle au détroit Magellan,
Sombre comme ces rocs au front chargé d'écumes,
Ces pics noirs dont chacun porte un deuil castillan,
Il ouvre une bouteille et la choisit très forte,
Tandis que son vaisseau, que le courant emporte,
Tourne en un cercle étroit comme un vol de milan.

viii

Il tient dans une main cette vieille compagne,
Ferme, de l'autre main, son flanc noir et terni.
Le cachet porte encor le blason de Champagne:
De la mousse de Reims son col vert est jauni.
D'un regard, le marin en soi-même rappelle
Quel jour il assembla l'équipage autour d'elle,
Pour porter un grand toste au pavillon béni.

IX

On avait mis en panne, et c'était grande fête;
Chaque homme sur son mât tenait le verre en main;
Chacun à son signal se découvrit la tête
Et répondit d'en haut par un hourra soudain.
Le soleil souriant dorait les voiles blanches;
L'air ému répétait ces voix mâles et franches,
Ce noble appel de l'homme à son pays lointain.

X

Après le cri de tous, chacun rêve en silence.
Dans la mousse d'Aï luit l'éclair d'un bonheur;
Tout au fond de son verre il aperçoit la France.
La France est pour chacun ce qu'y laissa son cœur:
L'un y voit son vieux père assis au coin de l'âtre,
Comptant ses jours d'absence; à la table du pâtre,
Il voit sa chaise vide à côté de sa sœur.

XI

Un autre y voit Paris, où sa fille penchée
Marque avec les compas tous les souffles de l'air,
Ternit de pleurs la glace où l'aiguille est cachée,
Et cherche à ramener l'aimant avec le fer.
Un autre y voit Marseille. Une femme se lève,
Court au port et lui tend un mouchoir de la grève,
Et ne sent pas ses pieds enfoncés dans la mer.

XII

O superstition des amours ineffables,
Murmures de nos cœurs qui nous semblez des voix,
Calculs de la science, ô décevantes fables!
Pourquoi nous apparaître en un jour tant de fois?
Pourquoi vers l'horizon nous tendre ainsi des pièges?
Espérances roulant comme roulent les neiges;
Globes toujours pétris et fondus sous nos doigts!

XIII

Où sont-ils à présent? où sont ces trois cents braves?
Renversés par le vent dans les courants maudits,
Aux harpons indiens ils portent pour épaves
Leurs habits déchirés sur leurs corps refroidis,
Les savants officiers, la hache à la ceinture,
Ont péri les premiers en coupant la mâture :
Ainsi de ces trois cents il n'en reste que dix !

XIV

Le capitaine encor jette un regard au pôle
Dont il vient d'explorer les détroits inconnus.
L'eau monte à ses genoux et frappe son épaule ;
Il peut lever au ciel l'un de ses deux bras nus.
Son navire est coulé, sa vie est révolue :
Il lance la Bouteille à la mer, et salue
Les jours de l'avenir qui pour lui sont venus.

XV

Il sourit en songeant que ce fragile verre
Portera sa pensée et son nom jusqu'au port ;
Que d'une île inconnue il agrandit la terre ;
Qu'il marque un nouvel astre et le confie au sort :
Que Dieu peut bien permettre à des eaux insensées
De perdre des vaisseaux, mais non pas des pensées ;
Et qu'avec un flacon il a vaincu la mort.

XVI

Tout est dit.   A présent, que Dieu lui soit en aide !
Sur le brick englouti l'onde a pris son niveau.
Au large flot de l'est le flot de l'ouest succède,
Et la Bouteille y roule en son vaste berceau.
Seule dans l'Océan, la frêle passagère
N'a pas pour se guider une brise légère ;
Mais elle vient de l'arche et porte le rameau.

XVII

Les courants l'emportaient, les glaçons la retiennent
Et la couvrent des plis d'un épais manteau blanc.
Les noirs chevaux de mer la heurtent, puis reviennent
La flairer avec crainte, et passent en soufflant.
Elle attend que l'été, changeant ses destinées,
Vienne ouvrir le rempart des glaces obstinées,
Et vers la ligne ardente elle monte en roulant.

XVIII

Un jour, tout était calme et la mer Pacifique,
Par ses vagues d'azur, d'or et de diamant,
Renvoyait ses splendeurs au soleil du tropique.
Un navire passait majestueusement ;
Il a vu la Bouteille aux gens de mer sacrée :
Il couvre de signaux sa flamme diaprée,
Lance un canot en mer et s'arrête un moment.

XIX

Mais on entend au loin le canon des corsaires ;
Le négrier va fuir s'il peut prendre le vent.
Alerte ! et coulez bas ces sombres adversaires !
Noyez or et bourreaux du couchant au levant !
La frégate reprend ses canots et les jette
En son sein, comme fait la sarigue inquiète,
Et par voile et vapeur vole et roule en avant.

XX

Seule dans l'Océan, seule toujours ! — Perdue
Comme un point invisible en un mouvant désert,
L'aventurière passe errant dans l'étendue
Et voit tel cap secret qui n'est pas découvert.
Tremblante voyageuse à flotter condamnée,
Elle sent sur son col que depuis une année
L'algue et les goémons lui font un manteau vert.

ALFRED DE VIGNY

XXI

Un soir enfin, les vents qui soufflent des Florides
L'entraînent vers la France et ses bords pluvieux.
Un pêcheur accroupi sous des rochers arides
Tire dans ses filets le flacon précieux.
Il court, cherche un savant et lui montre sa prise,
Et, sans l'oser ouvrir, demande qu'on lui dise
Quel est cet élixir noir et mystérieux.

XXII

Quel est cet élixir ? Pêcheur, c'est la science,
C'est l'élixir divin que boivent les esprits,
Trésor de la pensée et de l'expérience ;
Et si tes lourds filets, ô pêcheur, avaient pris
L'or qui toujours serpente aux veines du Mexique,
Les diamants de l'Inde et les perles d'Afrique,
Ton labeur de ce jour aurait eu moins de prix.

XXIII

Regarde. — Quelle joie ardente et sérieuse !
Une gloire de plus luit dans la nation.
Le canon tout-puissant et la cloche pieuse
Font sur les toits tremblants bondir l'émotion.
Aux héros du savoir plus qu'à ceux des batailles
On va faire aujourd'hui de grandes funérailles.
Lis ce mot sur les murs : 'Commémoration ! '

XXIV

Souvenir éternel ! gloire à la découverte
Dans l'homme ou la nature, égaux en profondeur,
Dans le Juste et le Bien, source à peine entr'ouverte,
Dans l'Art inépuisable, abîme de splendeur !
Qu'importe oubli, morsure, injustice insensée,
Glaces et tourbillons de notre traversée ?
Sur la pierre des morts croît l'arbre de grandeur.

XXV

Cet arbre est le plus beau de la terre promise,
C'est votre phare à tous, penseurs laborieux !
Voguez sans jamais craindre ou les flots ou la brise
Pour tout trésor scellé du cachet précieux.
L'or pur doit surnager, et sa gloire est certaine :
Dites en souriant, comme ce capitaine :
' Qu'il aborde, si c'est la volonté des Dieux ! '

XXVI

Le vrai Dieu, le Dieu fort, est le Dieu des idées !
Sur nos fronts où le germe est jeté par le sort,
Répandons le savoir en fécondes ondées ;
Puis, recueillant le fruit tel que de l'âme il sort,
Tout empreint du parfum des saintes solitudes,
Jetons l'œuvre à la mer, la mer des multitudes :
— Dieu la prendra du doigt pour la conduire au port.

VICTOR-MARIE HUGO

1802–†1885

239   Lorsque l'enfant paraît . . . .

L ORSQUE l'enfant paraît, le cercle de famille
      Applaudit à grands cris. Son doux regard qui brille
            Fait briller tous les yeux,
Et les plus tristes fronts, les plus souillés peut-être,
Se dérident soudain à voir l'enfant paraître,
            Innocent et joyeux.

Soit que juin ait verdi mon seuil, ou que novembre
Fasse autour d'un grand feu vacillant dans la chambre
      Les chaises se toucher,
Quand l'enfant vient, la joie arrive et nous éclaire.
On rit, on se récrie, on l'appelle, et sa mère
      Tremble à le voir marcher.

Quelquefois nous parlons, en remuant la flamme,
De patrie et de Dieu, des poëtes, de l'âme
      Qui s'élève en priant ;
L'enfant paraît, adieu le ciel et la patrie
Et les poëtes saints ! la grave causerie
      S'arrête en souriant.

La nuit, quand l'homme dort, quand l'esprit rêve, à l'heure
Où l'on entend gémir, comme une voix qui pleure,
      L'onde entre les roseaux,
Si l'aube tout à coup là-bas luit comme un phare.
Sa clarté dans les champs éveille une fanfare
      De cloches et d'oiseaux.

Enfant, vous êtes l'aube et mon âme est la plaine
Qui des plus douces fleurs embaume son haleine
      Quand vous la respirez ;
Mon âme est la forêt dont les sombres ramures
S'emplissent pour vous seul de suaves murmures
      Et de rayons dorés.

Car vos beaux yeux sont pleins de douceurs infinies,
Car vos petites mains, joyeuses et bénies,
      N'ont point mal fait encor ;
Jamais vos jeunes pas n'ont touché notre fange,
Tête sacrée ! enfant aux cheveux blonds ! bel ange
      A l'auréole d'or !

Vous êtes parmi nous la colombe de l'arche.
Vos pieds tendres et purs n'ont point l'âge où l'on marche,
Vos ailes sont d'azur.
Sans le comprendre encor vous regardez le monde.
Double virginité ! corps où rien n'est immonde,
Ame où rien n'est impur !

Il est si beau, l'enfant, avec son doux sourire,
Sa douce bonne foi, sa voix qui veut tout dire,
Ses pleurs vite apaisés,
Laissant errer sa vue étonnée et ravie,
Offrant de toutes parts sa jeune âme à la vie
Et sa bouche aux baisers !

Seigneur ! préservez-moi, préservez ceux que j'aime,
Frères, parents, amis, et mes ennemis même
Dans le mal triomphants,
De jamais voir, Seigneur, l'été sans fleurs vermeilles,
La cage sans oiseaux, la ruche sans abeilles,
La maison sans enfants !

240   *Tristesse d'Olympio*

LES champs n'étaient point noirs, les cieux n'étaient
pas mornes ;
Non, le jour rayonnait dans un azur sans bornes
Sur la terre étendu,
L'air était plein d'encens et les prés de verdures
Quand il revit ces lieux où par tant de blessures
Son cœur s'est répandu.

L'automne souriait ; les coteaux vers la plaine
Penchaient leurs bois charmants qui jaunissaient à peine ;
   Le ciel était doré ;
Et les oiseaux, tournés vers celui que tout nomme,
Disant peut-être à Dieu quelque chose de l'homme,
   Chantaient leur chant sacré.

Il voulut tout revoir, l'étang près de la source,
La masure où l'aumône avait vidé leur bourse,
   Le vieux frêne plié,
Les retraites d'amour au fond des bois perdues,
L'arbre où dans les baisers leurs âmes confondues
   Avaient tout oublié.

Il chercha le jardin, la maison isolée,
La grille d'où l'œil plonge en une oblique allée,
   Les vergers en talus.
Pâle, il marchait.—Au bruit de son pas grave et sombre
Il voyait à chaque arbre, hélas ! se dresser l'ombre
   Des jours qui ne sont plus.

Il entendait frémir dans la forêt qu'il aime
Ce doux vent qui, faisant tout vibrer en nous-même,
   Y réveille l'amour,
Et, remuant le chêne ou balançant la rose,
Semble l'âme de tout qui va sur chaque chose
   Se poser tour à tour.

Les feuilles qui gisaient dans le bois solitaire,
S'efforçant sous ses pas de s'élever de terre,
   Couraient dans le jardin ;
Ainsi, parfois, quand l'âme est triste, nos pensées
S'envolent un moment sur leurs ailes blessées,
   Puis retombent soudain.

Il contempla longtemps les formes magnifiques
Que la nature prend dans les champs pacifiques;
   Il rêva jusqu'au soir;
Tout le jour il erra le long de la ravine,
Admirant tour à tour le ciel, face divine,
   Le lac, divin miroir.

Hélas! se rappelant ses douces aventures,
Regardant, sans entrer, par-dessus les clôtures,
   Ainsi qu'un paria,
Il erra tout le jour. Vers l'heure où la nuit tombe,
Il se sentit le cœur triste comme une tombe,
   Alors il s'écria:

—'O douleur! j'ai voulu, moi dont l'âme est troublée,
Savoir si l'urne encor conservait la liqueur,
Et voir ce qu'avait fait cette heureuse vallée
De tout ce que j'avais laissé là de mon cœur!

'Que peu de temps suffit pour changer toutes choses!
Nature au front serein, comme vous oubliez!
Et comme vous brisez dans vos métamorphoses
Les fils mystérieux où nos cœurs sont liés!

'Nos chambres de feuillage en halliers sont changées;
L'arbre où fut notre chiffre est mort ou renversé;
Nos roses dans l'enclos ont été ravagées
Par les petits enfants qui sautent le fossé.

'Un mur clôt la fontaine où, par l'heure échauffée,
Folâtre, elle buvait en descendant des bois;
Elle prenait de l'eau dans sa main, douce fée,
Et laissait retomber des perles de ses doigts!

VICTOR HUGO

'On a pavé la route âpre et mal aplanie,
Où, dans le sable pur se dessinant si bien,
Et de sa petitesse étalant l'ironie,
Son pied charmant semblait rire à côté du mien.

'La borne du chemin, qui vit des jours sans nombre,
Où jadis pour m'entendre elle aimait à s'asseoir,
S'est usée en heurtant, lorsque la route est sombre,
Les grands chars gémissants qui reviennent le soir.

'La forêt ici manque et là s'est agrandie . . .
De tout ce qui fut nous presque rien n'est vivant ;
Et, comme un tas de cendre éteinte et refroidie,
L'amas des souvenirs se disperse à tout vent !

'N'existons-nous donc plus ? Avons-nous eu notre heure ?
Rien ne la rendra-t-il à nos cris superflus ?
L'air joue avec la branche au moment. où je pleure ;
Ma maison me regarde et ne me connaît plus.

'D'autres vont maintenant passer où nous passâmes.
Nous y sommes venus, d'autres vont y venir ;
Et le songe qu'avaient ébauché nos deux âmes,
Ils le continueront sans pouvoir le finir !

'Car personne ici-bas ne termine et n'achève ;
Les pires des humains sont comme les meilleurs,
Nous nous réveillons tous au même endroit du rêve.
Tout commence en ce monde et tout finit ailleurs.

'Oui, d'autres à leur tour viendront, couples sans tache,
Puiser dans cet asile heureux, calme, enchanté,
Tout ce que la nature à l'amour qui se cache
Mêle de rêverie et de solennité !

'D'autres auront nos champs, nos sentiers, nos retraites.
Ton bois, ma bien-aimée, est à des inconnus.
D'autres femmes viendront, baigneuses indiscrètes,
Troubler le flot sacré qu'ont touché tes pieds nus.

'Quoi donc ! c'est vainement qu'ici nous nous aimâmes !
Rien ne nous restera de ces coteaux fleuris
Où nous fondions notre être en y mêlant nos flammes !
L'impassible nature a déjà tout repris.

'Oh ! dites-moi, ravins, frais ruisseaux, treilles mûres,
Rameaux chargés de nids, grottes, forêts, buissons,
Est-ce que vous ferez pour d'autres vos murmures ?
Est-ce que vous direz à d'autres vos chansons ?

'Nous vous comprenions tant ! doux, attentifs, austères,
Tous nos échos s'ouvraient si bien à votre voix !
Et nous prêtions si bien, sans troubler vos mystères,
L'oreille aux mots profonds que vous dites parfois !

'Répondez, vallon pur, répondez, solitude,
O nature abritée en ce désert si beau,
Lorsque nous dormirons tous deux dans l'attitude
Que donne aux morts pensifs la forme du tombeau ;

'Est-ce que vous serez à ce point insensible
De nous savoir couchés, morts avec nos amours,
Et de continuer votre fête paisible,
Et de toujours sourire et de chanter toujours ?

'Est-ce que, nous sentant errer dans vos retraites,
Fantômes reconnus par vos monts et vos bois,
Vous ne nous direz pas de ces choses secrètes
Qu'on dit en revoyant des amis d'autrefois ?

VICTOR HUGO

'Est-ce que vous pourriez, sans tristesse et sans plainte,
Voir nos ombres flotter où marchèrent nos pas,
Et la voir m'entraîner, dans une morne étreinte,
Vers quelque source en pleurs qui sanglote tout bas?

'Et s'il est quelque part, dans l'ombre où rien ne veille,
Deux amants sous vos fleurs abritant leurs transports,
Ne leur irez-vous pas murmurer à l'oreille:
— Vous qui vivez, donnez une pensée aux morts?

'Dieu nous prête un moment les prés et les fontaines,
Les grands bois frissonnants, les rocs profonds et sourds,
Et les cieux azurés et les lacs et les plaines,
Pour y mettre nos cœurs, nos rêves, nos amours;

'Puis il nous les retire. Il souffle notre flamme.
Il plonge dans la nuit l'antre où nous rayonnons;
Et dit à la vallée, où s'imprima notre âme,
D'effacer notre trace et d'oublier nos noms.

'Eh bien! oubliez-nous, maison, jardin, ombrages!
Herbe, use notre seuil! ronce, cache nos pas!
Chantez, oiseaux! ruisseaux, coulez! croissez, feuillages!
Ceux que vous oubliez ne vous oublieront pas.

'Car vous êtes pour nous l'ombre de l'amour même!
Vous êtes l'oasis qu'on rencontre en chemin!
Vous êtes, ô vallon, la retraite suprême
Où nous avons pleuré nous tenant par la main!

'Toutes les passions s'éloignent avec l'âge,
L'une emportant son masque et l'autre son couteau,
Comme un essaim chantant d'histrions en voyage
Dont le groupe décroît derrière le coteau.

'Mais toi, rien ne t'efface, amour! toi qui nous charmes!
Toi qui, torche ou flambeau, luis dans notre brouillard!
Tu nous tiens par la joie, et surtout par les larmes;
Jeune homme on te maudit, on t'adore vieillard.

'Dans ces jours où la tête au poids des ans s'incline,
Où l'homme, sans projets, sans but, sans visions,
Sent qu'il n'est déjà plus qu'une tombe en ruine
Où gisent ses vertus et ses illusions;

'Quand notre âme en rêvant descend dans nos entrailles,
Comptant dans notre cœur, qu'enfin la glace atteint,
Comme on compte les morts sur un champ de batailles,
Chaque douleur tombée et chaque songe éteint,

'Comme quelqu'un qui cherche en tenant une lampe,
Loin des objets réels, loin du monde rieur,
Elle arrive à pas lents par une obscure rampe
Jusqu'au fond désolé du gouffre intérieur;

'Et là, dans cette nuit qu'aucun rayon n'étoile,
L'âme, en un repli sombre où tout semble finir,
Sent quelque chose encor palpiter sous un voile . . . —
C'est toi qui dors dans l'ombre, ô sacré souvenir!'

241   *Oceano Nox*

OH! combien de marins, combien de capitaines
          Qui sont partis joyeux pour des courses lointaines,
Dans ce morne horizon se sont évanouis!
Combien ont disparu, dure et triste fortune!
Dans une mer sans fond, par une nuit sans lune,
Sous l'aveugle océan à jamais enfouis!

Combien de patrons morts avec leurs équipages !
L'ouragan de leur vie a pris toutes les pages,
Et d'un souffle il a tout dispersé sur les flots !
Nul ne saura leur fin dans l'abîme plongée.
Chaque vague en passant d'un butin s'est chargée ;
L'une a saisi l'esquif, l'autre les matelots !

Nul ne sait votre sort, pauvres têtes perdues !
Vous roulez à travers les sombres étendues,
Heurtant de vos fronts morts des écueils inconnus.
Oh ! que de vieux parents, qui n'avaient plus qu'un rêve,
Sont morts en attendant tous les jours sur la grève
      Ceux qui ne sont pas revenus !

On s'entretient de vous parfois dans les veillées.
Maint joyeux cercle, assis sur des ancres rouillées,
Mêle encor quelque temps vos noms d'ombre couverts
Aux rires, aux refrains, aux récits d'aventures,
Aux baisers qu'on dérobe à vos belles futures,
Tandis que vouz dormez dans les goëmons verts !

On demande :—Où sont-ils ? sont-ils rois dans quelque île ?
Nous ont-ils délaissés pour un bord plus fertile ?—
Puis votre souvenir même est enseveli.
Le corps se perd dans l'eau, le nom dans la mémoire.
Le temps, qui sur toute ombre en verse une plus noire,
Sur le sombre océan jette le sombre oubli.

Bientôt des yeux de tous votre ombre est disparue.
L'un n'a-t-il pas sa barque et l'autre sa charrue ?
Seules, durant ces nuits où l'orage est vainqueur,
Vos veuves aux fronts blancs, lasses de vous attendre,
Parlent encor de vous en remuant la cendre
      De leur foyer et de leur cœur !

Et quand la tombe enfin a fermé leur paupière,
Rien ne sait plus vos noms, pas même une humble pierre
Dans l'étroit cimetière où l'écho nous répond,
Pas même un saule vert qui s'effeuille à l'automne,
Pas même la chanson naïve et monotone
Que chante un mendiant à l'angle d'un vieux pont !

Où sont-ils, les marins sombrés dans les nuits noires ?
Ô flots, que vous avez de lugubres histoires !
Flots profonds, redoutés des mères à genoux !
Vous vous les racontez en montant les marées,
Et c'est ce qui vous fait ces voix désespérées
Que vous avez le soir quand vous venez vers nous !

242 *Nuits de Juin*

L'ÉTÉ, lorsque le jour a fui, de fleurs couverte
     La plaine verse au loin un parfum enivrant ;
Les yeux fermés, l'oreille aux rumeurs entr'ouverte,
On ne dort qu'à demi d'un sommeil transparent.

Les astres sont plus purs, l'ombre paraît meilleure ;
Un vague demi-jour teint le dôme éternel ;
Et l'aube douce et pâle, en attendant son heure,
Semble toute la nuit errer au bas du ciel.

243 *L'Expiation*

I

IL neigeait. On était vaincu par sa conquête.
     Pour la première fois l'aigle baissait la tête.
Sombres jours ! l'empereur revenait lentement,
Laissant derrière lui brûler Moscou fumant.

Il neigeait. L'âpre hiver fondait en avalanche.
Après la plaine blanche une autre plaine blanche.
On ne connaissait plus les chefs ni le drapeau.
Hier la grande armée, et maintenant troupeau.
On ne distinguait plus les ailes ni le centre.
Il neigeait. Les blessés s'abritaient dans le ventre
Des chevaux morts; au seuil des bivouacs désolés
On voyait des clairons à leur poste gelés,
Restés debout, en selle et muets, blancs de givre,
Collant leur bouche en pierre aux trompettes de cuivre.
Boulets, mitraille, obus, mêlés aux flocons blancs,
Pleuvaient; les grenadiers, surpris d'être tremblants,
Marchaient pensifs, la glace à leur moustache grise.
Il neigeait, il neigeait toujours! La froide bise
Sifflait; sur le verglas, dans des lieux inconnus,
On n'avait pas de pain et l'on allait pieds nus.
Ce n'étaient plus des cœurs vivants, des gens de guerre,
C'était un rêve errant dans la brume, un mystère,
Une procession d'ombres sur le ciel noir.
La solitude, vaste, épouvantable à voir,
Partout apparaissait, muette vengeresse.
Le ciel faisait sans bruit avec la neige épaisse
Pour cette immense armée un immense linceul;
Et, chacun se sentant mourir, on était seul.
—Sortira-t-on jamais de ce funeste empire?
Deux ennemis! le czar, le nord. Le nord est pire.
On jetait les canons pour brûler les affûts.
Qui se couchait, mourait. Groupe morne et confus,
Ils fuyaient; le désert dévorait le cortège.
On pouvait, à des plis qui soulevaient la neige,
Voir que des régiments s'étaient endormis là.
Ô chutes d'Annibal! lendemains d'Attila!
Fuyards, blessés, mourants, caissons, brancards, civières,

On s'écrasait aux ponts pour passer les rivières,
On s'endormait dix mille, on se réveillait cent.
Ney, que suivait naguère une armée, à présent
S'évadait, disputant sa montre à trois cosaques.
Toutes les nuits, qui-vive! alerte! assauts! attaques!
Ces fantômes prenaient leur fusil, et sur eux
Ils voyaient se ruer, effrayants, ténébreux,
Avec des cris pareils aux voix des vautours chauves,
D'horribles escadrons, tourbillons d'hommes fauves,
Toute une armée ainsi dans la nuit se perdait.
L'empereur était là, debout, qui regardait
Il était comme un arbre en proie à la cognée.
Sur ce géant, grandeur jusqu'alors épargnée,
Le malheur, bûcheron sinistre, était monté;
Et lui, chêne vivant, par la hache insulté,
Tressaillant sous le spectre aux lugubres revanches,
Il regardait tomber autour de lui ses branches.
Chefs, soldats, tous mouraient. Chacun avait son tour.
Tandis qu'environnant sa tente avec amour,
Voyant son ombre aller et venir sur la toile,
Ceux qui restaient, croyant toujours à son étoile,
Accusaient le destin de lèse-majesté,
Lui se sentit soudain dans l'âme épouvanté.
Stupéfait du désastre et ne sachant que croire,
L'empereur se tourna vers Dieu; l'homme de gloire
Trembla; Napoléon comprit qu'il expiait
Quelque chose peut-être, et, livide, inquiet,
Devant ses légions sur la neige semées:
— Est-ce le châtiment, dit-il, Dieu des armées? —
Alors il s'entendit appeler par son nom
Et quelqu'un qui parlait dans l'ombre lui dit: Non.

II

Waterloo ! Waterloo ! Waterloo ! morne plaine !
Comme une onde qui bout dans une urne trop pleine,
Dans ton cirque de bois, de coteaux, de vallons,
La pâle mort mêlait les sombres bataillons.
D'un côté c'est l'Europe et de l'autre la France.
Choc sanglant ! des héros Dieu trompait l'espérance ;
Tu désertais, victoire, et le sort était las.
Ô Waterloo ! je pleure et je m'arrête, hélas !
Car ces derniers soldats de la dernière guerre
Furent grands ; ils avaient vaincu toute la terre,
Chassé vingt rois, passé les Alpes et le Rhin,
Et leur âme chantait dans les clairons d'airain !

Le soir tombait ; la lutte était ardente et noire.
Il avait l'offensive et presque la victoire ;
Il tenait Wellington acculé sur un bois.
Sa lunette à la main il observait parfois
Le centre du combat, point obscur où tressaille
La mêlée, effroyable et vivante broussaille,
Et parfois l'horizon, sombre comme la mer.
Soudain, joyeux, il dit : Grouchy ! — C'était Blücher !
L'espoir changea de camp, le combat changea d'âme,
La mêlée en hurlant grandit comme une flamme.
La batterie anglaise écrasa nos carrés.
La plaine où frissonnaient nos drapeaux déchirés
Ne fut plus, dans les cris des mourants qu'on égorge,
Qu'un gouffre flamboyant, rouge comme une forge ;
Gouffre où les régiments, comme des pans de murs,
Tombaient, où se couchaient comme des épis mûrs
Les hauts tambours-majors aux panaches énormes,
Où l'on entrevoyait des blessures difformes !
Carnage affreux ! moment fatal ! L'homme inquiet

Sentit que la bataille entre ses mains pliait.
Derrière un mamelon la garde était massée,
La garde, espoir suprême et suprême pensée !
— Allons ! faites donner la garde, cria-t-il, —
Et lanciers, grenadiers aux guêtres de coutil,
Dragons que Rome eût pris pour des légionnaires,
Cuirassiers, canonniers qui traînaient des tonnerres,
Portant le noir colback ou le casque poli,
Tous, ceux de Friedland et ceux de Rivoli,
Comprenant qu'ils allaient mourir dans cette fête,
Saluèrent leur dieu, debout dans la tempête.
Leur bouche, d'un seul cri, dit : vive l'empereur !
Puis, à pas lents, musique en tête, sans fureur,
Tranquille, souriant à la mitraille anglaise,
La garde impériale entra dans la fournaise.
Hélas ! Napoléon, sur sa garde penché,
Regardait ; et, sitôt qu'ils avaient débouché
Sous les sombres canons crachant des jets de soufre,
Voyait, l'un après l'autre, en cet horrible gouffre,
Fondre ces régiments de granit et d'acier,
Comme fond une cire au souffle d'un brasier.
Ils allaient, l'arme au bras, front haut, graves, stoïques,
Pas un ne recula.   Dormez, morts héroïques !
Le reste de l'armée hésitait sur leurs corps
Et regardait mourir la garde. — C'est alors
Qu'élevant tout à coup sa voix désespérée,
La Déroute, géante à la face effarée,
Qui, pâle, épouvantant les plus fiers bataillons,
Changeant subitement les drapeaux en haillons,
A de certains moments, spectre fait de fumées,
Se lève grandissante au milieu des armées,
La Déroute apparut au soldat qui s'émeut,
Et, se tordant les bras, cria : Sauve qui peut !

Sauve qui peut ! affront ! horreur ! toutes les bouches
Criaient ; à travers champs, fous, éperdus, farouches,
Comme si quelque souffle avait passé sur eux,
Parmi les lourds caissons et les fourgons poudreux,
Roulant dans les fossés, se cachant dans les seigles,
Jetant shakos, manteaux, fusils, jetant les aigles,
Sous les sabres prussiens, ces vétérans, ô deuil !
Tremblaient, hurlaient, pleuraient, couraient. — En un
    clin d'œil,
Comme s'envole au vent une paille enflammée,
S'évanouit ce bruit qui fut la grande armée,
Et cette plaine, hélas, où l'on rêve aujourd'hui,
Vit fuir ceux devant qui l'univers avait fui !
Quarante ans sont passés, et ce coin de la terre,
Waterloo, ce plateau funèbre et solitaire,
Ce champ sinistre où Dieu mêla tant de néants,
Tremble encor d'avoir vu la fuite des géants !

Napoléon les vit s'écouler comme un fleuve ;
Hommes, chevaux, tambours, drapeaux ; et dans l'épreuve
Sentant confusément revenir son remords,
Levant les mains au ciel, il dit : — Mes soldats morts,
Moi vaincu ! mon empire est brisé comme verre.
Est-ce le châtiment cette fois, Dieu sévère ? —
Alors parmi les cris, les rumeurs, le canon,
Il entendit la voix qui lui répondait : Non !

III

Il croula. Dieu changea la chaîne de l'Europe.

Il est, au fond des mers que la brume enveloppe,
Un roc hideux, débris des antiques volcans.
Le Destin prit des clous, un marteau, des carcans,

Saisit, pâle et vivant, ce voleur du tonnerre,
Et, joyeux, s'en alla sur le pic centenaire
Le clouer, excitant par son rire moqueur
Le vautour Angleterre à lui ronger le cœur.

Évanouissement d'une splendeur immense !
Du soleil qui se lève à la nuit qui commence,
Toujours l'isolement, l'abandon, la prison ;
Un soldat rouge au seuil, la mer à l'horizon.
Des rochers nus, des bois affreux, l'ennui, l'espace,
Des voiles s'enfuyant comme l'espoir qui passe,
Toujours le bruit des flots, toujours le bruit des vents !
Adieu, tente de pourpre aux panaches mouvants,
Adieu, le cheval blanc que César éperonne !
Plus de tambours battant aux champs, plus de couronne,
Plus de rois prosternés dans l'ombre avec terreur,
Plus de manteau traînant sur eux, plus d'empereur !
Napoléon était retombé Bonaparte.
Comme un romain blessé par la flèche du parthe,
Saignant, morne, il songeait à Moscou qui brûla.
Un caporal anglais lui disait : halte-là !
Son fils aux mains des rois, sa femme au bras d'un autre !
Plus vil que le pourceau qui dans l'égout se vautre,
Son sénat, qui l'avait adoré, l'insultait.
Au bord des mers, à l'heure où la bise se tait,
Sur les escarpements croulant en noirs décombres,
Il marchait, seul, rêveur, captif des vagues sombres.
Sur les monts, sur les flots, sur les cieux, triste et fier,
L'œil encore ébloui des batailles d'hier,
Il laissait sa pensée errer à l'aventure.
Grandeur, gloire, ô néant ! calme de la nature !
Les aigles qui passaient ne le connaissaient pas.
Les rois, ses guichetiers, avaient pris un compas

Et l'avaient enfermé dans un cercle inflexible.
Il expirait. La mort de plus en plus visible
Se levait dans sa nuit et croissait à ses yeux,
Comme le froid matin d'un jour mystérieux.
Son âme palpitait, déjà presque échappée.
Un jour enfin il mit sur son lit son épée,
Et se coucha près d'elle, et dit : c'est aujourd'hui !
On jeta le manteau de Marengo sur lui.
Ses batailles du Nil, du Danube, du Tibre,
Se penchaient sur son front ; il dit : Me voici libre !
Je suis vainqueur ! je vois mes aigles accourir ! —
Et, comme il retournait sa tête pour mourir,
Il aperçut, un pied dans la maison déserte,
Hudson Lowe guettant par la porte entr'ouverte.
Alors, géant broyé sous le talon des rois,
Il cria : La mesure est comble cette fois !
Seigneur ! c'est maintenant fini ! Dieu que j'implore,
Vous m'avez châtié ! — La voix dit : — Pas encore !

244   *Puisque le juste...*

PUISQUE le juste est dans l'abîme,
    Puisqu'on donne le sceptre au crime,
Puisque tous les droits sont trahis,
Puisque les plus fiers restent mornes,
Puisqu'on affiche au coin des bornes
Le déshonneur de mon pays ;

O République de nos pères,
Grand Panthéon plein de lumières,
Dôme d'or dans le libre azur,
Temple des ombres immortelles,
Puisqu'on vient avec des échelles
Coller l'empire sur ton mur ;

Puisque toute âme est affaiblie,
Puisqu'on rampe, puisqu'on oublie
Le vrai, le pur, le grand, le beau,
Les yeux indignés de l'histoire,
L'honneur, la loi, le droit, la gloire,
Et ceux qui sont dans le tombeau;

Je t'aime, exil! douleur, je t'aime!
Tristesse, sois mon diadème!
Je t'aime, altière pauvreté!
J'aime ma porte aux vents battue.
J'aime le deuil, grave statue
Qui vient s'asseoir à mon côté.

J'aime le malheur qui m'éprouve,
Et cette ombre où je vous retrouve,
O vous à qui mon cœur sourit,
Dignité, foi, vertu voilée,
Toi, liberté, fière exilée,
Et toi, dévouement, grand proscrit!

J'aime cette île solitaire,
Jersey, que la libre Angleterre
Couvre de son vieux pavillon,
L'eau noire, par moments accrue,
Le navire, errante charrue,
Le flot, mystérieux sillon.

J'aime ta mouette, ô mer profonde,
Qui secoue en perles ton onde
Sur son aile aux fauves couleurs,
Plonge dans les lames géantes,
Et sort de ces gueules béantes
Comme l'âme sort des douleurs.

J'aime la roche solennelle
D'où j'entends la plainte éternelle,
Sans trêve comme le remords,
Toujours renaissant dans les ombres,
Des vagues sur les écueils sombres,
Des mères sur leurs enfants morts.

245 ### *Luna*

Ô FRANCE, quoique tu sommeilles,
    Nous t'appelons, nous, les proscrits !
Les ténèbres ont des oreilles,
Et les profondeurs ont des cris.

Le despotisme âpre et sans gloire
Sur les peuples découragés
Ferme la grille épaisse et noire
Des erreurs et des préjugés ;

Il tient sous clef l'essaim fidèle
Des fermes penseurs, des héros,
Mais l'Idée avec un coup d'aile
Écartera les durs barreaux,

Et, comme en l'an quatrevingt-onze,
Reprendra son vol souverain ;
Car briser la cage de bronze,
C'est facile à l'oiseau d'airain.

L'obscurité couvre le monde,
Mais l'Idée illumine et luit ;
De sa clarté blanche elle inonde
Les sombres azurs de la nuit.

Elle est le fanal solitaire,
Le rayon providentiel.
Elle est la lampe de la terre
Qui ne peut s'allumer qu'au ciel.

Elle apaise l'âme qui souffre,
Guide la vie, endort la mort;
Elle montre aux méchants le gouffre,
Elle montre aux justes le port.

En voyant dans la brume obscure
L'Idée, amour des tristes yeux,
Monter calme, sereine et pure,
Sur l'horizon mystérieux,

Les fanatismes et les haines
Rugissent devant chaque seuil
Comme hurlent les chiens obscènes
Quand apparaît la lune en deuil.

Oh, contemplez l'idée altière,
Nations! son front surhumain
A, dès à présent, la lumière
Qui vous éclairera demain!

246 *Le Chasseur Noir*

— QU'ES-TU, passant? Le bois est sombre,
        Les corbeaux volent en grand nombre,
        Il va pleuvoir.
    — Je suis celui qui va dans l'ombre,
        Le chasseur noir!

Les feuilles des bois, du vent remuées,
   Sifflent... on dirait
Qu'un sabbat nocturne emplit de huées
   Toute la forêt;
Dans une clairière au sein des nuées
   La lune apparaît.

  Chasse le daim! chasse la biche,
  Cours dans les bois, cours dans la friche,
   Voici le soir.
  Chasse le czar, chasse l'Autriche,
   Ô chasseur noir!

Les feuilles des bois —

  Souffle en ton cor, boucle ta guêtre,
  Chasse les cerfs qui viennent paître
   Près du manoir.
  Chasse le roi, chasse le prêtre,
   Ô chasseur noir!

Les feuilles des bois —

  Il tonne, il pleut, c'est le déluge.
  Le renard fuit, pas de refuge
   Et pas d'espoir!
  Chasse l'espion, chasse le juge,
   Ô chasseur noir!

Les feuilles des bois —

  Tous les démons de Saint-Antoine
  Bondissent dans la folle avoine
   Sans t'émouvoir;
  Chasse l'abbé, chasse le moine,
   Ô chasseur noir!

Les feuilles des bois —

Chasse les ours ! ta meute jappe.
Que pas un sanglier n'échappe.
Fais ton devoir !
Chasse César, chasse le pape,
Ô chasseur noir !

Les feuilles des bois —

Le loup de ton sentier s'écarte.
Que ta meute à sa suite parte !
Cours ! fais-le choir !
Chasse le brigand Bonaparte,
Ô chasseur noir !

Les feuilles des bois, du vent remuées,
Tombent... on dirait
Que le sabbat sombre aux rauques huées
A fui la forêt ;
Le clair chant du coq perce les nuées ;
Ciel ! l'aube apparaît !

Tout reprend sa force première.
Tu redeviens la France altière
Si belle à voir,
L'ange blanc vêtu de lumière,
Ô chasseur noir !

Les feuilles des bois, du vent remuées,
Tombent... on dirait
Que le sabbat sombre aux rauques huées
A fui la forêt ;
Le clair chant du coq perce les nuées ;
Ciel ! l'aube apparaît !

247 *L'Enfance*

L'ENFANT chantait; la mère au lit, exténuée,
     Agonisait, beau front dans l'ombre se penchant;
La mort au-dessus d'elle errait dans la nuée;
Et j'écoutais ce râle, et j'entendais ce chant.

L'enfant avait cinq ans, et près de la fenêtre
Ses rires et ses jeux faisaient un charmant bruit;
Et la mère, à côté de ce pauvre doux être
Qui chantait tout le jour, toussait toute la nuit.

La mère alla dormir sous les dalles du cloître;
Et le petit enfant se remit à chanter. —
La douleur est un fruit; Dieu ne le fait pas croître
Sur la branche trop faible encor pour le porter.

248 *Demain, dès l'aube...*

DEMAIN, dès l'aube, à l'heure où blanchit la campagne,
     Je partirai. Vois-tu, je sais que tu m'attends.
J'irai par la forêt, j'irai par la montagne.
Je ne puis demeurer loin de toi plus longtemps.

Je marcherai les yeux fixés sur mes pensées.
Sans rien voir au dehors, sans entendre aucun bruit,
Seul, inconnu, le dos courbé, les mains croisées,
Triste, et le jour pour moi sera comme la nuit.

Je ne regarderai ni l'or du soir qui tombe,
Ni les voiles au loin descendant vers Harfleur,
Et quand j'arriverai je mettrai sur ta tombe
Un bouquet de houx vert et de bruyère en fleur.

249 *Elle avait pris ce pli...*

ELLE avait pris ce pli dans son âge enfantin
   De venir dans ma chambre un peu chaque matin.
Je l'attendais ainsi qu'un rayon qu'on espère ;
Elle entrait, et disait : Bonjour, mon petit père !
Prenait ma plume, ouvrait mes livres, s'asseyait
Sur mon lit, dérangeait mes papiers, et riait,
Puis soudain s'en allait comme un oiseau qui passe.
Alors, je reprenais, la tête un peu moins lasse,
Mon œuvre interrompue, et, tout en écrivant,
Parmi mes manuscrits je rencontrais souvent
Quelque arabesque folle et qu'elle avait tracée,
Et mainte page blanche entre ses mains froissée,
Où, je ne sais comment, venaient mes plus doux vers.
Elle aimait Dieu, les fleurs, les astres, les prés verts,
Et c'était un esprit avant d'être une femme.
Son regard reflétait la clarté de son âme,
Elle me consultait sur tout à tous moments.
Oh ! que de soirs d'hiver radieux et charmants,
Passés à raisonner langue, histoire et grammaire,
Mes quatre enfants groupés sur mes genoux, leur mère
Tout près, quelques amis causant au coin du feu !
J'appelais cette vie être content de peu !
Et dire qu'elle est morte ! Hélas ! que Dieu m'assiste !
Je n'étais jamais gai quand je la sentais triste ;
J'étais morne au milieu du bal le plus joyeux
Si j'avais, en partant, vu quelque ombre en ses yeux.

Quand nous habitions tous...

QUAND nous habitions tous ensemble
    Sur nos collines d'autrefois,
Où l'eau court, où le buisson tremble
Dans la maison qui touche aux bois,

Elle avait dix ans, et moi trente;
J'étais pour elle l'univers.
Oh! comme l'herbe est odorante
Sous les arbres profonds et verts!

Elle faisait mon sort prospère,
Mon travail léger, mon ciel bleu.
Lorsqu'elle me disait: Mon père,
Tout mon cœur s'écriait: Mon Dieu!

A travers mes songes sans nombre,
J'écoutais son parler joyeux,
Et mon front s'éclairait dans l'ombre
A la lumière de ses yeux.

Elle avait l'air d'une princesse
Quand je la tenais par la main.
Elle cherchait des fleurs sans cesse
Et des pauvres dans le chemin.

Elle donnait comme on dérobe,
En se cachant aux yeux de tous.
Oh! la belle petite robe
Qu'elle avait, vous rappelez-vous?

Le soir, auprès de ma bougie,
Elle jasait à petit bruit,
Tandis qu'à la vitre rougie
Heurtaient les papillons de nuit.

Les anges se miraient en elle.
Que son bonjour était charmant !
Le ciel mettait dans sa prunelle
Ce regard qui jamais ne ment.

Oh ! je l'avais, si jeune encore,
Vue apparaître en mon destin !
C'était l'enfant de mon aurore,
Et mon étoile du matin !

Quand la lune claire et sereine
Brillait aux cieux, dans ces beaux mois,
Comme nous allions dans la plaine !
Comme nous courions dans les bois !

Puis, vers la lumière isolée
Étoilant le logis obscur,
Nous revenions par la vallée
En tournant le coin du vieux mur ;

Nous revenions, cœurs pleins de flamme,
En parlant des splendeurs du ciel.
Je composais cette jeune âme
Comme l'abeille fait son miel.

Doux ange aux candides pensées,
Elle était gaie en arrivant... —
Toutes ces choses sont passées
Comme l'ombre et comme le vent !

A Villequier

MAINTENANT que Paris, ses pavés et ses marbres,
    Et sa brume et ses toits sont bien loin des mes yeux ;
Maintenant que je suis sous les branches des arbres,
Et que je puis songer à la beauté des cieux ;

Maintenant que du deuil qui m'a fait l'âme obscure
      Je sors, pâle et vainqueur,
Et que je sens la paix de la grande nature
      Qui m'entre dans le cœur ;

Maintenant que je puis, assis au bord des ondes,
Ému par ce superbe et tranquille horizon,
Examiner en moi les vérités profondes
Et regarder les fleurs qui sont dans le gazon ;

Maintenant, ô mon Dieu ! que j'ai ce calme sombre
      De pouvoir désormais
Voir de mes yeux la pierre où je sais que dans l'ombre
      Elle dort pour jamais ;

Maintenant qu'attendri par ces divins spectacles,
Plaines, forêts, rochers, vallons, fleuve argenté,
Voyant ma petitesse et voyant vos miracles,
Je reprends ma raison devant l'immensité ;

Je viens à vous, Seigneur, père auquel il faut croire ;
      Je vous porte, apaisé,
Les morceaux de ce cœur tout plein de votre gloire
      Que vous avez brisé ;

Je viens à vous, Seigneur ! confessant que vous êtes
Bon, clément, indulgent et doux, ô Dieu vivant !
Je conviens que vous seul savez ce que vous faites,
Et que l'homme n'est rien qu'un jonc qui tremble au vent ;

Je dis que le tombeau qui sur les morts se ferme
   Ouvre le firmament ;
Et que ce qu'ici-bas nous prenons pour le terme
   Est le commencement ;

Je conviens à genoux que vous seul, Père auguste,
Possédez l'infini, le réel, l'absolu ;
Je conviens qu'il est bon, je conviens qu'il est juste
Que mon cœur ait saigné, puisque Dieu l'a voulu !

Je ne résiste plus à tout ce qui m'arrive
   Par votre volonté.
L'âme de deuils en deuils, l'homme de rive en rive,
   Roule à l'éternité.

Nous ne voyons jamais qu'un seul côté des choses ;
L'autre plonge en la nuit d'un mystère effrayant.
L'homme subit le joug sans connaître les causes.
Tout ce qu'il voit est court, inutile et fuyant.

Vous faites revenir toujours la solitude
   Autour de tous ses pas.
Vous n'avez pas voulu qu'il eût la certitude
   Ni la joie ici-bas !

Dès qu'il possède un bien, le sort le lui retire.
Rien ne lui fut donné, dans ses rapides jours,
Pour qu'il s'en puisse faire une demeure, et dire :
C'est ici ma maison, mon champ et mes amours !

Il doit voir peu de temps tout ce que ses yeux voient ;
   Il vieillit sans soutiens.
Puisque ces choses sont, c'est qu'il faut qu'elles soient ;
   J'en conviens, j'en conviens !

Le monde est sombre, ô Dieu! l'immuable harmonie
Se compose des pleurs aussi bien que des chants;
L'homme n'est qu'un atome en cette ombre infinie,
Nuit où montent les bons, où tombent les méchants.

Je sais que vous avez bien autre chose à faire
      Que de nous plaindre tous,
Et qu'un enfant qui meurt, désespoir de sa mère,
      Ne vous fait rien, à vous.

Je sais que le fruit tombe au vent qui le secoue,
Que l'oiseau perd sa plume et la fleur son parfum;
Que la création est une grande roue
Qui ne peut se mouvoir sans écraser quelqu'un;

Les mois, les jours, les flots des mers, les yeux qui pleurent,
      Passent sous le ciel bleu;
Il faut que l'herbe pousse et que les enfants meurent;
      Je le sais, ô mon Dieu!

Dans vos cieux, au delà de la sphère des nues,
Au fond de cet azur immobile et dormant,
Peut-être faites-vous des choses inconnues
Où la douleur de l'homme entre comme élément.

Peut-être est-il utile à vos desseins sans nombre
      Que des êtres charmants
S'en aillent, emportés par le tourbillon sombre
      Des noirs évènements.

Nos destins ténébreux vont sous des lois immenses
Que rien ne déconcerte et que rien n'attendrit.
Vous ne pouvez avoir de subites clémences
Qui dérangent le monde, ô Dieu, tranquille esprit!

Je vous supplie, ô Dieu! de regarder mon âme,
    Et de considérer
Qu'humble comme un enfant et doux comme une femme
    Je viens vous adorer!

Considérez encor que j'avais, dès l'aurore,
Travaillé, combattu, pensé, marché, lutté,
Expliquant la nature à l'homme qui l'ignore,
Éclairant toute chose avec votre clarté;

Que j'avais, affrontant la haine et la colère,
    Fait ma tâche ici-bas,
Que je ne pouvais pas m'attendre à ce salaire,
    Que je ne pouvais pas

Prévoir que, vous aussi, sur ma tête qui ploie
Vous appesantiriez votre bras triomphant,
Et que, vous qui voyiez comme j'ai peu de joie,
Vous me reprendriez si vite mon enfant!

Qu'une âme ainsi frappée à se plaindre est sujette,
    Que j'ai pu blasphémer,
Et vous jeter mes cris comme un enfant qui jette
    Une pierre à la mer!

Considérez qu'on doute, ô mon Dieu! quand on souffre,
Que l'œil qui pleure trop finit par s'aveugler,
Qu'un être que son deuil plonge au plus noir du gouffre,
Quand il ne vous voit plus, ne peut vous contempler,

Et qu'il ne se peut pas que l'homme, lorsqu'il sombre
    Dans les afflictions,
Ait présente à l'esprit la sérénité sombre
    Des constellations!

Aujourd'hui, moi qui fus faible comme une mère,
Je me courbe à vos pieds devant vos cieux ouverts.
Je me sens éclairé dans ma douleur amère
Par un meilleur regard jeté sur l'univers.

Seigneur, je reconnais que l'homme est en délire
   S'il ose murmurer ;
Je cesse d'accuser, je cesse de maudire,
   Mais laissez-moi pleurer !

Hélas ! laissez les pleurs couler de ma paupière,
Puisque vous avez fait les hommes pour cela !
Laissez-moi me pencher sur cette froide pierre
Et dire à mon enfant : Sens-tu que je suis là ?

Laissez-moi lui parler, incliné sur ses restes,
   Le soir, quand tout se tait,
Comme si, dans sa nuit rouvrant ses yeux célestes,
   Cet ange m'écoutait !

Hélas ! vers le passé tournant un œil d'envie,
Sans que rien ici-bas puisse m'en consoler,
Je regarde toujours ce moment de ma vie
Où je l'ai vue ouvrir son aile et s'envoler.

Je verrai cet instant jusqu'à ce que je meure,
   L'instant, pleurs superflus !
Où je criai : L'enfant que j'avais tout à l'heure,
   Quoi donc ! je ne l'ai plus !

Ne vous irritez pas que je sois de la sorte,
Ô mon Dieu ! cette plaie a si longtemps saigné !
L'angoisse dans mon âme est toujours la plus forte,
Et mon cœur est soumis, mais n'est pas résigné.

Ne vous irritez pas ! fronts que le deuil réclame,
Mortels sujets aux pleurs,
Il nous est malaisé de retirer notre âme
De ces grandes douleurs.

Voyez-vous, nos enfants nous sont bien nécessaires,
Seigneur ; quand on a vu dans sa vie, un matin,
Au milieu des ennuis, des peines, des misères,
Et de l'ombre que fait sur nous notre destin,

Apparaître un enfant, tête chère et sacrée,
Petit être joyeux,
Si beau, qu'on a cru voir s'ouvrir à son entrée
Une porte des cieux ;

Quand on a vu, seize ans, de cet autre soi-même
Croître la grâce aimable et la douce raison,
Lorsqu'on a reconnu que cet enfant qu'on aime
Fait le jour dans notre âme et dans notre maison ;

Que c'est la seule joie ici-bas qui persiste
De tout ce qu'on rêva,
Considérez que c'est une chose bien triste
De le voir qui s'en va !

252   *J'ai cueilli cette fleur* . . .

J'AI cueilli cette fleur pour toi sur la colline.
Dans l'âpre escarpement qui sur le flot s'incline,
Que l'aigle connaît seul et peut seul approcher,
Paisible, elle croissait aux fentes du rocher.
L'ombre baignait les flancs du morne promontoire ;
Je voyais, comme on dresse au lieu d'une victoire
Un grand arc de triomphe éclatant et vermeil,

A l'endroit où s'était englouti le soleil,
La sombre nuit bâtir un porche de nuées.
Des voiles s'enfuyaient, au loin diminuées ;
Quelques toits, s'éclairant au fond d'un entonnoir,
Semblaient craindre de luire et de se laisser voir.
J'ai cueilli cette fleur pour toi, ma bien-aimée.
Elle est pâle, et n'a pas de corolle embaumée,
Sa racine n'a pris sur la crête des monts
Que l'amère senteur des glauques goëmons ;
Moi, j'ai dit : Pauvre fleur, du haut de cette cime,
Tu devais t'en aller dans cet immense abîme
Où l'algue et le nuage et les voiles s'en vont.
Va mourir sur un cœur, abîme plus profond.
Fane-toi sur ce sein en qui palpite un monde.
Le ciel, qui te créa pour t'effeuiller dans l'onde,
Te fit pour l'océan, je te donne à l'amour. —
Le vent mêlait les flots ; il ne restait du jour
Qu'une vague lueur, lentement effacée.
Oh ! comme j'étais triste au fond de ma pensée,
Tandis que je songeais, et que le gouffre noir
M'entrait dans l'âme avec tous les frissons du soir !

253   *Paroles sur la Dune*

MAINTENANT que mon temps décroît comme un
    flambeau,
    Que mes tâches sont terminées ;
Maintenant que voici que je touche au tombeau
    Par les deuils et par les années,

Et qu'au fond de ce ciel que mon essor rêva,
    Je vois fuir, vers l'ombre entraînées,
Comme le tourbillon du passé qui s'en va,
    Tant de belles heures sonnées ;

Maintenant que je dis : — Un jour, nous triomphons,
    Le lendemain tout est mensonge ! —
Je suis triste et je marche au bord des flots profonds,
    Courbé comme celui qui songe.

Je regarde, au-dessus du mont et du vallon,
    Et des mers sans fin remuées,
S'envoler sous le bec du vautour aquilon
    Toute la toison des nuées ;

J'entends le vent dans l'air, la mer sur le récif,
    L'homme liant la gerbe mûre ;
J'écoute, et je confronte en mon esprit pensif
    Ce qui parle à ce qui murmure ;

Et je reste parfois couché sans me lever
    Sur l'herbe rare de la dune,
Jusqu'à l'heure où l'on voit apparaître et rêver
    Les yeux sinistres de la lune.

Elle monte, elle jette un long rayon dormant
    A l'espace, au mystère, au gouffre ;
Et nous nous regardons tous les deux fixement,
    Elle qui brille et moi qui souffre.

Où donc s'en sont allés mes jours évanouis ?
    Est-il quelqu'un qui me connaisse ?
Ai-je encor quelque chose en mes yeux éblouis
    De la clarté de ma jeunesse ?

Tout s'est-il envolé ? Je suis seul, je suis las ;
    J'appelle sans qu'on me réponde ;
Ô vents ! ô flots ! ne suis-je aussi qu'un souffle, hélas !
    Hélas ! ne suis-je aussi qu'une onde ?

Ne verrai-je plus rien de tout ce que j'aimais ?
    Au dedans de moi le soir tombe.
Ô terre, dont la brume efface les sommets,
    Suis-je le spectre, et toi la tombe ?

Ai-je donc vidé tout, vie, amour, joie, espoir ?
    J'attends, je demande, j'implore ;
Je penche tour à tour mes urnes pour avoir
    De chacune une goutte encore.

Comme le souvenir est voisin du remord !
    Comme à pleurer tout nous ramène !
Et que je te sens froide en te touchant, ô mort,
    Noir verrou de la porte humaine !

Et je pense, écoutant gémir le vent amer,
    Et l'onde aux plis infranchissables ;
L'été rit, et l'on voit sur le bord de la mer
    Fleurir le chardon bleu des sables.

254   *Booz endormi*

*

BOOZ s'était couché de fatigue accablé ;
   Il avait tout le jour travaillé dans son aire,
Puis avait fait son lit à sa place ordinaire ;
Booz dormait auprès des boisseaux pleins de blé.

Ce vieillard possédait des champs de blés et d'orge ;
Il était, quoique riche, à la justice enclin ;
Il n'avait pas de fange en l'eau de son moulin,
Il n'avait pas d'enfer dans le feu de sa forge.

Sa barbe était d'argent comme un ruisseau d'avril.
Sa gerbe n'était point avare ni haineuse ;
Quand il voyait passer quelque pauvre glaneuse,
— Laissez tomber exprès des épis, disait-il.

Cet homme marchait pur loin des sentiers obliques,
Vêtu de probité candide et de lin blanc ;
Et, toujours du côté des pauvres ruisselant,
Ses sacs de grains semblaient des fontaines publiques.

Booz était bon maître et fidèle parent ;
Il était généreux, quoiqu'il fût économe ;
Les femmes regardaient Booz plus qu'un jeune homme,
Car le jeune homme est beau, mais le vieillard est grand.

Le vieillard, qui revient vers la source première,
Entre aux jours éternels et sort des jours changeants ;
Et l'on voit de la flamme aux yeux des jeunes gens,
Mais dans l'œil du vieillard on voit de la lumière.

*

Donc, Booz dans la nuit dormait parmi les siens ;
Près des meules, qu'on eût prises pour des décombres,
Les moissonneurs couchés faisaient des groupes sombres ;
Et ceci se passait dans des temps très anciens.

Les tribus d'Israël avaient pour chef un juge ;
La terre, où l'homme errait sous la tente, inquiet
Des empreintes de pieds de géant qu'il voyait,
Était encor mouillée et molle du déluge.

*

Comme dormait Jacob, comme dormait Judith,
Booz, les yeux fermés, gisait sous la feuillée ;
Or, la porte du ciel s'étant entre-bâillée
Au-dessus de sa tête, un songe en descendit.

Et ce songe était tel, que Booz vit un chêne
Qui, sorti de son ventre, allait jusqu'au ciel bleu ;
Une race y montait comme une longue chaîne ;
Un roi chantait en bas, en haut mourait un dieu.

Et Booz murmurait avec la voix de l'âme :
'Comment se pourrait-il que de moi ceci vînt ?
Le chiffre de mes ans a passé quatre-vingt,
Et je n'ai pas de fils, et je n'ai plus de femme.

'Voilà longtemps que celle avec qui j'ai dormi,
Ô Seigneur ! a quitté ma couche pour la vôtre ;
Et nous sommes encor tout mêlés l'un à l'autre,
Elle à demi vivante et moi mort à demi.

'Une race naîtrait de moi ! Comment le croire ?
Comment se pourrait-il que j'eusse des enfants ?
Quand on est jeune, on a des matins triomphants,
Le jour sort de la nuit comme d'une victoire ;

'Mais, vieux, on tremble ainsi qu'à l'hiver le bouleau ;
Je suis veuf, je suis seul, et sur moi le soir tombe,
Et je courbe, ô mon Dieu ! mon âme vers la tombe,
Comme un bœuf ayant soif penche son front vers l'eau.'

Ainsi parlait Booz dans le rêve et l'extase,
Tournant vers Dieu ses yeux par le sommeil noyés ;
Le cèdre ne sent pas une rose à sa base,
Et lui ne sentait pas une femme à ses pieds.

*

Pendant qu'il sommeillait, Ruth, une moabite,
S'était couchée aux pieds de Booz, le sein nu,
Espérant on ne sait quel rayon inconnu,
Quand viendrait du réveil la lumière subite.

Booz ne savait point qu'une femme était là,
Et Ruth ne savait point ce que Dieu voulait d'elle.
Un frais parfum sortait des touffes d'asphodèle;
Les souffles de la nuit flottaient sur Galgala.

L'ombre était nuptiale, auguste et solennelle;
Les anges y volaient sans doute obscurément,
Car on voyait passer dans la nuit, par moment,
Quelque chose de bleu qui paraissait une aile.

La respiration de Booz, qui dormait,
Se mêlait au bruit sourd des ruisseaux sur la mousse.
On était dans le mois où la nature est douce,
Les collines ayant des lys sur leur sommet.

Ruth songeait et Booz dormait; l'herbe était noire;
Les grelots des troupeaux palpitaient vaguement;
Une immense bonté tombait du firmament;
C'était l'heure tranquille où les lions vont boire.

Tout reposait dans Ur et dans Jérimadeth;
Les astres émaillaient le ciel profond et sombre;
Le croissant fin et clair parmi ces fleurs de l'ombre
Brillait à l'occident, et Ruth se demandait,

Immobile, ouvrant l'œil à moitié sous ses voiles,
Quel dieu, quel moissonneur de l'éternel été
Avait, en s'en allant, négligemment jeté
Cette faucille d'or dans le champ des étoiles.

255   *Un peu de Musique*

ÉCOUTEZ! — Comme un nid qui murmure invisible,
    Un bruit confus s'approche, et des rires, des voix,
Des pas, sortent du fond vertigineux des bois.

Et voici qu'à travers la grande forêt brune
Qu'emplit la rêverie immense de la lune,
On entend frissonner et vibrer mollement,
Communiquant aux bois son doux frémissement,
La guitare des monts d'Inspruck, reconnaissable
Au grelot de son manche où sonne un grain de sable.
Il s'y mêle la voix d'un homme, et ce frisson
Prend un sens et devient une vague chanson.

        'Si tu veux, faisons un rêve.
        Montons sur deux palefrois;
        Tu m'emmènes, je t'enlève.
        L'oiseau chante dans les bois.

        'Je suis ton maître et ta proie;
        Partons, c'est la fin du jour;
        Mon cheval sera la joie,
        Ton cheval sera l'amour.

        'Nous ferons toucher leurs têtes;
        Les voyages sont aisés;
        Nous donnerons à ces bêtes
        Une avoine de baisers.

        'Viens! nos doux chevaux mensonges
        Frappent du pied tous les deux,
        Le mien au fond de mes songes,
        Et le tien au fond des cieux.

'Un bagage est nécessaire;
Nous emporterons nos vœux,
Nos bonheurs, notre misère,
Et la fleur de tes cheveux.

'Viens, le soir brunit les chênes,
Le moineau rit; ce moqueur
Entend le doux bruit des chaînes
Que tu m'as mises au cœur.

'Ce ne sera point ma faute
Si les forêts et les monts,
En nous voyant côte à côte,
Ne murmurent pas: Aimons!

'Viens, sois tendre, je suis ivre.
O les verts taillis mouillés!
Ton souffle te fera suivre
Des papillons réveillés.

'L'envieux oiseau nocturne,
Triste, ouvrira son œil rond;
Les nymphes, penchant leur urne,
Dans les grottes souriront,

'Et diront: "Sommes-nous folles!
C'est Léandre avec Héro;
En écoutant leurs paroles
Nous laissons tomber notre eau."

'Allons-nous-en par l'Autriche!
Nous aurons l'aube à nos fronts;
Je serai grand, et toi riche,
Puisque nous nous aimerons.

' Allons-nous-en par la terre,
Sur nos deux chevaux charmants,
Dans l'azur, dans le mystère,
Dans les éblouissements !

' Nous entrerons à l'auberge,
Et nous payerons l'hôtelier
De ton sourire de vierge,
De mon bonjour d'écolier.

' Tu seras dame, et moi comte ;
Viens, mon cœur s'épanouit,
Viens, nous conterons ce conte
Aux étoiles de la nuit.'

La mélodie encor quelques instants se traîne
Sous les arbres bleuis par la lune sereine,
Puis tremble, puis expire ; et la voix qui chantait
S'éteint comme un oiseau se pose ; tout se tait.

256   *Apparition*

JE vis un ange blanc qui passait sur ma tête ;
    Son vol éblouissant apaisait la tempête
Et faisait taire au loin la mer pleine de bruit.
— Qu'est-ce que tu viens faire, ange, dans cette nuit ?
Lui dis-je.   Il répondit : — Je viens prendre ton âme. —
Et j'eus peur, car je vis que c'était une femme ;
Et je lui dis, tremblant et lui tendant les bras :
— Que me restera-t-il ? car tu t'envoleras. —
Il ne répondit pas ; le ciel que l'ombre assiége
S'éteignait… — Si tu prends mon âme, m'écriai-je,
Où l'emporteras-tu ? montre-moi dans quel lieu.
Il se taisait toujours. — Ô passant du ciel bleu,
Es-tu la mort ? lui dis-je, ou bien es-tu la vie ? —
Et la nuit augmentait sur mon âme ravie,

Et l'ange devint noir, et dit : — Je suis l'amour.
Mais son front sombre était plus charmant que le jour,
Et je voyais, dans l'ombre où brillaient ses prunelles,
Les astres à travers les plumes de ses ailes.

JULIEN-AUGUSTE-PÉLAGE BRIZEUX

1806-†1858

257   *Le Convoi d'une pauvre Fille*

QUAND Louise mourut à sa quinzième année,
     Fleur des bois par la pluie et le vent moissonnée,
Un cortège nombreux ne suivit pas son deuil :
Un seul prêtre, en priant, conduisait le cercueil ;
Puis venait un enfant, qui, d'espace en espace,
Aux saintes oraisons répondait à voix basse ;
Car Louise était pauvre, et jusqu'en son trépas
Le riche a des honneurs que le pauvre n'a pas.
La simple croix de buis, un vieux drap mortuaire,
Furent les seuls apprêts de son lit funéraire ;
Et quand le fossoyeur, soulevant son beau corps,
Du village natal l'emporta chez les morts,
A peine si la cloche avertit la contrée
Que sa plus douce vierge en était retirée.
Elle mourut ainsi. — Par les taillis couverts,
Les vallons embaumés, les genêts, les blés verts,
Le convoi descendit, au lever de l'aurore.
Avec toute sa pompe avril venait d'éclore,
Et couvrait, en passant, d'une neige de fleurs
Ce cercueil virginal et la baignait de pleurs ;
L'aubépine avait pris sa robe rose et blanche,
Un bourgeon étoilé tremblait à chaque branche ;
Ce n'étaient que parfums et concerts infinis,
Tous les oiseaux chantaient sur le bord de leurs nids.

258   *Le Pont Kerlô*

UN jour que nous étions assis au pont Kerlô,
    Laissant pendre, en riant, nos pieds au fil de l'eau,
Joyeux de la troubler, ou bien, à son passage,
D'arrêter un rameau, quelque flottant herbage,
Ou sous les saules verts d'effrayer le poisson
Qui venait au soleil dormir près du gazon ;
Seuls en ce lieu sauvage, et nul bruit, nulle haleine
N'éveillant la vallée immobile et sereine,
Hors nos ris enfantins, et l'écho de nos voix
Qui partait par volée et courait dans les bois,
Car entre deux forêts la rivière encaissée
Coulait jusqu'à la mer, lente, claire et glacée ;
Seuls, dis-je, en ce désert, et libres tout le jour,
Nous sentions en jouant nos cœurs remplis d'amour.
C'était plaisir de voir sous l'eau limpide et bleue
Mille petits poissons faisant frémir leur queue,
Se mordre, se poursuivre, ou, par bandes nageant,
Ouvrir et refermer leurs nageoires d'argent ;
Puis les saumons bruyants ; et, sous son lit de pierre,
L'anguille qui se cache au bord de la rivière ;
Des insectes sans nombre, ailés ou transparents,
Occupés tout le jour à monter les courants,
Abeilles, moucherons, alertes demoiselles,
Se sauvant sous les joncs du bec des hirondelles.—
Sur la main de Marie une vint se poser,
Si bizarre d'aspect qu'afin de l'écraser
J'accourus ; mais déjà ma jeune paysanne
Par l'aile avait saisi la mouche diaphane,
Et voyant la pauvrette en ses doigts remuer :
'Mon Dieu, comme elle tremble ! oh ! pourquoi la tuer ?'

Dit-elle. Et dans les airs sa bouche ronde et pure
Souffla légèrement la frêle créature,
Qui, déployant soudain ses deux ailes de feu,
Partit, et s'éleva joyeuse et louant Dieu.

Bien des jours ont passé depuis cette journée,
Hélas! et bien des ans! Dans ma quinzième année,
Enfant, j'entrais alors; mais les jours et les ans
Ont passé sans ternir ces souvenirs d'enfants;
Et d'autres jours viendront et des amours nouvelles;
Et mes jeunes amours, mes amours les plus belles,
Dans l'ombre de mon cœur mes plus fraîches amours,
Mes amours de quinze ans refleuriront toujours.

259   *La Maison du Moustoir*

Ô MAISON du Moustoir! combien de fois, la nuit,
    Ou quand j'erre le jour dans la foule et le bruit,
Tu m'apparais! — Je vois les toits de ton village
Baignés à l'horizon dans des mers de feuillage,
Une grêle fumée au-dessus, dans un champ
Une femme de loin appelant son enfant,
Ou bien un jeune pâtre assis près de sa vache,
Qui, tandis qu'indolente elle paît à l'attache,
Entonne un air breton si plaintif et si doux
Qu'en le chantant ma voix vous ferait pleurer tous.
Oh! les bruits, les odeurs, les murs gris des chaumières,
Le petit sentier blanc et bordé de bruyères,
Tout renaît comme au temps où, pieds nus, sur le soir,
J'escaladais la porte et courais au Moustoir:

Et dans ces souvenirs où je me sens revivre,
Mon pauvre cœur troublé se délecte et s'enivre!
Aussi, sans me lasser, tous les jours je revois
Le haut des toits de chaume et le bouquet de bois,
Au vieux puits la servante allant remplir ses cruches,
Et le courtil en fleurs où bourdonnent les ruches,
Et l'aire, et le lavoir, et la grange; en un coin
Les pommes par monceaux, et les meules de foin;
Les grands bœufs étendus aux portes de la crèche,
Et devant la maison un lit de paille fraîche.
Et j'entre; et c'est d'abord un silence profond,
Une nuit calme et noire; aux poutres du plafond
Un rayon de soleil, seul, darde sa lumière
Et tout autour de lui fait danser la poussière.
Chaque objet cependant s'éclaircit: à deux pas,
Je vois le lit de chêne et son coffre; et plus bas
(Vers la porte, en tournant), sur le bahut énorme,
Pêle-mêle bassins, vases de toute forme,
Pain de seigle, laitage, écuelles de noyer;
Enfin, plus bas encor, sur le bord du foyer,
Assise à son rouet près du grillon qui crie,
Et dans l'ombre filant, je reconnais Marie;
Et, sous sa jupe blanche arrangeant ses genoux,
Avec son doux parler elle me dit: 'C'est vous!'

CHARLES-AUGUSTIN SAINTE-BEUVE

1804-†1869

Sonnets

i

J'ÉTAIS un arbre en fleur où chantait ma Jeunesse,
    Jeunesse, oiseau charmant, mais trop vite envolé,
Et même, avant de fuir du bel arbre effeuillé,
Il avait tant chanté qu'il se plaignait sans cesse.

    Mais sa plainte était douce, et telle en sa tristesse
Qu'à défaut de témoins et de groupe assemblé,
Le buisson attentif avec l'écho troublé
Et le cœur du vieux chêne en pleuraient de tendresse.

    Tout se tait, tout est mort ! L'arbre, veuf de chansons,
Étend ses rameaux nus sous les mornes saisons ;
Quelque craquement sourd s'entend par intervalle ;

    Debout il se dévore, il se ride, il attend,
Jusqu'à l'heure où viendra la Corneille fatale
Pour le suprême hiver chanter le dernier chant.

ii

L'AUTRE nuit, je veillais dans mon lit sans lumière,
    Et la verve en mon sein à flots silencieux
S'amassait, quand soudain, frappant du pied les cieux,
L'éclair, comme un coursier à la pâle crinière,

    Passa ; la foudre en char retentissait derrière,
Et la terre tremblait sous les divins essieux ;
Et tous les animaux, d'effroi religieux
Saisis, restaient chacun tapis dans leur tanière.

    Mais moi, mon âme en feu s'allumait à l'éclair ;
Tout mon sein bouillonnait, et chaque coup dans l'air
A mon front trop chargé déchirait un nuage.

    J'étais dans ce concert un sublime instrument ;
Homme, je me sentais plus grand qu'un élément,
Et Dieu parlait en moi plus haut que dans l'orage.

Souvenir

DANS l'île Saint-Louis, le long d'un quai désert,
  L'autre soir je passais ; le ciel était couvert,
Et l'horizon brumeux eût paru noir d'orages
Sans la fraîcheur du vent qui chassait les nuages ;
Le soleil se couchait sous de sombres rideaux ;
La rivière coulait verte entre les radeaux ;
Aux balcons çà et là quelque figure blanche
Respirait l'air du soir ; — et c'était un dimanche.
Le dimanche est pour nous le jour de souvenir ;
Car dans la tendre enfance on aime à voir venir,
Après les soins comptés de l'exacte semaine
Et les devoirs remplis, le soleil qui ramène
Le loisir et la fête, et les habits parés,
Et l'église aux doux chants, et les jeux dans les prés ;
Et plus tard, quand la vie, en proie à la tempête,
Ou stagnante d'ennui, n'a plus loisir ni fête,
Si pourtant nous sentons, aux choses d'alentour,
A la gaîté d'autrui, qu'est revenu ce jour,
Par degrés attendris jusqu'au fond de notre âme,
De nos beaux ans brisés nous renouons la trame,
Et nous nous rappelons nos dimanches d'alors,
Et notre blonde enfance, et ses riants trésors.
Je rêvais donc ainsi, sur le quai solitaire,
A mon jeune matin, si voilé de mystère,
A tant de pleurs obscurs en secret dévorés,
A tant de biens trompeurs ardemment espérés,
Qui ne viendront jamais, qui sont venus, peut-être !
En suis-je plus heureux qu'avant de les connaître ?
Et, tout rêvant ainsi, pauvre rêveur, voilà
Que soudain, loin, bien loin, mon âme s'envola,
Et d'objets en objets, dans sa course inconstante,

Se prit aux longs discours que feu ma bonne tante
Me tenait, tout enfant, durant nos soirs d'hiver,
Dans ma ville natale, à Boulogne-sur-Mer.
Elle m'y racontait souvent, pour me distraire,
Son enfance, et les jeux de mon père, son frère,
Que je n'ai pas connu, car je naquis en deuil,
Et mon berceau d'abord posé sur un cercueil.
Elle me parlait donc et de mon père et d'elle;
Et ce qu'aimait surtout sa mémoire fidèle,
C'était de me conter leurs destins entraînés
Loin du bourg paternel où tous deux étaient nés.
De mon antique aïeul je savais le ménage,
Le manoir, son aspect, et tout le voisinage;
La rivière coulait à cent pas près du seuil;
Douze enfants (tous sont morts) entouraient le fauteuil;
Et je disais les noms de chaque jeune fille,
Du curé, du notaire, amis de la famille,
Pieux hommes de bien, dont j'ai rêvé les traits,
Morts pourtant sans savoir que jamais je naîtrais.
Et tout cela revint en mon âme mobile,
Ce jour que je passais le long du quai dans l'île.

Et bientôt, au sortir de ces songes flottants,
Je me sentis pleurer, et j'admirai longtemps
Que de ces hommes morts, de ces choses vieillies,
De ces traditions par hasard recueillies,
Moi, si jeune et d'hier, inconnu des aïeux,
Qui n'ai vu qu'en récits les images des lieux,
Je susse ces détails, seul peut-être sur terre,
Que j'en gardasse un culte en mon cœur solitaire,
Et qu'à propos de rien, un jour d'été, si loin
Des lieux et des objets, ainsi j'en prisse soin.
Hélas! pensais-je alors, la tristesse dans l'âme,

Humbles hommes, l'oubli sans pitié nous réclame,
Et, sitôt que la mort nous a remis à Dieu,
Le souvenir de nous ici nous survit peu;
Notre trace est légère et bien vite effacée;
Et moi qui de ces morts garde encor la pensée,
Quand je m'endormirai comme eux, du temps vaincu,
Sais-je, hélas! si quelqu'un saura que j'ai vécu?
Et, poursuivant toujours, je disais qu'en la gloire,
En la mémoire humaine, il est peu sûr de croire,
Que les cœurs sont ingrats, et que bien mieux il vaut
De bonne heure aspirer et se fondre plus haut,
Et croire en Celui seul qui, dès qu'on le supplie,
Ne nous fait jamais faute, et qui jamais n'oublie.

FÉLIX ARVERS

1806-†1851

263 *Sonnet*

MON âme a son secret, ma vie a son mystère:
  Un amour éternel en un moment conçu.
Le mal est sans espoir, aussi j'ai dû le taire,
Et celle qui l'a fait n'en a jamais rien su.

  Hélas! j'aurai passé près d'elle inaperçu,
Toujours à ses côtés, et pourtant solitaire,
Et j'aurai jusqu'au bout fait mon temps sur la terre,
N'osant rien demander et n'ayant rien reçu.

  Pour elle, quoique Dieu l'ait faite douce et tendre,
Elle ira son chemin, distraite, et sans entendre
Ce murmure d'amour élevé sur ses pas;

  A l'austère devoir pieusement fidèle,
Elle dira, lisant ces vers tout remplis d'elle:
'Quelle est donc cette femme?' et ne comprendra pas.

AUGUSTE BARBIER

1805-†1882

264   *Dante*

DANTE, vieux Gibelin ! quand je vois en passant
    Le plâtre blanc et mat de ce masque puissant
Que l'art nous a laissé de ta divine tête,
Je ne puis m'empêcher de frémir, ô poète !
Tant la main du génie et celle de malheur
Ont imprimé sur toi le sceau de la douleur.
Sous l'étroit chaperon qui presse tes oreilles,
Est-ce le pli des ans ou le sillon des veilles
Qui traverse ton front si laborieusement ?
Est-ce au champ de l'exil, dans l'avilissement,
Que ta bouche s'est close à force de maudire ?
Ta dernière pensée est-elle en ce sourire
Que la mort sur ta lèvre a cloué de ses mains ?
Est-ce un ris de pitié sur les pauvres humains ?
Ah ! le mépris va bien à la bouche de Dante,
Car il reçut le jour dans une ville ardente,
Et le pavé natal fut un champ de graviers
Que déchira longtemps la plante de ses pieds.
Dante vit, comme nous, les passions humaines
Rouler autour de lui leurs fortunes soudaines ;
Il vit les citoyens s'égorger en plein jour,
Les partis écrasés renaître tour à tour ;
Il vit sur les bûchers s'allumer les victimes ;
Il vit pendant trente ans passer des flots de crimes,
Et le mot de patrie à tous les vents jeté
Sans profit pour le peuple et pour la liberté.
Ô Dante Alighieri, poète de Florence,
Je comprends aujourd'hui ta mortelle souffrance ;

Amant de Béatrice, à l'exil condamné,
Je comprends ton œil cave et ton front décharné,
Le dégoût qui te prit des choses de ce monde,
Ce mal de cœur sans fin, cette haine profonde
Qui, te faisant atroce en te fouettant l'humeur,
Inondèrent de bile et ta plume et ton cœur.
Aussi, d'après les mœurs de ta ville natale,
Artiste, tu peignis une toile fatale,
Et tu fis le tableau de sa perversité
Avec tant d'énergie et tant de vérité,
Que les petits enfants qui le jour, dans Ravenne,
Te voyaient traverser quelque place lointaine,
Disaient en contemplant ton front livide et vert:
'Voilà, voilà celui qui revient de l'enfer!'

265 *Michel-Ange*

QUE ton visage est triste et ton front amaigri,
    Sublime Michel-Ange, ô vieux tailleur de pierre!
Nulle larme jamais n'a mouillé ta paupière;
Comme Dante, on dirait que tu n'as jamais ri.

    Hélas! d'un lait trop fort la Muse t'a nourri,
L'art fut ton seul amour et prit ta vie entière;
Soixante ans tu courus une triple carrière
Sans reposer ton cœur sur un cœur attendri.

    Pauvre Buonarotti! ton seul bonheur au monde
Fut d'imprimer au marbre une grandeur profonde,
Et, puissant comme Dieu, d'effrayer comme Lui:

    Aussi, quand tu parvins à ta saison dernière,
Vieux lion fatigué, sous ta blanche crinière,
Tu mourus longuement plein de gloire et d'ennui.

266 · *L'Adieu*

AH! quel que soit le deuil jeté sur cette terre
    Qui par deux fois du monde a changé le destin,
Quels que soient ses malheurs et sa longue misère,
On ne peut la quitter sans peine et sans chagrin.

Ainsi, près de sortir du céleste jardin,
Je me retourne encor sur les cimes hautaines,
Pour contempler de là son horizon divin
Et longtemps m'enivrer de ses grâces lointaines :

Et puis le froid me prend et me glace les veines,
Et tout mon cœur soupire, oh! comme si j'avais,
Aux champs de l'Italie et dans ses larges plaines,

De mes jours effeuillé le rameau le plus frais,
Et sur le sein vermeil de la brune déesse
Épuisé pour toujours ma vie et ma jeunesse.

GÉRARD DE NERVAL

1808-†1855

267 · *Les Cydalises*

OÙ sont nos amoureuses ?
        Elles sont au tombeau !
Elles sont plus heureuses
Dans un séjour plus beau !

Elles sont près des anges,
Dans le fond du ciel bleu,
Et chantent les louanges
De la mère de Dieu !

Ô blanche fiancée !
Ô jeune vierge en fleur !
Amante délaissée,
Que flétrit la douleur !

L'éternité profonde
Souriait dans vos yeux...
Flambeaux éteints du monde,
Rallumez-vous aux cieux !

268 *Delfica*

LA connais-tu, Dafné, cette ancienne romance,
    Au pied du sycomore, ou sous les lauriers blancs,
Sous l'olivier, le myrte ou les saules tremblants,
Cette chanson d'amour...qui toujours recommence ?

Reconnais-tu le temple, au péristyle immense,
Et les citrons amers où s'imprimaient tes dents ?
Et la grotte, fatale aux hôtes imprudents,
Où du dragon vaincu dort l'antique semence ?

Ils reviendront, ces dieux que tu pleures toujours !
Le temps va ramener l'ordre des anciens jours ;
La terre a tressailli d'un souffle prophétique...

Cependant la sibylle au visage latin
Est endormie encor sous l'arc de Constantin :
— Et rien n'a dérangé le sévère portique.

269 *Vers dorés*

HOMME, libre penseur ! te crois-tu seul pensant
    Dans ce monde où la vie éclate en toute chose ?
Des forces que tu tiens ta liberté dispose,
Mais de tous tes conseils l'univers est absent.

    Respecte dans la bête un esprit agissant ;
Chaque fleur est une âme à la Nature éclose ;
Un mystère d'amour dans le métal repose ;
'Tout est sensible !' Et tout sur ton être est puissant.

    Crains, dans le mur aveugle, un regard qui t'épie ;
A la matière même un verbe est attaché...
Ne la fais pas servir à quelque usage impie !

    Souvent dans l'être obscur habite un Dieu caché ;
Et comme un œil naissant couvert par ses paupières,
Un pur esprit s'accroît sous l'écorce des pierres !

270 *Dans les Bois*

AU printemps, l'oiseau naît et chante :
    N'avez-vous jamais ouï sa voix ?...
Elle est pure, simple et touchante
La voix de l'oiseau — dans les bois !

L'été, l'oiseau cherche l'oiselle ;
Il aime, et n'aime qu'une fois !
Qu'il est doux, paisible et fidèle
Le nid de l'oiseau — dans les bois !

Puis, quand vient l'automne brumeuse
Il se tait... avant les temps froids.
Hélas ! qu'elle doit être heureuse
La mort de l'oiseau — dans les bois !

ALFRED DE MUSSET

1810-† 1857

271 *La Nuit de Mai*

LA MUSE

POËTE, prends ton luth et me donne un baiser ;
     La fleur de l'églantier sent ses bourgeons éclore.
Le printemps naît ce soir ; les vents vont s'embraser ;
Et la bergeronnette, en attendant l'aurore,
Aux premiers buissons verts commence à se poser ;
Poëte, prends ton luth et me donne un baiser.

LE POËTE

Comme il fait noir dans la vallée !
J'ai cru qu'une forme voilée
Flottait là-bas sur la forêt.
Elle sortait de la prairie ;
Son pied rasait l'herbe fleurie ;
C'est une étrange rêverie ;
Elle s'efface et disparaît.

LA MUSE

Poëte, prends ton luth ; la nuit, sur la pelouse,
Balance le zéphyr dans son voile odorant.
La rose, vierge encor, se referme jalouse
Sur le frelon nacré qu'elle enivre en mourant.
Écoute ! tout se tait ; songe à ta bien-aimée.
Ce soir, sous les tilleuls, à la sombre ramée
Le rayon du couchant laisse un adieu plus doux.
Ce soir, tout va fleurir : l'immortelle nature
Se remplit de parfums, d'amour et de murmure,
Comme le lit joyeux de deux jeunes époux.

ALFRED DE MUSSET

Pourquoi mon cœur bat-il si vite?
Qu'ai-je donc en moi qui s'agite
Dont je me sens épouvanté?
Ne frappe-t-on pas à ma porte?
Pourquoi ma lampe à demi morte
M'éblouit-elle de clarté?
Dieu puissant! tout mon corps frissonne.
Qui vient? qui m'appelle? — Personne.
Je suis seul, c'est l'heure qui sonne;
O solitude! ô pauvreté!

Poëte, prends ton luth; le vin de la jeunesse
Fermente cette nuit dans les veines de Dieu.
Mon sein est inquiet; la volupté l'oppresse,
Et les vents altérés m'ont mis la lèvre en feu.
Ô paresseux enfant! regarde, je suis belle.
Notre premier baiser, ne t'en souviens-tu pas,
Quand je te vis si pâle au toucher de mon aile,
Et que, les yeux en pleurs, tu tombas dans mes bras?
Ah! je t'ai consolé d'une amère souffrance!
Hélas! bien jeune encor, tu te mourais d'amour.
Console-moi ce soir, je me meurs d'espérance;
J'ai besoin de prier pour vivre jusqu'au jour.

Est-ce toi dont la voix m'appelle,
O ma pauvre Muse! est-ce toi?
O ma fleur! ô mon immortelle!
Seul être pudique et fidèle
Où vive encor l'amour de moi!

Oui, te voilà, c'est toi, ma blonde,
C'est toi, ma maîtresse et ma sœur !
Et je sens, dans la nuit profonde,
De ta robe d'or qui m'inonde
Les rayons glisser dans mon cœur.

LA MUSE

Poëte, prends ton luth ; c'est moi, ton immortelle,
Qui t'ai vu cette nuit triste et silencieux,
Et qui, comme un oiseau que sa couvée appelle,
Pour pleurer avec toi descends du haut des cieux.
Viens, tu souffres, ami.   Quelque ennui solitaire
Te ronge ; quelque chose a gémi dans ton cœur ;
Quelque amour t'est venu, comme on en voit sur terre,
Une ombre de plaisir, un semblant de bonheur.
Viens, chantons devant Dieu ;   chantons dans tes pensées,
Dans tes plaisirs perdus, dans tes peines passées ;
Partons, dans un baiser, pour un monde inconnu.
Éveillons au hasard les échos de ta vie,
Parlons-nous de bonheur, de gloire et de folie,
Et que ce soit un rêve, et le premier venu.
Inventons quelque part des lieux où l'on oublie ;
Partons, nous sommes seuls, l'univers est à nous.
Voici la verte Écosse et la brune Italie,
Et la Grèce, ma mère, où le miel est si doux,
Argos, et Ptéléon, ville des hécatombes,
Et Messa la divine, agréable aux colombes ;
Et le front chevelu du Pélion changeant ;
Et le bleu Titarèse, et le golfe d'argent
Qui montre dans ses eaux, où le cygne se mire,
La blanche Oloossone à la blanche Camyre.
Dis-moi, quel songe d'or nos chants vont-ils bercer ?
D'où vont venir les pleurs que nous allons verser ?

Ce matin, quand le jour a frappé ta paupière,
Quel séraphin pensif, courbé sur ton chevet,
Secouait des lilas dans sa robe légère
Et te contait tout bas les amours qu'il rêvait?
Chanterons-nous l'espoir, la tristesse ou la joie?
Tremperons-nous de sang les bataillons d'acier?
Suspendrons-nous l'amant sur l'échelle de soie?
Jetterons-nous au vent l'écume du coursier?
Dirons-nous quelle main, dans les lampes sans nombre
De la maison céleste, allume nuit et jour
L'huile sainte de vie et d'éternel amour?
Crierons-nous à Tarquin: ' Il est temps, voici l'ombre!'?
Descendrons-nous cueillir la perle au fond des mers?
Mènerons-nous la chèvre aux ébéniers amers?
Montrerons-nous le ciel à la Mélancolie?
Suivrons-nous le chasseur sur les monts escarpés?
La biche le regarde; elle pleure et supplie;
Sa bruyère l'attend; ses faons sont nouveau-nés;
Il se baisse, il l'égorge, il jette à la curée
Sur les chiens en sueur son cœur encor vivant.
Peindrons-nous une vierge à la joue empourprée
S'en allant à la messe, un page la suivant,
Et d'un regard distrait, à côté de sa mère,
Sur sa lèvre entr'ouverte oubliant sa prière?
Elle écoute en tremblant, dans l'écho du pilier,
Résonner l'éperon d'un hardi cavalier.
Dirons-nous aux héros des vieux temps de la France
De monter tout armés aux créneaux de leurs tours,
Et de ressusciter la naïve romance
Que leur gloire oubliée apprit aux troubadours?
Vêtirons-nous de blanc une molle élégie?
L'homme de Waterloo nous dira-t-il sa vie,
Et ce qu'il a fauché du troupeau des humains

Avant que l'envoyé de la nuit éternelle
Vînt sur son tertre vert l'abattre d'un coup d'aile
Et sur son cœur de fer lui croiser les deux mains?
Clouerons-nous au poteau d'une satire altière
Le nom sept fois vendu d'un pâle pamphlétaire,
Qui, poussé par la faim, du fond de son oubli,
S'en vient, tout grelottant d'envie et d'impuissance,
Sur le front du génie insulter l'espérance
Et mordre le laurier que son souffle a sali?
Prends ton luth! prends ton luth! je ne peux plus me
    taire;
Mon aile me soulève au souffle du printemps.
Le vent va m'emporter; je vais quitter la terre.
Une larme de toi! Dieu m'écoute; il est temps.

LE POËTE

S'il ne te faut, ma sœur chérie,
Qu'un baiser d'une lèvre amie
Et qu'une larme de mes yeux,
Je te les donnerai sans peine;
De nos amours qu'il te souvienne,
Si tu remontes dans les cieux.
Je ne chante ni l'espérance,
Ni la gloire, ni le bonheur,
Hélas! pas même la souffrance.
La bouche garde le silence
Pour écouter parler le cœur.

LA MUSE

Crois-tu donc que je sois comme le vent d'automne
Qui se nourrit de pleurs jusque sur un tombeau,
Et pour qui la douleur n'est qu'une goutte d'eau?
O poëte! un baiser, c'est moi qui te le donne.

L'herbe que je voulais arracher de ce lieu,
C'est ton oisiveté ; ta douleur est à Dieu.
Quel que soit le souci que ta jeunesse endure,
Laisse-la s'élargir, cette sainte blessure
Que les noirs séraphins t'ont faite au fond du cœur ;
Rien ne nous rend si grands qu'une grande douleur.
Mais, pour en être atteint, ne crois pas, ô poëte,
Que ta voix ici-bas doive rester muette.
Les plus désespérés sont les chants les plus beaux,
Et j'en sais d'immortels qui sont de purs sanglots.
Lorsque le pélican, lassé d'un long voyage,
Dans les brouillards du soir retourne à ses roseaux,
Ses petits affamés courent sur le rivage
En le voyant au loin s'abattre sur les eaux.
Déjà, croyant saisir et partager leur proie,
Ils courent à leur père avec des cris de joie
En secouant leurs becs sur leurs goîtres hideux.
Lui, gagnant à pas lents une roche élevée,
De son aile pendante abritant sa couvée,
Pêcheur mélancolique, il regarde les cieux.
Le sang coule à longs flots de sa poitrine ouverte ;
En vain il a des mers fouillé la profondeur :
L'Océan était vide et la plage déserte ;
Pour toute nourriture il apporte son cœur.
Sombre et silencieux, étendu sur la pierre,
Partageant à ses fils ses entrailles de père,
Dans son amour sublime il berce sa douleur,
Et, regardant couler sa sanglante mamelle,
Sur son festin de mort il s'affaisse et chancelle,
Ivre de volupté, de tendresse et d'horreur.
Mais parfois, au milieu du divin sacrifice,
Fatigué de mourir dans un trop long supplice,
Il craint que ses enfants ne le laissent vivant ;

Alors, il se soulève, ouvre son aile au vent,
Et, se frappant le cœur avec un cri sauvage,
Il pousse dans la nuit un si funèbre adieu,
Que les oiseaux des mers désertent le rivage,
Et que le voyageur attardé sur la plage,
Sentant passer la mort, se recommande à Dieu.
Poëte, c'est ainsi que font les grands poëtes :
Ils laissent s'égayer ceux qui vivent un temps ;
Mais les festins humains qu'ils servent à leurs fêtes
Ressemblent la plupart à ceux des pélicans.
Quand ils parlent ainsi d'espérances trompées,
De tristesse et d'oubli, d'amour et de malheur,
Ce n'est pas un concert à dilater le cœur.
Leurs déclamations sont comme des épées :
Elles tracent dans l'air un cercle éblouissant,
Mais il y pend toujours quelque goutte de sang.

LE POËTE

O Muse ! spectre insatiable,
Ne m'en demande pas si long.
L'homme n'écrit rien sur le sable
A l'heure où passe l'aquilon.
J'ai vu le temps où ma jeunesse
Sur mes lèvres était sans cesse
Prête à chanter comme un oiseau ;
Mais j'ai souffert un dur martyre,
Et le moins que j'en pourrais dire,
Si je l'essayais sur ma lyre,
La briserait comme un roseau.

272   *Chanson*

A SAINT-BLAISE, à la Zuecca,
   Vous étiez, vous étiez bien aise
A Saint-Blaise.
A Saint-Blaise, à la Zuecca,
   Nous étions bien là.

Mais de vous en souvenir
   Prendrez-vous la peine ?
Mais de vous en souvenir
   Et d'y revenir,

A Saint-Blaise, à la Zuecca,
   Dans les prés fleuris cueillir la verveine ?
A Saint-Blaise, à la Zuecca,
   Vivre et mourir là !

273   *Souvenir*

J'ESPÉRAIS bien pleurer, mais je croyais souffrir
   En osant te revoir, place à jamais sacrée,
O la plus chère tombe et la plus ignorée
   Où dorme un souvenir !

Que redoutiez-vous donc de cette solitude,
Et pourquoi, mes amis, me preniez-vous la main ?
Alors qu'une si douce et si vieille habitude
   Me montrait ce chemin ?

Les voilà, ces coteaux, ces bruyères fleuries,
Et ces pas argentins sur le sable muet,
Ces sentiers amoureux, remplis de causeries,
   Où son bras m'enlaçait.

ALFRED DE MUSSET

Les voilà, ces sapins à la sombre verdure,
Cette gorge profonde aux nonchalants détours,
Ces sauvages amis, dont l'antique murmure
    A bercé mes beaux jours.

Les voilà, ces buissons où toute ma jeunesse
Comme un essaim d'oiseaux chante au bruit de mes pas.
Lieux charmants, beau désert où passa ma maîtresse,
    Ne m'attendiez-vous pas ?

Ah ! laissez-les couler, elles me sont bien chères,
Ces larmes que soulève un cœur encor blessé !
Ne les essuyez pas, laissez sur mes paupières
    Ce voile du passé !

Je ne viens point jeter un regret inutile
Dans l'écho de ces bois, témoins de mon bonheur.
Fière est cette forêt dans sa beauté tranquille,
    Et fier aussi mon cœur.

Que celui-là se livre à des plaintes amères
Qui s'agenouille et prie au tombeau d'un ami.
Tout respire en ces lieux ; les fleurs des cimetières
    Ne poussent point ici.

Voyez ! la lune monte à travers ces ombrages.
Ton regard tremble encor, belle reine des nuits ;
Mais du sombre horizon déjà tu te dégages,
    Et tu t'épanouis.

Ainsi de cette terre, humide encor de pluie,
Sortent, sous tes rayons, tous les parfums du jour ;
Aussi calme, aussi pur, de mon âme attendrie
    Sort mon ancien amour.

Que sont-ils devenus, les chagrins de ma vie ?
Tout ce qui m'a fait vieux est bien loin maintenant ;
Et rien qu'en regardant cette vallée amie,
     Je redeviens enfant.

O puissance du temps ! ô légères années !
Vous emportez nos pleurs, nos cris et nos regrets ;
Mais la pitié vous prend, et sur nos fleurs fanées
     Vous ne marchez jamais.

Tout mon cœur te bénit, bonté consolatrice !
Je n'aurais jamais cru que l'on pût tant souffrir
D'une telle blessure, et que sa cicatrice
     Fût si douce à sentir.

Loin de moi les vains mots, les frivoles pensées,
Des vulgaires douleurs linceul accoutumé,
Que viennent étaler sur leurs amours passées
     Ceux qui n'ont point aimé !

Dante, pourquoi dis-tu qu'il n'est pire misère
Qu'un souvenir heureux dans les jours de douleur ?
Quel chagrin t'a dicté cette parole amère,
     Cette offense au malheur ?

En est-il donc moins vrai que la lumière existe,
Et faut-il l'oublier du moment qu'il fait nuit ?
Est-ce bien toi, grande âme immortellement triste,
     Est-ce toi qui l'as dit ?

Non, par ce pur flambeau dont la splendeur m'éclaire,
Ce blasphème vanté ne vient pas de ton cœur.
Un souvenir heureux est peut-être sur terre
     Plus vrai que le bonheur.

Eh quoi ! l'infortuné qui trouve une étincelle
Dans la cendre brûlante où dorment ses ennuis,
Qui saisit cette flamme et qui fixe sur elle
    Ses regards éblouis ;

Dans ce passé perdu quand son âme se noie,
Sur ce miroir brisé lorsqu'il rêve en pleurant,
Tu lui dis qu'il se trompe, et que sa faible joie
    N'est qu'un affreux tourment !

Et c'est à ta Françoise, à ton ange de gloire,
Que tu pouvais donner ces mots à prononcer,
Elle qui s'interrompt, pour conter son histoire,
    D'un éternel baiser !

Qu'est-ce donc, juste Dieu, que la pensée humaine,
Et qui pourra jamais aimer la vérité,
S'il n'est joie ou douleur si juste et si certaine
    Dont quelqu'un n'ait douté ?

Comment vivez-vous donc, étranges créatures ?
Vous riez, vous chantez, vous marchez à grands pas,
Le ciel et sa beauté, le monde et ses souillures
    Ne vous dérangent pas ;

Mais, lorsque par hasard le destin vous ramène
Vers quelque monument d'un amour oublié,
Ce caillou vous arrête, et cela vous fait peine
    Qu'il vous heurte le pié.

Et vous criez alors que la vie est un songe ;
Vous vous tordez les bras comme en vous réveillant,
Et vous trouvez fâcheux qu'un si joyeux mensonge
    Ne dure qu'un instant.

Malheureux ! cet instant où votre âme engourdie
A secoué les fers qu'elle traîne ici-bas,
Ce fugitif instant fut toute votre vie ;
     Ne le regrettez pas !

Regrettez la torpeur qui vous cloue à la terre,
Vos agitations dans la fange et le sang,
Vos nuits sans espérance et vos jours sans lumière ;
     C'est là qu'est le néant !

Mais que vous revient-il de vos froides doctrines ?
Que demandent au ciel ces regrets inconstants
Que vous allez semant sur vos propres ruines,
     A chaque pas du Temps ?

Oui, sans doute, tout meurt ; ce monde est un grand rêve,
Et le peu de bonheur qui nous vient en chemin,
Nous n'avons pas plutôt ce roseau dans la main
     Que le vent nous l'enlève.

Oui, les premiers baisers, oui, les premiers serments
Que deux êtres mortels échangèrent sur terre,
Ce fut au pied d'un arbre effeuillé par les vents,
     Sur un roc en poussière.

Ils prirent à témoin de leur joie éphémère
Un ciel toujours voilé qui change à tout moment,
Et des astres sans nom que leur propre lumière
     Dévore incessamment.

Tout mourait autour d'eux, l'oiseau dans le feuillage,
La fleur entre leurs mains, l'insecte sous leurs piés,
La source desséchée où vacillait l'image
     De leurs traits oubliés ;

Et sur tous ces débris joignant leurs mains d'argile,
Étourdis des éclairs d'un instant de plaisir,
Ils croyaient échapper à cet Être immobile
    Qui regarde mourir !

— Insensés ! dit le sage. — Heureux ! dit le poëte.
Et quels tristes amours as-tu donc dans le cœur,
Si le bruit du torrent te trouble et t'inquiète,
    Si le vent te fait peur ?

J'ai vu sous le soleil tomber bien d'autres choses
Que les feuilles des bois et l'écume des eaux,
Bien d'autres s'en aller que le parfum des roses
    Et le chant des oiseaux.

Mes yeux ont contemplé des objets plus funèbres
Que Juliette morte au fond de son tombeau,
Plus affreux que le toast à l'ange des ténèbres
    Porté par Roméo.

J'ai vu ma seule amie, à jamais la plus chère,
Devenue elle-même un sépulcre blanchi,
Une tombe vivante où flottait la poussière
    De notre mort chéri,

De notre pauvre amour, que, dans la nuit profonde,
Nous avions sur nos cœurs si doucement bercé !
C'était plus qu'une vie, hélas ! c'était un monde
    Qui s'était effacé !

Oui, jeune et belle encor, plus belle, osait-on dire,
Je l'ai vue, et ses yeux brillaient comme autrefois.
Ses lèvres s'entr'ouvraient, et c'était un sourire,
    Et c'était une voix ;

Mais non plus cette voix, non plus ce doux langage,
Ces regards adorés dans les miens confondus ;
Mon cœur, encor plein d'elle, errait sur son visage,
    Et ne la trouvait plus.

Et pourtant j'aurais pu marcher alors vers elle,
Entourer de mes bras ce sein vide et glacé,
Et j'aurais pu crier : ' Qu'as-tu fait, infidèle,
    Qu'as-tu fait du passé ? '

Mais non : il me semblait qu'une femme inconnue
Avait pris par hasard cette voix et ces yeux ;
Et je laissai passer cette froide statue
    En regardant les cieux.

Eh bien ! ce fut sans doute une horrible misère
Que ce riant adieu d'un être inanimé.
Eh bien ! qu'importe encore ? O nature ! ô ma mère !
    En ai-je moins aimé ?

La foudre maintenant peut tomber sur ma tête ;
Jamais ce souvenir ne peut m'être arraché !
Comme le matelot brisé par la tempête,
    Je m'y tiens attaché.

Je ne veux rien savoir, ni si les champs fleurissent,
Ni ce qu'il adviendra du simulacre humain,
Ni si ces vastes cieux éclaireront demain
    Ce qu'ils ensevelissent.

Je me dis seulement : ' A cette heure, en ce lieu,
Un jour, je fus aimé, j'aimais, elle était belle.
J'enfouis ce trésor dans mon âme immortelle,
    Et je l'emporte à Dieu ! '

A la Malibran

Stances

I

SANS doute il est trop tard pour parler encor d'elle ;
 Depuis qu'elle n'est plus quinze jours sont passés,
Et dans ce pays-ci quinze jours, je le sais,
Font d'une mort récente une vieille nouvelle.
De quelque nom d'ailleurs que le regret s'appelle,
L'homme, par tout pays, en a bien vite assez.

II

O Maria-Félicia ! le peintre et le poëte
Laissent, en expirant, d'immortels héritiers ;
Jamais l'affreuse nuit ne les prend tout entiers.
A défaut d'action, leur grande âme inquiète
De la mort et du temps entreprend la conquête,
Et, frappés dans la lutte, ils tombent en guerriers.

III

Celui-là sur l'airain a gravé sa pensée ;
Dans un rythme doré l'autre l'a cadencée ;
Du moment qu'on l'écoute, on lui devient ami.
Sur sa toile, en mourant, Raphaël l'a laissée ;
Et, pour que le néant ne touche point à lui,
C'est assez d'un enfant sur sa mère endormi.

IV

Comme dans une lampe une flamme fidèle,
Au fond du Parthénon le marbre inhabité
Garde de Phidias la mémoire éternelle,
Et la jeune Vénus, fille de Praxitèle,
Sourit encor, debout dans sa divinité,
Aux siècles impuissants qu'a vaincus sa beauté.

V

Recevant d'âge en âge une nouvelle vie,
Ainsi s'en vont à Dieu les gloires d'autrefois ;
Ainsi le vaste écho de la voix du génie
Devient du genre humain l'universelle voix...
Et de toi, morte hier, de toi, pauvre Marie,
Au fond d'une chapelle il nous reste une croix !

VI

Une croix ! et l'oubli, la nuit et le silence !
Écoutez ! c'est le vent, c'est l'Océan immense ;
C'est un pêcheur qui chante au bord du grand chemin.
Et de tant de beauté, de gloire et d'espérance,
De tant d'accords si doux d'un instrument divin,
Pas un faible soupir, pas un écho lointain !

VII

Une croix ! et ton nom écrit sur une pierre,
Non pas même le tien, mais celui d'un époux.
Voilà ce qu'après toi tu laisses sur la terre ;
Et ceux qui t'iront voir à ta maison dernière,
N'y trouvant pas ce nom qui fut aimé de nous,
Ne sauront pour prier où poser les genoux.

VIII

O Ninette ! où sont-ils, belle muse adorée,
Ces accents pleins d'amour, de charme et de terreur,
Qui voltigeaient le soir sur ta lèvre inspirée,
Comme un parfum léger sur l'aubépine en fleur ?
Où vibre maintenant cette voix éplorée,
Cette harpe vivante attachée à ton cœur ?

IX

N'était-ce pas hier, fille joyeuse et folle,
Que ta verve railleuse animait Corilla,

Et que tu nous lançais avec la Rosina
La roulade amoureuse et l'œillade espagnole ?
Ces pleurs sur tes bras nus, quand tu chantais *le Saule*,
N'était-ce pas hier, pâle Desdemona ?

X

N'était-ce pas hier qu'à la fleur de ton âge
Tu traversais l'Europe, une lyre à la main ;
Dans la mer, en riant, te jetant à la nage,
Chantant la tarentelle au ciel napolitain,
Cœur d'ange et de lion, libre oiseau de passage,
Espiègle enfant ce soir, sainte artiste demain ?

XI

N'était-ce pas hier qu'enivrée et bénie
Tu traînais à ton char un peuple transporté,
Et que Londre et Madrid, la France et l'Italie,
Apportaient à tes pieds cet or tant convoité,
Cet or deux fois sacré qui payait ton génie,
Et qu'à tes pieds souvent laissa ta charité ?

XII

Qu'as-tu fait pour mourir, ô noble créature,
Belle image de Dieu, qui donnais en chemin
Au riche un peu de joie, au malheureux du pain ?
Ah ! qui donc frappe ainsi dans la mère nature,
Et quel faucheur aveugle, affamé de pâture,
Sur les meilleurs de nous ose porter la main ?

XIII

Ne suffit-il donc pas à l'ange des ténèbres
Qu'à peine de ce temps il nous reste un grand nom ?
Que Géricault, Cuvier, Schiller, Gœthe et Byron
Soient endormis d'hier sous les dalles funèbres,
Et que nous ayons vu tant d'autres morts célèbres
Dans l'abîme entr'ouvert suivre Napoléon ?

XIV

Nous faut-il perdre encor nos têtes les plus chères,
Et venir en pleurant leur fermer les paupières,
Dès qu'un rayon d'espoir a brillé dans leurs yeux ?
Le ciel de ses élus devient-il envieux ?
Ou faut-il croire, hélas ! ce que disaient nos pères,
Que lorsqu'on meurt si jeune on est aimé des dieux ?

XV

Ah ! combien, depuis peu, sont partis pleins de vie,
Sous les cyprès anciens que de saules nouveaux !
La cendre de Robert à peine refroidie,
Bellini tombe et meurt ! — Une lente agonie
Traîne Carrel sanglant à l'éternel repos.
Le seuil de notre siècle est pavé de tombeaux.

XVI

Que nous restera-t-il, si l'ombre insatiable,
Dès que nous bâtissons, vient tout ensevelir ?
Nous qui sentons déjà le sol si variable,
Et, sur tant de débris, marchons vers l'avenir,
Si le vent, sous nos pas, balaye ainsi le sable,
De quel deuil le Seigneur veut-il donc nous vêtir ?

XVII

Hélas ! Marietta, tu nous restais encore.
Lorsque, sur le sillon, l'oiseau chante à l'aurore,
Le laboureur s'arrête, et, le front en sueur,
Aspire dans l'air pur un souffle de bonheur.
Ainsi nous consolait ta voix fraîche et sonore,
Et tes chants dans les cieux emportaient la douleur.

XVIII

Ce qu'il nous faut pleurer sur ta tombe hâtive,
Ce n'est pas l'art divin, ni ses savants secrets :

Quelque autre étudiera cet art que tu créais;
C'est ton âme, Ninette, et ta grandeur naïve,
C'est cette voix du cœur qui seule au cœur arrive,
Que nul autre, après toi, ne nous rendra jamais.

XIX

Ah! tu vivrais encor sans cette âme indomptable.
Ce fut là ton seul mal, et le secret fardeau
Sous lequel ton beau corps plia comme un roseau.
Il en soutint longtemps la lutte inexorable.
C'est le Dieu tout-puissant, c'est la Muse implacable
Qui dans ses bras en feu t'a portée au tombeau.

XX

Que ne l'étouffais-tu, cette flamme brûlante
Que ton sein palpitant ne pouvait contenir?
Tu vivrais, tu verrais te suivre et t'applaudir
De ce public blasé la foule indifférente,
Qui prodigue aujourd'hui sa faveur inconstante
A des gens dont pas un, certes, n'en doit mourir.

XXI

Connaissais-tu si peu l'ingratitude humaine?
Quel rêve as-tu donc fait de te tuer pour eux!
Quelques bouquets de fleurs te rendaient-ils si vaine,
Pour venir nous verser de vrais pleurs sur la scène,
Lorsque tant d'histrions et d'artistes fameux,
Couronnés mille fois, n'en ont pas dans les yeux?

XXII

Que ne détournais-tu la tête pour sourire,
Comme on en use ici quand on feint d'être ému?
Hélas! on t'aimait tant, qu'on n'en aurait rien vu.
Quand tu chantais *le Saule*, au lieu de ce délire,
Que ne t'occupais-tu de bien porter ta lyre?
La Pasta fait ainsi: que ne l'imitais-tu?

XXIII

Ne savais-tu donc pas, comédienne imprudente,
Que ces cris insensés qui te sortaient du cœur
De ta joue amaigrie augmentaient la pâleur ?
Ne savais-tu donc pas que, sur ta tempe ardente,
Ta main de jour en jour se posait plus tremblante,
Et que c'est tenter Dieu que d'aimer la douleur ?

XXIV

Ne sentais-tu donc pas que ta belle jeunesse
De tes yeux fatigués s'écoulait en ruisseaux,
Et de ton noble cœur s'exhalait en sanglots ?
Quand de ceux qui t'aimaient tu voyais la tristesse,
Ne sentais-tu donc pas qu'une fatale ivresse
Berçait ta vie errante à ses derniers rameaux ?

XXV

Oui, oui, tu le savais, qu'au sortir du théâtre
Un soir dans ton linceul il faudrait te coucher.
Lorsqu'on te rapportait plus froide que l'albâtre,
Lorsque le médecin, de ta veine bleuâtre,
Regardait goutte à goutte un sang noir s'épancher,
Tu savais quelle main venait de te toucher.

XXVI

Oui, oui, tu le savais, et que, dans cette vie,
Rien n'est bon que d'aimer, n'est vrai que de souffrir.
Chaque soir dans tes chants tu te sentais pâlir.
Tu connaissais le monde, et la foule, et l'envie,
Et, dans ce corps brisé concentrant ton génie,
Tu regardais aussi la Malibran mourir.

XXVII

Meurs donc ! ta mort est douce et ta tâche est remplie.
Ce que l'homme ici-bas appelle le génie,

C'est le besoin d'aimer; hors de là tout est vain.
Et, puisque tôt ou tard l'amour humain s'oublie,
Il est d'une grande âme et d'un heureux destin
D'expirer comme toi pour un amour divin!

275 *Chanson de Fortunio*

SI vous croyez que je vais dire
    Qui j'ose aimer,
Je ne saurais, pour un empire,
    Vous la nommer.

Nous allons chanter à la ronde,
    Si vous voulez,
Que je l'adore et qu'elle est blonde
    Comme les blés.

Je fais ce que sa fantaisie
    Veut m'ordonner,
Et je puis, s'il lui faut ma vie,
    La lui donner.

Du mal qu'une amour ignorée
    Nous fait souffrir,
J'en porte l'âme déchirée
    Jusqu'à mourir.

Mais j'aime trop pour que je die
    Qui j'ose aimer,
Et je veux mourir pour ma mie
    Sans la nommer.

276 *La Nuit d'Octobre*

LE POËTE

LE mal dont j'ai souffert s'est enfui comme un rêve ;
Je n'en puis comparer le lointain souvenir
Qu'à ces brouillards légers que l'aurore soulève,
Et qu'avec la rosée on voit s'évanouir.

LA MUSE

Qu'aviez-vous donc, ô mon poëte ?
Et quelle est la peine secrète
Qui de moi vous a séparé ?
Hélas ! je m'en ressens encore,
Quel est donc ce mal que j'ignore
Et dont j'ai si longtemps pleuré ?

LE POËTE

C'était un mal vulgaire et bien connu des hommes ;
Mais lorsque nous avons quelque ennui dans le cœur,
Nous nous imaginons, pauvres fous que nous sommes,
Que personne avant nous n'a senti la douleur.

LA MUSE

Il n'est de vulgaire chagrin
Que celui d'une âme vulgaire.
Ami, que ce triste mystère
S'échappe aujourd'hui de ton sein.
Crois-moi, parle avec confiance ;
Le sévère dieu du silence
Est un des frères de la Mort ;
En se plaignant, on se console,
Et quelquefois une parole
Nous a délivrés d'un remord.

ALFRED DE MUSSET

LE POËTE

S'il fallait maintenant parler de ma souffrance,
Je ne sais trop quel nom elle devrait porter,
Si c'est amour, folie, orgueil, expérience,
Ni si personne au monde en pourrait profiter.
Je veux bien toutefois t'en raconter l'histoire,
Puisque nous voilà seuls, assis près du foyer.
Prends cette lyre, approche, et laisse ma mémoire
Au son de tes accords doucement s'éveiller.

LA MUSE

Avant de me dire ta peine,
O poëte! en es-tu guéri?
Songe qu'il t'en faut aujourd'hui
Parler sans amour et sans haine.
S'il te souvient que j'ai reçu
Le doux nom de consolatrice,
Ne fais pas de moi la complice
Des passions qui t'ont perdu.

LE POËTE

Je suis si bien guéri de cette maladie
Que j'en doute parfois lorsque j'y veux songer,
Et quand je pense aux lieux où j'ai risqué ma vie,
J'y crois voir à ma place un visage étranger.
Muse, sois donc sans crainte; au souffle qui t'inspire
Nous pouvons sans péril tous deux nous confier.
Il est doux de pleurer, il est doux de sourire
Au souvenir des maux qu'on pourrait oublier.

LA MUSE

Comme une mère vigilante
Au berceau d'un fils bien-aimé,

Ainsi je me penche tremblante
Sur ce cœur qui m'était fermé.
Parle, ami, — ma lyre attentive
D'une note faible et plaintive
Suit déjà l'accent de ta voix,
Et dans un rayon de lumière,
Comme une vision légère,
Passent les ombres d'autrefois.

LE POËTE

Jours de travail ! seuls jours où j'ai vécu !
   Ô trois fois chère solitude !
Dieu soit loué, j'y suis donc revenu
   A ce vieux cabinet d'étude !
Pauvre réduit, murs tant de fois déserts,
   Fauteuils poudreux, lampe fidèle,
Ô mon palais, mon petit univers,
   Et toi, Muse, ô jeune immortelle,
Dieu soit loué, nous allons donc chanter !
   Oui, je veux vous ouvrir mon âme,
Vous saurez tout, et je vais vous conter
   Le mal que peut faire une femme ;
Car c'en est une, ô mes pauvres amis,
   (Hélas ! vous le saviez peut-être !)
C'est une femme à qui je fus soumis
   Comme le serf l'est à son maître.
Joug détesté ! c'est par là que mon cœur
   Perdit sa force et sa jeunesse ; —
Et cependant, auprès de ma maîtresse,
   J'avais entrevu le bonheur.
Près du ruisseau, quand nous marchions ensemble,
   Le soir sur le sable argentin,
Quand devant nous le blanc spectre du tremble
   De loin nous montrait le chemin ;

Je vois encore, aux rayons de la lune,
    Ce beau corps plier dans mes bras...
N'en parlons plus... je ne prévoyais pas
    Où me conduirait la Fortune.
Sans doute alors la colère des Dieux
    Avait besoin d'une victime ;
Car elle m'a puni comme d'un crime
    D'avoir essayé d'être heureux.

LA MUSE

    L'image d'un doux souvenir
    Vient de s'offrir à ta pensée.
    Sur la trace qu'il a laissée
    Pourquoi crains-tu de revenir ?
    Est-ce faire un récit fidèle
    Que de renier ses beaux jours ?
    Si ta fortune fut cruelle,
    Jeune homme, fais du moins comme elle,
    Souris à tes premiers amours.

LE POËTE

Non, — c'est à mes malheurs que je prétends sourire.
Muse, je te l'ai dit : je veux, sans passion,
Te conter mes ennuis, mes rêves, mon délire,
Et t'en dire le temps, l'heure et l'occasion.
C'était, il m'en souvient, par une nuit d'automne
Triste et froide, à peu près semblable à celle-ci ;
Le murmure du vent, de son bruit monotone,
Dans mon cerveau lassé berçait mon noir souci.
J'étais à la fenêtre, attendant ma maîtresse :
Et, tout en écoutant dans cette obscurité,
Je me sentais dans l'âme une telle détresse,
Qu'il me vint le soupçon d'une infidélité.

La rue où je logeais était sombre et déserte ;
Quelques ombres passaient, un falot à la main ;
Quand la bise soufflait dans la porte entr'ouverte,
On entendait de loin comme un soupir humain.
Je ne sais, à vrai dire, à quel fâcheux présage
Mon esprit inquiet alors s'abandonna.
Je rappelais en vain un reste de courage,
Et me sentis frémir lorsque l'heure sonna.
Elle ne venait pas. Seul, la tête baissée,
Je regardai longtemps les murs et le chemin, —
Et je ne t'ai pas dit quelle ardeur insensée
Cette inconstante femme allumait dans mon sein ;
Je n'aimais qu'elle au monde, et vivre un jour sans elle
Me semblait un destin plus affreux que la mort.
Je me souviens pourtant qu'en cette nuit cruelle
Pour briser mon lien je fis un long effort.
Je la nommais cent fois perfide et déloyale,
Je comptais tous les maux qu'elle m'avait causés.
Hélas ! au souvenir de sa beauté fatale,
Quels maux et quels chagrins n'étaient pas apaisés !
Le jour parut enfin. — Las d'une vaine attente,
Sur le bord du balcon je m'étais assoupi ;
Je rouvris la paupière à l'aurore naissante,
Et je laissai flotter mon regard ébloui...
Tout à coup, au détour de l'étroite ruelle,
J'entends sur le gravier marcher à petit bruit...
Grand Dieu ! préservez-moi ! je l'aperçois ; c'est elle ;
Elle entre. — D'où viens-tu ? qu'as-tu fait cette nuit ?
Réponds, que me veux-tu ? qui t'amène à cette heure ?
Ce beau corps, jusqu'au jour, où s'est-il étendu ?
Tandis qu'à ce balcon, seul, je veille et je pleure,
En quel lieu, dans quel lit, à qui souriais-tu ?
Perfide ! audacieuse ! est-il encor possible

Que tu viennes offrir ta bouche à mes baisers?
Que demandes-tu donc? par quelle soif horrible
Oses-tu m'attirer dans tes bras épuisés?
Va-t'en, retire-toi, spectre de ma maîtresse!
Rentre dans ton tombeau, si tu t'en es levé;
Laisse-moi pour toujours oublier ma jeunesse,
Et quand je pense à toi, croire que j'ai rêvé!

LA MUSE

Apaise-toi, je t'en conjure!
Tes paroles m'ont fait frémir.
Ô mon bien-aimé! ta blessure
Est encor prête à se rouvrir.
Hélas! elle est donc bien profonde?
Et les misères de ce monde
Sont si lentes à s'effacer!
Oublie, enfant, et de ton âme
Chasse le nom de cette femme
Que je ne veux pas prononcer.

LE POËTE

Honte à toi qui la première
M'as appris la trahison,
Et d'horreur et de colère
M'as fait perdre la raison!
Honte à toi, femme à l'œil sombre,
Dont les funestes amours
Ont enseveli dans l'ombre
Mon printemps et mes beaux jours!
C'est ta voix, c'est ton sourire,
C'est ton regard corrupteur,
Qui m'ont appris à maudire
Jusqu'au semblant du bonheur;

C'est ta jeunesse et tes charmes
Qui m'ont fait désespérer,
Et si je doute des larmes,
C'est que je t'ai vu pleurer.
Honte à toi ; j'étais encore
Aussi simple qu'un enfant ;
Comme une fleur à l'aurore,
Mon cœur s'ouvrait en t'aimant.
Certes, ce cœur sans défense
Put sans peine être abusé ;
Mais lui laisser l'innocence
Était encor plus aisé.
Honte à toi ! tu fus la mère
De mes premières douleurs,
Et tu fis de ma paupière
Jaillir la source des pleurs !
Elle coule, sois-en sûre,
Et rien ne la tarira ;
Elle sort d'une blessure
Qui jamais ne guérira ;
Mais dans cette source amère
Du moins je me laverai,
Et j'y laisserai, j'espère,
Ton souvenir abhorré !

LA MUSE

Poëte, c'est assez. Auprès d'une infidèle,
Quand ton illusion n'aurait duré qu'un jour,
N'outrage pas ce jour lorsque tu parles d'elle ;
Si tu veux être aimé, respecte ton amour.
Si l'effort est trop grand pour la faiblesse humaine
De pardonner les maux qui nous viennent d'autrui,
Épargne-toi du moins le tourment de la haine ;

A défaut du pardon, laisse venir l'oubli.
Les morts dorment en paix dans le sein de la terre :
Ainsi doivent dormir nos sentiments éteints.
Ces reliques du cœur ont aussi leur poussière ;
Sur leurs restes sacrés ne portons pas les mains.
Pourquoi, dans ce récit d'une vive souffrance,
Ne veux-tu voir qu'un rêve et qu'un amour trompé ?
Est-ce donc sans motif qu'agit la Providence ?
Et crois-tu donc distrait le Dieu qui t'a frappé ?
Le coup dont tu te plains t'a préservé peut-être,
Enfant, car c'est par là que ton cœur s'est ouvert.
L'homme est un apprenti, la douleur est son maître,
Et nul ne se connaît tant qu'il n'a pas souffert.
C'est une dure loi, mais une loi suprême,
Vieille comme le monde et la fatalité,
Qu'il nous faut du malheur recevoir le baptême,
Et qu'à ce triste prix tout doit être acheté.
Les moissons, pour mûrir, ont besoin de rosée ;
Pour vivre et pour sentir, l'homme a besoin des pleurs ;
La joie a pour symbole une plante brisée,
Humide encor de pluie et couverte de fleurs.
Ne te disais-tu pas guéri de ta folie ?
N'es-tu pas jeune, heureux, partout le bien-venu,
Et ces plaisirs légers qui font aimer la vie,
Si tu n'avais pleuré, quel cas en ferais-tu ?
Lorsque au déclin du jour, assis sur la bruyère,
Avec un vieil ami tu bois en liberté,
Dis-moi, d'aussi bon cœur lèverais-tu ton verre,
Si tu n'avais senti le prix de la gaîté ?
Aimerais-tu les fleurs, les prés et la verdure,
Les sonnets de Pétrarque et les chants des oiseaux,
Michel-Ange et les arts, Shakspeare et la nature,
Si tu n'y retrouvais quelques anciens sanglots ?

Comprendrais-tu des cieux l'ineffable harmonie,
Le silence des nuits, le murmure des flots,
Si quelque part là-bas la fièvre et l'insomnie
Ne t'avaient fait songer à l'éternel repos ?
N'as-tu pas maintenant une belle maîtresse ?
Et lorsqu'en t'endormant tu lui serres la main,
Le lointain souvenir des maux de ta jeunesse
Ne rend-il pas plus doux son sourire divin ?
N'allez-vous pas aussi vous promener ensemble
Au fond des bois fleuris, sur le sable argentin ?
Et dans ce vert palais le blanc spectre du tremble
Ne sait-il plus, le soir, vous montrer le chemin ?
Ne vois-tu pas alors, aux rayons de la lune,
Plier comme autrefois un beau corps dans tes bras ?
Et, si dans le sentier tu trouvais la Fortune,
Derrière elle, en chantant, ne marcherais-tu pas ?
De quoi te plains-tu donc ? l'immortelle espérance
S'est retrempée en toi sous la main du malheur.
Pourquoi veux-tu haïr ta jeune expérience,
Et détester un mal qui t'a rendu meilleur ?
Ô mon enfant ! plains-la, cette belle infidèle,
Qui fit couler jadis les larmes de tes yeux ;
Plains-la ! C'est une femme, et Dieu t'a fait, près d'elle,
Deviner, en souffrant, le secret des heureux.
Sa tâche fut pénible ; elle t'aimait peut-être ;
Mais le destin voulait qu'elle brisât ton cœur.
Elle savait la vie, et te l'a fait connaître ;
Une autre a recueilli le fruit de ta douleur.
Plains-la ! son triste amour a passé comme un songe ;
Elle a vu ta blessure et n'a pu la fermer.
Dans ses larmes, crois-moi, tout n'était pas mensonge ;
Quand tout l'aurait été, plains-la ! tu sais aimer.

ALFRED DE MUSSET

Tu dis vrai ; la haine est impie,
Et c'est un frisson plein d'horreur
Quand cette vipère assoupie
Se déroule dans notre cœur.
Écoute-moi donc, ô déesse !
Et sois témoin de mon serment ;
Par les yeux bleus de ma maîtresse,
Et par l'azur du firmament ;
Par cette étincelle brillante
Qui de Vénus porte le nom,
Et, comme une perle tremblante,
Scintille au loin sur l'horizon ;
Par la grandeur de la Nature,
Par la bonté du Créateur,
Par la clarté tranquille et pure
De l'astre cher au voyageur,
Par les herbes de la prairie,
Par les forêts, par les prés verts,
Par la puissance de la vie,
Par la sève de l'univers,
Je te bannis de ma mémoire,
Reste d'un amour insensé,
Mystérieuse et sombre histoire
Qui dormiras dans le passé !
Et toi qui, jadis, d'une amie
Portas la forme et le doux nom,
L'instant suprême où je t'oublie
Doit être celui du pardon.
Pardonnons-nous ; — je romps le charme
Qui nous unissait devant Dieu.
Avec une dernière larme
Reçois un éternel adieu.

— Et maintenant, blonde rêveuse,
Maintenant, Muse, à nos amours !
Dis-moi quelque chanson joyeuse,
Comme aux premiers temps des beaux jours.
Déjà la pelouse embaumée
Sent les approches du matin ;
Viens éveiller ma bien-aimée
Et cueillir les fleurs du jardin.
Viens voir la nature immortelle
Sortir des voiles du sommeil ;
Nous allons renaître avec elle
Au premier rayon du soleil !

277   *Chanson de Barberine*

BEAU chevalier qui partez pour la guerre,
              Qu'allez-vous faire
              Si loin d'ici ?
Voyez-vous pas que la nuit est profonde,
              Et que le monde
              N'est que souci ?

Vous qui croyez qu'une amour délaissée
              De la pensée
              S'enfuit ainsi,
Hélas ! hélas ! chercheurs de renommée,
              Votre fumée
              S'envole aussi.

Beau chevalier qui partez pour la guerre,
              Qu'allez-vous faire
              Si loin de nous ?
J'en vais pleurer, moi qui me laissais dire
              Que mon sourire
              Était si doux.

La Nuit de Décembre

DU temps que j'étais écolier,
    Je restais un soir à veiller
Dans notre salle solitaire.
Devant ma table vint s'asseoir
Un pauvre enfant vêtu de noir,
Qui me ressemblait comme un frère.

Son visage était triste et beau :
A la lueur de mon flambeau,
Dans mon livre ouvert il vint lire.
Il pencha son front sur ma main,
Et resta jusqu'au lendemain,
Pensif, avec un doux sourire.

Comme j'allais avoir quinze ans,
Je marchais un jour, à pas lents,
Dans un bois, sur une bruyère.
Au pied d'un arbre vint s'asseoir
Un jeune homme vêtu de noir,
Qui me ressemblait comme un frère.

Je lui demandai mon chemin ;
Il tenait un luth d'une main,
De l'autre un bouquet d'églantine.
Il me fit un salut d'ami,
Et, se détournant à demi,
Me montra du doigt la colline.

A l'âge où l'on croit à l'amour,
J'étais seul dans ma chambre un jour,
Pleurant ma première misère.
Au coin de mon feu vint s'asseoir
Un étranger vêtu de noir,
Qui me ressemblait comme un frère.

ALFRED DE MUSSET

Il était morne et soucieux;
D'une main il montrait les cieux,
Et de l'autre il tenait un glaive.
De ma peine il semblait souffrir,
Mais il ne poussa qu'un soupir,
Et s'évanouit comme un rêve.

A l'âge où l'on est libertin,
Pour boire un toast en un festin
Un jour je soulevai mon verre.
En face de moi vint s'asseoir
Un convive vêtu de noir,
Qui me ressemblait comme un frère.

Il secouait sous son manteau
Un haillon de pourpre en lambeau,
Sur sa tête un myrte stérile;
Son bras maigre cherchait le mien,
Et mon verre, en touchant le sien,
Se brisa dans ma main débile.

Un an après, il était nuit,
J'étais à genoux près du lit
Où venait de mourir mon père.
Au chevet du lit vint s'asseoir
Un orphelin vêtu de noir,
Qui me ressemblait comme un frère.

Ses yeux étaient noyés de pleurs;
Comme les anges de douleurs,
Il était couronné d'épine;
Son luth à terre était gisant,
Sa pourpre de couleur de sang,
Et son glaive dans sa poitrine.

ALFRED DE MUSSET

Je m'en suis si bien souvenu,
Que je l'ai toujours reconnu
A tous les instants de ma vie.
C'est une étrange vision ;
Et cependant, ange ou démon,
J'ai vu partout cette ombre amie.

Lorsque plus tard, las de souffrir,
Pour renaître ou pour en finir,
J'ai voulu m'exiler de France ;
Lorsqu'impatient de marcher,
J'ai voulu partir, et chercher
Les vestiges d'une espérance ;

A Pise, au pied de l'Apennin ;
A Cologne, en face du Rhin ;
A Nice, au penchant des vallées ;
A Florence, au fond des palais ;
A Brigues, dans les vieux chalets ;
Au sein des Alpes désolées ;

A Gênes, sous les citronniers ;
A Vevay, sous les verts pommiers ;
Au Havre, devant l'Atlantique ;
A Venise, à l'affreux Lido,
Où vient sur l'herbe d'un tombeau
Mourir la pâle Adriatique ;

Partout où, sous ces vastes cieux,
J'ai lassé mon cœur et mes yeux,
Saignant d'une éternelle plaie ;
Partout où le boiteux Ennui,
Traînant ma fatigue après lui,
M'a promené sur une claie ;

Partout où, sans cesse altéré
De la soif d'un monde ignoré,
J'ai suivi l'ombre de mes songes ;
Partout où, sans avoir vécu,
J'ai revu ce que j'avais vu,
La face humaine et ses mensonges ;

Partout où, le long des chemins,
J'ai posé mon front dans mes mains
Et sangloté comme une femme ;
Partout où j'ai, comme un mouton
Qui laisse sa laine au buisson,
Senti se dénuer mon âme ;

Partout où j'ai voulu dormir,
Partout où j'ai voulu mourir,
Partout où j'ai touché la terre,
Sur ma route est venu s'asseoir
Un malheureux vêtu de noir,
Qui me ressemblait comme un frère.

Qui donc es-tu, toi que dans cette vie
    Je vois toujours sur mon chemin ?
Je ne puis croire, à ta mélancolie,
    Que tu sois mon mauvais Destin.
Ton doux sourire a trop de patience,
    Tes larmes ont trop de pitié.
En te voyant, j'aime la Providence.
Ta douleur même est sœur de ma souffrance ;
    Elle ressemble à l'amitié.

Qui donc es-tu ? — Tu n'es pas mon bon ange ;
    Jamais tu ne viens m'avertir.
Tu vois mes maux (c'est une chose étrange !)
    Et tu me regardes souffrir.

Depuis vingt ans tu marches dans ma voie,
    Et je ne saurais t'appeler.
Qui donc es-tu, si c'est Dieu qui t'envoie?
Tu me souris sans partager ma joie,
    Tu me plains sans me consoler!

Ce soir encor je t'ai vu m'apparaître.
    C'était par une triste nuit.
L'aile des vents battait à ma fenêtre;
    J'étais seul, courbé sur mon lit.
J'y regardais une place chérie,
    Tiède encor d'un baiser brûlant;
Et je songeais comme la femme oublie,
Et je sentais un lambeau de ma vie,
    Qui se déchirait lentement.

Je rassemblais des lettres de la veille,
    Des cheveux, des débris d'amour.
Tout ce passé me criait à l'oreille
    Ses éternels serments d'un jour.
Je contemplais ces reliques sacrées,
    Qui me faisaient trembler la main :
Larmes du cœur par le cœur dévorées,
Et que les yeux qui les avaient pleurées
    Ne reconnaîtront plus demain!

J'enveloppais dans un morceau de bure
    Ces ruines des jours heureux.
Je me disais qu'ici-bas ce qui dure,
    C'est une mèche de cheveux.
Comme un plongeur dans une mer profonde
    Je me perdais dans tant d'oubli.
De tous côtés j'y retournais la sonde,
Et je pleurais seul, loin des yeux du monde,
    Mon pauvre amour enseveli.

J'allais poser le sceau de cire noire
　　Sur ce fragile et cher trésor.
J'allais le rendre, et, n'y pouvant pas croire,
　　En pleurant j'en doutais encor.
Ah ! faible femme, orgueilleuse insensée,
　　Malgré toi tu t'en souviendras !
Pourquoi, grand Dieu ! mentir à sa pensée ?
Pourquoi ces pleurs, cette gorge oppressée,
　　Ces sanglots, si tu n'aimais pas ?

Oui, tu languis, tu souffres et tu pleures ;
　　Mais ta chimère est entre nous.
Eh bien, adieu ! Vous compterez les heures
　　Qui me sépareront de vous.
Partez, partez, et dans ce cœur de glace
　　Emportez l'orgueil satisfait.
Je sens encor le mien jeune et vivace,
Et bien des maux pourront y trouver place
　　Sur le mal que vous m'avez fait.

Partez, partez ! la Nature immortelle
　　N'a pas tout voulu vous donner.
Ah ! pauvre enfant, qui voulez être belle
　　Et ne savez pas pardonner !
Allez, allez, suivez la destinée ;
　　Qui vous perd n'a pas tout perdu.
Jetez au vent notre amour consumée ; —
Éternel Dieu ! toi que j'ai tant aimée,
　　Si tu pars, pourquoi m'aimes-tu ?

Mais tout à coup j'ai vu dans la nuit sombre
　　Une forme glisser sans bruit.
Sur mon rideau j'ai vu passer une ombre ;
　　Elle vient s'asseoir sur mon lit.

Qui donc es-tu, morne et pâle visage,
    Sombre portrait vêtu de noir ?
Que me veux-tu, triste oiseau de passage ?
Est-ce un vain rêve ? est-ce ma propre image
    Que j'aperçois dans ce miroir ?

Qui donc es-tu, spectre de ma jeunesse,
    Pèlerin que rien n'a lassé ?
Dis-moi pourquoi je te trouve sans cesse
    Assis dans l'ombre où j'ai passé.
Qui donc es-tu, visiteur solitaire,
    Hôte assidu de mes douleurs ?
Qu'as-tu donc fait pour me suivre sur terre ?
Qui donc es-tu, qui donc es-tu, mon frère,
    Qui n'apparais qu'au jour des pleurs ?

LA VISION

— Ami, notre père est le tien.
Je ne suis ni l'ange gardien,
Ni le mauvais destin des hommes.
Ceux que j'aime, je ne sais pas
De quel côté s'en vont leurs pas
Sur ce peu de fange où nous sommes.

Je ne suis ni dieu ni démon,
Et tu m'as nommé par mon nom
Quand tu m'as appelé ton frère ;
Où tu vas, j'y serai toujours,
Jusques au dernier de tes jours,
Où j'irai m'asseoir sur ta pierre.

Le ciel m'a confié ton cœur.
Quand tu seras dans la douleur,

Viens à moi sans inquiétude ;
Je te suivrai sur le chemin,
Mais je ne puis toucher ta main ;
Ami, je suis la Solitude.

279   *Sur une Morte*

ELLE était belle, si la Nuit
    Qui dort dans la sombre chapelle
Où Michel-Ange a fait son lit,
Immobile peut être belle.

Elle était bonne, s'il suffit
Qu'en passant la main s'ouvre et donne,
Sans que Dieu n'ait rien vu, rien dit ;
Si l'or sans pitié fait l'aumône.

Elle pensait, si le vain bruit
D'une voix douce et cadencée,
Comme le ruisseau qui gémit,
Peut faire croire à la pensée.

Elle priait, si deux beaux yeux,
Tantôt s'attachant à la terre,
Tantôt se levant vers les cieux,
Peuvent s'appeler la prière.

Elle aurait souri, si la fleur
Qui ne s'est point épanouie
Pouvait s'ouvrir à la fraîcheur
Du vent qui passe et qui l'oublie.

Elle aurait pleuré, si sa main,
Sur son cœur froidement posée,
Eût jamais dans l'argile humain
Senti la céleste rosée.

Elle aurait aimé, si l'orgueil,
Pareil à la lampe inutile
Qu'on allume près d'un cercueil,
N'eût veillé sur son cœur stérile.

Elle est morte et n'a point vécu.
Elle faisait semblant de vivre.
De ses mains est tombé le livre
Dans lequel elle n'a rien lu.

HÉGÉSIPPE MOREAU

1810-†1838

280 *La Voulzie*

S'IL est un nom bien doux fait pour la poésie,
 Oh! dites, n'est-ce pas le nom de la Voulzie?
La Voulzie, est-ce un fleuve aux grandes îles? Non;
Mais, avec un murmure aussi doux que son nom,
Un tout petit ruisseau coulant visible à peine;
Un géant altéré le boirait d'une haleine;
Le nain vert Obéron, jouant au bord des flots,
Sauterait par-dessus sans mouiller ses grelots.
Mais j'aime la Voulzie et ses bois noirs de mûres,
Et dans son lit de fleurs ses bonds et ses murmures.
Enfant, j'ai bien souvent, à l'ombre des buissons,
Dans le langage humain traduit ses vagues sons;
Pauvre écolier rêveur, et qu'on disait sauvage,
Quand j'émiettais mon pain à l'oiseau du rivage,
L'onde semblait me dire: 'Espère! aux mauvais jours
Dieu te rendra ton pain.' — Dieu me le doit toujours!
C'était mon Égérie, et l'oracle prospère
A toutes mes douleurs jetait ce mot: 'Espère!

Espère et chante, enfant dont le berceau trembla ;
Plus de frayeur : Camille et ta mère sont là.
Moi, j'aurai pour tes chants de longs échos...' —
     Chimère !
Le fossoyeur m'a pris et Camille et ma mère.
J'avais bien des amis ici-bas quand j'y vins,
Bluet éclos parmi les roses de Provins :
Du sommeil de la mort, du sommeil que j'envie,
Presque tous maintenant dorment ; et, dans la vie,
Le chemin dont l'épine insulte à mes lambeaux,
Comme une voie antique, est bordé de tombeaux.
Dans le pays des sourds j'ai promené ma lyre ;
J'ai chanté sans échos, et, pris d'un noir délire,
J'ai brisé mon luth, puis, de l'ivoire sacré
J'ai jeté les débris au vent... et j'ai pleuré !
Pourtant je te pardonne, ô ma Voulzie ! et même,
Triste, j'ai tant besoin d'un confident qui m'aime,
Me parle avec douceur et me trompe, qu'avant
De clore au jour mes yeux battus d'un si long vent
Je veux faire à tes bords un saint pèlerinage,
Revoir tous les buissons si chers à mon jeune âge,
Dormir encor au bruit de tes roseaux chanteurs,
Et causer d'avenir avec tes flots menteurs.

PIERRE-JULES-THEOPHILE GAUTIER

1811-†1872

281   *Terza rima*

QUAND Michel-Ange eut peint la chapelle Sixtine,
    Et que de l'échafaud, sublime et radieux,
Il fut redescendu dans la cité latine,

THÉOPHILE GAUTIER

Il ne pouvait baisser ni les bras ni les yeux ;
Ses pieds ne savaient pas comment marcher sur terre ;
Il avait oublié le monde dans les cieux.

Trois grands mois il garda cette attitude austère.
On l'eût pris pour un ange en extase devant
Le saint triangle d'or, au moment du mystère.

Frère, voilà pourquoi les poètes, souvent,
Buttent à chaque pas sur les chemins du monde :
Les yeux fichés au ciel, ils s'en vont en rêvant.

Les anges, secouant leur chevelure blonde,
Penchent leur front sur eux et leur tendent les bras,
Et les veulent baiser avec leur bouche ronde.

Eux marchent au hasard et font mille faux pas ;
Ils cognent les passants, se jettent sous les roues,
Ou tombent dans les puits qu'ils n'aperçoivent pas.

Que leur font les passants, les pierres et les boues ?
Ils cherchent dans le jour le rêve de leurs nuits,
Et le feu du désir leur empourpre les joues.

Ils ne comprennent rien aux terrestres ennuis
Et, quand ils ont fini leur chapelle Sixtine,
Ils sortent rayonnants de leurs obscurs réduits.

Un auguste reflet de leur œuvre divine
S'attache à leur personne et leur dore le front,
Et le ciel qu'ils ont vu dans leurs yeux se devine.

Les nuits suivront les jours et se succéderont
Avant que leurs regards et leurs bras ne s'abaissent,
Et leurs pieds, de longtemps, ne se raffermiront.

Tous nos palais sous eux s'éteignent et s'affaissent;
Leur âme à la coupole où leur œuvre reluit
Revole, et ce ne sont que leurs corps qu'ils nous laissent.

Notre jour leur paraît plus sombre que la nuit;
Leur œil cherche toujours le ciel bleu de la fresque,
Et le tableau quitté les tourmente et les suit.

Comme Buonarotti, le peintre gigantesque,
Ils ne peuvent plus voir que les choses d'en haut,
Et que le ciel de marbre où leur front touche presque.

Sublime aveuglement! magnifique défaut!

282 *L'Escurial*

POSE comme un défi tout près d'une montagne,
    L'on aperçoit de loin dans la morne campagne
Le sombre Escurial, à trois cent pieds du sol,
Soulevant sur le coin de son épaule énorme,
Éléphant monstrueux, la coupole difforme,
Débauche de granit du Tibère espagnol.

Jamais vieux Pharaon, aux flancs d'un mont d'Égypte,
Ne fit pour sa momie une plus noire crypte;
Jamais sphinx au désert n'a gardé plus d'ennui;
La cigogne s'endort au bout des cheminées;
Partout l'herbe verdit les cours abandonnées;
Moines, prêtres, soldats, courtisans, tout a fui!

Et tout semblerait mort, si du bord des corniches,
Des mains des rois sculptés, des frontons et des niches,
Avec leurs cris charmants et leur folle gaîté,
Il ne s'envolait pas des essaims d'hirondelles,
Qui, pour le réveiller, agacent à coups d'ailes
Le géant assoupi qui rêve éternité! ...

283   *Pastel*

J'AIME à vous voir en vos cadres ovales,
     Portraits jaunis des belles du vieux temps,
Tenant en main des roses un peu pâles,
Comme il convient à des fleurs de cent ans.

Le vent d'hiver, en vous touchant la joue,
A fait mourir vos œillets et vos lis,
Vous n'avez plus que des mouches de boue
Et sur les quais vous gisez tout salis.

Il est passé, le doux règne des belles ;
La Parabère avec la Pompadour
Ne trouveraient que des sujets rebelles,
Et sous leur tombe est enterré l'amour.

Vous, cependant, vieux portraits qu'on oublie,
Vous respirez vos bouquets sans parfums,
Et souriez avec mélancolie
Au souvenir de vos galants défunts.

284   *Chinoiserie*

CE n'est pas vous, non, madame, que j'aime,
     Ni vous non plus, Juliette ni vous,
Ophélia, ni Béatrix, ni même
Laure la blonde, avec ses grands yeux doux.

Celle que j'aime, à présent, est en Chine ;
Elle demeure avec ses vieux parents,
Dans une tour de porcelaine fine,
Au fleuve Jaune, où sont les cormorans.

Elle a des yeux retroussés vers les tempes,
Un pied petit à tenir dans la main,
Le teint plus clair que le cuivre des lampes,
Les ongles longs et rougis de carmin.

Par son treillis elle passe sa tête,
Que l'hirondelle, en volant, vient toucher ;
Et, chaque soir, aussi bien qu'un poète,
Chante le saule et la fleur du pêcher.

285   *Symphonie en Blanc Majeur*

DE leur col blanc courbant les lignes,
   On voit dans les contes du Nord,
Sur le vieux Rhin, des femmes-cygnes
Nager en chantant près du bord.

Ou, suspendant à quelque branche
Le plumage qui les revêt,
Faire luire leur peau plus blanche
Que la neige de leur duvet.

De ces femmes il en est une,
Qui chez nous descend quelquefois,
Blanche comme le clair de lune
Sur les glaciers dans les cieux froids ;

Conviant la vue enivrée
De sa boréale fraîcheur
A des régals de chair nacrée,
A des débauches de blancheur !

Son sein, neige moulée en globe,
Contre les camélias blancs
Et le blanc satin de sa robe
Soutient des combats insolents.

Dans ces grandes batailles blanches,
Satins et fleurs ont le dessous,
Et, sans demander leurs revanches,
Jaunissent comme des jaloux.

Sur la blancheur de son épaule,
Paros au grain éblouissant,
Comme dans une nuit du pôle,
Un givre invisible descend.

De quel mica de neige vierge,
De quelle moelle de roseau,
De quelle hostie et de quel cierge
A-t-on fait le blanc de sa peau ?

A-t-on pris la goutte lactée
Tachant l'azur du ciel d'hiver,
Le lis à la pulpe argentée,
La blanche écume de la mer,

Le marbre blanc, chair froide et pâle
Où vivent les divinités ;
L'argent mat, la laiteuse opale
Qu'irisent de vagues clartés ;

L'ivoire, où ses mains ont des ailes,
Et, comme des papillons blancs,
Sur la pointe des notes frêles
Suspendent leurs baisers tremblants ;

L'hermine vierge de souillure,
Qui, pour abriter leurs frissons,
Ouate de sa blanche fourrure
Les épaules et les blasons ;

Le vif-argent aux fleurs fantasques
Dont les vitraux sont ramagés ;
Les blanches dentelles des vasques,
Pleurs de l'ondine en l'air figés ;

L'aubépine de mai qui plie
Sous les blancs frimas de ses fleurs ;
L'albâtre où la mélancolie
Aime à retrouver ses pâleurs ;

Le duvet blanc de la colombe,
Neigeant sur les toits du manoir,
Et la stalactite qui tombe,
Larme blanche de l'antre noir ?

Des Groenlands et des Norvèges
Vient-elle avec Séraphita ?
Est-ce la Madone des neiges,
Un sphinx blanc que l'hiver sculpta,

Sphinx enterré par l'avalanche,
Gardien des glaciers étoilés,
Et qui, sous sa poitrine blanche,
Cache de blancs secrets gelés ?

Sous la glace où calme il repose,
Oh ! qui pourra fondre ce cœur !
Oh ! qui pourra mettre un ton rose
Dans cette implacable blancheur !

286 *Prière*

COMME un ange gardien prenez-moi sous votre aile,
    Tendez, en souriant et daignant vous pencher,
A ma petite main votre main maternelle,
Pour soutenir mes pas et me faire marcher !

Car Jésus, le doux maître aux célestes tendresses,
Permettait aux enfants de s'approcher de lui ;
Comme un père indulgent il souffrait leurs caresses
Et jouait avec eux sans témoigner d'ennui.

Ô vous, qui ressemblez à ces tableaux d'église
Où l'on voit, sur fond d'or, l'auguste Charité
Préservant de la faim, préservant de la bise
Un groupe frais et blond dans sa robe abrité,

Comme le nourrisson de la Mère divine,
Par pitié, laissez-moi monter sur vos genoux,
Moi, pauvre jeune fille, isolée, orpheline,
Qui n'ai d'espoir qu'en Dieu, qui n'ai d'espoir qu'en vous.

287   *Noël*

LE ciel est noir, la terre est blanche ;
        Cloches, carillonnez gaîment !
Jésus est né ; la Vierge penche
Sur lui son visage charmant.

Pas de courtines festonnées
Pour préserver l'enfant du froid ;
Rien que les toiles d'araignées
Qui pendent des poutres du toit.

Il tremble sur la paille fraîche,
Ce cher petit enfant Jésus,
Et pour l'échauffer dans sa crèche
L'âne et le bœuf soufflent dessus.

La neige au chaume pend ses franges,
Mais sur le toit s'ouvre le Ciel,
Et, tout en blanc, le chœur des anges
Chante aux bergers : ' Noël ! Noël ! '

288 *Pendant la Tempête*

LA barque est petite et la mer immense,
    La vague nous jette au ciel en courroux,
Le ciel nous renvoie au flot en démence :
Près du mât rompu prions à genoux !

De nous à la tombe il n'est qu'une planche :
Peut-être ce soir, dans un lit amer,
Sous un froid linceul, fait d'écume blanche,
Irons-nous dormir, veillés par l'éclair !

Fleur du paradis, sainte Notre-Dame,
Si bonne aux marins en péril de mort,
Apaise le vent, fais taire la lame,
Et pousse du doigt notre esquif au port.

Nous te donnerons, si tu nous délivres,
Une belle robe en papier d'argent,
Un cierge à festons pesant quatre livres,
Et, pour ton Jésus, un petit Saint-Jean.

289 *Ce que disent les Hirondelles*

DÉJÀ plus d'une feuille sèche
    Parsème les gazons jaunis ;
Soir et matin, la brise est fraîche,
Hélas ! les beaux jours sont finis !

On voit s'ouvrir les fleurs que garde
Le jardin, pour dernier trésor ;
Le dahlia met sa cocarde
Et le souci sa toque d'or.

La pluie au bassin fait des bulles,
Les hirondelles sur le toit
Tiennent des conciliabules :
Voici l'hiver, voici le froid !

Elles s'assemblent par centaines,
Se concertant pour le départ.
L'une dit : 'Oh ! que dans Athènes
Il fait bon sur le vieux rempart !

'Tous les ans j'y vais et je niche
Aux métopes du Parthénon.
Mon nid bouche dans la corniche
Le trou d'un boulet de canon.'

L'autre : 'J'ai ma petite chambre
A Smyrne, au plafond d'un café.
Les Hadjis comptent leurs grains d'ambre
Sur le seuil, d'un rayon chauffé.

J'entre et je sors, accoutumée
Aux blondes vapeurs des chibouchs,
Et parmi des flots de fumée
Je rase turbans et tarbouchs.'

Celle-ci : 'J'habite un triglyphe
Au fronton d'un temple, à Balbeck.
Je m'y suspens avec ma griffe
Sur mes petits au large bec.'

Celle-là : 'Voici mon adresse :
Rhodes, palais des Chevaliers ;
Chaque hiver, ma tente s'y dresse
Au chapiteau des noirs piliers.'

La cinquième: 'Je ferai halte,
Car l'âge m'alourdit un peu,
Aux blanches terrasses de Malte
Entre l'eau bleue et le ciel bleu.'

La sixième: 'Qu'on est à l'aise
Au Caire, en haut des minarets!
J'empâte un ornement de glaise,
Et mes quartiers d'hiver sont prêts.'

'A la seconde cataracte,
Fait la dernière, j'ai mon nid;
J'en ai noté la place exacte,
Dans le pschent d'un roi de granit.'

Toutes: 'Demain combien de lieues
Auront filé sous notre essaim,
Plaines brunes, pics blancs, mers bleues
Brodant d'écume leur bassin!'

Avec cris et battements d'ailes,
Sur la moulure aux bords étroits,
Ainsi jasent les hirondelles,
Voyant venir la rouille aux bois.

Je comprends tout ce qu'elles disent,
Car le poëte est un oiseau;
Mais, captif, ses élans se brisent
Contre un invisible réseau!

Des ailes! des ailes! des ailes!
Comme dans le chant de Rückert,
Pour voler là-bas avec elles
Au soleil d'or, au printemps vert!

L'Art

OUI, l'œuvre sort plus belle
    D'une forme au travail
    Rebelle,
Vers, marbre, onyx, émail.

Point de contraintes fausses !
Mais que pour marcher droit
    Tu chausses,
Muse, un cothurne étroit.

Fi du rhythme commode,
Comme un soulier trop grand,
    Du mode
Que tout pied quitte et prend !

Statuaire, repousse
L'argile que pétrit
    Le pouce
Quand flotte ailleurs l'esprit.

Lutte avec le carrare,
Avec le paros dur
    Et rare,
Gardiens du contour pur ;

Emprunte à Syracuse
Son bronze où fermement
    S'accuse
Le trait fier et charmant ;

D'une main délicate
Poursuis dans un filon
    D'agate
Le profil d'Apollon.

Peintre, fuis l'aquarelle,
Et fixe la couleur
    Trop frêle
Au four de l'émailleur.

Fais les sirènes bleues,
Tordant de cent façons
    Leurs queues,
Les monstres des blasons ;

Dans son nimbe trilobe
La Vierge et son Jésus,
    Le globe
Avec la croix dessus.

Tout passe. — L'art robuste
Seul a l'éternité,
    Le buste
Survit à la cité,

Et la médaille austère
Que trouve un laboureur
    Sous terre
Révèle un empereur.

Les dieux eux-mêmes meurent,
Mais les vers souverains
    Demeurent
Plus forts que les airains.

Sculpte, lime, cisèle ;
Que ton rêve flottant
    Se scelle
Dans le bloc résistant !

PIERRE-MARIE-VICTOR-RICHARD DE LAPRADE

1812–†1883

La Mort d'un Chêne

I

QUAND l'homme te frappa de sa lâche cognée,
O roi qu'hier le mont portait avec orgueil,
Mon âme au premier coup retentit indignée,
Et dans la forêt sainte il se fit un grand deuil.

Un murmure éclata sous ses ombres paisibles :
J'entendis des sanglots et des bruits menaçants ;
Je vis errer des bois les hôtes invisibles,
Pour te défendre, hélas ! contre l'homme impuissants.

Tout un peuple effrayé partit de ton feuillage,
Et mille oiseaux chanteurs, troublés dans leurs amours,
Planèrent sur ton front, comme un pâle nuage,
Perçant de cris aigus tes gémissements sourds.

Le flot triste hésita dans l'urne des fontaines ;
Le haut du mont trembla sous les pins chancelants,
Et l'aquilon roula dans les gorges lointaines
L'écho des grands soupirs arrachés à tes flancs.

Ta chute laboura, comme un coup de tonnerre,
Un arpent tout entier sur le sol paternel ;
Et quand son sein meurtri reçut ton corps, la terre
Eut un rugissement terrible et solennel.

Car Cybèle t'aimait, toi l'aîné de ses chênes,
Comme un premier enfant que sa mère a nourri ;
Du plus pur de sa sève elle abreuvait tes veines,
Et son front se levait pour te faire un abri.

Elle entoura tes pieds d'un long tapis de mousse,
Où toujours en avril elle faisait germer
Pervenche et violette à l'odeur fraîche et douce,
Pour qu'on choisît ton ombre et qu'on y vînt aimer.

Toi, sur elle épanchant cette ombre et tes murmures,
Oh ! tu lui payais bien ton tribut filial !
Et chaque automne à flots versait tes feuilles mûres,
Comme un manteau d'hiver, sur le coteau natal.

La terre s'enivrait de ta large harmonie ;
Pour parler dans la brise, elle a créé les bois ;
Quand elle veut gémir d'une plainte infinie,
Des chênes et des pins elle emprunte la voix.

Cybèle t'amenait une immense famille ;
Chaque branche portait son nid ou son essaim :
Abeille, oiseau, reptile, insecte qui fourmille,
Tous avaient la pâture et l'abri dans ton sein.

Ta chute a dispersé tout ce peuple sonore ;
Mille êtres avec toi tombent anéantis ;
A ta place, dans l'air, seuls voltigent encore
Quelques pauvres oiseaux qui cherchent leurs petits.

Tes rameaux ont broyé des troncs déjà robustes ;
Autour de toi la mort a fauché largement.
Tu gis sur un monceau de chênes et d'arbustes.
J'ai vu tes verts cheveux pâlir en un moment.

Et ton éternité pourtant me semblait sûre !
La terre te gardait des jours multipliés...
Sa sève afflue encor par l'horrible blessure
Qui dessécha le tronc séparé de ses pieds.

VICTOR DE LAPRADE

Oh! ne prodigue plus la sève à ces racines,
Ne verse pas ton sang sur ce fils expiré,
Mère! garde-le tout pour les plantes voisines;
Le chêne ne boit plus ce breuvage sacré.

Dis adieu, pauvre chêne, au printemps qui t'enivre:
Hier, il t'a paré de feuillages nouveaux;
Tu ne sentiras plus ce bonheur de revivre.
Adieu les nids d'amour qui peuplaient tes rameaux!

Adieu les noirs essaims bourdonnant sur tes branches,
Le frisson de la feuille aux caresses du vent,
Adieu les frais tapis de mousse et de pervenches
Où le bruit des baisers t'a réjoui souvent!

Ô chêne, je comprends ta puissante agonie!
Dans sa paix, dans sa force, il est dur de mourir;
A voir crouler ta tête, au printemps rajeunie,
Je devine, ô géant! ce que tu dois souffrir.

Ainsi jusqu'à ses pieds l'homme t'a fait descendre;
Son fer a dépecé les rameaux et le tronc;
Cet être harmonieux sera fumée et cendre,
Et la terre et le vent se le partageront!

Mais n'est-il rien de toi qui subsiste et qui dure?
Où s'en vont ces esprits d'écorce recouverts?
Et n'est-il de vivant que l'immense nature,
Une au fond, mais s'ornant de mille aspects divers?

Quel qu'il soit, cependant, ma voix bénit ton être
Pour le divin repos qu'à tes pieds j'ai goûté.
Dans un jeune univers, si tu dois y renaître,
Puisses-tu retrouver ta force et ta beauté!

Car j'ai pour les forêts des amours fraternelles ;
Poète vêtu d'ombre, et dans la paix rêvant,
Je vis avec lenteur, triste et calme ; et, comme elles,
Je porte haut ma tête, et chante au moindre vent.

Je crois le bien au fond de tout ce que j'ignore ;
J'espère malgré tout, mais nul bonheur humain :
Comme un chêne immobile, en mon repos sonore,
J'attends le jour de Dieu qui nous luira demain.

En moi de la forêt le calme s'insinue ;
De ses arbres sacrés, dans l'ombre enseveli,
J'apprends la patience aux hommes inconnue,
Et mon cœur apaisé vit d'espoir et d'oubli.

Mais l'homme fait la guerre aux forêts pacifiques ;
L'ombrage sur les monts recule chaque jour ;
Rien ne nous restera des asiles mystiques
Où l'âme va cueillir la pensée et l'amour.

Prends ton vol, ô mon cœur ! la terre n'a plus d'ombres,
Et les oiseaux du ciel, les rêves infinis,
Les blanches visions qui cherchent les lieux sombres
Bientôt n'auront plus d'arbre où déposer leurs nids.

La terre se dépouille et perd ses sanctuaires ;
On chasse des vallons ses hôtes merveilleux ;
Les dieux aimaient des bois les temples séculaires,
La hache a fait tomber les chênes et les dieux.

Plus d'autels, plus d'ombrages et de paix abritée,
Plus de rites sacrés sous les grands dômes verts !
Nous léguons à nos fils la terre dévastée,
Car nos pères nous ont légué des cieux déserts.

II

Ainsi tu gémissais, poète, ami des chênes,
Toi qui gardes encor le culte des vieux jours.
Tu vois l'homme altéré sans ombre et sans fontaines...
Va! l'antique Cybèle enfantera toujours!

Lève-toi! c'est assez pleurer sur ce qui tombe;
La lyre doit savoir prédire et consoler;
Quand l'esprit te conduit sur le bord de la tombe,
De vie et d'avenir c'est pour nous y parler.

Crains-tu de voir tarir la sève universelle,
Parce qu'un chêne est mort et qu'il était géant?
Ô poète! âme ardente en qui l'amour ruisselle,
Organe de la vie, as-tu peur du néant?

Va! l'œil qui nous réchauffe a plus d'un jour à luire;
Le grand semeur a bien des graines à semer.
La nature n'est pas lasse encor de produire:
Car, ton cœur le sait bien, Dieu n'est pas las d'aimer.

Tandis que tu gémis sur cet arbre en ruines,
Mille germes là-bas, déposés en secret,
Sous le regard de Dieu veillent dans ces collines,
Tout prêts à s'élancer en vivante forêt.

Nos fils pourront aimer et rêver sous leurs dômes,
Le poète adorer la nature et chanter;
Dans l'ombreux labyrinthe où tu vois des fantômes,
Un idéal plus pur viendra les visiter.

Croissez sur nos débris, croissez, forêts nouvelles !
Sur vos jeunes bourgeons nous verserons nos pleurs :
D'avance je vous vois, plus fortes et plus belles,
Faire un plus doux ombrage à des hôtes meilleurs.

Vous n'abriterez plus de sanglants sacrifices ;
L'âge emporte les dieux ennemis de la paix.
Aux chants, aux jeux sacrés vos séjours sont propices ;
Votre mousse aux loisirs offre des lits épais.

Ne penche plus ton front sur les choses qui meurent ;
Tourne au levant tes yeux, ton cœur à l'avenir.
Les arbres sont tombés, mais les germes demeurent ;
Tends sur ceux qui naîtront tes bras pour les bénir.

Poète aux longs regards, vois les races futures,
Vois ces bois merveilleux à l'horizon éclos ;
Dans ton sein prophétique écoute leurs murmures ;
Écoute : au lieu d'un bruit de fer et de sanglots,

Sur des coteaux baignés par des clartés sereines,
Où des peuples joyeux semblent se reposer,
Sous les chênes émus, les hêtres et les frênes,
On dirait qu'on entend un immense baiser !

292 *Rêves ambitieux*

SI j'avais un arpent de sol, mont, val ou plaine,
   Avec un filet d'eau, torrent, source ou ruisseau,
J'y planterais un arbre, olivier, saule ou frêne,
J'y bâtirais un toit, chaume, tuile ou roseau.

  Sur mon arbre, un doux nid, gramen, duvet ou laine,
Retiendrait un chanteur, pinson, merle ou moineau;
Sous mon toit, un doux lit, hamac, natte ou berceau,
Retiendrait une enfant, blonde, brune ou châtaine.

  Je ne veux qu'un arpent; pour le mesurer mieux,
Je dirais à l'enfant la plus belle à mes yeux:
' Tiens-toi debout devant le soleil qui se lève;

  ' Aussi loin que ton ombre ira sur le gazon,
' Aussi loin je m'en vais tracer mon horizon.'
— Tout bonheur que la main n'atteint pas n'est qu'un rêve.

293 *Les deux Cortèges*

DEUX cortèges se sont rencontrés à l'église.
   L'un est morne: — il conduit le cercueil d'un enfant;
Une femme le suit, presque folle, étouffant
Dans sa poitrine en feu le sanglot qui la brise.

  L'autre, c'est un baptême: — au bras qui le défend
Un nourrisson gazouille une note indécise;
Sa mère, lui tendant le doux sein qu'il épuise,
L'embrasse tout entier d'un regard triomphant!

  On baptise, on absout, et le temple se vide.
Les deux femmes, alors, se croisant sous l'abside,
Échangent un coup d'œil aussitôt détourné;

  Et — merveilleux retour qu'inspire la prière —
La jeune mère pleure en regardant la bière,
La femme qui pleurait sourit au nouveau-né!

CHARLES-MARIE-RENÉ LECONTE
DE LISLE

1818-†1894

294   *Les Hurleurs*

LE soleil dans les flots avait noyé ses flammes,
    La ville s'endormait au pied des monts brumeux ;
Sur de grands rocs lavés d'un nuage écumeux
La mer sombre en grondant versait ses hautes lames.

La nuit multipliait ce long gémissement.
Nul astre ne luisait dans l'immensité nue ;
Seule, la lune pâle, en écartant la nue,
Comme une morne lampe oscillait tristement.

Monde muet, marqué d'un signe de colère,
Débris d'un globe mort au hasard dispersé,
Elle laissait tomber de son orbe glacé
Un reflet sépulcral sur l'océan polaire.

Sans borne, assise au Nord, sous les cieux étouffants,
L'Afrique, s'abritant d'ombre épaisse et de brume,
Affamait ses lions dans le sable qui fume,
Et couchait près des lacs ses troupeaux d'éléphants.

Mais sur la plage aride, aux odeurs insalubres,
Parmi les ossements de bœufs et de chevaux,
De maigres chiens, épars, allongeant leurs museaux,
Se lamentaient, poussant des hurlements lugubres.

La queue en cercle sous leurs ventres palpitants,
L'œil dilaté, tremblant sur leurs pattes fébriles,
Accroupis çà et là, tous hurlaient, immobiles,
Et d'un frisson rapide agités par instants.

L'écume de la mer collait sur leurs échines
De longs poils qui laissaient les vertèbres saillir ;
Et quand les flots par bonds les venaient assaillir
Leurs dents blanches claquaient sous leurs rouges babines.

Devant la lune errante aux livides clartés,
Quelle angoisse inconnue, au bord des noires ondes,
Faisait pleurer une âme en vos formes immondes ?
Pourquoi gémissiez-vous, spectres épouvantés ?

Je ne sais ; mais, ô chiens qui hurliez sur les plages,
Après tant de soleils qui ne reviendront plus,
J'entends toujours, du fond de mon passé confus,
Le cri désespéré de vos douleurs sauvages !

295 *Midi*

MIDI, roi des étés, épandu sur la plaine,
    Tombe en nappes d'argent des hauteurs du ciel bleu.
Tout se tait. L'air flamboie et brûle sans haleine ;
La terre est assoupie en sa robe de feu.

L'étendue est immense, et les champs n'ont point d'ombre,
Et la source est tarie où buvaient les troupeaux ;
La lointaine forêt, dont la lisière est sombre,
Dort là-bas, immobile, en un pesant repos.

Seuls, les grands blés mûris, tels qu'une mer dorée,
Se déroulent au loin, dédaigneux du sommeil ;
Pacifiques enfants de la terre sacrée,
Ils épuisent sans peur la coupe du soleil.

Parfois, comme un soupir de leur âme brûlante,
Du sein des épis lourds qui murmurent entre eux,
Une ondulation majestueuse et lente
S'éveille, et va mourir à l'horizon poudreux.

Non loin, quelques bœufs blancs, couchés parmi les herbes,
Bavent avec lenteur sur leurs fanons épais,
Et suivent de leurs yeux languissants et superbes
Le songe intérieur qu'ils n'achèvent jamais.

Homme, si, le cœur plein de joie ou d'amertume,
Tu passais vers midi dans les champs radieux,
Fuis ! la nature est vide et le soleil consume :
Rien n'est vivant ici, rien n'est triste ou joyeux.

Mais si, désabusé des larmes et du rire,
Altéré de l'oubli de ce monde agité,
Tu veux, ne sachant plus pardonner ou maudire,
Goûter une suprême et morne volupté,

Viens ! Le soleil te parle en paroles sublimes ;
Dans sa flamme implacable absorbe-toi sans fin ;
Et retourne à pas lents vers les cités infimes,
Le cœur trempé sept fois dans le néant divin.

296   *Le Sommeil du Condor*

PAR delà l'escalier des roides Cordillères,
    Par delà les brouillards hantés des aigles noirs,
Plus haut que les sommets creusés en entonnoirs
Où bout le flux sanglant des laves familières,
L'envergure pendante et rouge par endroits,
Le vaste oiseau, tout plein d'une morne indolence,
Regarde l'Amérique et l'espace en silence,
Et le sombre soleil qui meurt dans ses yeux froids.
La nuit roule de l'Est, où les pampas sauvages
Sous les monts étagés s'élargissent sans fin ;
Elle endort le Chili, les villes, les rivages,
Et la mer Pacifique et l'horizon divin ;

Du continent muet elle s'est emparée :
Des sables aux coteaux, des gorges aux versants,
De cime en cime, elle enfle, en tourbillons croissants,
Le lourd débordement de sa haute marée.
Lui, comme un spectre, seul, au front du pic altier,
Baigné d'une lueur qui saigne sur la neige,
Il attend cette mer sinistre qui l'assiège :
Elle arrive, déferle, et le couvre en entier.
Dans l'abîme sans fond la croix australe allume
Sur les côtes du ciel son phare constellé.
Il râle de plaisir, il agite sa plume,
Il érige son cou musculeux et pelé,
Il s'enlève en fouettant l'âpre neige des Andes,
Dans un cri rauque il monte où n'atteint pas le vent,
Et, loin du globe noir, loin de l'astre vivant,
Il dort dans l'air glacé, les ailes toutes grandes.

297 *Les Éléphants*

LE sable rouge est comme une mer sans limite,
    Et qui flambe, muette, affaissée en son lit.
Une ondulation immobile remplit
L'horizon aux vapeurs de cuivre où l'homme habite.

Nulle vie et nul bruit. Tous les lions repus
Dorment au fond de l'antre éloigné de cent lieues,
Et la girafe boit dans les fontaines bleues,
Là-bas, sous les dattiers des panthères connus.

Pas un oiseau ne passe en fouettant de son aile
L'air épais où circule un immense soleil.
Parfois quelque boa, chauffé dans son sommeil,
Fait onduler son dos dont l'écaille étincelle.

Tel l'espace enflammé brûle sous les cieux clairs ;
Mais, tandis que tout dort aux mornes solitudes,
Les éléphants rugueux, voyageurs lents et rudes,
Vont au pays natal à travers les déserts.

D'un point de l'horizon, comme des masses brunes,
Ils viennent, soulevant la poussière, et l'on voit,
Pour ne point dévier du chemin le plus droit,
Sous leur pied large et sûr crouler au loin les dunes.

Celui qui tient la tête est un vieux chef. Son corps
Est gercé comme un tronc que le temps ronge et mine ;
Sa tête est comme un roc, et l'arc de son échine
Se voûte puissamment à ses moindres efforts.

Sans ralentir jamais et sans hâter sa marche,
Il guide au but certain ses compagnons poudreux ;
Et, creusant par derrière un sillon sablonneux,
Les pèlerins massifs suivent leur patriarche.

L'oreille en éventail, la trompe entre les dents,
Ils cheminent, l'œil clos. Leur ventre bat et fume,
Et leur sueur dans l'air embrasé monte en brume ;
Et bourdonnent autour mille insectes ardents.

Mais qu'importent la soif et la mouche vorace,
Et le soleil cuisant leur dos noir et plissé ?
Ils rêvent en marchant du pays délaissé,
Des forêts de figuiers où s'abrita leur race.

Ils reverront le fleuve échappé des grands monts,
Où nage en mugissant l'hippopotame énorme ;
Où, blanchis par la lune et projetant leur forme,
Ils descendaient pour boire en écrasant les joncs.

Aussi, pleins de courage et de lenteur, ils passent,
Comme une ligne noire, au sable illimité ;
Et le désert reprend son immobilité
Quand les lourds voyageurs à l'horizon s'effacent.

298　　　　　*Le Cœur de Hialmar*

UNE nuit claire, un vent glacé. La neige est rouge.
　　Mille braves sont là qui dorment sans tombeaux,
L'épée au poing, les yeux hagards. Pas un ne bouge.
Au-dessus tourne et crie un vol de noirs corbeaux.

La lune froide verse au loin sa pâle flamme.
Hialmar se soulève entre les morts sanglants,
Appuyé des deux mains au tronçon de sa lame.
La pourpre du combat ruisselle de ses flancs.

— Holà ! Quelqu'un a-t-il encore un peu d'haleine,
Parmi tant de joyeux et robustes garçons
Qui, ce matin, riaient et chantaient à voix pleine
Comme des merles dans l'épaisseur des buissons ?

Tous sont muets. Mon casque est rompu, mon armure
Est trouée, et la hache a fait sauter ses clous.
Mes yeux saignent. J'entends un immense murmure
Pareil aux hurlements de la mer ou des loups.

Viens par ici, Corbeau, mon brave mangeur d'hommes !
Ouvre-moi la poitrine avec ton bec de fer.
Tu nous retrouveras demain tels que nous sommes.
Porte mon cœur tout chaud à la fille d'Ylmer.

Dans Upsal, où les Jarls boivent la bonne bière,
Et chantent, en heurtant les cruches d'or, en chœur,
A tire d'aile vole, ô rôdeur de bruyère !
Cherche ma fiancée et porte-lui mon cœur.

Au sommet de la tour que hantent les corneilles
Tu la verras debout, blanche, aux longs cheveux noirs.
Deux anneaux d'argent fin lui pendent aux oreilles,
Et ses yeux sont plus clairs que l'astre des beaux soirs.

Va, sombre messager, dis-lui bien que je l'aime,
Et que voici mon cœur. Elle reconnaîtra
Qu'il est rouge et solide et non tremblant et blême ;
Et la fille d'Ylmer, Corbeau, te sourira !

Moi, je meurs. Mon esprit coule par vingt blessures.
J'ai fait mon temps. Buvez, ô loups, mon sang vermeil.
Jeune, brave, riant, libre et sans flétrissures,
Je vais m'asseoir parmi les Dieux, dans le soleil !

299   *Les Elfes*

COURONNÉS de thym et de marjolaine,
      Les Elfes joyeux dansent sur la plaine.

Du sentier des bois aux daims familier,
Sur un noir cheval, sort un chevalier.
Son éperon d'or brille en la nuit brune ;
Et, quand il traverse un rayon de lune,
On voit resplendir, d'un reflet changeant,
Sur sa chevelure un casque d'argent.

Couronnés de thym et de marjolaine,
Les Elfes joyeux dansent sur la plaine.

Ils l'entourent tous d'un essaim léger
Qui dans l'air muet semble voltiger.

442

— Hardi chevalier, par la nuit sereine,
Où vas-tu si tard? dit la jeune Reine.
De mauvais esprits hantent les forêts;
Viens danser plutôt sur les gazons frais. —

Couronnés de thym et de marjolaine,
Les Elfes joyeux dansent sur la plaine.

— Non! ma fiancée aux yeux clairs et doux
M'attend, et demain nous serons époux.
Laissez-moi passer, Elfes des prairies,
Qui foulez en rond les mousses fleuries;
Ne m'attardez pas loin de mon amour,
Car voici déjà les lueurs du jour. —

Couronnés de thym et de marjolaine,
Les Elfes joyeux dansent sur la plaine.

— Reste, chevalier. Je te donnerai
L'opale magique et l'anneau doré,
Et, ce qui vaut mieux que gloire et fortune,
Ma robe filée au clair de la lune.
— Non! dit-il. — Va donc! — Et de son doigt blanc
Elle touche au cœur le guerrier tremblant.

Couronnés de thym et de marjolaine,
Les Elfes joyeux dansent sur la plaine.

Et sous l'éperon le noir cheval part.
Il court, il bondit et va sans retard;
Mais le chevalier frissonne et se penche;
Il voit sur la route une forme blanche
Qui marche sans bruit et lui tend les bras:
— Elfe, esprit, démon, ne m'arrête pas! —

Couronnés de thym et de marjolaine,
Les Elfes joyeux dansent sur la plaine.

LECONTE DE LISLE

— Ne m'arrête pas, fantôme odieux !
Je vais épouser ma belle aux doux yeux.
— Ô mon cher époux, la tombe éternelle
Sera notre lit de noce, dit-elle.
Je suis morte ! — Et lui, la voyant ainsi,
D'angoisse et d'amour tombe mort aussi.

Couronnés de thym et de marjolaine,
Les Elfes joyeux dansent sur la plaine.

CHARLES BAUDELAIRE

1821-†1867

300   *L'Albatros*

SOUVENT, pour s'amuser, les hommes d'équipage
Prennent des albatros, vastes oiseaux des mers,
Qui suivent, indolents compagnons de voyage,
Le navire glissant sur les gouffres amers.

A peine les ont-ils déposés sur les planches,
Que ces rois de l'azur, maladroits et honteux,
Laissent piteusement leurs grandes ailes blanches
Comme des avirons traîner à côté d'eux.

Ce voyageur ailé, comme il est gauche et veule !
Lui, naguère si beau, qu'il est comique et laid !
L'un agace son bec avec un brûle-gueule,
L'autre mime, en boitant, l'infirme qui volait !

Le Poëte est semblable au prince des nuées
Qui hante la tempête et se rit de l'archer ;
Exilé sur le sol au milieu des huées,
Ses ailes de géant l'empêchent de marcher.

444

301   *Don Juan aux Enfers*

QUAND don Juan descendit vers l'onde souterraine
    Et lorsqu'il eut donné son obole à Charon,
Un sombre mendiant, l'œil fier comme Antisthène,
D'un bras vengeur et fort saisit chaque aviron.

Montrant leurs seins pendants et leurs robes ouvertes,
Des femmes se tordaient sous le noir firmament,
Et, comme un grand troupeau de victimes offertes,
Derrière lui traînaient un long mugissement.

Sganarelle en riant lui réclamait ses gages,
Tandis que don Luis avec un doigt tremblant
Montrait à tous les morts errant sur les rivages
Le fils audacieux qui railla son front blanc.

Frissonnant sous son deuil, la chaste et maigre Elvire,
Près de l'époux perfide et qui fut son amant,
Semblait lui réclamer un suprême sourire
Où brillât la douceur de son premier serment.

Tout droit dans son armure, un grand homme de pierre
Se tenait à la barre et coupait le flot noir ;
Mais le calme héros, courbé sur sa rapière,
Regardait le sillage et ne daignait rien voir.

302   *La Géante*

DU temps que la Nature en sa verve puissante
        Concevait chaque jour des enfants monstrueux,
J'eusse aimé vivre auprès d'une jeune géante,
Comme aux pieds d'une reine un chat voluptueux.

J'eusse aimé voir son corps fleurir avec son âme
Et grandir librement dans ses terribles jeux ;
Deviner si son cœur couve une sombre flamme
Aux humides brouillards qui nagent dans ses yeux ;

Parcourir à loisir ses magnifiques formes ;
Ramper sur le versant de ses genoux énormes,
Et parfois en été, quand les soleils malsains,

Lasse, la font s'étendre à travers la campagne,
Dormir nonchalamment à l'ombre de ses seins,
Comme un hameau paisible au pied d'une montagne.

303   *Le Balcon*

MÈRE des souvenirs, maîtresse des maîtresses,
        Ô toi, tous mes plaisirs ! ô toi, tous mes devoirs !
Tu te rappelleras la beauté des caresses,
La douceur du foyer et le charme des soirs,
Mère des souvenirs, maîtresse des maîtresses !

Les soirs illuminés par l'ardeur du charbon,
Et les soirs au balcon, voilés de vapeurs roses.
— Que ton sein m'était doux ! que ton cœur m'était bon !
Nous avons dit souvent d'impérissables choses
Les soirs illuminés par l'ardeur du charbon.

Que les soleils sont beaux dans les chaudes soirées!
Que l'espace est profond! que le cœur est puissant!
En me penchant vers toi, reine des adorées,
Je croyais respirer le parfum de ton sang.
Que les soleils sont beaux dans les chaudes soirées!

La nuit s'épaississait ainsi qu'une cloison,
Et mes yeux dans le noir devinaient tes prunelles,
Et je buvais ton souffle, ô douceur, ô poison!
Et tes pieds s'endormaient dans mes mains fraternelles.
La nuit s'épaississait ainsi qu'une cloison.

Je sais l'art d'évoquer les minutes heureuses
Et revis mon passé blotti dans tes genoux.
Car à quoi bon chercher tes beautés langoureuses
Ailleurs qu'en ton cher corps et qu'en ton cœur si doux?
Je sais l'art d'évoquer les minutes heureuses!

Ces serments, ces parfums, ces baisers infinis,
Renaîtront-ils d'un gouffre interdit à nos sondes,
Comme montent au ciel les soleils rajeunis
Après s'être lavés au fond des mers profondes?
— Ô serments! ô parfums! ô baisers infinis!

304 *Hymne*

A LA très-chère, à la très-belle
    Qui remplit mon cœur de clarté,
A l'ange, à l'idole immortelle,
Salut en immortalité!

Elle se répand dans ma vie
Comme un air imprégné de sel,
Et dans mon âme inassouvie
Verse le goût de l'éternel.

447

Sachet toujours frais qui parfume
L'atmosphère d'un cher réduit,
Encensoir oublié qui fume
En secret à travers la nuit.

Comment, amour incorruptible,
T'exprimer avec vérité?
Grain de musc qui gis, invisible,
Au fond de mon éternité!

A la très-bonne, à la très-belle
Qui fait ma joie et ma santé,
A l'ange, à l'idole immortelle,
Salut en immortalité!

305   *Madrigal triste*

QUE m'importe que tu sois sage?
     Sois belle! et sois triste! Les pleurs
Ajoutent un charme au visage,
Comme le fleuve au paysage;
L'orage rajeunit les fleurs.

Je t'aime surtout quand la joie
S'enfuit de ton front terrassé;
Quand ton cœur dans l'horreur se noie;
Quand sur ton présent se déploie
Le nuage affreux du passé.

Je t'aime quand ton grand œil verse
Une eau chaude comme le sang;
Quand, malgré ma main qui te berce,
Ton angoisse, trop lourde, perce
Comme un râle d'agonisant.

J'aspire, volupté divine !
Hymne profond, délicieux !
Tous les sanglots de ta poitrine,
Et crois que ton cœur s'illumine
Des perles que versent tes yeux !

Je sais que ton cœur, qui regorge
De vieux amours déracinés,
Flamboie encor comme une forge,
Et que tu couves sous ta gorge
Un peu de l'orgueil des damnés ;

Mais tant, ma chère, que tes rêves
N'auront pas reflété l'Enfer,
Et qu'en un cauchemar sans trêves,
Songeant de poisons et de glaives,
Éprise de poudre et de fer,

N'ouvrant à chacun qu'avec crainte,
Déchiffrant le malheur partout,
Te convulsant quand l'heure tinte,
Tu n'auras pas senti l'étreinte
De l'irrésistible Dégoût,

Tu ne pourras, esclave reine
Qui ne m'aimes qu'avec effroi,
Dans l'horreur de la nuit malsaine
Me dire, l'âme de cris pleine :
'Je suis ton égale, ô mon Roi !'

Recueillement

SOIS sage, ô ma Douleur, et tiens-toi plus tranquille.
   Tu réclamais le Soir; il descend; le voici;
Une atmosphère obscure enveloppe la ville,
Aux uns portant la paix, aux autres le souci.

   Pendant que des mortels la multitude vile,
Sous le fouet du Plaisir, ce bourreau sans merci,
Va cueillir des remords dans la fête servile,
Ma Douleur, donne-moi la main; viens par ici,

   Loin d'eux. Vois se pencher les défuntes Années,
Sur les balcons du ciel, en robes surannées;
Surgir du fond des eaux le Regret souriant;

   Le Soleil moribond s'endormir sous une arche,
Et, comme un long linceul traînant à l'Orient,
Entends, ma chère, entends la douce Nuit qui marche.

Spleen

J'AI plus de souvenirs que si j'avais mille ans.

Un gros meuble à tiroirs encombrés de bilans,
De vers, de billets-doux, de procès, de romances,
Avec de lourds cheveux roulés dans des quittances,
Cache moins de secrets que mon triste cerveau.
C'est une pyramide, un immense caveau,
Qui contient plus de morts que la fosse commune.

— Je suis un cimetière abhorré de la lune,
Où, comme des remords, se traînent de longs vers
Qui s'acharnent toujours sur mes morts les plus chers.
Je suis un vieux boudoir plein de roses fanées,
Où gît tout un fouillis de modes surannées,

Où les pastels plaintifs et les pâles Boucher,
Seuls, respirent l'odeur d'un flacon débouché.

Rien n'égale en longueur les boiteuses journées,
Quand, sous les lourds flocons des neigeuses années,
L'Ennui, fruit de la morne incuriosité,
Prend les proportions de l'immortalité.

— Désormais tu n'es plus, ô matière vivante!
Qu'un granit entouré d'une vague épouvante,
Assoupi dans le fond d'un Saharah brumeux!
Un vieux sphinx ignoré du monde insoucieux,
Oublié sur la carte, et dont l'humeur farouche
Ne chante qu'aux rayons du soleil qui se couche.

308 *Un Voyage à Cythère*

MON cœur, comme un oiseau, voltigeait tout joyeux
    Et planait librement à l'entour des cordages;
Le navire roulait sous un ciel sans nuages,
Comme un ange enivré du soleil radieux.

Quelle est cette île triste et noire? — C'est Cythère,
Nous dit-on, un pays fameux dans les chansons,
Eldorado banal de tous les vieux garçons.
Regardez, après tout, c'est une pauvre terre.

— Île des doux secrets et des fêtes du cœur!
De l'antique Vénus le superbe fantôme
Au-dessus de tes mers plane comme un arome
Et charge les esprits d'amour et de langueur.

Belle île aux myrtes verts, pleine de fleurs écloses,
Vénérée à jamais par toute nation,
Où les soupirs des cœurs en adoration
Roulent comme l'encens sur un jardin de roses,

Ou le roucoulement éternel d'un ramier !
— Cythère n'était plus qu'un terrain des plus maigres,
Un désert rocailleux troublé par des cris aigres.
J'entrevoyais pourtant un objet singulier !

Ce n'était pas un temple aux ombres bocagères,
Où la jeune prêtresse, amoureuse des fleurs,
Allait, le corps brûlé de secrètes chaleurs,
Entre-bâillant sa robe aux brises passagères ;

Mais voilà qu'en rasant la côte d'assez près
Pour troubler les oiseaux avec nos voiles blanches,
Nous vîmes que c'était un gibet à trois branches,
Du ciel se détachant en noir, comme un cyprès.

De féroces oiseaux perchés sur leur pâture
Détruisaient avec rage un pendu déjà mûr,
Chacun plantant, comme un outil, son bec impur
Dans tous les coins saignants de cette pourriture ;

Les yeux étaient deux trous, et du ventre effondré
Les intestins pesants lui coulaient sur les cuisses,
Et ses bourreaux, gorgés de hideuses délices,
L'avaient à coups de bec absolument châtré.

Sous les pieds, un troupeau de jaloux quadrupèdes,
Le museau relevé, tournoyait et rôdait ;
Une plus grande bête au milieu s'agitait
Comme un exécuteur entouré de ses aides.

Habitant de Cythère, enfant d'un ciel si beau,
Silencieusement tu souffrais ces insultes,
En expiation de tes infâmes cultes,
Et des péchés qui t'ont interdit le tombeau.

Ridicule pendu, tes douleurs sont les miennes !
Je sentis, à l'aspect de tes membres flottants,
Comme un vomissement, remonter vers mes dents
Le long fleuve de fiel des douleurs anciennes.

Devant toi, pauvre diable au souvenir si cher,
J'ai senti tous les becs et toutes les mâchoires
Des corbeaux lancinants et des panthères noires
Qui jadis aimaient tant à triturer ma chair.

Le ciel était charmant, la mer était unie ;
Pour moi tout était noir et sanglant désormais,
Hélas ! et j'avais, comme en un suaire épais,
Le cœur enseveli dans cette allégorie.

Dans ton île, ô Vénus, je n'ai trouvé debout
Qu'un gibet symbolique où pendait mon image...
— Ah ! Seigneur ! donnez-moi la force et le courage
De contempler mon cœur et mon corps sans dégoût !

309 *L'Horloge*

HORLOGE ! dieu sinistre, effrayant, impassible,
    Dont le doigt nous menace et nous dit : *'Souviens-toi !'*
Les vibrantes Douleurs dans ton cœur plein d'effroi
Se planteront bientôt comme dans une cible ;

Le Plaisir vaporeux fuira vers l'horizon
Ainsi qu'une sylphide au fond de la coulisse ;
Chaque instant te dévore un morceau du délice
A chaque homme accordé pour toute sa saison.

Trois mille six cents fois par heure, la Seconde
Chuchote : *Souviens-toi !* — Rapide avec sa voix
D'insecte, Maintenant dit : Je suis Autrefois,
Et j'ai pompé ta vie avec ma trompe immonde !

Remember! *Souviens-toi!* prodigue! *Esto memor!*
(Mon gosier de métal parle toutes les langues.)
Les minutes, mortel folâtre, sont des gangues
Qu'il ne faut pas lâcher sans en extraire l'or!

Souviens-toi que le Temps est un joueur avide
Qui gagne sans tricher, à tout coup! c'est la loi.
Le jour décroît; la nuit augmente; *souviens-toi!*
Le gouffre a toujours soif; la clepsydre se vide.

Tantôt sonnera l'heure où le divin Hasard,
Où l'auguste Vertu, ton épouse encor vierge,
Où le Repentir même (oh! la dernière auberge!),
Où tout te dira: 'Meurs, vieux lâche! il est trop tard!'

LOUIS BOUILHET

1822–†1869

310 *Vers à une Femme*

QUOI! tu raillais vraiment, quand tu disais: 'Je
t'aime!'
Quoi! tu mentais aussi, pauvre fille!... A quoi bon?
Tu ne me trompais pas, tu te trompais toi-même,
Pouvant avoir l'amour, tu n'as que le pardon!

Garde-le, large et franc, comme fut ma tendresse.
Que par aucun regret ton cœur ne soit mordu:
Ce que j'aimais en toi, c'était ma propre ivresse;
Ce que j'aimais en toi, je ne l'ai pas perdu...

Ta lampe n'a brûlé qu'en empruntant ma flamme.
Comme le grand convive aux noces de Cana,
Je changeais en vin pur les fadeurs de ton âme,
Et ce fut un festin dont chacun s'étonna.

LOUIS BOUILHET

Tu n'as jamais été, dans tes jours les plus rares,
Qu'un banal instrument sous mon archet vainqueur,
Et, comme un air qui sonne aux bois creux des guitares,
J'ai fait chanter mon rêve au vide de ton cœur...

S'il fut sublime et doux, ce n'est point ton affaire.
Je peux le dire au monde et ne te pas nommer :
Pour tirer du néant sa splendeur éphémère,
Il m'a suffi de croire.   Il m'a suffi d'aimer.

Et maintenant, adieu ! Suis ton chemin, je passe !
Poudre d'un blanc discret les rougeurs de ton front ;
Le banquet est fini quand j'ai vidé ma tasse ;
S'il reste encor du vin, les laquais le boiront !

THÉODORE DE BANVILLE

1823–†1891

311   *A la Font-Georges*

Ô CHAMPS plein de silence,
    Où mon heureuse enfance
Avait des jours encor
    Tout filés d'or !

Ô ma vieille Font-Georges,
Vers qui les rouges-gorges
Et le doux rossignol
    Prenaient leur vol !

Maison blanche où la vigne
Tordait en longue ligne
Son feuillage qui boit
    Les pleurs du toit !

THÉODORE DE BANVILLE

O claire source froide,
Qu'ombrageait, vieux et roide,
Un noyer vigoureux
   A moitié creux !

Sources ! fraîches fontaines !
Qui, douces à mes peines,
Frémissiez autrefois
   Rien qu'à ma voix !

Bassin où les laveuses
Chantaient insoucieuses
En battant sur leur banc
   Le linge blanc !

Ô sorbier centenaire,
Dont trois coups de tonerre
Avaient laissé tout nu
   Le front chenu !

Tonnelles et coudrettes,
Verdoyantes retraites
De peupliers mouvants
   A tous les vents !

Ô vignes purpurines,
Dont, le long des collines,
Les ceps accumulés
   Ployaient gonflés ;

Où, l'automne venue,
La Vendange mi-nue
A l'entour du pressoir
   Dansait le soir !

Ô buissons d'églantines,
Jetant dans les ravines,
Comme un chêne le gland,
   Leur fruit sanglant !

Murmurante oseraie,
Où le ramier s'effraie,
Saule au feuillage bleu,
   Lointains en feu !

Rameaux lourds de cerises !
Moissonneuses surprises
A mi-jambe dans l'eau
   Du clair ruisseau !

Antres, chemins, fontaines,
Âcres parfums et plaines,
Ombrages et rochers
   Souvent cherchés !

Ruisseaux ! forêts ! silence !
Ô mes amours d'enfance !
Mon âme, sans témoins,
   Vous aime moins

Que ce jardin morose
Sans verdure et sans rose
Et ces sombres massifs
   D'antiques ifs,

Et ce chemin de sable,
Où j'eus l'heur ineffable,
Pour la première fois,
   D'ouïr sa voix !

Où rêveuse, l'amie
Doucement obéie,
S'appuyant à mon bras,
　Parlait tout bas,

Pensive et recueillie,
Et d'une fleur cueillie
Brisant le cœur discret
　D'un doigt distrait,

A l'heure où les étoiles
Frissonnant sous leurs voiles
Brodent le ciel changeant
　De fleurs d'argent.

312　'*Nous n'irons plus au bois*'

NOUS n'irons plus au bois, les lauriers sont coupés.
　Les Amours des bassins, les Naïades en groupe
Voient reluire au soleil en cristaux découpés
Les flots silencieux qui coulaient de leur coupe.
Les lauriers sont coupés, et le cerf aux abois
Tressaille au son du cor ; nous n'irons plus au bois,
Où des enfants charmants riait la folle troupe
Sous les regards des lys aux pleurs du ciel trempés.
Voici l'herbe qu'on fauche et les lauriers qu'on coupe.
Nous n'irons plus au bois, les lauriers sont coupés.

313 *A Adolphe Gaïffe*

JEUNE homme sans mélancolie,
   Blond comme un soleil d'Italie,
Garde bien ta belle folie.

C'est la sagesse! Aimer le vin,
La beauté, le printemps divin,
Cela suffit. Le reste est vain.

Souris, même au destin sévère!
Et quand revient la primevère,
Jettes-en les fleurs dans ton verre.

Au corps sous la tombe enfermé
Que reste-t-il? D'avoir aimé
Pendant deux ou trois mois de mai.

'Cherchez les effets et les causes,'
Nous disent les rêveurs moroses.
Des mots! des mots! cueillons les roses.

314 *A Georges Rochegrosse*

ENFANT dont la lèvre rit
   Et, gracieuse, fleurit
Comme une corolle éclose,
Et qui sur ta joue en fleurs
Portes encor les couleurs
Du soleil et de la rose!

Pendant ces jours filés d'or
Où tu ressembles encor
A toutes les choses belles,
Le vieux poète bénit
Ton enfance, et le doux nid
Où ton âme ouvre ses ailes.

Hélas ! bientôt, petit roi,
Tu seras grand ! souviens-toi
De notre splendeur première.
Dis tout haut les divins noms :
Souviens-toi que nous venons
Du ciel et de la lumière.

Je te souhaite, non pas
De tout fouler sous tes pas
Avec un orgueil barbare,
Non pas d'être un de ces fous
Qui sur l'or ou les gros sous
Fondent leur richesse avare,

Mais de regarder les cieux !
Qu'au livre silencieux
Ta prunelle sache lire,
Et que, docile aux chansons,
Ton oreille s'ouvre aux sons
Mystérieux de la lyre !

Enfant bercé dans les bras
De ta mère, tu sauras
Qu'ici-bas il faut qu'on vive
Sur une terre d'exil
Où je ne sais quel plomb vil
Retient notre âme captive.

Sous cet horizon troublé,
Ah ! malheur à l'Exilé
Dont la mémoire flétrie
Ne peut plus se rappeler,
Et qui n'y sait plus parler
La langue de la patrie !

Mais le ciel, dans notre ennui,
N'est pas perdu pour celui
Qui le veut et le devine,
Et qui, malgré tous nos maux,
Balbutie encor les mots
Dont l'origine est divine.

Emplis ton esprit d'azur !
Garde-le sévère et pur,
Et que ton cœur, toujours digne
De n'être pas reproché,
Ne soit jamais plus taché
Que le plumage d'un cygne !

Souviens-toi du Paradis,
Cher cœur ! et je te le dis
Au moment où nulle fange
Terrestre ne te corrompt,
Pendant que ton petit front
Est encor celui d'un ange.

315   *Sculpteur, cherche avec soin...*

SCULPTEUR, cherche avec soin, en attendant l'extase,
    Un marbre sans défaut pour en faire un beau vase ;
Cherche longtemps sa forme et n'y retrace pas
D'amours mystérieux ni de divins combats.
Pas d'Héraklès vainqueur du monstre de Némée,
Ni de Cypris naissant sur la mer embaumée ;
Pas de Titans vaincus dans leurs rébellions,
Ni de riant Bacchos attelant les lions
Avec un frein tressé de pampres et de vignes ;
Pas de Léda jouant dans la troupe des cygnes
Sous l'ombre des lauriers en fleur, ni d'Artémis
Surprise au sein des eaux dans sa blancheur de lys.

Qu'autour du vase pur, trop beau pour la Bacchante,
La verveine mêlée à des feuilles d'acanthe
Fleurisse, et que plus bas des vierges lentement
S'avancent deux à deux, d'un pas sûr et charmant,
Les bras pendant le long de leurs tuniques droites,
Et les cheveux tressés sur leurs têtes étroites.

PAUL VERLAINE

1844–†1896

316　　　　*Sérénade*

COMME la voix d'un mort qui chanterait
　　　　Du fond de sa fosse,
Maîtresse, entends monter vers ton retrait
　　　　Ma voix aigre et fausse.

Ouvre ton âme et ton oreille au son
　　　　De la mandoline :
Pour toi j'ai fait, pour toi, cette chanson
　　　　Cruelle et câline.

Je chanterai tes yeux d'or et d'onyx
　　　　Purs de toutes ombres,
Puis le Léthé de ton sein, puis le Styx
　　　　De tes cheveux sombres.

Comme la voix d'un mort qui chanterait
　　　　Du fond de sa fosse,
Maîtresse, entends monter vers ton retrait
　　　　Ma voix aigre et fausse.

Puis je louerai beaucoup, comme il convient,
　　　　Cette chair bénie
Dont le parfum opulent me revient
　　　　Les nuits d'insomnie.

Et pour finir, je dirai le baiser
　　De ta lèvre rouge,
Et ta douceur à me martyriser,
　　— Mon Ange ! — ma Gouge !

Ouvre ton âme et ton oreille au son
　　De ma mandoline :
Pour toi j'ai fait, pour toi, cette chanson
　　Cruelle et câline.

317　　　　*Chanson d'Automne*

L ES sanglots longs
　　Des violons
　　De l'automne
Blessent mon cœur
D'une langueur
　　Monotone.

Tout suffocant
Et blême, quand
　　Sonne l'heure,
Je me souviens
Des jours anciens
　　Et je pleure ;

Et je m'en vais
Au vent mauvais
　　Qui m'emporte
Deçà, delà,
Pareil à la
　　Feuille morte.

318 *Mon Rêve familier*

JE fais souvent ce rêve étrange et pénétrant
    D'une femme inconnue, et que j'aime, et qui m'aime,
Et qui n'est, chaque fois, ni tout à fait la même
Ni tout à fait une autre, et m'aime et me comprend.

Car elle me comprend, et mon cœur, transparent
Pour elle seule, hélas ! cesse d'être un problème
Pour elle seule, et les moiteurs de mon front blême,
Elle seule les sait rafraîchir, en pleurant.

Est-elle brune, blonde ou rousse ? — Je l'ignore.
Son nom ? Je me souviens qu'il est doux et sonore
Comme ceux des aimés que la Vie exila.

Son regard est pareil au regard des statues,
Et pour sa voix, lointaine, et calme, et grave, elle a
L'inflexion des voix chères qui se sont tues.

319 *Colloque sentimental*

DANS le vieux parc solitaire et glacé,
    Deux formes ont tout à l'heure passé.

Leurs yeux sont morts et leurs lèvres sont molles,
Et l'on entend à peine leurs paroles.

Dans le vieux parc solitaire et glacé,
Deux spectres ont évoqué le passé.

— Te souvient-il de notre extase ancienne ?
— Pourquoi voulez-vous donc qu'il m'en souvienne ?

— Ton cœur bat-il toujours à mon seul nom ?
Toujours vois-tu mon âme en rêve ?—Non.

— Ah ! les beaux jours de bonheur indicible
Où nous joignions nos bouches ! —C'est possible.

— Qu'il était bleu, le ciel, et grand l'espoir !
— L'espoir a fui, vaincu, vers le ciel noir.

Tels ils marchaient dans les avoines folles,
Et la nuit seule entendit leurs paroles.

320   *Après trois Ans*

AYANT poussé la porte étroite qui chancelle,
      Je me suis promené dans le petit jardin
Qu'éclairait doucement le soleil du matin,
Pailletant chaque fleur d'une humide étincelle.

Rien n'a changé. J'ai tout revu : l'humble tonnelle
De vigne folle avec les chaises de rotin . . .
Le jet d'eau fait toujours son murmure argentin
Et le vieux tremble sa plainte sempiternelle.

Les roses comme avant palpitent ; comme avant,
Les grands lys orgueilleux se balancent au vent.
Chaque alouette qui va et vient m'est connue.

Même j'ai retrouvé debout la Velléda
Dont le plâtre s'écaille au bout de l'avenue,
— Grêle, parmi l'odeur fade du réséda.

321   *Sagesse*

LE ciel est, par-dessus le toit,
        Si bleu, si calme !
Un arbre, par-dessus le toit,
        Berce sa palme.

La cloche dans le ciel qu'on voit
        Doucement tinte.
Un oiseau sur l'arbre qu'on voit
        Chante sa plainte.

Mon Dieu, mon Dieu, la vie est là,
        Simple et tranquille.
Cette paisible rumeur-là
        Vient de la ville.

— Qu'as-tu fait, ô toi que voilà
        Pleurant sans cesse,
Dis, qu'as-tu fait, toi que voilà,
        De ta jeunesse ?

SULLY PRUDHOMME

1839-†1907

322   *Le Vase Brisé*

LE vase où meurt cette verveine
        D'un coup d'éventail fut fêlé ;
Le coup dut effleurer à peine.
Aucun bruit ne l'a révélé.

Mais la légère meurtrissure,
Mordant le cristal chaque jour,
D'une marche invisible et sûre
En a fait lentement le tour.

Son eau fraîche a fui goutte à goutte,
Le suc des fleurs s'est épuisé;
Personne encore ne s'en doute.
N'y touchez pas, il est brisé.

Souvent aussi la main qu'on aime,
Effleurant le cœur, le meurtrit;
Puis le cœur se fend de lui-même,
La fleur de son amour périt;

Toujours intact aux yeux du monde,
Il sent croître et pleurer tout bas
Sa blessure fine et profonde.
Il est brisé, n'y touchez pas.

323 *Prière*

AH! si vous saviez comme on pleure
De vivre seul et sans foyers,
Quelquefois devant ma demeure
    Vous passeriez.

Si vous saviez ce que fait naître
Dans l'âme triste un pur regard,
Vous regarderiez ma fenêtre
    Comme au hasard.

Si vous saviez quel baume apporte
Au cœur la présence d'un cœur,
Vous vous assoiriez sous ma porte
    Comme une sœur.

Si vous saviez que je vous aime,
Surtout si vous saviez comment,
Vous entreriez peut-être même
    Tout simplement.

324   *L'Habitude*

L'HABITUDE est une étrangère
  Qui supplante en nous la raison.
C'est une ancienne ménagère
Qui s'installe dans la maison.

Elle est discrète, humble, fidèle,
Familière avec tous les coins;
On ne s'occupe jamais d'elle,
Car elle a d'invisibles soins:

Elle conduit les pieds de l'homme,
Sait le chemin qu'il eût choisi,
Connaît son but sans qu'il le nomme,
Et lui dit tout bas: 'Par ici'.

Travaillant pour nous en silence,
D'un geste sûr, toujours pareil,
Elle a l'œil de la vigilance,
Les lèvres douces du sommeil.

325   *L'Étranger*

JE me dis bien souvent: De quelle race es-tu?
  Ton cœur ne trouve rien qui l'enchaîne ou ravisse,
Ta pensée et tes sens, rien qui les assouvisse:
Il semble qu'un bonheur infini te soit dû.

Pourtant, quel paradis as-tu jamais perdu?
A quelle auguste cause as-tu rendu service?
Pour ne voir ici-bas que laideur et que vice,
Quelle est ta beauté propre et ta propre vertu?

A mes vagues regrets d'un ciel que j'imagine,
A mes dégoûts divins, il faut une origine:
Vainement je la cherche en mon cœur de limon;

Et, moi-même étonné des douleurs que j'exprime,
J'écoute en moi pleurer un étranger sublime
Qui m'a toujours caché sa patrie et son nom.

326   *Voix de la Terre*

TU montes vainement, o vivante marée,
    De tous les cris humains par la terre poussés!
Contre les fiers soleils, vagabonde égarée,
Tes flots aigus se sont vainement émoussés!

Tu n'es par aucun d'eux au passage accueillie;
Tu peux longtemps encor dans l'infini courir:
Chaque étoile à son tour par ta houle assaillie
La sent glisser à peine et dans la nuit mourir.

Quand pour l'une tu fuis, au loin diminuée,
Pour une autre déjà tu grandis; mais toujours
Ton douloureux concert de plainte et de huée
Dans son ascension trouve les astres sourds!

Pourtant reste fidèle à la recherche errante:
Peut-être existe-t-il, plus haute encore aux cieux,
Une sphère moins sourde et moins indifférente
Qui t'est moins étrangère et te comprendra mieux.

1842-†1905

327　　　*Fuite de Centaures*

ILS fuient, ivres de meurtre et de rébellion,
　Vers le mont escarpé qui garde leur retraite;
La peur les précipite, ils sentent la mort prête
Et flairent dans la nuit une odeur de lion.

Ils franchissent, foulant l'hydre et le stellion,
Ravins, torrents, halliers, sans que rien les arrête;
Et déjà, sur le ciel, se dresse au loin la crête
De l'Ossa, de l'Olympe ou du noir Pélion.

Parfois, l'un des fuyards de la farouche harde
Se cabre brusquement, se retourne, regarde,
Et rejoint d'un seul bond le fraternel bétail;

Car il a vu la lune éblouissante et pleine
Allonger derrière eux, suprême épouvantail,
La gigantesque horreur de l'ombre Herculéenne.

328　　　*Le Laboureur*

LE semoir, la charrue, un joug, des socs luisants,
　La herse, l'aiguillon et la faulx acérée
Qui fauchait en un jour les épis d'une airée,
Et la fourche qui tend la gerbe aux paysans;

Ces outils familiers, aujourd'hui trop pesants,
Le vieux Parmis les voue à l'immortelle Rhée
Par qui le germe éclôt sous la terre sacrée.
Pour lui, sa tâche est faite; il a quatre-vingts ans.

Près d'un siècle, au soleil, sans en être plus riche,
Il a poussé le coutre au travers de la friche;
Ayant vécu sans joie, il vieillit sans remords.

Mais il est las d'avoir tant peiné sur la glèbe
Et songe que peut-être il faudra, chez les morts,
Labourer des champs d'ombre arrosés par l'Érèbe.

329 *L'Esclave*

TEL, nu, sordide, affreux, nourri des plus vils mets,
　　Esclave, — vois, mon corps en a gardé les signes, —
Je suis né libre au fond du golfe aux belles lignes
Où l'Hybla plein de miel mire ses bleus sommets.

J'ai quitté l'île heureuse, hélas!... Ah! si jamais
Vers Syracuse et les abeilles et les vignes
Tu retournes, suivant le vol vernal des cygnes,
Cher hôte, informe-toi de celle que j'aimais.

Reverrai-je ses yeux de sombre violette,
Si purs, sourire au ciel natal qui s'y reflète
Sous l'arc victorieux que tend un sourcil noir?

Sois pitoyable! Pars, va, cherche Cléariste
Et dis-lui que je vis encor pour la revoir.
Tu la reconnaîtras, car elle est toujours triste.

330 *La Trebbia*

L'AUBE d'un jour sinistre a blanchi les hauteurs.
　　Le camp s'éveille. En bas roule et gronde le fleuve
Où l'escadron léger des Numides s'abreuve.
Partout sonne l'appel clair des buccinateurs.

Car malgré Scipion, les augures menteurs,
La Trebbia débordée, et qu'il vente et qu'il pleuve,
Sempronius Consul, fier de sa gloire neuve,
A fait lever la hache et marcher les licteurs.

Rougissant le ciel noir de flamboîments lugubres,
A l'horizon, brûlaient les villages Insubres ;
On entendait au loin barrir un éléphant.

Et là-bas, sous le pont, adossé contre une arche,
Hannibal écoutait, pensif et triomphant,
Le piétinement sourd des légions en marche.

331   *Soir de Bataille*

LE choc avait été très rude. Les tribuns
  Et les centurions, ralliant les cohortes,
Humaient encor dans l'air, où vibraient leurs voix fortes,
La chaleur du carnage et ses âcres parfums.

D'un œil morne, comptant leurs compagnons défunts,
Les soldats regardaient, comme des feuilles mortes,
Au loin tourbillonner les archers de Phraortes ;
Et la sueur coulait de leurs visages bruns.

C'est alors qu'apparut, tout hérissé de flèches,
Rouge du flux vermeil de ses blessures fraîches,
Sous la pourpre flottante et l'airain rutilant,

Au fracas des buccins qui sonnaient leur fanfare,
Superbe, maîtrisant son cheval qui s'effare,
Sur le ciel enflammé, l'Impérator sanglant.

332 *Antoine et Cléopâtre*

TOUS deux ils regardaient, de la haute terrasse,
 L'Égypte s'endormir sous un ciel étouffant,
Et le fleuve, à travers le Delta noir qu'il fend,
Vers Bubaste ou Saïs rouler son onde grasse.

Et le Romain sentait sous la lourde cuirasse,
Soldat captif berçant le sommeil d'un enfant,
Ployer et défaillir sur son cœur triomphant
Le corps voluptueux que son étreinte embrasse.

Tournant sa tête pâle entre ses cheveux bruns
Vers celui qu'enivraient d'invincibles parfums,
Elle tendit sa bouche et ses prunelles claires ;

Et sur elle courbé, l'ardent Impérator
Vit dans ses larges yeux étoilés de points d'or
Toute une mer immense où fuyaient des galères.

333 *La Source*

L'AUTEL gît sous la ronce et l'herbe enseveli ;
 Et la source sans nom qui goutte à goutte tombe
D'un son plaintif emplit la solitaire combe.
C'est la Nymphe qui pleure un éternel oubli.

L'inutile miroir que ne ride aucun pli
A peine est effleuré par un vol de colombe
Et la lune, parfois, qui du ciel noir surplombe,
Seule, y reflète encore un visage pâli.

De loin en loin, un pâtre errant s'y désaltère.
Il boit, et sur la dalle antique du chemin
Verse un peu d'eau resté dans le creux de sa main.

Il a fait, malgré lui, le geste héréditaire,
Et ses yeux n'ont pas vu sur le cippe romain
Le vase libatoire auprès de la patère.

334   *Le Récif de Corail*

L E soleil sous la mer, mystérieuse aurore,
   Éclaire la forêt des coraux abyssins
Qui mêle, aux profondeurs de ses tièdes bassins,
La bête épanouie et la vivante flore.

Et tout ce que le sel ou l'iode colore,
Mousse, algue chevelue, anémones, oursins,
Couvre de pourpre sombre, en somptueux dessins,
Le fond vermiculé du pâle madrépore.

De sa splendide écaille éteignant les émaux,
Un grand poisson navigue à travers les rameaux ;
Dans l'ombre transparente indolemment il rôde ;

Et brusquement, d'un coup de sa nageoire en feu,
Il fait, par le cristal morne, immobile et bleu,
Courir un frisson d'or, de nacre et d'émeraude.

335   *Le Lit*

Q U'IL soit encourtiné de brocart ou de serge,
   Triste comme une tombe ou joyeux comme un nid,
C'est là que l'homme naît, se repose et s'unit,
Enfant, époux, vieillard, aïeule, femme ou vierge.

Funèbre ou nuptial, que l'eau sainte l'asperge
Sous le noir crucifix ou le rameau bénit,
C'est là que tout commence et là que tout finit,
De la première aurore au feu du dernier cierge.

Humble, rustique et clos, ou fier du pavillon
Triomphalement peint d'or et de vermillon,
Qu'il soit de chêne brut, de cyprès ou d'érable;

Heureux qui peut dormir sans peur et sans remords
Dans le lit paternel, massif et vénérable,
Où tous les siens sont nés aussi bien qu'ils sont morts.

STÉPHANE MALLARMÉ

1842-†1898

336   *Les Fenêtres*

LAS du triste hôpital, et de l'encens fétide
  Qui monte en la blancheur banale des rideaux
Vers le grand crucifix ennuyé du mur vide,
Le moribond sournois y redresse un vieux dos,

Se traîne et va, moins pour chauffer sa pourriture
Que pour voir du soleil sur les pierres, coller
Les poils blancs et les os de la maigre figure
Aux fenêtres qu'un beau rayon clair veut hâler,

Et la bouche, fiévreuse et d'azur bleu vorace,
Telle, jeune, elle alla respirer son trésor,
Une peau virginale et de jadis! encrasse
D'un long baiser amer les tièdes carreaux d'or.

Ivre, il vit, oubliant l'horreur des saintes huiles,
Les tisanes, l'horloge et le lit infligé,
La toux; et quand le soir saigne parmi les tuiles,
Son œil, à l'horizon de lumière gorgé,

Voit des galères d'or, belles comme des cygnes,
Sur un fleuve de pourpre et de parfums dormir
En berçant l'éclair fauve et riche de leurs lignes
Dans un grand nonchaloir chargé de souvenir !

Ainsi, pris du dégoût de l'homme à l'âme dure
Vautré dans le bonheur, où ses seuls appétits
Mangent, et qui s'entête à chercher cette ordure
Pour l'offrir à la femme allaitant ses petits,

Je fuis et je m'accroche à toutes les croisées
D'où l'on tourne l'épaule à la vie, et, béni,
Dans leur verre, lavé d'éternelles rosées,
Que dore le matin chaste de l'Infini,

Je me mire et me vois ange ! et je meurs, et j'aime
— Que la vitre soit l'art, soit la mysticité —
A renaître, portant mon rêve en diadème,
Au ciel antérieur où fleurit la Beauté !

Mais, hélas ! Ici-bas est maître : sa hantise
Vient m'écœurer parfois jusqu'en cet abri sûr,
Et le vomissement impur de la Bêtise
Me force à me boucher le nez devant l'azur.

Est-il moyen, ô Moi qui connais l'amertume,
D'enfoncer le cristal par le monstre insulté
Et de m'enfuir avec mes deux ailes sans plume
— Au risque de tomber pendant l'éternité ?

337   *L'Azur*

DE l'éternel Azur la sereine ironie
    Accable, belle indolemment comme les fleurs,
Le poète impuissant qui maudit son génie
A travers un désert stérile de Douleurs.

Fuyant, les yeux fermés, je le sens qui regarde,
Avec l'intensité d'un remords atterrant,
Mon âme vide. Où fuir ? Et quelle nuit hagarde
Jeter, lambeaux, jeter sur ce mépris navrant ?

Brouillards, montez ! Versez vos cendres monotones
Avec de longs haillons de brume dans les cieux
Qui noiera le marais livide des automnes,
Et bâtissez un grand plafond silencieux !

Et toi, sors des étangs léthéens et ramasse
En t'en venant la vase et les pâles roseaux,
Cher Ennui, pour boucher d'une main jamais lasse
Les grands trous bleus que font méchamment les oiseaux.

Encor ! que sans répit les tristes cheminées
Fument, et que de suie une errante prison
Éteigne dans l'horreur de ses noires traînées
Le soleil se mourant jaunâtre à l'horizon !

—Le Ciel est mort.—Vers toi, j'accours ! donne, ô matière
L'oubli de l'Idéal cruel et du Péché
A ce martyr qui vient partager la litière
Où le bétail heureux des hommes est couché,

Car j'y veux, puisque enfin ma cervelle, vidée
Comme le pot de fard gisant au pied d'un mur,
N'a plus l'art d'attifer la sanglotante idée,
Lugubrement bâiller vers un trépas obscur . . .

En vain ! l'Azur triomphe, et je l'entends qui chante
Dans les cloches. Mon âme, il se fait voix pour plus
Nous faire peur avec sa victoire méchante,
Et du métal vivant sort en bleus angélus !

Il roule par la brume, ancien, et traverse
Ta native agonie ainsi qu'un glaive sûr ;
Où fuir dans la révolte inutile et perverse ?
Je suis hanté. L'Azur ! l'Azur ! l'Azur ! l'Azur !

338 *Éventail de Mademoiselle Mallarmé*

O RÊVEUSE, pour que je plonge
   Au pur délice sans chemin,
Sache, par un subtil mensonge,
Garder mon aile dans ta main.

Une fraîcheur de crépuscule
Te vient à chaque battement
Dont le coup prisonnier recule
L'horizon délicatement.

Vertige ! voici que frissonne
L'espace comme un grand baiser
Qui, fou de naître pour personne,
Ne peut jaillir ni s'apaiser.

Sens-tu le paradis farouche
Ainsi qu'un rire enseveli
Se couler du coin de ta bouche
Au fond de l'unanime pli !

Le sceptre des rivages roses
Stagnants sur les soirs d'or, ce l'est,
Ce blanc vol fermé que tu poses
Contre le feu d'un bracelet.

339   *Sonnet*

LE vierge, le vivace et le bel aujourd'hui
　　Va-t-il nous déchirer avec un coup d'aile ivre
Ce lac dur oublié que hante sous le givre
Le transparent glacier des vols qui n'ont pas fui?

Un cygne d'autrefois se souvient que c'est lui
Magnifique mais qui sans espoir se délivre
Pour n'avoir pas chanté la région où vivre
Quand du stérile hiver a resplendi l'ennui.

Tout son col secouera cette blanche agonie
Par l'espace infligée à l'oiseau qui le nie,
Mais non l'horreur du sol où le plumage est pris.

Fantôme qu'à ce lieu son pur éclat assigne,
Il s'immobilise au songe froid de mépris
Que vêt parmi l'exil inutile le Cygne.

JEAN RICHEPIN

1849–†1917

340   *La Chanson de Marie-des-Anges*

Y AVAIT un' fois un pauv' gas,
　　　　Et lon la laire,
　　　　Et lon lan la,
Y avait un' fois un pauv' gas,
Qu'aimait cell' qui n'l'aimait pas.

Ell' lui dit : Apport'-moi d'main,
　　　　Et lon la laire,
　　　　Et lon lan la,
Ell' lui dit : Apport'-moi d'main
L'cœur de ta mèr' pour mon chien.

Va chez sa mère et la tue,
   Et lon la laire,
   Et lon lan la,
Va chez sa mère et la tue,
Lui prit l'cœur et s'en courut.

Comme il courait, il tomba,
   Et lon la laire,
   Et lon lan la,
Comme il courait, il tomba,
Et par terre l'cœur roula.

Et pendant que l'cœur roulait,
   Et lon la laire,
   Et lon lan la,
Et pendant que l'cœur roulait,
Entendit l'cœur qui parlait.

Et l'cœur lui dit en pleurant,
   Et lon la laire,
   Et lon lan la,
Et l'cœur lui dit en pleurant :
T'es-tu fait mal, mon enfant ?

ARTHUR RIMBAUD

1854-†1891

341 *Le Châtiment de Tartufe*

TISONNANT, tisonnant son cœur amoureux sous
  Sa chaste robe noire, heureux, la main gantée,
Un jour qu'il s'en allait effroyablement doux,
Jaune, bavant la foi de sa bouche édentée,

Un jour qu'il s'en allait — 'Orémus' — un méchant
Le prit rudement par son oreille benoîte
Et lui jeta des mots affreux, en arrachant
Sa chaste robe noire autour de sa peau moite :

Châtiment ! . . . Ses habits étaient déboutonnés
Et, le long chapelet des péchés pardonnés
S'égrenant dans son cœur, saint Tartufe était pâle.

Donc, il se confessait, priait, avec un râle.
L'homme se contenta d'emporter ses rabats.
— Peuh ! Tartufe était nu du haut jusques en bas.

342 *Bateau Ivre*

COMME je descendais des Fleuves impassibles,
    Je ne me sentis plus guidé par les haleurs :
Des Peaux-Rouges criards les avaient pris pour cibles,
Les ayant cloués nus aux poteaux de couleurs.

J'étais insoucieux de tous les équipages,
Porteur de blés flamands ou de cotons anglais.
Quand avec mes haleurs ont fini ces tapages,
Les Fleuves m'ont laissé descendre où je voulais,

Dans les clapotements furieux des marées,
Moi, l'autre hiver, plus sourd que les cerveaux d'enfants,
Je courus ! et les Péninsules démarrées
N'ont pas subi tohu-bohus plus triomphants.

La tempête a béni mes éveils maritimes.
Plus léger qu'un bouchon j'ai dansé sur les flots
Qu'on appelle rouleurs éternels de victimes,
Dix nuits, sans regretter l'œil niais des falots.

Plus douce qu'aux enfants la chair des pommes sures,
L'eau verte pénétra ma coque de sapin
Et des taches de vins bleus et des vomissures
Me lava, dispersant gouvernail et grappin.

Et, dès lors, je me suis baigné dans le poème
De la mer infusé d'astres et latescent,
Dévorant les azurs verts où, flottaison blême
Et ravie, un noyé pensif parfois descend,

Où, teignant tout à coup les bleuités, délires
Et rythmes lents sous les rutilements du jour,
Plus fortes que l'alcool, plus vastes que vos lyres,
Fermentent les rousseurs amères de l'amour !

Je sais les cieux crevant en éclairs, et les trombes,
Et les ressacs, et les courants ; je sais le soir,
L'aube exaltée ainsi qu'un peuple de colombes,
Et j'ai vu quelquefois ce que l'homme a cru voir.

J'ai vu le soleil bas taché d'horreurs mystiques,
Illuminant de longs figements violets ;
Pareils à des acteurs de drames très antiques,
Les flots roulant au loin leurs frissons de volets.

J'ai rêvé la nuit verte aux neiges éblouies,
Baisers montant aux yeux des mers avec lenteur :
La circulation des sèves inouïes,
Et l'éveil jaune et bleu des phosphores chanteurs.

J'ai suivi des mois pleins, pareille aux vacheries
Hystériques, la houle à l'assaut des récifs,
Sans songer que les pieds lumineux des Maries
Pussent forcer le mufle aux Océans poussifs.

J'ai heurté, savez-vous! d'incroyables Florides
Mêlant aux fleurs des yeux de panthères, aux peaux
D'hommes des arcs-en-ciel tendus comme des brides,
Sous l'horizon des mers, à de glauques troupeaux.

J'ai vu fermenter les marais, énormes nasses
Où pourrit dans les joncs tout un Léviathan ;
Des écroulements d'eaux au milieu des bonaces,
Et les lointains vers les gouffres cataractant,

Glaciers, soleils d'argent, flots nacreux, cieux de braises,
Échouages hideux au fond des golfes bruns
Où les serpents géants dévorés des punaises
Choient des arbres tordus avec de noirs parfums.

J'aurais voulu montrer aux enfants ces dorades
Du flot bleu, ces poissons d'or, ces poissons chantants.
Des écumes de fleurs ont béni mes dérades,
Et d'ineffables vents m'ont ailé par instants.

Parfois, martyr lassé des pôles et des zones,
La mer, dont le sanglot faisait mon roulis doux,
Montait vers moi ses fleurs d'ombre aux ventouses jaunes ;
Et je restais ainsi qu'une femme à genoux,

Presqu'île ballottant sur mes bords les querelles
Et les fientes d'oiseaux clabaudeurs aux yeux blonds ;
Et je voguais, lorsque à travers mes liens frêles
Des noyés descendaient dormir à reculons.

Or moi, bateau perdu sous les cheveux des anses,
Jeté par l'ouragan dans l'éther sans oiseau,
Moi dont les Monitors et les voiliers des Hanses
N'auraient pas repêché la carcasse ivre d'eau,

Libre, fumant, monté de brumes violettes,
Moi qui trouais le ciel rougeoyant comme un mur
Qui porte, confiture exquise aux bons poètes,
Des lichens de soleil et des morves d'azur,

Qui courais taché de lunules électriques,
Planche folle, escorté des hippocampes noirs,
Quand les Juillets faisaient crouler à coups de triques
Les cieux ultramarins aux ardents entonnoirs,

Moi qui tremblais, sentant geindre à cinquante lieues
Le rut des Béhémots et des Maelstroms épais,
Fileur éternel des immobilités bleues,
Je regrette l'Europe aux anciens parapets.

J'ai vu des archipels sidéraux, et des îles
Dont les cieux délirants sont ouverts au vogueur :
Est-ce en ces nuits sans fond que tu dors et t'exiles,
Million d'oiseaux d'or, ô future Vigueur ?

Mais, vrai, j'ai trop pleuré. Les aubes sont navrantes,
Toute lune est atroce et tout soleil amer.
L'âcre amour m'a gonflé de torpeurs enivrantes.
Oh, que ma quille éclate ! oh, que j'aille à la mer !

Si je désire une eau d'Europe, c'est la flache
Noire et froide où, vers le crépuscule embaumé,
Un enfant accroupi, plein de tristesse, lâche
Un bateau frêle comme un papillon de mai.

Je ne puis plus, baigné de vos langueurs, ô lames,
Enlever leur sillage aux porteurs de cotons,
Ni traverser l'orgueil des drapeaux et des flammes,
Ni nager sous les yeux horribles des pontons !

Les Effarés

NOIRS dans la neige et dans la brume,
　　Au grand soupirail qui s'allume,
　　　　Leurs culs en rond,

A genoux, cinq petits — misère ! —
Regardent le boulanger faire
　　　　Le lourd pain blond...

Ils voient le fort bras blanc qui tourne
La pâte grise et qui l'enfourne
　　　　Dans un trou clair.

Ils écoutent le bon pain cuire.
Le boulanger au gras sourire
　　　　Chante un vieil air.

Ils sont blottis, pas un ne bouge,
Au souffle du soupirail rouge,
　　　　Chaud comme un sein,

Et quand, pour quelque médianoche,
Façonné comme une brioche,
　　　　On sort le pain ;

Quand sous les poutres enfumées
Chantent les croûtes parfumées
　　　　Et les grillons ;

Quand ce trou chaud souffle la vie,
Ils ont leur âme si ravie
　　　　Sous leurs haillons,

Ils se ressentent si bien vivre,
Les pauvres petits pleins de givre !
　　　　Qu'ils sont là, tous,

Collant leurs petits museaux roses
Au grillage, chantant des choses
    Entre les trous,

Mais bien bas, comme une prière,
Repliés vers cette lumière
    Du ciel rouvert,

— Si fort qu'ils crèvent leur culotte
Et que leur lange blanc tremblote
    Au vent d'hiver...

GEORGES RODENBACH

1855-†1898

344   *Béguinage Flamand*

I

AU loin, le Béguinage avec ses clochers noirs,
    Avec son rouge enclos, ses toits d'ardoises bleues
Reflétant tout le ciel comme de grands miroirs,
S'étend dans la verdure et la paix des banlieues.

Les pignons dentelés étagent leurs gradins
Par où monte le Rêve aux lointains qui brunissent,
Et des branches parfois, sur le mur des jardins,
Ont le geste très doux des prêtres qui bénissent.

En fines lettres d'or chaque nom des couvents
Sur les portes s'enroule autour des banderoles,
Noms charmants chuchotés par la lèvre des vents :
La maison de l'Amour, la maison des Corolles.

Les fenêtres surtout sont comme des autels
Où fleurissent toujours des géraniums roses,
Qui mettent, combinant leurs couleurs de pastels,
Comme un rêve de fleurs dans les fenêtres closes.

GEORGES RODENBACH

Fenêtres des couvents! attirantes le soir
Avec leurs rideaux blancs, voiles de mariées
Qu'on voudrait soulever dans un bruit d'encensoir
Pour goûter vos baisers, lèvres appariées!

Mais ces femmes sont là, le cœur pacifié,
La chair morte, cousant dans l'exil de leurs chambres;
Elles n'aiment que toi, pâle Crucifié,
Et regardent le ciel par les trous de tes membres!

Oh! le silence heureux de l'ouvroir aux grands murs,
Où l'on entend à peine un bruit de banc qui bouge,
Tandis qu'elles sont là, suivant de leurs yeux purs
Le sable en ruisseaux blonds sur le pavement rouge.

Oh! le bonheur muet des vierges s'assemblant!
Et comme si leurs mains étaient de candeur telle
Qu'elles ne peuvent plus manier que du blanc,
Elles brodent du linge ou font de la dentelle.

C'est un charme imprévu de leur dire 'ma sœur',
Et de voir la pâleur de leur teint diaphane
Avec un pointillé de taches de rousseur
Comme un camélia d'un blanc mat qui se fane.

Rien d'impur n'a flétri leurs flancs immaculés,
Car la source de vie est enfermée en elles
Comme un vin rare et doux dans des vases scellés
Qui veulent, pour s'ouvrir, des lèvres éternelles!

II

Cependant quand le soir douloureux est défunt,
La cloche lentement les appelle à complies,
Comme si leur prière était le seul parfum
Qui pût consoler Dieu dans ses mélancolies!

Tout est doux, tout est calme au milieu de l'enclos ;
Aux offices du soir la cloche les exhorte,
Et chacune s'y rend, mains jointes, les yeux clos,
Avec des glissements de cygne dans l'eau morte.

Elles mettent un voile à longs plis ; le secret
De leur âme s'épanche à la lueur des cierges !
Et, quand passe un vieux prêtre en étole, on croirait
Voir le Seigneur marcher dans un Jardin des Vierges !

III

Et l'élan de l'extase est si contagieux,
Et le cœur à prier si bien se tranquillise,
Que plus d'une, pendant les soirs religieux,
L'été, répète encor les Avé de l'église ;

Debout à sa fenêtre ouverte au vent joyeux,
Plus d'une, sans ôter sa cornette et ses voiles,
Bien avant dans la nuit égrène avec ses yeux
Le rosaire aux grains d'or des priantes étoiles !

345 *Douceur du soir !...*

Douceur du soir ! Douceur de la chambre sans
lampe !
Le crépuscule est doux comme une bonne mort
Et l'ombre lentement qui s'insinue et rampe
Se déroule en pensée au plafond. Tout s'endort.

Comme une bonne mort sourit le crépuscule,
Et dans le miroir terne, en un geste d'adieu,
Il semble doucement que soi-même on recule,
Qu'on s'en aille plus pâle et qu'on y meure un peu.

Sur les tableaux pendus aux murs, dans la mémoire
Où sont les souvenirs en leurs cadres déteints,
Paysages de l'âme et paysages peints,
On croit sentir tomber comme une neige noire.

Douceur du soir ! Douceur qui fait qu'on s'habitue
A la sourdine, aux sons de viole assoupis ;
L'amant entend songer l'amante qui s'est tue
Et leurs yeux sont ensemble aux dessins du tapis.

Et langoureusement la clarté se retire ;
Douceur ! ne plus se voir distincts ! N'être plus qu'un !
Silence ! deux senteurs en un même parfum :
Penser la même chose et ne pas se le dire.

*346   En province, dans la langueur
matutinale...*

E<small>N</small> province, dans la langueur matutinale,
    Tinte le carillon, tinte dans la douceur
De l'aube qui regarde avec des yeux de sœur,
Tinte le carillon, — et sa musique pâle
S'effeuille fleur à fleur sur les toits d'alentour,
Et sur les escaliers des pignons noirs s'effeuille
Comme un bouquet de sons mouillés que le vent cueille ;
Musique du matin qui tombe de la tour,
Qui tombe de très loin en guirlandes fanées,
Qui tombe de Naguère en invisibles lis,
En pétales si lents, si froids et si pâlis,
Qu'ils semblent s'effeuiller du front mort des Années !

ÉMILE VERHAEREN

1855-†1916

347   *Rentrée des Moines*

I

ON dirait que le site entier sous un lissoir
    Se lustre et dans les lacs voisins se réverbère ;
C'est l'heure où la clarté du jour d'ombres s'obère,
Où le soleil descend les escaliers du soir.

Une étoile d'argent lointainement tremblante,
Lumière d'or dont on n'aperçoit le flambeau,
Se reflète mobile et fixe au fond de l'eau
Où le courant la lave avec une onde lente.

A travers les champs verts s'en va se déroulant
La route dont l'averse a lamé les ornières ;
Elle longe les noirs massifs des sapinières
Et monte au carrefour couper le pavé blanc.

Au loin scintille encore une lucarne ronde
Qui s'ouvre ainsi qu'un œil dans un pignon rongé :
Là, le dernier reflet du couchant s'est plongé,
Comme, en un trou profond et ténébreux, la sonde.

Et rien ne s'entend plus dans ce mystique adieu,
Rien — le site vêtu d'une paix métallique
Semble enfermer en lui, comme une basilique,
La présence muette et nocturne de Dieu.

II

Alors les moines blancs rentrent aux monastères,
Après secours portés aux malades des bourgs,
Aux remueurs cassés de sols et de labours,
Aux gueux chrétiens qui vont mourir, aux grabataires,

A ceux qui crèvent seuls, mornes, sales, pouilleux
Et que nul de regrets ni de pleurs n'accompagne
Et qui pourriront nus dans un coin de campagne,
Sans qu'on lave leur corps ni qu'on ferme leurs yeux,

Aux mendiants tordus de misères avides,
Qui, le ventre troué de faim, ne peuvent plus
Se béquiller là-bas vers les enclos feuillus
Et qui se noient, la nuit, dans les étangs livides.

Et tels les moines blancs traversent les champs noirs,
Faisant songer aux temps des jeunesses bibliques
Où l'on voyait errer des géants angéliques,
En longs manteaux de lin, dans l'or pâli des soirs.

III

Brusque, résonne au loin un tintement de cloche,
Qui casse du silence à coups de battant clair
Par-dessus les hameaux, et jette à travers l'air
Un long appel, qui long, parmi l'écho, ricoche.

Il proclame que c'est l'instant justicier
Où les moines s'en vont au chœur chanter Ténèbres
Et promener sur leurs consciences funèbres
La froide cruauté de leurs regards d'acier.

Car les voici priant : tous ceux dont la journée
S'est consumée au dur hersage, en pleins terreaux,
Ceux dont l'esprit, sur les textes préceptoraux,
S'épand, comme un reflet de lumière inclinée,

Ceux dont la solitude âpre et pâle a rendu .
L'âme voyante et dont la peau blême et collante
Jette vers Dieu la voix de sa maigreur sanglante,
Ceux dont les tourments noirs ont fait le corps tordu.

Et les moines qui sont rentrés aux monastères,
Après visite faite aux malheureux des bourgs,
Aux remueurs cassés de sols et de labours,
Aux gueux chrétiens qui vont mourir, aux grabataires,

A leurs frères pieux disent, à lente voix,
Qu'au dehors, quelque part, dans un coin de bruyère,
Il est un moribond qui s'en va sans prière
Et qu'il faut supplier, au chœur, le Christ en croix,

Pour qu'il soit pitoyable aux mendiants avides
Qui, le ventre troué de faim, ne peuvent plus
Se béquiller au loin vers les enclos feuillus
Et qui se noient, la nuit, dans les étangs livides.

Et tous alors, tous les moines, très lentement,
Envoient vers Dieu le chant des lentes litanies ;
Et les anges qui sont gardiens des agonies
Ferment les yeux des morts, silencieusement.

348   *Le Moulin*

LE moulin tourne au fond du soir, très lentement,
    Sur un ciel de tristesse et de mélancolie,
Il tourne et tourne, et sa voile, couleur de lie,
Est triste et faible et lourde et lasse, infiniment.

Depuis l'aube, ses bras, comme des bras de plainte,
Se sont tendus et sont tombés ; et les voici
Qui retombent encor, là-bas, dans l'air noirci
Et le silence entier de la nature éteinte.

Un jour souffrant d'hiver sur les hameaux s'endort,
Les nuages sont las de leurs voyages sombres,
Et le long des taillis qui ramassent leurs ombres
Les ornières s'en vont vers un horizon mort.

Sous un ourlet de sol, quelques huttes de hêtre
Très misérablement sont assises en rond ;
Une lampe de cuivre est pendue au plafond
Et patine de feu le mur et la fenêtre.

Et dans la plaine immense et le vide dormeur
Elles fixent — les très souffreteuses bicoques ! —
Avec les pauvres yeux de leurs carreaux en loques,
Le vieux moulin qui tourne et, las, qui tourne et meurt.

349 *Les Horloges*

LA nuit, dans le silence en noir de nos demeures,
    Béquilles et bâtons qui se cognent, là-bas ;
Montant et dévalant les escaliers des heures,
Les horloges, avec leurs pas ;

Émaux naïfs derrière un verre, emblèmes
Et fleurs d'antan, chiffres maigres et vieux ;
Lunes des corridors vides et blêmes,
Les horloges, avec leurs yeux ;

Sons morts, notes de plomb, marteaux et limes,
Boutique en bois de mots sournois
Et le babil des secondes minimes,
Les horloges, avec leurs voix ;

Gaines de chênes et bornes d'ombre,
Cercueils scellés dans le mur froid,
Vieux os du temps que grignote le nombre,
Les horloges et leur effroi ;

Les horloges
Volontaires et vigilantes,
Pareilles aux vieilles servantes
Boitant de leurs sabots ou glissant sur leurs bas,
Les horloges que j'interroge
Serrent ma peur en leur compas.

350 *L'Abreuvoir*

EN un creux de terrain aussi profond qu'un antre,
    Les étangs s'étalaient dans leur sommeil moiré,
Et servaient d'abreuvoir au bétail bigarré,
Qui s'y baignait, le corps dans l'eau jusqu'à mi-ventre.

Les troupeaux descendaient, par des chemins penchants :
Vaches à pas très lents, chevaux menés à l'amble,
Et les bœufs noirs et roux qui souvent, tous ensemble,
Beuglaient, le cou tendu, vers les soleils couchants.

Tout s'anéantissait dans la mort coutumière,
Dans la chute du jour : couleurs, parfums, lumière,
Explosions de sève et splendeurs d'horizons ;

Des brouillards s'étendaient en linceuls aux moissons,
Des routes s'enfonçaient dans le soir — infinies.
Et les grands bœufs semblaient râler ces agonies.

351 *Celui qui me lira...*

CELUI qui me lira, dans les siècles, un soir,
    Troublant mes vers, sous leur sommeil ou sous
        leur cendre
Et ranimant leur sens lointain pour mieux comprendre
Comment eux d'aujourd'hui s'étaient armés d'espoir,

ÉMILE VERHAEREN

Qu'il sache, avec quel violent élan ma joie
S'est, à travers les cris, les révoltes, les pleurs,
Ruée au combat fier et mâle des douleurs,
Pour en tirer l'amour, comme on conquiert sa proie.

J'aime mes yeux fiévreux, ma cervelle, mes nerfs,
Le sang dont vit mon cœur, le cœur dont vit mon torse ;
J'aime l'homme et le monde et j'adore la force
Que donne et prend ma force à l'homme et l'univers.

Car vivre, c'est prendre et donner avec liesse.
Mes pairs, ce sont ceux-là qui s'exaltent autant
Que je me sens moi-même avide et haletant
Devant la vie intense et sa rouge sagesse.

Heures de chute ou de grandeur ! — tout se confond
Et se transforme en ce brasier qu'est l'existence ;
Seul importe que le désir reste en partance,
Jusqu'à la mort, devant l'éveil des horizons.

Celui qui trouve est un cerveau qui communie
Avec la fourmillante et large humanité.
L'esprit plonge et s'enivre en pleine immensité ;
Il faut aimer pour découvrir avec génie.

Une tendresse énorme emplit l'âpre savoir,
Il exalte la force et la beauté des mondes ;
Il devine les liens et les causes profondes ;
O vous qui me lirez, dans les siècles, un soir,

Comprenez-vous pourquoi mon vers vous interpelle ?
C'est qu'en vos temps quelqu'un d'ardent aura tiré
Du cœur de la nécessité même le vrai
Bloc clair, pour y dresser l'entente universelle.

JEAN MORÉAS

1856-†1912

352   *Que l'on jette ces lys*

QUE l'on jette ces lys, ces roses éclatantes,
  Que l'on fasse cesser les flûtes et les chants
Qui viennent raviver les luxures flottantes
A l'horizon vermeil de mes désirs couchants.

Oh! ne me soufflez plus le musc de votre haleine,
Oh! ne me fixez pas de vos yeux fulgurants,
Car je me sens brûler, ainsi qu'une phalène,
A l'azur étoilé de ces flambeaux errants.

Oh! ne me tente plus de ta caresse avide,
Oh! ne me verse plus l'enivrante liqueur
Qui coule de ta bouche — amphore jamais vide —
Laisse dormir mon cœur, laisse mourir mon cœur.

Mon cœur repose, ainsi qu'en un cercueil d'érable,
Dans la sérénité de sa conversion;
Avec les regrets vains d'un bonheur misérable
Ne trouble pas la paix de l'absolution.

353   *Never More*

LE gaz pleure dans la brume,
  Le gaz pleure, tel un œil.
— Ah! prenons, prenons le deuil
De tout cela que nous eûmes.

L'averse bat le bitume,
Telle la lame l'écueil.
— Et l'on lève le cercueil
De tout cela que nous fûmes.

Oh ! n'allons pas, pauvre sœur,
Comme un enfant qui s'entête,
Dans l'horreur de la tempête

Rêver encor de douceur,
De douceur et de guirlandes.
— L'hiver fauche sur les landes.

354 *Une jeune fille parle*

LES fenouils m'ont dit : Il t'aime si
Follement qu'il est à ta merci ;
Pour son revenir va t'apprêter.
— Les fenouils ne savent que flatter !
Dieu ait pitié de mon âme.

Les pâquerettes m'ont dit : Pourquoi
Avoir remis ta foi dans sa foi ?
Son cœur est tanné comme un soudard.
— Pâquerettes, vous parlez trop tard !
Dieu ait pitié de mon âme.

Les sauges m'ont dit : Ne l'attends pas,
Il s'est endormi dans d'autres bras.
— O sauges, tristes sauges, je veux
Vous tresser toutes dans mes cheveux . . .
Dieu ait pitié de mon âme.

355 *Nocturne*

> Wisst ihr warum der Sarg wohl
> So gross und schwer mag sein?
> Ich legt' auch meine Liebe
> Und meinen Schmerz hinein.
> HEINRICH HEINE.

TOC toc, toc toc, — il cloue à coups pressés,
  Toc, toc, — le menuisier des trépassés.

> 'Bon menuisier, bon menuisier,
> Dans le sapin, dans le noyer,
> Taille un cercueil très grand, très lourd,
> Pour que j'y couche mon amour.'

Toc toc, toc toc, — il cloue à coups pressés,
Toc, toc, — le menuisier des trépassés.

> 'Qu'il soit tendu de satin blanc
> Comme ses dents, comme ses dents;
> Et mets aussi des rubans bleus
> Comme ses yeux, comme ses yeux.'

Toc toc, toc toc, — il cloue à coups pressés,
Toc, toc, — le menuisier des trépassés.

> 'Là-bas, là-bas, près du ruisseau,
> Sous les ormeaux, sous les ormeaux,
> A l'heure où chante le coucou
> Un autre l'a baisée au cou.'

Toc toc, toc toc, — il cloue à coups pressés,
Toc, toc, — le menuisier des trépassés.

> 'Bon menuisier, bon menuisier,
> Dans le sapin, dans le noyer,
> Taille un cercueil très grand, très lourd,
> Pour que j'y couche mon amour.'

ALBERT SAMAIN

1858-†1900

356 *Élégie*

QUAND la nuit verse sa tristesse au firmament,
 Et que, pâle au balcon, de ton calme visage
Le signe essentiel hors du temps se dégage,
Ce qui t'adore en moi s'émeut profondément.

C'est l'heure de pensée où s'allument les lampes.
La ville, où peu à peu toute rumeur s'éteint,
Déserte, se recule en un vague lointain
Et prend cette douceur des anciennes estampes.

Graves, nous nous taisons. Un mot tombe parfois,
Fragile pont où l'âme à l'âme communique.
Le ciel se décolore, et c'est un charme unique,
Cette fuite du temps, il semble, entre nos doigts.

Je resterais ainsi des heures, des années,
Sans épuiser jamais la douceur de sentir
Ta tête aux lourds cheveux sur moi s'appesantir,
Comme morte parmi les lumières fanées.

C'est le lac endormi de l'heure à l'unisson,
La halte au bord du puits, le repos dans les roses;
Et par de longs fils d'or nos cœurs liés aux choses
Sous l'invisible archet vibrent d'un long frisson.

Oh! garder à jamais l'heure élue entre toutes,
Pour que son souvenir, comme un parfum séché,
Quand nous serons plus tard las d'avoir trop marché,
Console notre cœur, seul, le soir, sur les routes.

Voici que les jardins de la nuit vont fleurir.
Les lignes, les couleurs, les sons, deviennent vagues.
Vois, le dernier rayon agonise à tes bagues.
Ma sœur, n'entends-tu pas quelque chose mourir?...

Mets sur mon front tes mains fraîches comme une eau pure,
Mets sur mes yeux tes mains douces comme des fleurs,
Et que mon âme, où vit le goût secret des pleurs,
Soit comme un lys fidèle et pâle à ta ceinture.

C'est la Pitié qui pose ainsi son doigt sur nous;
Et tout ce que la terre a de soupirs qui montent,
Il semble qu'à mon cœur enivré le racontent
Tes yeux levés au ciel si tristes et si doux.

357 *Cléopâtre*

I

ACCOUDÉE en silence aux créneaux de la tour,
La Reine aux cheveux bleus serrés de bandelettes,
Sous l'incantation trouble des cassolettes,
Sent monter dans son cœur ta mer, immense Amour.

Immobile, sous ses paupières violettes
Elle rêve, pâmée aux fuites des coussins;
Et les lourds colliers d'or soulevés par ses seins
Racontent sa langueur et ses fièvres muettes.

Un adieu rose flotte au front des monuments.
Le soir, velouté d'ombre, est plein d'enchantements;
Et cependant qu'au loin pleurent les crocodiles,

La Reine aux doigts crispés, sanglotante d'aveux,
Frissonne de sentir, lascives et subtiles,
Des mains qui dans le vent épuisent ses cheveux.

II

Lourde pèse la nuit au bord du Nil obscur...
Cléopâtre, à genoux sous les astres qui brûlent,
Soudain pâle, écartant ses femmes qui reculent,
Déchire sa tunique en un grand geste impur,

Et dresse éperdument sur la haute terrasse
Son corps vierge, gonflé d'amour comme un fruit mûr.
Toute nue, elle vibre! et, debout sous l'azur,
Se tord, couleuvre ardente, au vent tiède et vorace.

Elle veut, et ses yeux fauves dardent l'éclair,
Que le monde ait, ce soir, le parfum de sa chair...
O sombre fleur du sexe éparse en l'air nocturne!

Et le Sphynx, immobile aux sables de l'ennui,
Sent un feu pénétrer son granit taciturne;
Et le désert immense a remué sous lui.

358   *Pannyre aux talons d'or*

Dans la salle en rumeur un silence a passé...
        Pannyre aux talons d'or s'avance pour danser.
Un voile aux mille plis la cache tout entière.
D'un long trille d'argent la flûte la première
L'invite; elle s'élance, entrecroise ses pas,
Et, du lent mouvement imprimé par ses bras,
Donne un rythme bizarre à l'étoffe nombreuse,
Qui s'élargit, ondule, et se gonfle et se creuse,
Et se déploie enfin en large tourbillon...
Et Pannyre devient fleur, flamme, papillon!

Tous se taisent ; les yeux la suivent en extase.
Peu à peu la fureur de la danse l'embrase.
Elle tourne toujours ; vite ! plus vite encore !
La flamme éperdument vacille aux flambeaux d'or !...
Puis, brusque, elle s'arrête au milieu de la salle ;
Et le voile qui tourne autour d'elle en spirale,
Suspendu dans sa course, apaise ses longs plis,
Et, se collant aux seins aigus, aux flancs polis,
Comme au travers d'une eau soyeuse et continue,
Dans un divin éclair, montre Pannyre nue.

359 *Soir*

LE Séraphin des soirs passe le long des fleurs...
      La Dame-aux-Songes chante à l'orgue de l'église ;
Et le ciel, où la fin du jour se subtilise,
Prolonge une agonie exquise de couleurs.

Le Séraphin des soirs passe le long des cœurs...
Les vierges au balcon boivent l'amour des brises ;
Et sur les fleurs et sur les vierges indécises
Il neige lentement d'adorables pâleurs.

Toute rose au jardin s'incline, lente et lasse,
Et l'âme de Schumann errante par l'espace
Semble dire une peine impossible à guérir...

Quelque part une enfance très douce doit mourir...
O mon âme, mets un signet au livre d'heures,
L'Ange va recueillir le rêve que tu pleures.

360 *Soir de Printemps*

PREMIERS soirs de printemps : tendresse inavouée...
  Aux tiédeurs de la brise écharpe dénouée...
Caresse aérienne ... encens mystérieux ...
Urne qu'une main d'ange incline au bord des cieux ...
Oh ! quel désir ainsi, troublant le fond des âmes,
Met ce pli de langueur à la hanche des femmes ?
Le couchant est d'or rose et la joie emplit l'air,
Et la ville, ce soir, chante comme la mer.
Du clair jardin d'avril la porte est entr'ouverte ;
Aux arbres légers tremble une poussière verte.
Un peuple d'artisans descend des ateliers ;
Et, dans l'ombre où sans fin sonnent les lourds souliers,
On dirait qu'une main de Véronique essuie
Les fronts rudes tachés de sueur et de suie.
La semaine s'achève, et voici que soudain,
Joyeuses d'annoncer la Pâques de demain,
Les cloches, s'ébranlant aux vieilles tours gothiques,
Et revenant du fond des siècles catholiques,
Font tressaillir quand même aux frissons anciens
Ce qui reste de foi dans nos vieux os chrétiens !
Mais déjà, souriant sous ses voiles sévères,
La nuit, la nuit païenne, apprête ses mystères ;
Et le croissant d'or fin, qui monte dans l'azur,
Rayonne, par degrés plus limpide et plus pur.
Sur la ville brûlante, un instant apaisée,
On dirait qu'une main de femme s'est posée ;
Les couleurs, les rumeurs, s'éteignent peu à peu ;
L'enchantement du soir s'achève... et tout est bleu !
Ineffable minute où l'âme de la foule
Se sent mourir un peu dans le jour qui s'écoule...

Et le cœur va flottant vers de tendres hasards
Dans l'ombre qui s'étoile aux lanternes des chars.
Premiers soirs de printemps : brises, légères fièvres !
Douceur des yeux !... Tiédeur des mains !... Langueur
    des lèvres !
Et l'Amour, une rose à la bouche, laissant
Traîner à terre un peu de son manteau glissant,
Nonchalamment s'accoude au parapet du fleuve.
Et puisant au carquois d'or une flèche neuve,
De ses beaux yeux voilés, cruel adolescent,
Sourit, silencieux, à la Nuit qui consent.

TRISTAN CORBIÈRE

1860–†1887

361   *Lettre du Mexique*

La Vera-Cruz, 10 février.

'VOUS m'avez confié le petit. — Il est mort.
    Et plus d'un camarade avec, pauvre cher être.
L'équipage... y en a plus. Il reviendra peut-être
    Quelques-uns de nous. — C'est le sort. —

' Rien n'est beau comme ça — matelot — pour un homme ;
Tout le monde en voudrait à terre. — C'est bien sûr.
Sans le désagrément. Rien que ça : Voyez comme
    Déjà l'apprentissage est dur.

'Je pleure en marquant ça, moi, vieux *Frère-la-Côte*.
J'aurais donné ma peau joliment sans façon
Pour vous le renvoyer... Moi, ce n'est pas ma faute :
    Ce mal-là n'a pas de raison.

'La fièvre est ici comme Mars en carême,
Au cimetière on va toucher sa ration.
Le zouave a nommé ça — Parisien quand même —
    Le jardin d'acclimatation.

'Consolez-vous. Le monde y crève comme mouches.
...J'ai trouvé dans son sac des souvenirs de cœur :
Un portrait de fille, et deux petites babouches,
    Et : marque. — *Cadeau pour ma sœur.* —

'Il fait dire à *maman* : qu'il a fait sa prière.
Au père : qu'il serait mieux mort dans un combat.
Deux anges étaient là sur son heure dernière :
    Un matelot. Un vieux soldat.'

JULES LAFORGUE

1860-†1887

362   *Encore un Livre*

ENCORE un livre ; ô nostalgies
    Loin de ces très goujates gens,
Loin des saluts et des argents,
Loin de nos phraséologies !

Encore un de mes pierrots morts ;
Mort d'un chronique orphelinisme ;
C'était un cœur plein de dandysme
Lunaire, en un drôle de corps.

Les dieux s'en vont ; plus que des hures ;
Ah ! ça devient tous les jours pis ;
J'ai fait mon temps, je déguerpis
Vers l'Inclusive Sinécure.

363   *Complainte du Roi de Thulé*

IL était un roi de Thulé,
        Immaculé,
Qui, loin des jupes et des choses,
Pleurait sur la métempsychose
        Des lys en roses,
        Et quel palais !

Ses fleurs dormant, il s'en allait,
        Traînant des clés,
Broder aux seuls yeux des étoiles,
Sur une tour, un certain Voile
        De vive toile,
        Aux nuits de lait !

Quand le voile fut bien ourlé,
        Loin de Thulé,
Il rama fort sur les mers grises,
Vers le soleil qui s'agonise,
        Féerique Église !
        Il ululait :

' Soleil-crevant, encore un jour,
Vous avez tendu votre phare
Aux holocaustes vivipares
Du culte qu'ils nomment l'Amour.

' Et comme, devant la nuit fauve,
Vous vous sentez défaillir,
D'un dernier flot d'un sang martyr
Vous lavez le seuil de l'Alcôve !

'Soleil ! Soleil ! moi je descends
Vers vos navrants palais polaires,
Dorloter dans ce Saint-Suaire
   Votre cœur bien en sang,
     En le berçant !'

Il dit, et, le Voile étendu,
    Tout éperdu,
Vers les coraux et les naufrages,
Le roi raillé des doux corsages,
    Beau comme un Mage
    Est descendu !

Braves amants ! aux nuits de lait,
    Tournez vos clés !
Une ombre, d'amour pur transie,
Viendrait vous gémir cette scie :
   'Il était un roi de Thulé
    Immaculé...'

364   *Complainte sur certains ennuis*

UN couchant des Cosmogonies !
  Ah ! que la Vie est quotidienne...
Et, du plus vrai qu'on se souvienne,
Comme on fut piètre et sans génie...

On voudrait s'avouer des choses
Dont on s'étonnerait en route,
Qui feraient une fois pour toutes
Qu'on s'entendrait à travers poses.

JULES LAFORGUE

On voudrait saigner le Silence,
Secouer l'exil des causeries ;
Et non ! ces dames sont aigries
Par des questions de préséance.

Elles boudent là, l'air capable.
Et, sous le ciel, plus d'un s'explique
Par quel gâchis suresthétique
Ces êtres-là sont adorables.

Justement une nous appelle,
Pour l'aider à chercher sa bague
Perdue (où dans ce terrain vague ?),
Un souvenir d'amour, dit-elle !

Ces êtres-là sont adorables !

EDMOND ROSTAND

1868–†1919

365   *Chanson de Joffroy Rudel*

C'EST chose bien commune
     De soupirer pour une
Blonde, châtaine ou brune
     Maîtresse,
Lorsque brune, châtaine
Ou blonde, on l'a sans peine...
Moi, j'aime la lointaine
     Princesse !

C'est chose bien peu belle
D'être longtemps fidèle,
Lorsqu'on peut baiser d'Elle
      La traîne,
Lorsque parfois on presse
Une main qui se laisse...
— Moi, j'aime la Princesse
      Lointaine.

Car c'est chose suprême
D'aimer sans qu'on vous aime,
D'aimer toujours, quand même,
      Sans cesse,
D'une amour incertaine,
Plus noble d'être vaine...
Et j'aime la lointaine
      Princesse.

Car c'est chose divine
D'aimer quand on devine,
Rêve, invente, imagine
      A peine...
Le seul rêve intéresse,
Vivre sans rêve, qu'est-ce?
Et j'aime la Princesse
      Lointaine!

366   *La pensée est une eau...*

LA pensée est une eau sans cesse jaillissante.
     Elle surgit d'un jet puissant du cœur des mots,
Retombe, s'éparpille en perles, jase, chante,
Forme une aile neigeuse ou de neigeux rameaux,
Se rompt, sursaute, imite un saule au clair de lune,
S'écroule, décroît, cesse.   Elle est sœur d'Ariel
Et ceint l'écharpe aux tons changeants de la Fortune
Où l'on voit par instants jouer tout le ciel.
Et si, pour reposer leurs yeux du jour, des femmes,
Le soir, rêvent devant le jet mobile et vain
Qui pleut avec la nuit dans l'azur du bassin,
L'eau pure les caresse et rafraîchit leurs âmes
Et fait battre leurs cils et palpiter leur sein,
Tandis que la pensée, en rejetant ses voiles,
Dans un nouvel essor jongle avec les étoiles.

367   *L'Éros funèbre*

NUIT d'ombre, nuit tragique, ô nuit désespérée !
     J'étouffe dans la chambre où mon âme est murée,
Où je marche, depuis des heures, âprement,
Sans pouvoir assourdir ni tromper mon tourment.
Et j'ouvre la fenêtre au large clair de lune.

Sur les champs nage au loin sa cendre bleue et brune.
Comme une mélodie heureuse au dessin pur
La colline immobile ondule sur l'azur
Et lie à l'horizon les étoiles entre elles.
L'air frémit de soupirs, de voix, de souffles d'ailes.
Une vaste rumeur gronde au bas des coteaux

Et trahit la présence invisible des eaux.
Je laisse errer mes yeux, je respire, j'écoute
Les sombres chiens de ferme aboyer sur la route
Où sonnent les sabots d'un passant attardé.

Et sur la pierre froide où je suis accoudé,
Douloureux jusqu'au fond de l'âme et solitaire,
Je blasphème la nuit lumineuse et la terre
Qui semblent me sourire et m'ignorent, hélas !
Et sachant que la vie, à qui n'importe pas
Un cœur infiniment désert de ce qu'il aime,
Ne se tait que pour mieux s'adorer elle-même,
Je résigne l'orgueil par où je restais fort,
Et j'appelle en pleurant et l'amour et la mort.

'C'est donc toi, mon désir, ma vierge bien-aimée !
Faible comme une lampe à demi consumée
Et contenant ton sein gonflé de volupté
Tu viens enfin remplir ta place à mon côté.
Tu laisses défaillir ton front sur mon épaule,
Tu cèdes sous ma main comme un rameau de saule,
Ton silence m'enivre et tes yeux sont si beaux,
Si tendres que mon cœur se répand en sanglots.
C'est toi-même, c'est toi qui songes dans mes bras !
Te voici pour toujours mienne, tu dormiras
Mêlée à moi, fondue en moi, pensive, heureuse,
Et prodigue sans fin de ton âme amoureuse !
O Dieu juste, soyez béni par cet enfant
Qui voit et contre lui tient son rêve vivant !
Mais toi, parle, ou plutôt, sois muette, demeure
Jusqu'à ce qu'infidèle au ciel plus pâle, meure
Au levant la dernière étoile de la nuit.

Déjà l'eau du matin pèse à l'herbe qui luit,
Et, modelant d'un doigt magique toutes choses,
L'aube à pleins tabliers sème ses jeunes roses.
O la sainte rumeur de sève et de travail !
Écoute passer, cloche à cloche, le bétail,
Et rauquement mugir la trompe qui le guide.
La vallée a ses tons d'émeraude liquide,
Les toits brillent, les bois fument, le ciel est clair,
Chaque vitre au soleil répond par un éclair.
La douceur de la vie entre par la fenêtre.
J'aime à cause de toi l'aube qui vient de naître,
Et, mêlée à la grâce heureuse du décor,
Mon immortelle amour, tu m'es plus chère encor.
Nous tremblons, enivrés du vin de notre fièvre,
Et nous nous demandons tout bas et lèvre à lèvre
Quels matins purs, quels soirs lumineux et bénis
Couvent nos doigts tressés comme les brins des nids.
Et ni la terre en joie et ni le ciel en flammes,
Rien ne détourne plus du rêve nos deux âmes,
Qui, parmi la rumeur grandissante du jour,
Pleurent dans le silence infini de l'amour.'

L'amour ?... rouvre les yeux, mon pauvre enfant, regarde !
Le val est bleu de clair de lune, le jour tarde,
La rivière murmure au loin avec le vent,
Et te voilà plus seul encor qu'auparavant.
La bien-aimée au front pensif n'est pas venue,
Le sein que tu pressais n'est qu'une pierre nue,
La voix qui ravissait tes sens n'est qu'un écho
Du bruit des peupliers tremblants au bord de l'eau.
La longue volupté de cette heure attendrie
Fut le jeu d'un désir expert en tromperie.

Va, ferme la croisée, et quitte ton espoir.
Mesure en t'y penchant ton morne foyer noir :
N'est-ce pas toi, cet âtre éteint où deux Chimères
Brillent d'un vain éclat sur les cendres amères ?
Et puisque tout est faux, puisque même ton art
Aux rides de ton cœur s'écaille comme un fard,
Cherche contre l'assaut de ta peine insensée
L'asile sûr où l'homme échappe à sa pensée,
Ouvre ton lit désert comme un sépulcre, et dors
Du sommeil des vaincus et du sommeil des morts.

368   *Baigner au point du jour...*

BAIGNER au point du jour ses lèvres de rosée,
     Secouer l'herbe où la cigale s'est posée,
Frissonner au furtif coup d'aile frais du vent,
Suivre d'un œil bercé le feuillage mouvant,
Prêter l'oreille au cri des coqs dans les villages,
Aux chants d'oiseaux, au bruit des colliers d'attelages,
Offrir l'écho d'une âme heureuse aux mille voix
Sonores de la vie et voir de toits en toits
Le bleu du ciel sourire à l'azur des fumées ;
Quand l'aride midi pèse sur les ramées,
S'allonger, les yeux clos, et languir de sommeil,
Comme un voluptueux lézard, dans le soleil ;
Sentir brûler le corps en amour de la terre,
Flotter sur les rumeurs, sur l'air, sur la lumière,
Défaillir, se dissoudre en chose, s'enivrer
De l'arome charnel d'une rose à pleurer,
Percevoir dans son être obscur l'heure qui passe
Et traverse d'un jet d'étincelles l'espace ;

Et quand l'humble Angélus a tinté, quand le soir
Exhale au fond du val ses vapeurs d'encensoir,
Que le soleil, au bord des toits, rasant les chaumes,
Y fait tourbillonner des échelles d'atomes,
Qu'un laboureur qui rentre à pas lourds de son champ
Ébauche un profil noir sur l'or vert du couchant,
Regagner son logis et, les doigts à la tempe,
Bercé par la chanson discrète de la lampe,
Assembler les mots purs du poème rêvé,
Et sur les feuillets blancs du livre inachevé
Fixer, beau papillon, le jour multicolore,
Pourpre à midi, d'azur le soir, rose à l'aurore.

O fêtes de la vie où le chant d'un marteau
Sur l'enclume, la ligne heureuse d'un coteau,
La source, le brin d'herbe avec sa coccinelle,
Font tressaillir en nous l'argile originelle !
Gloire à toi dans l'éther lumineux, dans le mont,
Dans le métal, dans l'eau, dans l'insecte, limon
Universel par qui l'humaine créature
Rejoint le Créateur à travers la nature !

369   *Descends plus bas encor...*

DESCENDS plus bas encor que Dante dans la nuit,
     Car c'est au fond d'un cœur à jamais solitaire
Que le poète ceint du laurier te conduit.

Rien, ni les chants du ciel ni les voix de la terre,
Ne vient rompre l'horreur de ces lieux sans échos,
Image d'un orgueil qui s'obstine à se taire.

Hâte-toi, marche! Un vent familier des tombeaux
Te souffle son air âcre au visage et ranime
La flamme entre tes mains qui haussent les flambeaux.

Arrête, écoute. Ici s'expie un ancien crime :
Ce gouffre qui vous jette, impassibles témoins,
Un cri de mort, toujours le même, c'est l'abîme

Où l'amour infécond se dévore les poings.

370   *C'est vous, voluptueux Chénier...*

C'EST vous, voluptueux Chénier, vous, grand Virgile,
    Que j'ouvre aux jours dorés de l'automne, en rêvant,
Le soir, dans un jardin solitaire et tranquille
Où tombent des fruits lourds détachés par le vent.
Je vous lis d'un esprit inquiet et j'envie
Vos amantes, Chénier! Virgile, vos héros!
Moi que rien de fécond ne tente dans la vie,
La lutte ni l'amour ni les simples travaux,
Et qui trouve, ironique entre les philosophes,
A douter de moi-même une âpre volupté.
Je sens le cœur humain trop large pour mes strophes,
Le vieil air douloureux d'autres l'ont mieux chanté ;
Leur nom nourrit encor les clairons de la gloire.
Pour moi qu'un rigoureux destin laisse inconnu,
Je presse entre mes doigts la flûte usée et noire
Des pauvres, des railleurs, et des fous. Son bois nu
Est plus doux qu'un baiser savoureux à ma bouche ;
Elle est ma confidante obscure et mon enfant
Et répond comme une âme à l'âme qui la touche.
Un passant, que mon cœur sait émouvoir, souvent

Au temps des raisins mûrs s'arrête pour l'entendre.
Je suis seul, et je joue, ignorant qu'il est là,
Tour à tour désolé, voluptueux ou tendre.
Chaque jour, sur les tons qu'hier elle modula,
Ma misère sanglote et demande l'aumône.
Et le passant muet songe et baisse le front;
Il m'écoute et revient, et trouve, chaque automne,
La flûte plus plaintive et mon mal plus profond.

371   *Écoute. Quelqu'un chante...*

ÉCOUTE. Quelqu'un chante ou soupire, poète !
 Un lied dont on ne sait s'il est triste ou rieur
Te dénonce l'éveil de l'homme intérieur.
Écoute, et que ta plume attentive soit prête
A recueillir l'écho de cette voix secrète.
Écoute avec un soin précieux aujourd'hui
Le compagnon divin qui t'enseigne ton âme,
Car demain, dès les feux de l'aube, il aura fui :
Nul n'a vu rayonner deux fois la même flamme,
Ni renaître l'amour à sa jeunesse offert,
Et plus d'une âme en pleurs s'est vainement cherchée
Dans l'hostile rumeur de la vie où se perd
Le murmure incertain de la source cachée.

NOTES

NOTES

Auteur inconnu (page 1).

1. *Belle Érembor.*   1.   4.   *lez lo meis*, before the house.
5. *le chief drecier amont*, to raise the head.

II.   2. *paile*, the tapestry that she was working.

III.   2. *selon*, near.

IV.   1. *m'en escondirai*, justify myself.   2, 3.   *a = avec*.
5. *prennez l'emmende*, 'take our word for it.'

V.   3. *menu recercelé*, finely curled.

VI.   3. *dejoste lui*, at his side.

3.   *Pastourelle.*   1.   4. *touse*, damsel.

III.   5. *sens*, except.

Guillaume de Machault (page 4).

4. *Rondeau.*   3. *remirant*, looking at again and again.
5. *toudis*, always.

Jean Froissart (page 5).   The chronicler.   He found
time, in the course of a life full of other scarcely less
interesting activities, to write a great quantity of verse.
His poems have been edited by A. Scheler.   (3 vols.
Brussels : Acad. R. de Belgique, 1870.)

5. *Ballade.*   1.   3. *perselle*, corn-cockle.   4. *glay*,
gladiolus.   5. *l'anquelie*, columbine.   6. *pyonier*, peony.
muget, lily of the valley.

II.   6. *jà*, jamais.

III.   7. *creniel*, battlement.   *garite*, fortification.

Eustache Deschamps (page 6).   Knight and Clerk ;
huissier d'armes to Charles V and Charles VI, *châtelain*
of Fismes and *bailli* of Senlis.   He lived for a long time
at the Court, and his works are full of interesting detail
concerning the morals and manners of the time.   His
rather harsh poems have usually his own grievances for
subject ; he is the first French realist.   His works, in

many volumes, have been published by the Société des Anciens Textes Français (1878–1894), and his life has been written by M. A. Sarradin.

6. *Virelay.* i. 3. *viz,* face.

ii. 2. *traitis,* delicate.

vi. 2. *biaux proffis,* a good income.

vii. 2. *bis,* grey-brown.

x. 1. *plevis,* promise.

xi. 2. *apers,* candid.

7. *Balade amoureuse.* ii. 6. *octroy,* permission.

env. 1. *à point,* aptly.

8. *Balade.* *Or n'est il fleur . . .* i. 5. *crespe,* curled.

ii. 9. *determiné,* inexorable.

env. 1. *aé,* age. 4. 'thus both ages will be pleasant for him.'

9. *Balade* (Guesclin). i. 9, *querre,* lament.

ii. 2. *entierement,* dial. form of *enterrement.* 3. *or t'avence,* come forward now. 4. *quier lui son mouvement,* grieve for his going (? *monument*). 7. *Tragediens,* tragic authors.

iii. 5. *Guesclin crioit* : 'Guesclin!' was his battle-cry.

10. *Balade* (Chaucier). i. 7. *Isle aux Geans* : according to mediaeval notions, England was inhabited by giants until Brutus conquered it.

iii. 1. *Helye,* Helicon. 3. *doys,* fount. *baillie,* power. 9. *Clifford,* English knight, a lover of letters.

Chaucer went to France in 1377, probably on a diplomatic errand. The ballad was written in 1391.

11. *Rondel.* *Venez à mon jubilé.* Tarbé sees an allusion in this poem to the Papal jubilee celebrated by Boniface IX in 1400. An immense number of pilgrims went to Rome from every country but France, which supported Benedict XIII, then at Avignon.

Christine de Pisan (page 13). Daughter of Thomas de

Pisan, astrologer to Charles V; married to Étienne de Castel; widow at 25. She was famous in France, England, and Italy. Her works have been printed by the Société des Anciens Textes Français.

12. *Balade. Or est venu* ... I. 7. *entroublie esmay,* 'forgets its grief.'

II. 1. *par degois,* for joy. 7. *Mais mieulx cognois* ... 'but you will understand me better if you ever loved.'

III. 6. *desvoye,* 'combines to change.'

13. *Balade. Tant avez fait* ... I. 7. *au fort,* after all.

III. 2. *faintise,* deceit.

ENV. 2. *j'oy,* I hear.

14. *Balade. Jadis par amours* ... I. 7. *voir,* true.

II. 1. *jus,* down to earth. 6. *mettoient en nonchaloir,* thought nothing of.

III. 4. *satirielz,* little satyrs.

ENV. 3. *adresces,* wiles.

15. *Rians vairs yeulx* ... 1. *vairs,* changing, flashing.

16. *Se souvent vais* ... 1. *moustier,* church.

Alain Chartier (page 17). Born at Bayeux, studied at the University of Paris; secretary to Charles VII; went abroad on various political missions.

18. *Balade. O folz des folz* ... II. 9. *loz,* renown.

III. 9. *fors,* except.

ENV. 3. *et perdissiez,* even if you lose.

Auteur inconnu (page 18).

19. *Complainte populaire.* V. 2. *orée,* edge.

20. *Complainte Normande.* 4. *soulliés,* were wont.

15. *bon cueur fin,* 'right good will.'

Basselin lived in the Val de Vire, and wrote joyous ballads of love and war. We may presume that he died fighting against the English, though the word

..

NOTES

Engloys admits of another interpretation. This, in the interests of romance, we forbear from giving.

Charles d'Orleans (page 20). Father of Louis XII. Taken prisoner at Agincourt and remained in England for twenty-five years.

21. *Balade. En regardant* . . . I. 6. *Combien,* although.

III. 6. *mais qu'ainsi soit,* if it so happens.

ENV. 3. *destourbé,* hindered.

22. *Balade. Nouvelles ont couru* . . . II. 6. *liesse,* joy. III. 6. *hoir,* heir.

ENV. 3. *tiengne . . . pour tout voir,* hold for certain.

23. *Balade. Priez pour paix* . . . II. 3. *clergie,* science.

26. *Les fourriers d'Esté* . . . I. *fourriers,* servants who precede travellers in order to find lodging. 9. *pieça, il y a pièce,* for long. II. *prenez pais,* begone !

28. *Allez-vous en* . . . 3. *cuidez,* think (*cogitare*).

29. *Laissez-moy penser* . . . 9. *rapaise,* grow tranquil again.

30. *Saluez moy* . . . 2. *chiere,* mien. *lie,* happy. 7. *or n'y suis je mye,* I am not a *whit* there (i. e. with youth) now. 15. *sanglé,* girthed.

Villon (page 27). His real name was probably Montcorbier. He studied and took degrees at the University of Paris. In 1455, having killed a man in a quarrel, he had to disappear, and thenceforward he led a life more thrilling than reputable in the company of a select band of scoundrels. He possessed some influence in high places, which rescued him from the gallows; he was set free from the prison of Meung-sur-Loire in 1461. How and when he died is unknown.

[*Œuvres complètes de François Villon.* Aug. Longnon, Paris, 1892. *Étude biographique sur François Villon.* Aug. Longnon, Paris, 1877.]

31. *La Belle Hëaulmiere.* I. 2. *hëaulmiere,* 'armouress,' courtesan. Probably so called from a peculiar headdress worn by *filles de joie.* 7. *fiere,* strike.

II. 6. *repentailles,* remorse. 8. *truandailles,* filthy beggars.

IV. I. *detrayner,* drag about.

VII. 2. *traictisses,* delicate.

VIII. 8. *peaussues,* skinny.

IX. 8. *grivelées,* speckled.

X. 3. *à crouppetons,* squatting. 4. *pelotes,* faggots. 5. *chenevotes,* strips of hemp.

32. *Grant Testament, xxxviii–xli.* II. 5. *rebrassez,* retroussés. 7. *bourrelez,* part of the high coiffure worn by ladies.

33. *Dames du Temps jadis.* I. 2. *Flora,* Roman courtesan, v. Juvenal, ii. 9. 3. *Archipiada,* probably Alcibiades !—a fairly common mediaeval error. *Thaïs,* Egyptian courtesan who became a saint.

II. 4. *essoyne,* penalty. 5. *la royne,* the Queen Dowager of Burgundy, who lived in the Tour de Nesle. This is the first reference in mediaeval literature to her strange tradition. In 1471 a graduate of Leipzig wrote a pamphlet entitled *Commentariolus historicus de adolescentibus Parisiensibus, per Buridanum, natione Picardum, ab illicitis cuiusdam reginae Franciae amoribus retractis.* Robert Gaguin, in his *Compendium de Francorum gestis,* a work written in the latter half of the fifteenth century, says that Buridan, when a scholar in Paris, escaped from the assassins hired to murder him by a Queen of France.

III. I. *La royne Blanche.* Possibly Blanche of Castille, mother of St. Louis. 2. *seraine,* siren. 3. *Berte au grant pié,* legendary mother of Charlemagne. One of the Carlovingian epic cycles is devoted to her. *Allis :* perhaps Aelis, one of the characters of the *Chansons de geste* (Aliscans, geste de Guillaume d'Orange); wife, according to the troubadours, of Rainouard au Tinel.

4. *Haremburgis*, heiress of Maine. Married Foulques V, count of Anjou, in 1110; died in 1126.

34. *Double Ballade. Pour ce, aimez* . . . I. 7. *lunetes*, slang for 'eyes.'

III. 1. *Sardana*, Sardanapalus.   3. *moullier*, woman.

IV. 5. *sornetes*, jests, lies.

V. 2. *ru*, stream.   4. *mascher ces groselles*, 'chew such sour gooseberries.'   7. *Mitaines à ces nopces telles*. When a marriage ceremony was ended, the guests flicked each other with their mittens, saying, 'Des noces vous souviengne!' Cf. the bad old custom of boxing the ears of children when a royal procession passes.

VI. 4. *chevaucheur d'escouvetes*, a rider of broomsticks, a wizard.

35. *Ballade des Femmes de Paris*. II. 1. *tiennent chayeres*, are professors.   3. *caquetieres*, babblers.

36. *Grant Testament, lxxiv–lxxix*. III. 4. *fain*, hunger. 5. *Or luy soit, etc.*, 'let my body be given to her (the Earth) immediately.'   *a grand oirre* or *eirre*, by the best possible road. The phrase is used by La Fontaine. *erre*, Lat. *iter*.

IV. 4. *maillon*, swaddling-clothes.   5. *Degeté m'a* . . ., 'has pulled me out of many a hole.'   8. *qu'il n'en laisse* . . . 'that he will not be altogether unhappy for that reason.'

V. 2. *le Rommant du Pet au Deable*. The *Pet au Deable* was a large stone at the door of a certain Mlle de Bruyères, whose *hôtel* was in the University quarter. The students took away the stone in 1451, and every one quarrelled about it. *Le Rommant* was an account, now lost, written by Villon of this affair.   3. *Guy Tabarie*, one of Villon's disreputable friends. Made himself useful in a burglary at the College of Navarre, Christmas, 1456. Caught and imprisoned in the Châtelet, 1458; was subjected to the *question ordinaire* and *extraordinaire*, confessed everything and was doubtless hanged (v. *Œuvres complètes de F.*

Villon, publiées par A. Longnon ; *pièces justificatives*, p. lxv). 4. *grossa*, copied out.

37. *Ballade. Dame des cieulx . . .* 1. 2. *paluz*, marshes. 9. *jungleresse*, liar.

II. 3. *Egipcienne*, St. Mary of Egypt. For many centuries there was a chapel in Paris dedicated to her. 4. *Théophilus*, of Cilicia. Sold his soul to the devil and was redeemed by St. Mary. The learned Saxon nun Hroswitha wrote his history in the tenth century.

III. 4. *luz*, lutes.

38. *Ballade de bonne doctrine . . .* 1. 1. *porteur de bulles*, pardoner, bearer of a papal bull of indulgence. Infested Europe in the XIVth & XVth centuries ; usually an impostor (cf. Chaucer, *Cant. Ts.*). 2. *pipeur*, swindler at dice. II. 2. *fainctif*, deceiver. 3. *farce*, play farces ; *broulle*, practise sorcery. 6. *berlanc*, game of tables. *glic*, cardgame. *quilles*, skittles. Envoi, 1. *esguilletez*, ornamented with points. 2. *drappilles*, clothes.

39. *L'Epitaphe.* II. 9. *ame ne nous harie*, let no one torment us.

III. 8. *dez à couldre*, 'thimbles for sewing.'

41. *Grant Testament, clxiii–clxv.* 1. 1. *Saincte-Avoye*, seat of a community of nuns in the Rue du Temple. 8. *greveroit le plancher* : M. Longnon explains this by saying that the chapel of the nuns was on the first floor.

III. 2. *raillon*, bolt of an arbalest.

42. *Rondeau. Repos eternel . . .* 3. *escuelle*, bowl. 5. *rez*, cropped.

Marguerite de Navarre (page 42). Queen of Navarre, sister of François Ier. Born at Angoulême. Author of the *Heptameron*.

[*Les Marguerites de la Marguerite des Princesses*, 1547. *Dernières poésies de la Reine de Navarre.* A. Lefranc, Paris, 1896.]

Clément Marot (page 43). Born at Cahors ; son of

Jean Marot, Norman poet. Valet-de-chambre to Marguerite de Valois. Edited Villon. He was implicated in the Protestant movement and had to leave Paris. He stayed at Ferrara, and at Geneva, where he fell under the ban of Calvin's displeasure. He died at Turin.

[*Œuvres de Clément Marot*, ed. by Niort, 1596. *Œuvres de Clément Marot, avec les ouvrages de Jean Marot, etc.*, 6 t., La Haye, 1731.]

50. *Changeons propos*. III. 5. *bigne*, a bruise.

51. *Le Lieutenant criminel et Samblançay*. Samblançay, superintendent of finances under Charles VIII, Louis X, and François Ier, was falsely accused by Louise de Savoie of having agreed with her to embezzle the pay of certain troops. He was condemned to death and executed during the king's absence. His innocence was afterwards publicly recognized.

Mellin de Saint-Gelais (page 53). Born in Angoulême. Resisted the influence of the Pléiade.

Ronsard (page 53). Born at La Poissonnière in the Vendômois. Page to the Dauphin François and to Charles Duc d'Orléans. At the age of twelve went with Madeleine of France to Scotland. Travelled in England, Flanders, Germany (with Lazare de Baïf), and Italy (with Guillaume du Bellay). His deafness made him turn from courtly to literary life. In 1548 he met Du Bellay at an inn in the Touraine. With certain friends they formed the famous brotherhood which was at first called *la docte Brigade*, and afterwards *la Pléiade*. It consisted originally of seven members—Ronsard, Du Bellay, Baïf, Belleau, Jodelle, Daurat, and Pontus de Tyard. Previously, Ronsard spent five years in the enthusiastic and incessant study of classical literature, his master being the great scholar Daurat, and his fellow pupil Antoine de Baïf. After the death of Charles IX he retired from the Court to his Priory of St. Cosme, near Tours. He died there in 1585.

NOTES

[*Œuvres de Ronsard.* 1 vol. in-fo., 1584. 6 vols., edit. by Marty-Laveaux in *La Pléiade Française*, Paris, 1887–1893.

On the Pléiade:—Claude Binet, *La vie de Pierre de Ronsard.* Bayle, *Dictionnaire*, art. *Daurat* and *Ronsard.* Moréri, *Dictionnaire*, 1750, art. *Dorat.* Sainte-Beuve, *Tableau de la Poésie française au XVIᵉ siècle*, 1828. Pieri, *Pétrarque et Ronsard.* Marseille, 1895. Émile Faguet, *Seizième Siècle.* *Études littéraires.* Paris, 1898. George Wyndham, *Ronsard and La Pléiade.* London, 1906. Hilaire Belloc, *Avril.* *Essays on the French Renaissance.* London, 1904.]

59. *Sonnet.* *Marie, levez-vous . . .* 2. *ja,* already. 5. *Sus debout,* up! 9. *Harsoir,* last night. 12. *sillée,* a falconer's word, 'hooded.'

Du Bellay (page 77). Born at Liré, in Anjou, of high lineage; cousin of Cardinal du Bellay, whom he accompanied on a diplomatic mission to Rome. In 1549 his *Deffense et Illustration de la Langue Françoise*—the formal manifesto of the Pléiade—was published. On his return from Rome the Bishop of Paris (Eustache du Bellay) made him a canon of Notre-Dame. He died at the age of thirty-five, in Paris. It is believed that he was buried in the chapel of St. Crespin, on the right of the choir of Notre-Dame.

[*Œuvres*, ed. Marty-Laveaux, *La Pléiade Française.* Paris, 1866–1867, 2 vols.]

79. *Sonnet.* *Heureux qui, comme Ulysse . . .* 3. *usage,* experience.

86. *D'un Vanneur de blé aux Vents.* This lyric is a translation from the Latin of Navagero, a Venetian scholar and adventurer.

87. *Villanelle.* *En ce moys...* Cf. Ronsard, *A Marguerite* (*Recueil des Odes*) :

C'est donc par toy, Marguerite,
Que j'ay pris ceste couleur.

89. *Épitaphe d'un petit chien.* 1. *motte,* sward.

Remi Belleau (page 96). Born at Nogent-le-Rotrou. Wrote a commentary on the work of Ronsard and translated Anacreon.

Jodelle (page 100). Wrote some imitations of Greek tragedy.

Jean-Antoine de Baïf (page 102). His work 'représente éminemment ce qu'il y avait d'artificiel dans le mouvement de la Pléiade' (F. Brunetière). Founded an academy which had for its chief aim the uniting of music and poetry.

[The works of Belleau, Jodelle, Baïf, Pontus de Tyard, and Daurat are printed by Marty-Laveaux in *La Pléiade Française.*]

Olivier de Magny (page 105). His poems show a strong Italian influence.

[*Les Amours,* ed. by E. Courbet. Paris, 1878.]

Louise Labé (page 108). Poet of the École Lyonnaise. Lyons was inhabited by a great number of Italian emigrants, and was one of the chief halting-places for travellers between France and Italy. The work of its poets is learned, obscure, and mystical. Maurice Scève and his sisters (or cousins), Jeanne Gaillarde and other wise ladies, were members of this group of writers. Louise Labé, accoutred in all points as a man—le Capitaine Loys—rode to the wars and perhaps fought at the siege of Perpignan.

[*Œuvres de Louise Labé,* edited by Charles Boy. 2 vols., Paris, 1887.]

Jean Passerat (page 113). Latin scholar; one of the authors of the famous *Satire Ménippée.* Born at Troyes. Studied jurisprudence under Cujas. Professor of Latin in the Collège de France.

115. *Sonnet.* Thulène was the Court fool of Henri III. [*Les poésies françaises de Jean Passerat.* P. Blanchemain, 2 vols., Paris, 1880.]

Nicolas Rapin (page 114). Sénéchal de Fontenay. Wrote many Latin poems.

117. *Sonnet. Courage, grand Achille . . .* Achille de Harlay—first President of the Palace of Justice. Faithful to Henri III throughout his struggle with the League. After the day of the Barricades (May 12, 1588), and when the king had fled from Paris, Guise tried to persuade De Harlay to join the adherents of the League. De Harlay's reply is historical : *' C'est grand pitié, quand le valet chasse le maître ; au reste, mon âme est à Dieu, mon cœur est au roi, et mon corps entre les mains des méchants ; qu'on en fasse ce qu'on voudra.'* *' Je me suis trouvé,'* said Guise afterwards, *' à des batailles, à des assauts et à des rencontres les plus dangereuses du monde, mais jamais je n'ai été étonné comme à l'abord de ce personnage.'*

Vauquelin de la Fresnaye (page 115). A magistrate of Caen. Wrote an interesting *Art Poétique.* [*Les diverses poésies de Jean Vauquelin Sieur de la Fresnaie,* publ. et annot. par Julien Travers, 3 vols., Caen, 1870.]

Amadis Jamyn (page 117). Born at Chaource, near Troyes. A later star in the Pléiade. Translated thirteen books of the *Iliad.* [*Œuvres poétiques,* 2 vols., Paris, 1584.]

Du Bartas (page 119). Seigneur de Salluste. Born at Montfort (Gers).

This ponderous and affected writer had a vast reputation in his day. His *Création du Monde* was reprinted many times. His neologisms are more amusing than poetical ; his waves *' floflottent,'* and his lark ascends *' avec sa tire-lire, tirant l'ire à lire ,'* &c. Goethe admired him. [*Œuvres de G. du Bartas.* La Rochelle, 1591.]

Desportes (page 119).   Born at Chartres.   Travelled in Italy, and went to Poland with the Duc d'Anjou, afterwards Henri III.   Court poet, rich and unimaginative.

D'Aubigné (page 124).   Born at Saintonge.   Protestant. [*Œuvres complètes*, ed. by Reaume, Caussade, and Legouez.   Paris.]

Malherbe (page 125).   Born at Caen ; educated at Paris, Bâle, and Heidelberg.   Secretary of Henri d'Angoulême, governor of Provence.   Was presented to the king in 1604, and thenceforward had supreme poetic authority.   *Il réduisit la muse aux règles du devoir.*   His life was written by Racan.

In a *dizain* called *Enfin Malherbe vint*, Banville has summed up the state of affairs at the end of the sixteenth century :—

> Les bons rythmeurs, pris d'une frénésie,
> Comme des Dieux gaspillaient l'ambroisie ;
> Si bien qu'enfin, pour mettre le holà,
> Malherbe vint, et que la Poésie,
> En le voyant arriver, s'en alla.

126. *Consolation à M. du Périer.*   Written in 1599.   Du Périer was a native of Provence and had some renown as a *bel esprit*.

129. *Sonnet sur la mort de son fils.*   Marc-Antoine de Malherbe, his last surviving child, was killed in a duel by the Seigneur de Piles in July, 1626.   5. The duel, however, seems to have been fairly fought. [*Œuvres poétiques de Malherbe*, ed. Louis Moland. Paris, 1874.   Contains life of Malherbe by Racan.   *Poésies de F. Malherbe*, ed. L. Becq de Fouquières, Paris, 1874, contains André Chénier's commentary.]

Mathurin Regnier (page 131).   Born at Chartres. Author of nineteen admirable satires. [*Œuvres de Mathurin Regnier*.   E. Courbet.   Paris, 1875.]

NOTES

Maynard (page 142).   Born at Toulouse.   Disciple of Malherbe.

[*Œuvres poétiques.*   Notice par G. Garisson, 3 vols., Paris, Lemerre.]

Racan (page 145).   Born at Roche-Racan in Touraine. Disciple of Malherbe; has left a short account of his master's life.

[*Œuvres complètes.*   Ed. Tenant de Latour, 2 vols., Paris, 1857.]

Théophile de Viau (page 148).   Born at Clairac.   Wrote satires, and a treatise on the immortality of the soul, which made him many enemies and resulted finally in a decree of perpetual exile (1625).   The too famous couplet:

Ah! voici le poignard qui du sang de son maître
Fut souillé lâchement ;   il en rougit, le traître !

occurs in his tedious tragedy of *Pyrame et Tisbé* (1617).

[*Œuvres*, ed. Alleaume.   Bibliothèque Elzévirienne, Paris, 1856.]

Saint-Amant (page 149).   Born in Normandy.   Wrote elegies, mascarades, and a religious epic on Moses.

Voiture (page 155).   Court versifier.   Born at Amiens. An ornament of the Hôtel de Rambouillet, home of Les Précieuses.

[*Œuvres, avec le comm. de Tallement des Réaux*, ed. A. Ubicini, 2 vols., Paris, 1855.]

Colletet (page 157), of the Académie Française.

Corneille (page 158).   Born at Rouen.   *Mélite*, his first play, was produced when he was twenty-three ; it was followed by *Clitandre, La Veuve, La Galerie du Palais, La Suivante, La Place Royale, L'Illusion Comique*—all comedies ; his first tragedy, *Médée*, appeared in 1635, and then came *Le Cid, Horace, Cinna, Polyeucte, Pompée, Le Menteur, La Suite du Menteur, Théodore, Rodogune, Héraclius, Andromède, Don Sanche d'Aragon, Pertharite*.   The last play (1652) was a failure, and Corneille was so disgusted that he produced nothing for seven years, devoting himself to a translation in verse of the *Imitatio Christi*. In 1659 he regained his ancient glory with the rather unsatisfactory *Œdipe*, and wrote eight more plays, amongst them *Sertorius* and *Attila*. In his old age he was poor and neglected. His poems are printed in vol. x of the Marty-Laveaux edition of his works (Paris, 1862–8).

148. *Stances de Don Rodrigue.* Don Diègue, father of Don Rodrigue, has been struck by Don Gomès, Comte de Gormas. Diègue makes his son promise to avenge him. Don Rodrigue loves Chimène, daughter of Don Gomès.

149. *Stances de Polyeucte.* Polyeucte, an Armenian noble wedded to Pauline, daughter of the Roman governor of Armenia, has become a Christian and defiled the altars of the Roman gods.

Scarron (page 164). Born in Paris. Became paralysed at the age of seventeen. In 1652 married Mlle d'Aubigné, afterwards Mme de Maintenon. Wrote comedies under Spanish influence, and a travesty of the *Aeneid* in eight books.

[*Œuvres*, 7 vols., Amsterdam, 1752.]

Benserade (page 165). Court versifier. The wretched sonnet about Job caused a vast deal of windy argument. Its rival was Voiture's equally vapid *Il faut finir mes jours*.

Maucroix (page 165). Court versifier. Canon of Reims and *bon viveur*.

La Fontaine (page 166). Born at Château-Thierry, in Champagne. Fouquet, superintendent of finance to Louis XIV, became his patron. Published the *Ode au Roi* in 1663; *Contes et Nouvelles*, 1664, 1671; six books of fables, 1668; *Philémon et Baucis*, 1685. Wrote comedies.

[*Contes et Fables*, ed. Jouaust. Paris, Librairie des Bibliophiles (Flammarion). *Œuvres*, ed. Régnier, 11 vols., Paris, 1883–1892.]

NOTES

Molière (page 183). Born in Paris, educated at Clermont. *Tapissier valet du roi*; resigned this position and became actor-manager, 1643. Ill-success at first; toured the provinces; appeared before the King Oct. 24, 1658. *Les Précieuses ridicules*, 1659; followed by twenty-eight plays. *Le Malade imaginaire* (1673) was the last.

[*Poésies diverses*, vol. ix, ed. Despois et Mesnard, 1873–1900.]

Chapelle (page 184). Born at the Chapelle-Saint-Denis. Part-author (with Bachaumont) of the celebrated *Voyage en Provence et en Languedoc*.

[*Œuvres*, ed. T. de Latour. Bibl. Elzév., 1854.]

Madame Deshoulières (page 184). Born in Paris. The 'tenth muse' of the Court. An opponent of Boileau.

Boileau (page 187). Born in Paris. Studied law and theology. The sworn enemy of the *Précieuses* and of Chapelain, and the ally of Racine, La Fontaine, and Molière. *Satires* (1666), *Art poétique* (1673), *Epîtres* (1669–1695); *Le Lutrin* (1674). Presented to the King by Mme de Montespan. Abandoned verse in order to write the King's history (1677).

[*Œuvres*, ed. Saint-Marc, 5 vols., Paris, 1747.]

Racine (page 191). Born at La Ferté-Milon, educated at Port-Royal. *La Thébaïde*, his first tragedy (1664), was violently attacked, and throughout his career he had to endure the enmity of the pedants. Boileau always faithful to him. Quarrelled with the authorities of Port-Royal and lost favour with the King. *Andromaque* (1667), *Les Plaideurs* (1668), *Britannicus* (1669), *Bérénice* (1670), *Bajazet* (1672), *Mithridate* (1673), *Iphigénie* (1674), *Phèdre* (1677), *Esther* (1689), *Athalie* (1691).

[His poems are printed in vol. iv of the *Œuvres*, ed. Mesnard, Paris, 1865–1873.]

174. *Le Clerc* (1622–1691), a tedious tragic author.

175. *L' 'Aspar' de Fontenelle.* Fontenelle was a nephew of Corneille, and none the less bitter against Racine and Boileau for that. Boyer: another dreary person (1618-1698).

176. *Pradon* (1632-1698). Beloved by the Précieuses. He wrote a *Phèdre*, which was voted superior to Racine's. He is said to be quite unreadable.

Chaulieu (page 197). Born at Fontenay.

Regnard (page 199). Born in Paris. Wrote comedies. *Le Joueur* (1696), *Le Distrait* (1697), *Démocrite*, *Le Retour imprévu* (1700), *Les Folies amoureuses* (1704), &c.

J.-B. Rousseau (page 203). Born in Paris. Wrote comedies, then 'sacred odes,' in which the more imaginative critics have detected a lyrical quality.

[*Œuvres*, ed. Amar, 5 vols., Paris, 1820.]

Voltaire (page 206). Born in Paris, educated at Clermont. His first satiric writings caused him to be exiled from Paris in 1716. On his return he was suspected of being the author of other satires, and was imprisoned in the Bastille (1717, 1718). In the latter year the production of *Œdipe* made him famous. *L'Henriade* appeared in 1723, *Marianne*, 1724. He was again in the Bastille in 1726, and was exiled to England after a few weeks' imprisonment; he learnt English, met Bolingbroke and Pope, and studied the English philosophers. *Zaïre* appeared in 1732, and between that date and his death in 1778 he wrote more than twenty dramas in verse. After his return from England he lived for some time at Cirey with Mme du Châtelet; his famous quarrel with the luckless Desfontaines began in 1738 and lasted for some years. He went to the Court, where he had Madame de Pompadour for friend. In 1746 he was member of the Academy and gentleman-in-ordinary to the King. He retired to the *hôtel* of the Duchesse du Maine at Sceaux in 1747, and returned to Paris after Mme du Châtelet's death in 1749. In 1750

Frederick II invited him to live at Berlin. He stayed three years, and quarrelled with many people, amongst them Lessing, and at last with Frederick. Settled at Ferney, where he lived in state till 1778, when he went to Paris. He had a final triumph there, and died in the same year.

[His poems are printed in vols. 8, 9, and 10 of the edition of his works published in Paris in 1877–85.]

Écouchard Lebrun (page 215). Born in Paris. His contemporaries called him ' Pindare '.

Ducis (page 216). Born at Versailles. Imitated Shakespeare : *Hamlet* (1769), *Roméo et Juliette* (1772), *Le Roi Lear* (1783), *Macbeth* (1784), *Othello* (1792).

[*Œuvres complètes et posthumes*, 4 vols., Paris, 1826.]

Gilbert (page 218). Born in Lorraine. Wrote a satire on his own time.

[*Poésies diverses*, ed. Perret, Paris, 1882.]

Florian (page 220). Born at the Château de Florian, near Nîmes. Great-nephew of Voltaire ; acted in the Ferney Theatre when a boy. Wrote comedies and prose romances.

[*Fables*, Paris, 1799.]

Fontanes (page 223). Born at Niort. Grand Master of the University of Paris.

André Chénier (page 225). Born in Constantinople. Son of a French consul and a Greek mother. Educated at the Collège de Navarre. Entered the army : had to leave it owing to ill-health. Travelled in Italy and stayed for some months in Rome. Secretary to the French ambassador in England for three years. Became involved through his writings and his friends in the political troubles of the Revolution ; arrested in Paris, March 7, 1794. Guillotined in the same year. His poems were published in 1822.

[*Œuvres poétiques*, ed. E. Manuel. Édition Jouaust, Flammarion, Paris.]

Chateaubriand (page 245). Born at St. Malo. Lieutenant in the *régiment de Navarre*. Went to America, 1791. Served in Condé's army, 1792–3. Obliged to emigrate to London, where he lived for some time in great poverty. Returned to France in 1800. *Atala*, 1801. *Génie du Christianisme*, 1802. Secretary of the Embassy in Rome: Minister in the Valais. Travelled in the East. Elected to the Académie, 1811; Napoleon disapproved of his *Discours de réception*. He published *Les Natchez* in 1826. He played a distinguished part in diplomatic and political life after the fall of the Empire. (*Mémoires d'Outre-Tombe*, 1849.)

[*Mélanges et poésies*, vol. 22 of *Œuvres*, 28 vols., Brussels, 1835.]

Béranger (page 246). Born in Paris. His political songs had an immense popularity.

[*Œuvres*, Paris, 1876; *Mémoires*, 1858.]

Millevoye (page 252). Born at Abbeville.

[*Poésies*, annot. par Sainte-Beuve, Paris, 1872.]

Mme Desbordes-Valmore (page 253). Born at Douai.

Lamartine (page 254). Born at Mâcon. His early youth was passed in the country. One of the body-guard of Louis XVIII. *Méditations*, 1819. *Nouvelles Méditations*, 1823. Travelled in Italy. Chargé d'Affaires at Florence. *Harmonies poétiques et religieuses*, 1830. Member of Academy, 1830. Travelled in the East. *Jocelyn*, 1835. *La Chute d'un Ange*, 1838. *Recueillements poétiques*, 1839. Took a prominent part in the troubles of 1848.

Émile Deschamps (page 281). Fervent Romanticist. Founded *La Muse française*; his essay *La Guerre en temps de paix* is an interesting criticism of the strife between the Classics and Romantics.

[*Poésies complètes*, 2 vols., Lemerre, Paris.]

Casimir Delavigne (page 286). Born at Havre. His first poems, *Les Messéniennes*, made him famous. He wrote many plays.

[*Œuvres*, 8 vols., Paris, 1833–1845.]

Alfred de Vigny (page 292). Born at Loches. Soldier. Published *Poèmes antiques et modernes*, 1826. Took part in the feud against Classicism, but was rather an Egyptian ally of the Romanticists. Translated *Othello* and *The Merchant of Venice*, wrote plays (*Chatterton*, 1835) and novels (*Cinq-Mars*, 1826). His last and finest poems, *Les Destinées*, were published in 1863, though many of them were printed in the *Revue des Deux Mondes* more than fifteen years before this book appeared. The interesting *Journal d'un Poète* was published in 1867.

[*Poésies*, Delagrave, Paris.]

Hugo (page 320). Born at Besançon. His father was a general of the Empire. His early youth was passed in the house and garden of the Faubourg Saint-Jacques of which he has written in the *Contemplations*. The first *Odes et Ballades* appeared in 1822, when he was a fervent royalist of twenty; the second series followed in 1826, and the order of his subsequent volumes of lyric poetry is as follows:—*Les Orientales*, 1829; *Les Feuilles d'Automne*, 1831; *Les Chants du Crépuscule*, 1835; *Les Voix intérieures*, 1837; *Les Rayons et les Ombres*, 1840. In 1841 he became a member of the Academy, and in 1845 was made a peer of France. At this time he took an active interest in politics; he was made a member of the Constituent Assembly in 1848, and of the Legislative Assembly in 1849. He protested against the *coup d'État* of December 2, 1851, and subsequently was compelled to leave France. He went first to Brussels, then to Jersey, and finally settled in Guernsey. *Les Châtiments* appeared in 1853; *Les Contemplations*, 1856; *La Légende des Siècles*, first series, 1859; *Les Chansons des Rues et des Bois*, 1865; *L'Année terrible*, 1872; *La Légende des Siècles*, second series, 1879; third series, 1883; *Les Quatre Vents de l'Esprit*, 1883. He returned to France when the Second Empire fell in 1870, and served in the national guard during the siege of Paris.

Brizeux (page 362). Born at Lorient. His family came from Ireland after the revolution of 1688.

Sainte-Beuve (page 366). Born at Boulogne-sur-Mer. He published three volumes of verse: *Confessions de Joseph Delorme*, 1827; *Consolations*, 1831; *Pensées d'Août*, 1837.

Arvers (page 369). *Mes Heures perdues*, Paris, 1833. He wrote comedies and vaudevilles, but he will be remembered only as the author of this beautiful sonnet.

Barbier (page 370). Born in Paris. *Ïambes* (1830) brought him well-deserved fame. *L'Adieu* is from *Il Pianto*, 1833.

Nerval (page 372). Nerval wrote much prose: a record of travel in Germany and Holland; studies of Eastern life; several plays (*Le Chariot d'Enfant*, *L'Imagier d'Harlem*), and a collection of stories called *Les Filles du feu*. His translation of *Faust* is extremely fine. His life was unhappy; he committed suicide in 1855. [*Poésies complètes*, Paris, 1877.]

Alfred de Musset (page 375). Born in Paris, educated at the Collège de Bourbon. His first book of poems, *Contes d'Espagne et d'Italie*, appeared when he was twenty; during the next eleven years of his life he produced all his best work: the *Nuits*, the *Lettre à Lamartine*, *Stances à la Malibran*, *Rolla*, *Une bonne Fortune*, and most of the delightful prose *Comédies et Proverbes*, none of which were acted until Madame Allan produced *Le Caprice* in

1847, when they became extremely popular. *La Confession d'un Enfant du Siècle* appeared in 1836.
[*Œuvres complètes*, 10 vols., Paris, 1865–86.]

274. *Stances à la Malibran.* Mme Malibran died in 1836.

275. *Chanson de Fortunio.* From *Le Chandelier*, act ii, sc. 3.

277. *Chanson de Barberine.* From *Barberine*, act iii, sc. 2.

Moreau (page 415). Born in Paris. *Le Myosotis*, poems; stood apart from the Romantic movement. Died in the Hôpital de la Charité, aged twenty-eight.

Gautier (page 416). Born at Tarbes. Studied painting. His first poems appeared in 1830. *Albertus*, 1832; *Comédie de la Mort*, 1838. His finest work is contained in *España* and *Émaux et Camées*, published respectively in 1841 and 1852.

Laprade (page 429). Born at Montbrison. *Avocat* at Lyons and professor of French literature. Published eight volumes of verse, a tragedy, and some studies in aesthetic.

Soulary (page 435). Born at Lyons.
[*Œuvres poétiques*, 3 vols., Lemerre, Paris.]

Leconte de Lisle (page 436). Born at St. Paul, Île de Réunion. Came to Paris 1845. *Poèmes antiques*, 1852; *Poèmes et Poésies*, 1853; *Poèmes barbares*, 1862; *Poèmes tragiques*, 1884; *Derniers Poèmes*, 1895. Translated Homer, Hesiod, and some of the Greek tragedies. *Les Érinnyes* is an adaptation of the *Eumenides* of Aeschylus.
[The works of Leconte de Lisle are published by Lemerre, Paris.]

Baudelaire (page 444). Born in Paris. Translated the tales of Edgar Allan Poe. *Les Fleurs du Mal* appeared in 1857; its alleged immorality resulted in a *procès* against the author. *Petits Poèmes en Prose* is, after *Les Fleurs du Mal*, his most noteworthy work.

[*Les Fleurs du Mal.* Calmann Lévy, 1900.]

Bouilhet (page 454). Born at Cany (Seine-Inférieure). Studied surgery under the father of Gustave Flaubert. [*Mélænis*, 1851; *Festons et Astragales*, 1859; *Dernières Chansons*, 1872.]

Banville (page 455). Born at Moulins. *Les Cariatides* appeared when he was eighteen; *Les Stalactites*, 1846; *Odelettes*, 1846; *Odes funambulesques*, 1857; *Idylles Prussiennes*, 1871, &c. He wrote a large quantity of verse, several comedies, and many *Contes*.

[Lemerre, Paris. Charpentier-Fasquelle, Paris.]

Verlaine (page 462). Born at Metz. *Poèmes saturniens*, 1867; *Fêtes Galantes*, 1869; *La bonne Chanson*, 1870; *Romances sans Paroles*, 1874; *Sagesse*, 1881; *Jadis et Naguère*, 1884; *Amour*, 1888; *Parallèlement*, 1889; *Chansons pour Elle*, 1891.

[*Œuvres complètes*, 5 vols., Librairie Léon Vanier, Paris, 1899–1900.]

Sully Prudhomme (page 466). Born in Paris. Collaborated in the *Parnasse Contemporain*. *Stances et Poèmes*, 1865; *Les Épreuves*, *Les Écuries d'Augias*, *Croquis Italiens*, 1866-1872; *Le Premier Livre de Lucrèce*, 1866; *Les Solitudes*, 1869; *Impressions de la Guerre*, *Les Destins*, *La Révolte des Fleurs*, 1872; *La France*, 1874; *Les Vaines Tendresses*, 1875; *La Justice*, 1878; *Le Prisme*, 1886; *Le Bonheur*, 1888; *Les Solitudes*, 1894; *Sonnet à Alfred de Vigny*, 1898; *Testament Poètique*, 1901.

[Lemerre, Paris.]

Heredia (page 470). Born in Cuba, educated in Paris and Havana. *La Véridique Histoire de la Nouvelle-Espagne*, trs. from Bernal del Castillo, 1887; *Les Trophées*, 1893; *La Nonne Alferez*, 1894.

[Lemerre, Paris.]

Mallarmé (page 475). Born in Paris. *Poésies Complètes*, 1899.

[Deman, Brussels.]

Richepin (page 479). Born at Médéa, Algiers; educated in Paris. Professor, traveller, sailor, porter, actor, &c. Also wrote dramas and novels. *La Chanson des Gueux*, 1876; *Les Blasphèmes*, 1884; *La Mer*, 1886; *Mes Paradis*, 1894; *La Bombarde*, 1899.

[Fasquelle, Paris.]

Rimbaud (page 480). Born at Charleville (Ardennes). *Œuvres*.

[Mercure de France, Paris.]

Rodenbach (page 486). Born at Tournai (Belgium) of a Flemish family. Educated in Paris and Ghent. *Le Foyer et les Champs*, 1877; *Ode à la Belgique*, 1880; *Les Tristesses, La Mer Élégante*, 1881; *L'Hiver Mondain*, 1884; *La Jeunesse Blanche*, 1886; *Du Silence*, 1888; *Le Règne du Silence*, 1891; *Le Voyage dans les Yeux*, 1893; *Les Vies Encloses*, 1896; *Le Miroir du Ciel natal*, 1899.

[Lemerre; Charpentier, Paris.]

Verhaeren (page 490). Born at Saint-Amand near Antwerp. Educated at Brussels, Ghent, and Louvain. *Poèmes, Almanach*, 1895; *Les Villes Tentaculaires*, 1895; *Poèmes* (nouvelle série), *Les Heures Claires, Les Forces Tumultueuses*, 1896; *Poèmes* (3me série), *La Multiple Splendeur*, 1906; *Toute la Flandre*, 1904–1908.

[Mercure de France, Paris; Deman, Brussels.]

Moréas (Papadiamantopoulos) (page 496). Born in Athens. Travelled widely in youth; first came to Paris in 1872. *Les Syrtes*, 1884; (ed. Vanier, 1893); *Les Cantilènes*, 1886; *Le Pèlerin Passioné*, 1891; *Poésies*, 1886–1896; *Les Stances*, 1899.

[Vanier, Paris; Bibliothèque artistique et littéraire, Paris.]

Samain (page 499). Born at Lille; came to Paris in 1880. *Au Jardin de l'Infante*, 1893; *L'Urne Penchée*, 1897; *Aux Flancs du Vase*, 1898.

[Mercure de France, Paris.]

Corbière (page 504). Born at Morlaix. *Les Amours Jaunes* (1873, 1891).

[Vanier, Paris.]

Laforgue (page 505). Born at Montevideo; educated at Tarbes and Paris. Lived four years in Germany. *Poésies Complètes* (*Les Complaintes*, *L'Imitation de Notre-Dame la Lune*, *Le Concile Féerique*, *Derniers Vers*), 1894.

[Vanier, Paris.]

Rostand (page 508). Born at Marseilles; educated there and in Paris. Dramatist. *Les Musardises*, 1890. His plays are: *Les Romanesques*, 1894; *La Princesse Lointaine*, 1895; *La Samaritaine*, *Cyrano de Bergerac*, 1897; *L'Aiglon*, 1899; *Chantecler* 1905. The *Chanson de Jeffroy Rudel* is from the *Princesse Lointaine*.

[Charpentier-Fasquelle, Paris.]

Guérin (page 510). Born at Lunéville (Meurthe-et-Moselle). *Joies Grises*, 1894; *Le Sang des Crépuscules*, 1895; *Sonnets et un Poème*, 1897; *Le Cœur Solitaire*, 1898; *L'Éros Funèbre*, 1900; *Le Semeur de Cendres*, 1901; *L'Homme Intérieur*, 1905.

[Mercure de France, Paris.]

INDEX OF WRITERS

INDEX OF WRITERS

INDEX OF FIRST LINES

INDEX OF FIRST LINES

INDEX OF FIRST LINES

549

INDEX OF FIRST LINES

INDEX OF FIRST LINES

PRINTED IN
GREAT BRITAIN
AT THE
UNIVERSITY PRESS
OXFORD
BY
JOHN JOHNSON
PRINTER
TO THE
UNIVERSITY